Cofondateurs
Philippe GLOAGUEN et Michel DUVAL
Collection animée par
Philippe GLOAGUEN
avec la collaboration de
Pierre JOSSE
Coordination
Isabelle VIVARES

LE GUIDE
DU
ROUTARD

1987/88

PROVENCE
CÔTE D'AZUR

D1137188

Hachette

Hors-d'œuvre

Le G.D.R., ce n'est pas comme le bon vin, il vieillit mal. On ne veut pas pousser à la consommation mais évitez de partir avec une édition ancienne. D'une année sur l'autre, les modifications atteignent et dépassent souvent les 40 %.
Chaque année, en juin ou juillet, de nombreux lecteurs se plaignent de voir certains de nos titres épuisés. À cette époque, en effet, nous n'effectuons aucune réimpression. Ces ouvrages risqueraient d'être encore en vente au moment de la publication de la nouvelle édition. Donc si vous voulez nos guides, achetez-les dès leur parution. Voilà.

Attention, le guide « Pérou-Brésil » ne sera pas réédité en 1987. Vous trouverez donc en librairie cet ouvrage millésimé « 1986-87 ».

● *Spécial copinage*

Verlaine, Jaurès, Barrès, Joyce, Léautaud, Gide et, plus près de nous, Boris Vian, Jack Kerouac, Bretécher, Cabu, René Fallet... Qui n'est pas allé manger à la crémerie *POLIDOR*, ce vieux restaurant plein de littérature et de petits plats mijotés, en plein cœur du quartier Latin ? Alors courez vite découvrir sa cuisine familiale. La patronne Marie-Christine est une bonne copine à nous (bien sûr). Et ses prix sont toujours fort raisonnables...
— *Restaurant POLIDOR* : 41, rue Monsieur-le-Prince, 75006 Paris. Tél. : 43-26-95-34. Métro : Odéon. Fermé le dimanche et le lundi.

C'est directement en cabotant de mouillage en mouillage dans les petits ports et les îles de Bretagne-Sud, que Jacques Riguidel apprend aux débutants à barrer, envoyer un foc ou un spi et même avitailler. Ou, pour les plus avisés, à devenir chef de bord. Ou à courir les grandes courses : l'EDHEC, le Spi d'Or, la Transat des Alizés. Pas de monos bénévoles : Riguidel et Michel, son coskipper, sont des pros qui ont couru les mers sous toutes les latitudes. De février à novembre, de 1 800 à 2 200 F la semaine. Un téléphone à Paris pour infos : 42-72-35-54, le matin de préférence. Ou directement :
— *École Jacques Riguidel*, 40, rue de Port-Maria, 56170 Quiberon. Tél. : 97-50-19-54.

Souhaitez-vous confier vos enfants (de 4 à 15 ans) pendant quelques jours ou quelques semaines ? Une ambiance familiale les accueille au château de la Briche, dans un superbe parc de 50 ha. Innombrables activités en fonction de leur âge : poney, bicross, voile, tennis, vie à la ferme... Vraiment le paradis des enfants, à 30 km à l'ouest de Tours. Transport organisé au départ de Paris.
— *Château de la Briche* : commune d'Hommes, 37340 Savigné-sur-Lathan. Tél. : 47-24-90-41.

Les heureux possesseurs d'un Minitel peuvent désormais avoir accès à une très large banque de données touristiques en appelant VOYAGEL par TRANSPAC au 36-14. Puis taper VGL. Service gratuit.

Réductions pour nos lecteurs :

Dans le Guide du Routard « WEEK-ENDS AUTOUR DE PARIS », une cinquantaine d'hôtels et restaurants offrent 10 % de réduction sous certaines conditions. Désormais, la société de locations de voitures LOCAR propose 10 % de remise sur ses tarif « week-end » « journée », « semaine » et « mois ».
— *LOCAR* : 34, rue des Fossés St-Bernard, 75005 Paris. Tél. : 46-33-13-13. Métro : Jussieu.

NOUVEAU : 90 restaurants cités dans le Guide du Routard « PARIS » offrent le café à nos lecteurs...

Voici la liste des pays et principales régions traités par chacun des Guides du Routard que l'on trouve dans toutes les bonnes boucheries à un prix dont la modicité vous ferait sourire :

EUROPE

PROVENCE-CÔTE D'AZUR

PARIS

WEEK-ENDS AUTOUR DE PARIS

ESPAGNE

PORTUGAL

EUROPE DU NORD ET DU CENTRE

Pays-Bas (Amsterdam)
Allemagne fédérale
Islande
Danemark
Suède
Norvège
Finlande
Yougoslavie

GRANDE-BRETAGNE

Angleterre
Écosse

IRLANDE

ITALIE

GRÈCE

AMERIQUES

ÉTATS-UNIS, CANADA

MEXIQUE, GUATEMALA, ANTILLES

Mexique
Guatemala
Belize
Martinique
Guadeloupe
Haïti

PÉROU, BRÉSIL, BOLIVIE, ÉQUATEUR

AFRIQUE

MAROC

TUNISIE, ALGÉRIE ET SAHARA

AFRIQUE NOIRE

Niger
Burkina (Haute-Volta)
Gambie
Bénin
Togo
Côte-d'Ivoire
Mali
Sénégal
Cameroun
Nigeria

ASIE

INDE, NÉPAL, CEYLAN

PROCHE-ORIENT

Turquie
Israël
Égypte
Jordanie
Syrie
Yémen

ASIE DU SUD-EST

Thaïlande
Birmanie
Malaisie
Singapour
Indonésie
Célèbes
Bali

et toujours aussi indispensable :

LE MANUEL DU ROUTARD

le MANUEL du ROUTARD

ET S'IL ÉTAIT VRAIMENT INDISPENSABLE ?

Vous saurez tout sur :

Les formalités administratives, les bourses de voyage, les cartes, les compagnies d'assistance, tous les moyens astucieux de voyager, étudiés avec précision et expérience (charters et législation aérienne, le stop, la voiture, le camping-car, la moto, le train).

Le minimum d'objets et de vêtements à emporter, les vaccins, les conseils médicaux rédigés par des médecins spécialistes. Ce qu'il faut savoir sur les travellers's cheques, les cartes de crédit, le marché noir, la photo, les douanes... Où se faire expédier le courrier pour le recevoir...

NOTRE RECORD ABSOLU DE VENTES !

Les promoteurs n'ont pas tout détruit !

Après des mois de recherche et d'enquête, ce guide démontre qu'il reste des coins merveilleux échappés aux bulldozers, des restos incroyables pratiquant des prix d'avant-guerre, de bons vieux bistrots où l'on se fait plein d'amis avant même de lever le coude, des balades curieuses, des architectures insolites. Paris respire encore...
Café gratuit pour nos lecteurs dans 90 restaurants !

WEEK-ENDS AUTOUR DE PARIS

10 % DE RÉDUCTION POUR NOS LECTEURS SUR LES

HÔTELS, RESTAURANTS ET VOITURES DE LOCATION

Aujourd'hui, on prend la route du week-end comme un Aspro : l'envie de partir taraude la tête avec l'insistance d'une migraine. Mais partir où ? Châteaux-hôtels à moins de 150 F, petites auberges en bord de rivière, villages croquignolets blottis au fond d'un vallon. Tout ceci existe à quelques kilomètres de Paris.

Avec ou sans voiture, vous trouverez quelques endroits préservés du temps. Ces lieux qu'on ne confie qu'à ses meilleurs amis. Plus besoin de manger un camembert pour se donner l'illusion d'être en week-end en Normandie. Ceci est notre premier guide qui sent bon la France.

TABLE DES MATIÈRES

Un calendrier est toujours utile, surtout en voyage

1987

	JANVIER		FÉVRIER		MARS		AVRIL
D	4 11 18 25	D	1 8 15 22	D	1 8 15 22 29	D	5 12 19 26
L	5 12 19 26	L	2 9 16 23	L	2 9 16 23 30	L	6 13 20 27
M	6 13 20 27	M	3 10 17 24	M	3 10 17 24 31	M	7 14 21 28
M	7 14 21 28	M	4 11 18 25	M	4 11 18 25	M	1 8 15 22 29
J	1 8 15 22 29	J	5 12 19 26	J	5 12 19 26	J	2 9 16 23 30
V	2 9 16 23 30	V	6 13 20 27	V	6 13 20 27	V	3 10 17 24
S	3 10 17 24 31	S	7 14 21 28	S	7 14 21 28	S	4 11 18 25

	MAI		JUIN		JUILLET		AOÛT
D	3 10 17 24 31	D	7 14 21 28	D	5 12 19 26	D	2 9 16 23 30
L	4 11 18 25	L	1 8 15 22 29	L	6 13 20 27	L	3 10 17 24 31
M	5 12 19 26	M	2 9 16 23 30	M	7 14 21 28	M	4 11 18 25
M	6 13 20 27	M	3 10 17 24	M	1 8 15 22 29	M	5 12 19 26
J	7 14 21 28	J	4 11 18 25	J	2 9 16 23 30	J	6 13 20 27
V	1 8 15 22 29	V	5 12 19 26	V	3 10 17 24 31	V	7 14 21 28
S	2 9 16 23 30	S	6 13 20 27	S	4 11 18 25	S	1 8 15 22 29

	SEPTEMBRE		OCTOBRE		NOVEMBRE		DÉCEMBRE
D	6 13 20 27	D	4 11 18 25	D	1 8 15 22 29	D	6 13 20 27
L	7 14 21 28	L	5 12 19 26	L	2 9 16 23 30	L	7 14 21 28
M	1 8 15 22 29	M	6 13 20 27	M	3 10 17 24	M	1 8 15 22 29
M	2 9 16 23 30	M	7 14 21 28	M	4 11 18 25	M	2 9 16 23 30
J	3 10 17 24	J	1 8 15 22 29	J	5 12 19 26	J	3 10 17 24 31
V	4 11 18 25	V	2 9 16 23 30	V	6 13 20 27	V	4 11 18 25
S	5 12 19 26	S	3 10 17 24 31	S	7 14 21 28	S	5 12 19 26

1988

	JANVIER		FÉVRIER		MARS		AVRIL
D	3 10 17 24 31	D	7 14 21 28	D	6 13 20 27	D	3 10 17 24
L	4 11 18 25	L	1 8 15 22 29	L	7 14 21 28	L	4 11 18 25
M	5 12 19 26	M	2 9 16 23	M	1 8 15 22 29	M	5 12 19 26
M	6 13 20 27	M	3 10 17 24	M	2 9 16 23 30	M	6 13 20 27
J	7 14 21 28	J	4 11 18 25	J	3 10 17 24 31	J	7 14 21 28
V	1 8 15 22 29	V	5 12 19 26	V	4 11 18 25	V	1 8 15 22 29
S	2 9 16 23 30	S	6 13 20 27	S	5 12 19 26	S	2 9 16 23 30

	MAI		JUIN		JUILLET		AOÛT
D	1 8 15 22 29	D	5 12 19 26	D	3 10 17 24 31	D	7 14 21 28
L	2 9 16 23 30	L	6 13 20 27	L	4 11 18 25	L	1 8 15 22 29
M	3 10 17 24 31	M	7 14 21 28	M	5 12 19 26	M	2 9 16 23 30
M	4 11 18 25	M	1 8 15 22 29	M	6 13 20 27	M	3 10 17 24 31
J	5 12 19 26	J	2 9 16 23 30	J	7 14 21 28	J	4 11 18 25
V	6 13 20 27	V	3 10 17 24	V	1 8 15 22 29	V	5 12 19 26
S	7 14 21 28	S	4 11 18 25	S	2 9 16 23 30	S	6 13 20 27

	SEPTEMBRE		OCTOBRE		NOVEMBRE		DÉCEMBRE
D	4 11 18 25	D	2 9 16 23 30	D	6 13 20 27	D	4 11 18 25
L	5 12 19 26	L	3 10 17 24 31	L	7 14 21 28	L	5 12 19 26
M	6 13 20 27	M	4 11 18 25	M	1 8 15 22 29	M	6 13 20 27
M	7 14 21 28	M	5 12 19 26	M	2 9 16 23 30	M	7 14 21 28
J	1 8 15 22 29	J	6 13 20 27	J	3 10 17 24	J	1 8 15 22 29
V	2 9 16 23 30	V	7 14 21 28	V	4 11 18 25	V	2 9 16 23 30
S	3 10 17 24	S	1 8 15 22 29	S	5 12 19 26	S	3 10 17 24 31

Et pour cette chouette collection, plein d'amis nous ont aidés :

Catherine Allier
Chantal Barre
René Baudoin
Hassan Benghabrit
Francine Benhamou
Francine Boura
Alain Bourrillon
Kirsten Branum-Burn
Sylvie Braun
Sylvie Brod
Pierre Brouwers
Joe Byrne
Justo Eduardo Caballero
Manuelo Calvo
Bénédicte Charmetant
Nicole Chartier
Constantin Chryssotalis
Andréa Contessi
Marjatta Crouzet
Roger Darmon
Anne-France Dautheville
Marie-Clothilde Debieuvre
Jean-Pierre Delgado
Martine Denisot
Catherine Domain
Sophie Duval
François Eldin
Eric Fihey
Guy François
Leonor Fry
Hubert Gloaguen
Jean-Pierre Godeaut
Isabelle Grégoire
Jean-Marc Guermont
Anne et Bernard Hilaire
Anna Iliokratidou
Elia Imberdis
François Jouffa
John King
Michel Lacroix
Gérard et Monique Ladant

Benoît, Christian Larrieu
et Christine
Nadine Laurent
Alexandre Lazareff
Denis et Sophie Lebègue
Ingrid Lecander
Christine Le Diraison et Joël
Raymond et Carine
Lehideux-Vernimen
Martine Levens
Mary Lippens
Doris Lokke
Benoît Lucchini
F.X. Magny et Pascale
Les frères Marreau
Maria Helena Mora
Irène Muhl
Helena Nahon
Jean-Paul Nail
Béatrice Napoléon
Jean-Pascal Naudet
Jorge Partida
Laurent et Line Penchennier
Jean-Pierre Picon
Catherine Ronchi
Jean-Claude Rouet
Claude Rouquier
Patrick Rubise
Tahar Saihi
Fihey M. Sassi
Jean-Luc et Antigone Schilling
Patrick Ségal
Charles Silberman
José Antonio da Silva
Christine Simon
William M. Tappé
Claire Thollot
Roland Tolmatchoff
Claude Vaché
Yvonne Vassart
Carmen Zamorano

Pour ce guide, nous remercions tout particulièrement :

Marie Bersot
Dominique Charpentier
Danielle Corne et Jean
Marie-Pierre Driot
Jacqueline et Maurice Josse

Pierre Jouhaud
Victor Lévy-Perrault
Jacques Soncin
Geneviève Vivarès

Direction : Adélaïde Barbey

Édition : Marie-Pierre Levallois et Armelle de Moucheron

Secrétariat d'édition : Yankel Mandel

Cartographie : René Pineau et Alain Mirande

Fabrication : Bernard Péronnet et Françoise Jolivot

Relations commerciales : Patrick de Panthou

Relations avec la presse : Catherine Broders et Martine Leroy

ROUTARDS DU MONDE ENTIER, AIR HAVAS VOUS GUIDE VERS LES PRIX BAS.

Des petits prix pour 180 Destinations

Les voyages forment la jeunesse. Mais les prix, souvent, la rebutent. C'est pourquoi Air Havas se bat continuellement pour leur obtenir les meilleurs tarifs sur vols charters. Et cela, tout au long de l'année, sur quelque 180 destinations internationales. Air Havas, c'est des prix qui volent loin, mais bas !

HCM

AIR HAVAS
EN VENTE DANS LES 248 AGENCES HAVAS VOYAGES.

LA PROVENCE-CÔTE D'AZUR

Un peu une gageure d'écrire un « Routard » sur la Provence-Côte d'Azur, non ? La Côte d'Azur étant depuis longtemps dégradée par le tourisme, défigurée par les promoteurs et transformée en un immense parking pour voitures et foules luisantes et rôtissantes...

Quant à la Haute-Provence, colonisée par les riches Allemands, Hollandais et Anglais, avec ses villages d'opérette trop bien léchés, laisse-t-elle encore de la place aux « vulgus touristus » et aux amoureux de la nature et des vieilles pierres ? Sans compter qu'il aura fallu économiser pendant dix ans pour s'y payer trois semaines de vacances... Bref, dans quelle galère se sont-ils embarqués cette fois-ci ?

Pour nous, en vérité, comme pour l'édition sur Paris, ce fut un nouveau pari : prouver qu'au-delà du pire il subsiste des zones miraculeusement préservées, des villages adorables où lorsqu'un autochtone vous dit bonjour avec un gracieux sourire, des dollars n'apparaissent pas au fond de ses yeux, des p'tits restos servant la même gentille hospitalité et généreuse nourriture depuis des siècles, des hôtels ne provoquant pas d'hémorragie au porte-monnaie... De plus, ce ciel insolemment bleu, cette luminosité qui fascinèrent Renoir, Van Gogh, Bonnard et Cézanne, subsistent toujours et les pluies acides n'ont pas encore pointé le bout de leurs gouttes...

Terre de contrastes géographiques, la Provence-Côte-d'Azur offre, en outre, une quantité invraisemblable de paysages différents et la possibilité d'itinéraires géniaux. Il existe une Provence qui appartient encore aux curieux, à tous ceux qui savent sortir des sentiers battus. Vagabondage presque obligatoire donc, aux moments les mieux choisis. Venez donc, si vous en avez l'occasion, savourer Saint-Trop au mois de mai. Et puis, si l'été devient pour vous synonyme d'enfer sur la côte, réfugiez-vous dans l'arrière-pays. Forêts inconnues aux riches senteurs aromatiques, routes ne connaissant guère que la camionnette de la poste locale, pittoresques villages haut perchés et champs de lavande vous attendent, tout étonnés que vous ne soyez pas encore là !

Comment y aller ?

● Par la route

— Par la classique *N 7*. Bouchons en prime lors des grandes migrations estivales. Info route : 91-78-78-78.

— Par l'*autoroute* : de Lille à Menton, le long ruban de l'autoroute du Soleil vous y amène directement, avec cependant une inévitable petite saignée au portefeuille.

— Si vous n'êtes pas trop pressé, nous vous engageons vivement à quitter l'autoroute pour rejoindre la destination de votre choix par l'un des adorables itinéraires qui constellent le centre de la Provence :

● En sortant à la hauteur de Montélimar, on traverse le Tricastin, région des bons côtes-du-rhône, par Valréas, Nyons, Vaison-la-Romaine avant de découvrir les monts du Ventoux, le Lubéron, etc.

● A la sortie d'Avignon ou de Cavaillon, on accède de suite au merveilleux Lubéron (Gordes, l'abbaye de Sénanque). Pour gagner le Var et les Alpes-Maritimes, aussi, par la basse vallée de la Durance, Barjols, Cotignac, Lorgues, Draguignan en zigzaguant par les villages haut perchés.

● Superbe itinéraire depuis Grenoble en traversant les Alpes par la *route Napoléon* (la N 85) : Digne, Castellane, Grasse, etc.

● Par le train

— Le couloir rhodanien, les Bouches-du-Rhône, le Var et les Alpes-Maritimes sont très fréquemment desservis par le train, avec de nombreuses liaisons en car pour les villes et villages de l'intérieur. Principales villes sur le parcours : Orange-Avignon-Marseille-Cassis-Bandol-Toulon-Hyères-Fréjus-Cannes-Antibes-Nice-Menton. Par le T.G.V., Marseille n'est désormais qu'à 4 h 40 de Paris. Renseignements : 45-82-50-50.

— Peu de lignes intérieures. Essentiellement Marseille-Aix-Manosque-Digne et le célèbre *train des Pignes* de Nice à Digne, à travers de superbes paysages (voir plus loin).

Cannes 0 h 30

La ville où le 1.000ᵉ invité d'un symposium informatique rejoint la chambre où dormit Alfred Hitchcock.

C'est étonnant, c'est Cannes.

Festival international du film, informatique, automobile, télécommunications, énergie, mécénat, beauté, publicité, danse, astrologie, programmes T.V., médecine, sponsoring, vidéo, 5.000 m² de ville informatique dans le Palais des Festivals et plus de 200 marchés et congrès. Documentation gratuite sur simple demande à la Direction Générale du Tourisme.

— Possibilité de mettre votre voiture ou moto sur le train afin de vous éviter des heures de conduite, et de voyager en couchette jusqu'à Avignon, Marseille, Toulon, Fréjus-Saint-Raphaël et Nice. Autre formule : vous voyagez par le train de votre choix et vous retrouvez votre voiture à l'arrivée, transportée par un autre train. Renseignements : 45-82-50-50.

— Le service *train + auto* : la S.N.C.F. vous assure la réservation d'une voiture de location à l'arrivée des gares les plus importantes et dans les agences *Budget*.

— Possibilité de voyager de façon très agréable sur certains trains touristiques, (notamment sur le parcours Lyon-Nice avec l'*Alpe-Azur* et de Paris à Marseille avec le *Cévenol* à travers l'Auvergne et les Cévennes). Animation assurée à bord (films, jeux, spectacles) et beaux paysages garantis.

— Pour les jeunes, conditions tarifaires intéressantes. Pour ceux de 12 à 26 ans, la *Carte Jeune* propose 50 % de réduction du 1er juin au 30 septembre. Seule condition : que le voyage débute en période bleue. Le petit plus : couchette gratuite et deux nuits gratuites dans les *Points d'Accueil Jeunes*.
Le *Carré jeune* propose, quant à lui, quatre voyages à parcours simple avec une réduction de 50 % pour les départs en période bleue et de 20 % en période blanche.

— La carte *Couple-famille* donne droit à 50 % de réduction à partir de la deuxième personne (la première payant plein tarif). Là aussi, le trajet doit débuter en période bleue (ou blanche à partir de trois personnes).

● **Par avion**

— Avec *Air France* : vols-vacances à 960 F aller et retour sur Nice. Un prix vraiment intéressant. Renseignements au 45-35-61-61 et dans les agences de voyages. Valable un mois. Obligation de passer la nuit du samedi et du dimanche sur le lieu de destination. On ne peut changer les dates.

— Avec *Air Inter* : sur Marseille, Toulon et Nice (sur cette dernière ville en pool avec Air France). Pour les moins de 25 ans, les plus de 60 ans et les familles, réduction de 50 % sur le tarif économique normal (vols bleus uniquement).

La gastronomie méridionale

Une cuisine riche et délicieuse à base d'huile d'olive, d'herbes odorantes, d'ail et divers aromates. A signaler : à part ceux de la bouillabaisse et quelques variétés locales, les poissons que vous mangerez ne proviennent pas de la Méditerranée (ce qui ne les empêche pas d'être fort bien accommodés). Voici les spécialités les plus savoureuses dont les effluves viendront sans cesse titiller vos narines :

— La *bouillabaisse* : à tout seigneur, tout honneur. Au moins 12 poissons dans une soupe parfumée. D'abord plat des pauvres, il est devenu celui des très riches. Compter au minimum 120 F. En dessous de ce prix, la bouillabaisse sera éventuellement bonne au goût mais ne méritera pas son nom, car il y aura fort peu de poissons de roche et beaucoup de congelé. La rareté des poissons (rascasse, loup, rouget de roche, etc.) entrant dans la composition de la bouillabaisse et la quantité limitée que l'on peut en pêcher expliquent d'ailleurs le prix élevé de ce mets. Le poisson doit évidemment être très frais et le safran mis dans le bouillon de bonne qualité. Pour accompagner la bouillabaisse, une sauce onctueuse et épicée, la rouille, et des croûtons grillés.

— La *bourride* est un genre de bouillabaisse, un peu moins chère, avec des poissons blancs (mulet, baudroie, merlan) et servie surtout avec l'aïoli.

— L'*aïoli* : sorte de mayonnaise à l'ail (et sans moutarde), plutôt épaisse et très parfumée.

— L'*anchoïade* : purée d'anchois, mélangée à de l'huile d'olive et des câpres, très onctueuse au goût.

— Le *bœuf en daube* : morceaux de bœuf cuits à l'huile d'olive avec du lard et des oignons, de l'ail et des aromates, servis avec une sauce au vin rouge.

— Le *gnocchi* : contrairement à une idée répandue, ce délicieux chausson fourré de pommes de terre avec de la béchamel, couvert de fromage râpé et gratiné au four, est d'origine niçoise et non italienne.

— Les *grenouilles à la provençale* : grillées dans l'huile avec de l'ail après avoir été roulées dans de la farine.

— Le *lapin à la provençale* : cuit au vin blanc, à tout petit feu, avec de l'ail, de la moutarde, aromates et tomates.

— Le *loup au fenouil* : un des rois de la table provençale. Appelé « bar » dans d'autres régions. Se prépare principalement grillé avec du fenouil ou farci.

BIENVENUE DANS L'INFINI PAYS D'AZUR.

Bleu comme la mer et le ciel, **vert** comme les forêts et les collines de l'arrière-pays, **rose** comme les vieux villages perchés et les ruines romaines, **blanc** comme la neige de 1000 à 3000 mètres et les pistes de ski de 17 stations...

Pailleté d'or enfin comme une nuit de fête, un feu d'artifice ou les étoiles d'un palace... La Riviéra Côte d'Azur est heureuse de vous accueillir.

Aucun autre pays au monde ne peut vous offrir une telle palette de couleurs, de paysages, de loisirs... si proches les uns des autres.

TOUTE L'ANNÉE SUR UN RYTHME DE FÊTE

Avec plus de 100 manifestations folkloriques, plus de 20 festivals internationaux... Du carnaval au cinéma, du jazz à la musique sacrée, du tennis à la formule 1. Il y en a pour tous les goûts, toutes les passions.

TOUS LES SPORTS A VOLONTÉ

Vive le seul endroit au monde où vous pouvez faire du ski le matin et de la voile l'après-midi... Et tous les autres sports quand vous en avez envie !

UNE INVITATION PERMANENTE A LA DÉTENTE

Musées, opéras, théâtres, spectacles de variétés, discothèques, Marineland... Il y a aussi les excursions innombrables, ou les visites aux artisans (beaucoup organisent des stages : renseignez-vous !)

DES PALACES INTERNATIONAUX AU CAMPING A LA FERME

Vous trouverez au pays d'azur toutes les formes d'accueil et d'hébergement possibles. Pour toutes les bourses : hôtels toutes catégories, hôtellerie familiale, gîtes ruraux, chambres d'hôte, relais et centres de jeunesse, gîtes équestres, refuges de montagne terrains de camping-caravaning, etc...

GOUTEZ A TOUT !

Découvrez dans les petits bistrots traditionnels le "pistou" l'anchoïade, la pissaladiera, la socca, le pan bagnat et... les vins locaux.

Pour tous renseignements :
COMITE REGIONAL DU TOURISME : 55, promenade des Anglais 06000 Nice
Tél. 93 44 50 59

UNION DEPARTEMENTALE DES SYNDICATS D'INITIATIVE ET OFFICE DE TOURISME :
2, rue Deloye 06000 Nice

RELAIS DES GITES DE FRANCE DES ALPES MARITIMES : 55, promenade des Anglais
06000 Nice - Tél. 93 44 39 39

CENTRE D'INFORMATION JEUNESSE :
Esplanade des Victoires
06300 Nice - Tél. 93 80 93 93

HOTEL LOGIS DE FRANCE :
55, promenade des Anglais
06000 Nice - Tél. 93 44 70 70

RIVIERA
CÔTE D'AZUR
L'INFINI PAYS D'AZUR

— Le *pan bagnat* : typiquement niçois. Gros sandwich bourré d'anchois, tomates et câpres. Le tout arrosé d'huile d'olive.

— Les *pieds et paquets* : vous ferez des pieds et des mains pour ces tripes à la
marseillaise (alliées à des pieds de mouton), farcies et cuites à petit feu dans du
vin blanc avec des oignons, carottes et lard. Hum !!

— La *pissaladière* : spécialité niçoise, genre de tarte à l'oignon, garnie également d'anchois et d'olives.

— La *soupe au pistou* : un des temps forts de la cuisine provençale. Soupe aux
légumes parfumée avec une pâte composée de basilic et d'ail pilés dans de l'huile
d'olive.

— La *ratatouille niçoise* : un plat sain, léger, parfumé et économique. Courgettes, aubergines, tomates, parfois poivrons et ail ou oignons, herbes de Provence,
le tout cuit à l'eau et revenu à l'huile. Délicieux froid également.

— Les *raviolis* : niçois aussi, alors qu'on les croit généralement italiens. Genre
de gros carrés de pâte farcis à la viande ou aux légumes et qu'on fait cuire à l'eau.
Encore meilleurs fabriqués maison et vendus frais dans certaines boutiques spécialisées.

— La *rouille* : le complice indispensable de la bouillabaisse. Piments rouges,
frais, écrasés avec de l'ail, auxquels on ajoute de l'huile d'olive, un peu de mie de
pain et du bouillon de la bouillabaisse.

— La *salade niçoise* : à savourer quand il fait trop chaud et qu'on veut manger
bon et léger. Salade de poivrons verts effilés, quartiers de tomates, filets
d'anchois, radis, œufs, feuilles de salade, etc. Le tout arrosé d'huile d'olive (et en
principe pas de vinaigre).

— Le *stockfish* : morue séchée détrempée assez longtemps, puis cuisinée au
vin blanc avec tomates, oignons et (bien sûr) de l'ail.

— Les *suppions* : petites seiches roulées dans la farine, puis frites à l'huile.

— La *tapenade* : purée d'olives noires et de câpres mélangée à l'huile d'olive.
Délicieuse sur des tartines grillées.

Les boissons

● *Les vins* : ceux de Provence sont connus et appréciés depuis l'Antiquité. On
trouve d'abord les *côtes-du-rhône*. Hors Provence, quelques grands vignobles le
long du Rhône, de Valence à Vienne (Crozes-Hermitage, Saint-Joseph). L'essentiel des cépages s'étend en fait dans un triangle formé par Valréas, Pont-Saint-
Esprit et Avignon. Le « pape » du côtes-du-rhône c'est bien évidemment le *châteauneuf-du-pape*, vin corsé, charpenté, au bouquet puissant et complexe,
accompagnant parfaitement les viandes rouges, le gibier et les fromages à pâte
fermentée (en toute modestie, on s'y connaît !).

Sinon, on conseille le petit côtes-du-rhône sympa de la région de Valréas. Plus
particulièrement celui produit par la cave coopérative de Saint-Pantaléon-les-
Vignes et Rousset-les-Vignes, sur la route de Nyons à Valréas. Le petit vin produit dans le coin de Vinsobres est également bien gouleyant.

Plus au sud, quelques vignobles célèbres aussi : Gigondas, Vacqueyras, etc.
Et puis des vins doux naturels : le *muscat de Beaumes-de-Venise*, aromatique et
fruité, produit du curieux terroir des Dentelles de Montmirail. Le *rasteau*, quant à
lui, provient du nord du Vaucluse.

Viennent ensuite les *côtes-de-provence*, connus surtout pour le rosé et sa bouteille si caractéristique. Ici pas de grands noms, pas de grands crus, mais des vins
agréables qui se laissent boire. Malheureusement, depuis quelque temps, on en
produit beaucoup, beaucoup trop. Certains rosés ne sont buvables que glacés et
on ne sait même plus ce que l'on boit. En revanche, le *vin blanc de Cassis* ne
déçoit jamais et accompagne à merveille les poissons et la bouillabaisse.

Un bon côtes-de-provence rouge, quant à lui, s'accorde parfaitement avec pâtés
et gibiers. Le *bandol*, qu'on voit peu sur les tables en France, est un excellent
A.O.C. qui mérite d'être découvert. Il a besoin de vieillir. Et puis, il
reste la panoplie des petits vins de pays : les côtes-du-ventoux, côtes-du-
lubéron, etc.

● *Le pastis* : apéritif à base d'anis. Le « pastaga » est un véritable rite à midi et
après le boulot. Les conversations s'échauffent vite à partir du quatrième. Le
rituel consiste à dire quand votre tour arrive : « C'est la mienne. » Au fait, en voici
les ingrédients : environ 50 g d'anis vert, une demi-gousse de vanille, de la
cannelle et un litre d'alcool à 90°. Une « momie » est un tout petit verre de pastis

Vivez vos week-ends
et vos vacances d'HIVER et d'ÉTÉ en FRANCE

Hors des grandes villes, avec les rapports qualité-prix les plus intéressants grâce aux Guides FIVEDIT 1987

— Guide "Vacances à la Neige" Rhône-Alpes **49 F**
1 400 adresses choisies de locations et chambres d'hôtes dans la plus grande région européenne de ski alpin et nordique.

— Guide "Tourisme Vert Sud-Ouest" **80 F**
Près de 5 000 adresses en Aquitaine et Midi-Pyrénées pour toutes les formes de tourisme à la campagne.

— Guide "Logis et Auberges de France" **43 F**
4 600 hôtels-restaurants dans 93 départements : la 1re chaîne hôtelière mondiale !

— Guide "Gîtes Ruraux" des Gîtes de France **59,50 F**
2 000 adresses de locations avec photos dans toute la campagne française.

— Guide "Chambres d'Hôtes" des Gîtes de France **59,50 F**
6 000 chambres d'hôtes, 600 tables d'hôtes d'un bout à l'autre de la France.

— Guide "Camping à la Ferme" des Gîtes de France **39,50 F**
900 campings - 400 gîtes d'étape dans toute la France.

— Guide "Gîtes d'Enfants" des Gîtes de France **39,50 F**
400 familles d'accueil à la campagne.

EN VENTE EN LIBRAIRIES - MAISON DE LA PRESSE - RAYONS SPECIALISES GRANDES SURFACES ET GRANDS MAGASINS FRANCE, GRANDE BRETAGNE, BELGIQUE, PAYS-BAS, ALLEMAGNE, ITALIE, SUISSE, CANADA, U.S.A.

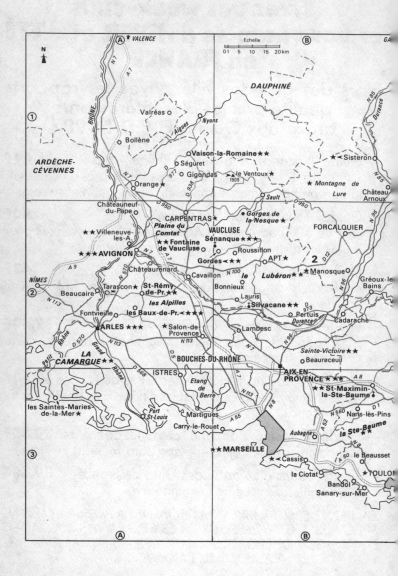

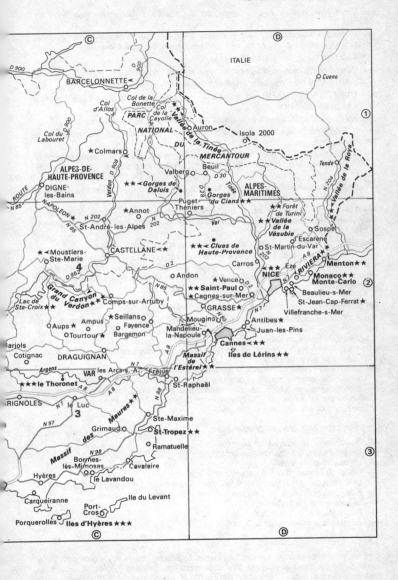

(presque un dé à coudre) qui permet de tenir plus longtemps. Goûter à certains mélanges harmonieux : avec du sirop de menthe (un « perroquet »), avec de la grenadine (une « tomate ») et avec du sirop d'orgeat (une « mauresque »).

Quelques dates importantes

— **VIᵉ siècle avant J.-C.** : fondation de *Massalia* (Marseille) par les Phocéens.

— **Iᵉʳ siècle avant J.-C.** : les Romains affirment leur présence en Provence, construisant villes, ports et voies routières. Arles détrône Marseille.

— **413** : invasion des Barbares.

— **IXᵉ siècle** : création du premier royaume de Provence.

— **XIVᵉ siècle** : les papes s'installent à Avignon pour 70 ans.

— **1481** : la Provence devient française, à l'exception de la Savoie, de Monaco et du comtat Venaissin.

— **XVIIᵉ siècle** : Richelieu puis Louis XIV renforcent le pouvoir central.

— **1720** : terrible peste qui décime la population. Marseille perd la moitié de ses habitants.

— **1789** : la province, avec à sa tête Mirabeau, n'est pas la dernière à participer à la Révolution. Avec l'instauration des départements disparaît l'ancienne Provence.

— **1815** : Napoléon débarque de l'île d'Elbe et emprunte, par Grasse, Digne et Gap, la route dite Napoléon.

— **1848** et **1851** : de nombreuses villes provençales manifestent de profonds sentiments républicains, à l'occasion de la Révolution d'abord, puis lors du coup d'État de Napoléon III.

— **1854** : fondation du félibrige, mouvement régionaliste culturel.

— **1860** : le comté de Nice et la Savoie sont rattachés à la France, en échange de l'intervention de Napoléon III en faveur de l'unité italienne contre les Autrichiens. L'année suivante, Menton et Roquebrune sont rachetés à la principauté monégasque.

Le félibrige

Au XIXᵉ siècle, un mouvement régionaliste, le félibrige, se créa pour lutter contre l'avancée du français et promouvoir la culture et la langue provençales. En fait, il s'agissait de lutter contre le mépris dans lequel les « gens du Nord » et les enseignants tenaient le patois (les élèves recevaient des coups de règle sur les doigts s'ils parlaient en provençal).

Le grand poète *Frédéric Mistral* dirigea le mouvement. Celui-ci gagna au début un certain crédit, notamment lorsque Mistral obtint son prix Nobel en 1904, mais périclita pour avoir refusé de s'intéresser aux problèmes économiques et aux réalités sociales. Ainsi, en 1907, le félibrige rata-t-il le coche en ne soutenant pas le fameux mouvement des vignerons.

Petit vocabulaire franco-provençal

— *Peuchère !* : le pôvre ! oh pôvre !
— Un *pitchoun*, un *miston* : un enfant.
— Le *cagnard* : le soleil.
— *Boudiou !* : exclamation exprimant la surprise.
— Une *coucourde* : légume typique. Par extension, quelqu'un de bête.
— *Être ensuqué* : être un peu fatigué, avoir la gueule de bois.
— La *castagne* : la bagarre.
— *Lou capeou* : le chapeau.
— *Escagasser* : se casser la figure.

Té, tu tires ou tu pointes !

La pétanque (de l'occitan *pé*, pied, et *tanco*, fixé au sol) est le jeu le plus populaire du Midi. Se joue par équipe de deux (doublette) ou de trois (triplette). On utilise des boules métalliques mesurant de 7,05 à 8 cm de diamètre et pesant entre 0,620 et 0,800 kg. Le jeu consiste à « pointer », c'est-à-dire à expédier sa boule le plus près possible d'une grosse bille en bois appelée « cochonnet ». En principe, on joue les pieds immobiles sur une distance d'environ 10 m. En Provence,

Les pickpockets courent les rues,
pas les bonnes idées...

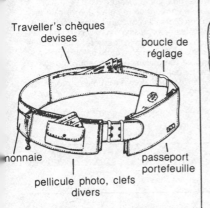

Traveller's chèques devises

boucle de réglage

monnaie

passeport portefeuille

pellicule photo, clefs divers

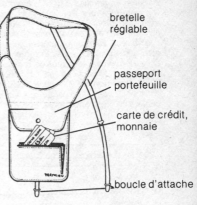

bretelle réglable

passeport portefeuille

carte de crédit, monnaie

boucle d'attache

La Ceinture Multipoches :

Indispensable en voyage, vacances C'est la ceinture du globe-trotter adoptée par les concurrents du rallye Paris-Dakar. C'est la meilleure protection contre la perte et le vol. Existe en toile ou en cuir.

Le Holster-Wallet :

Inspiré du modèle Police, mais plus pacifique. Pour papier et argent seulement. Très confortable et absolument invisible sous une veste ou un blouson. Existe en toile et en cuir.

TREKKING c'est aussi une gamme complète d'articles de voyage, randonnée (sac à dos, valises, sacs ...). En vente dans les magasins d'articles de voyages ou par correspondance.

cette distance peut être supérieure à 10 m et les joueurs sont autorisés à bouger : c'est la « longue ». Si l'on a trop bien « pointé », l'adversaire doit alors « tirer », c'est-à-dire chasser en la frappant la boule trop bien placée. Parfois, les grands tireurs réussissent même à vider la boule adverse en prenant sa place. Ça s'appelle « faire un carreau ».

Les santons de Provence

Les santons (de *santoun*, petit saint en provençal) sont des figurines de terre cuite peinte servant à orner les crèches de Noël. La Provence connut une longue tradition de crèches d'église, avec parfois des sujets vivants.

C'est la Révolution française qui popularisa involontairement les santons en fermant les églises. Un fabricant de statues de Marseille eut alors l'idée de fabriquer en série des santons bon marché pour que les gens puissent installer des crèches chez eux. A côté des figurines classiques (sainte Famille, bergers, rois mages, etc.) on trouvait tous les personnages de la vie villageoise et du folklore provençaux : le paysan, le joueur de tambourin, le rémouleur, le marchand de gallines (de poules), le pêcheur, le marchand de pistaches, etc.

L'art du santon de Provence connut son apogée dans la première moitié du XIXe siècle, ce qui explique que les costumes des personnages datent pour la plupart de cette époque.

LA VALLÉE DU RHÔNE ET LA HAUTE-PROVENCE

LE TRICASTIN ───────────────────────────────

Faut-il parler d'un territoire ? Il ne couvre que 30 km², et nous sommes ici dans la Drôme, avec l'enclave de Valréas (Vaucluse), reliquat des possessions des papes d'Avignon. Mieux vaut parler d'un terroir, car l'unité du lieu, si elle n'est même pas géographique, se fait autour du côtes-du-rhône. Celui-ci trouve sa consécration au château de Suze-la-Rousse. En effet, depuis quelques années, il abrite une université du vin très courue par les professionnels. On y enseigne des sujets très divers, allant du séminaire sur « comment définir une ligne d'embouteillage », jusqu'à l'apprentissage de la dégustation et à... son perfectionnement ! Vous pouvez éventuellement y aller en tant qu'amateur, ou dans le cadre de la formation permanente (à vous de justifier le but et le coût de la formation). Original : la salle de dégustation est aménagée dans une chapelle. Pourtant le côtes-du-rhône n'a rien du vin de messe !

A voir

Essentiellement, les villages et châteaux suivants :

● *Suze-la-Rousse :* lire l'introduction ci-dessus. Allez visiter le formidable château dont la terrasse donne l'impression, vue de loin (en direction de Rochegude), de dépasser en hauteur le relief voisin. Belle cour d'honneur.

● *Saint-Restitut :* joli panorama et très belle église romane.

● *Saint-Paul-Trois-Châteaux :* le plus intéressant n'est pas l'usine GERFLOR (sauf pour les spécialistes du plastique ou du revêtement de sol), qui borde l'autoroute et affiche l'heure et la température, mais la très belle église romane.

● *Clansayes :* pour son panorama sur le Tricastin, plus que pour le village lui-même. À noter, pour les archéologues, des recherches menées depuis 1968, qui ont contribué à démontrer que la civilisation de l'outil était prémégalithique et datait au moins de 6 000 ans avant Jésus-Christ.

● *La Garde-Adhémar :* là aussi, église romane et beau paysage. Les ruines du château, dû à un berger qui devint ambassadeur et général des galères, sont des vestiges du XVIe s.

● *Grignan :* au centre du Tricastin, la ville et le château s'échelonnent sur la roche en éperon. Le château, où vécut la marquise de Sévigné, se dresse, fier et noble, face au sud et au mistral. Pour la petite histoire, ledit mistral faisait voler en éclats les vitres du château, à l'époque de la marquise. Comme quoi, la fierté et la noblesse, cela se paie ! La visite du château, acquis et très récemment restauré par le département de la Drôme, dure trois quarts d'heure et permet d'admirer le mobilier de l'époque.

● *Richerenches :* dans le village, une enceinte enclôt un vieux village magnifique. Pour les amateurs, Richerenches est un centre truffier important.

● *Valréas :* la vieille ville vous charmera, avec, notamment, le portail de l'église et le palais de Simiane. Festival au château, l'été. Si vous y passez à la Saint-Jean (le 24 juin) vous verrez la procession du petit Saint-Jean et sa ferveur villageoise.

● *Rousset-les-Vignes :* un peu à l'écart de la route Valréas-Nyons, dominé par un petit château, un adorable village niché sur une colline. Entièrement classé monument historique.
Dans le village, croquignolette église à campanile et, à côté, prieuré avec une jolie façade Renaissance.

Où manger dans le coin ?

— *Au Charbonellon :* à Rousset-les-Vignes, rue principale (sortie est). Les propriétaires, d'anciens Parisiens, ont retapé une maison et ouvert ce resto avec une seule et intime salle. Le patron cuisine (c'est un pro) et la patronne accueille (avec le sourire). La carte évolue suivant le marché. Tartes délicieuses. Rapport qualité-prix au-dessus de la moyenne. Menus à 70 et 100 F.
— *Auberge du Prieuré :* à Vinsobres. Ce village, qui possède un nom curieux pour la région, produit un des meilleurs côtes-du-rhône. Située au sud de Rousset-les-Vignes, sur la D619 venant de la D538 et sur la D46 et D190 venant de Valréas, l'auberge prodigue une excellente cuisine, dans une douce atmosphère B.C.B.G. de campagne, mais sans prétention. Carte des vins très respectable et petit menu abordable.

ORANGE

Orange nous a donné un prince, Guillaume, dit le Taciturne, qui laissa cette maxime célèbre : « Il n'est pas nécessaire d'espérer pour entreprendre, ni de réussir pour persévérer. »
Orange fut une ville romaine importante. Subsistent encore son arc de triomphe et son théâtre. Le reste (un magnifique gymnase de 400 m de long sur 80 m de large, des temples, etc.) a disparu sous les coups successifs des Wisigoths puis... d'un membre de la famille d'Orange-Nassau qui utilisa au XVIIe siècle les pierres romaines pour construire des remparts autour de la ville, ainsi qu'un château fort. Sous Louis XIV, en guerre contre les Pays-Bas (gouvernés par la famille d'Orange-Nassau), le comte de Grignan (gendre de Mme de Sévigné) s'empara de la ville et démolit les fortifications. Fin de l'histoire, et des pierres romaines.
Quant aux souverains hollandais, ils sont toujours princes d'Orange.

Adresses utiles

— *Office du tourisme :* place des Frères-Mounet. Tél. : 90-34-70-88.
— *S.N.C.F.* Tél. : 90-34-01-44 et 90-34-17-82. De Paris, seuls les trains de nuit s'arrêtent à Orange. Sinon, il faut changer à Avignon.
— *Gare routière :* av. Frédéric-Mistral. Tél. : 90-34-15-59.

Où dormir ?

● *Pas cher*

— *Hôtel Fréau :* 13, rue de l'Ancien-Collège. Tél. : 90-34-06-26. De 54 à 100 F la double, de l'eau courante au bain. Bien que ne payant pas de mine du dehors, cette vieille maison à l'escalier pavé de carreaux provençaux cache une atmosphère familiale que vous apprécierez. D'ailleurs la clientèle se compose d'habitués. N'oubliez pas de retenir.

— *Hôtel Saint-Florent :* 4, rue du Mazeau. Tél. : 90-34-18-53. 90 F la double avec douche. C'est gentiment vieillot, version bien conservée.
— *Le Petit Saint-Jean :* 7, cours Pourtoules. Tél. : 90-34-08-40. 16 chambres de 78 à 123 F la double. L'hôtel affiche son classement par le panneau du Touring Club. L'événement (1955) date de la même époque que le bar d'en bas. Avis aux nostalgiques du formica. Chambres correctes. Du menu à 46 F émerge en entrée la terrine de campagne aux cailles vauclusiennes. Essayez-la, suivie d'une brochette de poisson.

● **Assez bon marché**

— *Les Arts :* 1, cours Pourtoules. Tél. : 90-34-01-88. 124 F la double avec douche, 148 F avec salle de bains. Hôtel bien réaménagé, avec de grandes chambres donnant sur une terrasse fleurie, au calme.
— *Le Glacier :* 46, cours Aristide-Briand. Tél. : 90-34-02-01. De 96 F la double avec lavabo à 160 F avec bains. Petit déjeuner : 16 F. Hôtel très confortable et très bien tenu, chambres spacieuses. Cette adresse constitue sûrement le meilleur rapport qualité-prix d'Orange. D'ailleurs, les musiciens (du festival) y sont souvent hébergés.
— *Hôtel des Arènes :* place de Langes. Tél. : 90-34-10-95. De 164 F la double à 220 F avec bains. Petit déjeuner : 18 F. Garage (on est dans le centre) : 25 F. On peut aussi se garer sur le cours A.-Briand. L'hôtel est confortable, avec de vastes chambres. Les parties communes sont même luxueuses. Les deux chambres qui sont dans l'annexe sont un peu moins bien que les autres.

● **Campings**

— *Camping municipal :* colline Saint-Eutrope. Tél. : 90-34-09-22. Ouvert du 15 mars au 31 octobre.
— *Camping le Jonquier :* rue Alexis-Carret. Tél. : 90-34-19-83. Ouvert du 15 mars au 31 octobre. Plus confortable que le précédent. Au nord-ouest de la ville. Bon marché. Jeux pour enfants, tennis et poneys.

Où manger ?

● **Bon marché**

— *Le Yacca :* 24, place Silvain. Tél. : 90-34-70-03. Près du théâtre, sur son côté droit. Les pierres et les poutres discrètes, bien qu'apparentes, n'écrasent pas l'effort de décoration : cadre intime et agréable, avec de jolis tableaux aux murs et de petits vases aux fleurs fraîches sur chaque table. Le menu, d'un prix de base de 58 F, donne le choix entre une dizaine d'entrées, autant de plats et de desserts. Quelques suppléments peuvent faire grimper l'addition autour de 80 F. Goûter particulièrement la terrine maison de foies de volaille à la confiture d'oignons, ou l'assiette de poissons fumés à la scandinave (+ 5 F), puis la mousseline aux trois poissons et sauce aux moules, ou la fantaisie de poissons et sauce Joinville (+ 10 F), ou la brochette de filet mignon au citron. Délicieuse coupe Yacca : à moins que vous ne succombiez devant la table de pâtisseries. N'hésitez pas alors à prendre une part de gâteau au chocolat.
— *Au Bec Fin :* 14, rue Segond-Weber (face au théâtre). Tél. : 90-34-14-76. Les tables prennent toute la rue, très étroite. A l'intérieur, le cadre est soigné. Pour 58 F, vous pourrez sélectionner la poutargue provençale ou le melon du pays, la brochette grillée ou l'assiette de viande froide, un fromage ou un dessert.

● **Plus chic**

— *Le Bel Canto :* 66, cours Aristide-Briand. Tél. : 90-34-16-22. Pour 76 F, dans un cadre agréable, vous aurez du mal à choisir entre le gâteau blond de foies de volaille, l'avocat au crabe ou le jambon de Parme au melon, puis entre l'osso bucco, le foie de veau vénitienne, le gâteau d'aubergines à l'agneau, la daube de mer, le faux-filet au roquefort. Fromage et dessert. Il existe aussi un menu à 55 F qui tient la route.
— *La Grotte :* montée des Princes-d'Orange. Tél. : 90-34-70-98. Près du précédent. Décor travaillé, pour mériter son nom... Le menu Cro-Magnon fait un peu artificiel, mais le menu du Centurion à 87 F, propose une intéressante rillette de saumon, ou un gâteau de rougets tièdes au coulis de crabes puis des rougets meunière au beurre d'anchois ou un filet de loup à la crème d'ail, puis du fromage et un dessert.

● *Très chic*

— *Le Pigraillet :* colline Saint-Eutrope. Tél. : 90-34-44-25. Dans un parc boisé, avec terrasse dominant la vallée du Rhône, vivez un moment de luxe pour 110 F seulement. Choisissez la curieuse brioche d'œufs pochés au pied de porc, avec un sabayon de tomates. Ou, plus simplement, la mousseline de trois légumes et la petite salade de crevettes. Ensuite, passez au pâté chaud de volaille au maïs et à la sauce au curry-fruits, à la galette de morue au vin rouge avec compote de courgettes et aubergines confites, à l'émincé d'agneau en chemise de pommes de terre. Si, avec un chariot de desserts pour terminer, vous pensez que vous risquez d'avoir un petit creux à la fin du repas, vous pouvez opter pour le menu à 185 F. Accueil très aimable.

A voir

— *Le théâtre :* visite de 9 h à 12 h et 14 h à 17 h : 10 F. Le théâtre le mieux conservé de l'Antiquité. Outre une excellente acoustique, le mur de scène est quasiment intact, comme en témoigne la sévère et magnifique façade qualifiée par Louis XIV de « plus beau mur de mon royaume ». Les corbeaux, pierres saillantes en haut de la façade, servaient à recevoir les mâts et cordages soutenant le *velarium* (toile, protégeant les spectateurs du soleil). Côté hémicycle, le mur de scène abrite la remarquable statue d'Auguste. C'est le seul théâtre où la statue de l'empereur ait été retrouvée. A côté du théâtre, les ruines sont celles d'un (petit) morceau de l'ancien gymnase.
— *L'arc de triomphe :* construit en 20 av. J.-C., en dehors des remparts romains. Deux restaurations successives vous permettront de détailler ses sculptures. Notez l'existence de trophées marins qui symbolisent la puissance d'Auguste, vainqueur de la bataille navale d'Actium en 31 av. J.-C.
— *Le parc public de la colline Saint-Eutrope,* qui surplombe le théâtre. Ce dernier s'adosse à elle : ça coûtait moins cher à construire. Très beau panorama sur le Ventoux et les Dentelles de Montmirail, ainsi que (hum !) sur Marcoule (regardez la Dent, pas la centrale atomique).
— *Mornas :* à 11 km au nord, village fortifié au bas de la falaise, surmonté d'un château en ruine.

● *Le festival*

L'acoustique du théâtre donna très vite l'idée de l'utiliser : en 1869 sont nées les *Chorégies d'Orange.* Devenues annuelles en 1902, elles sont, depuis 25 ans, passées au plan international de par la qualité des œuvres et des distributions choisies.
Renseignements détaillés à l'Office du tourisme.

VAISON-LA-ROMAINE ⎯⎯⎯⎯⎯⎯⎯⎯⎯⎯⎯⎯⎯⎯⎯⎯⎯⎯

Tout historien qui se respecte vous parlera de Vaison-la-Romaine, lieu de fouilles approfondies d'un intérêt certain. Outre les charmes propres à cette époque, Vaison fut, au Vᵉ et VIᵉ siècle, le siège de deux conciles. C'est grâce à celui de 529 que vous pouvez entendre le Kyrie à la messe à laquelle vous assistez tous les dimanches.
Lors des guerres de Religion, les dévastations poussèrent les habitants à grimper sur le rocher, sur lequel avait été bâtie la Vaison préhistorique. Les comtes de Toulouse édifièrent le château qui domine encore le site.
Au XIXᵉ siècle, l'expansion démographique poussa de nouveau les habitants à développer Vaison-la-Basse.
Cet historique fait de Vaison une ville intéressante. Nichée dans un site charmant, elle constitue un lieu de séjour agréable.

Adresse utile

— *Office du tourisme :* place du Chanoine-Sautel. Tél. : 90-36-02-11.

Où dormir ?

● *Bon marché*

— *Hôtel du Théâtre Romain :* place du Chanoine-Sautel. Tél. : 90-36-05-87. De 100 à 125 F la double. Près du syndicat d'initiative et des fouilles, cet hôtel est souvent complet. Pensez à réserver.

● *Plus chic*

— *Hostellerie du Beffroi :* Haute-Ville. Tél. : 90-36-04-71. Authentique demeure du XVIe siècle, magnifiquement meublée (et pas seulement le salon à l'entrée, les chambres aussi !) et de grand confort. Cela se paie, direz-vous ? Si vous vous contentez d'un cabinet de toilette (il y a une salle de bains commune), vous en aurez pour 180 F la double. 213 F avec douche. 315 F la chambre avec salle de bains. En prime, le calme de la vieille ville, un parking et un jardin, avec vue sur les toits. Menu à 83 F (voir « Où manger ? »).

— *Le Logis du Château :* Les Hauts-de-Vaison. Tél. : 90-36-09-98. Ouvert de la mi-mars à la Toussaint. 194 à 260 F la double. Dans un très beau cadre, et avec un point de vue superbe, cet hôtel moderne, avec piscine, n'a pas su personnaliser ses couloirs, ni meubler ses chambres avec autre chose que du plastique. C'est dommage parce que le reste est bien.

● *Camping*

— *Le Moulin de César :* à 1 km du centre par la route de Saint-Marcellin. Tél. : 90-36-00-78. Ombragé. Réserver bien sûr en juillet-août. Ouvert du 31 mars au 31 octobre.

Où manger

— Le Bateleur : place Th.-Aubanel. Tél. : 90-36-28-04. Fermé dimanche soir et lundi, et en octobre. Pour 66 F, sans tomber dans le boniment, on dressera pour vous une table aux plats originaux. Salade de petites seiches en vinaigre blanc, avocat farci au saumon fumé, ravioles de Royan à la mimolette, terrine de poisson au saumon fumé, sardines fraîches en escabèche. Le choix sera ensuite peut-être plus facile, entre le suprême de volaille, le gigot d'agneau, le gratin de poisson aux crevettes, l'entrecôte, le filet de flétan à la vapeur. Après un gratin dauphinois et le légume du jour, vous dégusterez les desserts parmi lesquels la compote de pêche glacée au rasteau ou la coupe du bateleur (sorbet citron, salade de fruits, coulis). Il existe aussi un menu à 86 F, avec notamment l'assiette gourmande du père Labeyrie (jambon d'oie fumé, rillettes de canard, mousse de foie gras de canard), une noisette de lotte à la graine de moutarde, une viande, gratin et légumes, fromages et desserts.

— L'Hostellerie du Beffroi : rue de l'Évêché, Haute-Ville. Tél. : 90-36-04-71. Fermée lundi et mardi midi en saison, du 5 janvier au 15 mars et de la mi-novembre à la mi-décembre. Vous profiterez du cadre (voir « Où dormir ? ») mais aussi des talents gastronomiques du chef qui, avec un menu d'apparence simple, vous régalera. Ayez donc, pour 83 F, la vraie simplicité qui permet seul le luxe authentique. Potage du jour, terrine de foies de volaille, salade composée ? Civet de porcelet ou truite aux blancs de poireaux ? Fromage et dessert. Pour 120 F, vous pourrez goûter le pâté de truite en croûte ou la charlotte aux petits légumes, puis l'escalope de truite de mer au pistou, le caneton braisé aux olives ou les côtelettes d'agneau provençales, puis le fromage et le choix du dessert.

À voir

● *La romaine :* ou du moins ce qu'il en reste, avec la vaste *villa des Messii* au début du champ de fouilles du quartier de Puymin. Une plaque décrit les pièces et, bien qu'une partie soit encore sous la rue, les dimensions sont particulièrement frappantes : imaginez-vous vivre dedans, avec famille (et domestiques, bien sûr !). Le *théâtre*, de l'autre côté de la colline, est plus petit et moins bien conservé que celui d'Orange. Du haut de ses gradins, belle vue sur les collines. Remarquez la jolie corniche sculptée, dans la galerie souterraine qui dessert les gradins. Son style sera repris durant l'époque classique. Vous pourrez jeter un coup d'œil au musée, au moins pour les statues de l'empereur Hadrien et de Sabine, son épouse. Et, éventuellement pour les collections d'objets usuels. Le quartier de la *Villasse*, situé vers la cathédrale, contient les fouilles d'une *basilique* et de deux maisons.

● *La romane :* avec la *cathédrale Notre-Dame-de-Nazareth*, l'un des édifices romans les plus intéressants de Provence. Remarquez l'architecture de la coupole octogonale. N'oubliez pas de voir le beau *cloître*, puis allez jeter un coup d'œil à la *chapelle Saint-Quénin*, du XIIe siècle, à 300 m. La nef date, elle, du XVIIe siècle.

● *La médiévale :* passez le vieux *pont romain* sur l'Ouvèze. Le pont en lui-même vaut le coup d'œil, avec une seule arche de 17 m d'ouverture. Agréable promenade dans la vieille ville, où de nombreuses maisons ont été restaurées. Voyez la porte fortifiée surmontée d'un beffroi, l'église, et, si vous êtes courageux, grimpez jusqu'au château. Passez aussi par la place du Vieux-Marché, la rue des Fours, le quartier de la Juiverie, etc.

● *La vinicole :* à côté du syndicat d'initiative, une splendide *Maison des Vins* expose des productions de domaines voisins. Vous y trouverez aussi des jus de raisin (bien sûr), pomme et poire, et la crème de myrtilles pour le *myro* (myrtille/côtes-du-rhône), l'apéritif local. La Maison des Vins organise, chaque mercredi, de 9 h 15 à 12 h, une initiation à la dégustation des côtes-du-rhône.

LES DENTELLES DE MONTMIRAIL

● *DE VAISON À BEAUMES-DE-VENISE*

Prendre la nationale vers Carpentras et obliquer ensuite, à gauche, en direction de *Sablet.* La route est très jolie, avec vue sur les Dentelles de Montmirail et le village de *Séguret,* construit au bas d'une colline rocheuse et qui se confond avec elle. Après Sablet, vous passez par *Gigondas* (l'un des crus les plus réputés des côtes-du-rhône), village avant lequel vous aurez, à notre avis, la plus jolie vue sur les Dentelles. Après *Vacqueyras,* la route vous livrera une vue sur la vallée du Rhône : adieu les coteaux !

● *Où dormir ? Où manger ?*

— *Hôtel-Restaurant Montmirail :* à Montmirail, près de Vacqueyras. Tél. : 90-65-84-01. Agréable demeure, calme, avec parc et très belle piscine. Au milieu des pins, près d'une nature sauvage, dans le cadre magnifique des Dentelles de Montmirail. Chambres de 190 à 250 F, selon l'orientation. Le restaurant propose un menu à 130 F, très complet et soigné.

● *BEAUMES-DE-VENISE*

Joli petit village adossé à sa colline, Beaumes produit des côtes-du-rhône moins connus que le gigondas, mais ceci ne les empêche pas d'être d'excellente qualité ! En plus, ils ont une jolie bouteille, nommée la « vénitienne ». Quant au muscat de Beaumes, c'est le meilleur de France, qu'on se le dise, et le prix de la bouteille (35 F) est amplement mérité. Il se boit frappé. Le melon au muscat vous incitera sûrement à rester un jour de plus dans la région !

La route qui mène à *Malaucène,* en passant par *Lafare,* est très sauvage. Après Lafare, les Dentelles de Montmirail sont sur la gauche. Jolie vue en montant sur Suzette, et à un détour de la route, coup d'œil vers la plaine du Rhône. En haut du col, beau panorama sur le massif du Ventoux, et la plaine, en contrebas.

● *DE BEAUMES AU PIED DU MONT VENTOUX*

A l'exception de Malaucène, les petits villages sont sauvages et surveillent les vignes qui murissent sous un soleil d'enfer. Ils ont tous un petit resto, dont le menu, à 40 ou 50 F, n'a pas de réelles prétentions gastronomiques.

● *Où manger ?*

— A Lafare, l'*Aventurine* propose une bonne terrine et une bonne charlotte aux poires (50 F).

A Malaucène, la bourgade du pied du Ventoux, le cortège des restos et hôtels le long du mail bordé de platanes cache le restaurant *Le Siècle* (tél. : 90-65-11-37), où, si vous avez très faim, on vous servira un menu à 61 F, avec deux plats, dans un cadre soigné, à l'ombre. Fermé lundi soir et mardi et de la mi-novembre à la fin décembre.

● *Où dormir ?*

— *L'hôtel Le Cours :* de 77,50 F la double à 155 F (avec bains). Petit déjeuner : 13,50 F. Pas d'originalité particulière.
— *L'hôtel d'Origan :* un cran au-dessus, offre un bon confort. De 130 à 150 F la double avec douche ou bains.

Si vous allez directement de Malaucène à Vaison, vous verrez, l'été, des champs de lavande d'un bleu saisissant.

LES GORGES DE LA NESQUE ET LE MONT VENTOUX

Belle montée sur *Venasque* en venant de Pernes. La vue sur l'alignement de maisons, puis l'église, sur la corniche, est magnifique. Descendre dans les gorges et suivre l'itinéraire.

● *MONIEUX*

Où manger ?

— *Restaurant du Lac :* dans un joli cadre, où le lac rafraîchit l'atmosphère. Les patrons n'avaient pas encore de menu et dépannaient les touristes de passage. Encouragez leurs efforts et donnez-nous de leurs nouvelles.
Possibilité de pique-nique et de camping en bordure du lac.

● Jolie plaine, près de *Sault,* avec champs de lavande. Après Sault, la route vers la Gabelle serpente dans la forêt, avec vue sur le massif du mont Ventoux. La petite route s'embranche, sur la gauche, à la sortie de la forêt, un peu avant *Flassant ;* très beaux panoramas.
La route monte en serpentant dans une forêt de cèdres. Le paysage devient alpestre. On arrive même à un chalet et à des pistes de ski. La fin de l'ascension s'effectue dans un décor surprenant, constitué par un énorme éboulis de caillasse blanche, ce qui explique que le mont Ventoux se voit de très loin.
Par temps dégagé, la vue, du haut de la montagne (1 912 m), est magnifique. Soyez prudent dans la descente, car la pente est forte et nous tenons à conserver nos fidèles lecteurs. Lorsqu'on descend du côté nord, on voit nettement la transition entre les côtes du Rhônes et le massif montagneux qui constitue le début des Alpes.

● *BÉDOIN*

Où manger ? Où dormir ?

— *Camping municipal de la Pinède :* Tél. : 90-65-61-03. Ouvert du 1er avril au 15 septembre. Confortable.
— *Restaurant de l'Observatoire :* sur le mail. Pour 36 F, dans un cadre dépouillé, le menu peut vous offrir, par exemple, une salade de choux-fleur, une paella, un fromage ou un dessert. En plus, terrasse sous les platanes.

AVIGNON

Avignon mérite son titre de « Cité des papes ». Sept pontifes s'y succédèrent entre 1309 et 1377, plus deux antipapes ensuite.
La ville est protégée du mistral par ses magnifiques vieux remparts que surplombent le palais des Papes et la statue de Notre-Dame-des-Doms, au-dessus de son clocher. Le Rhône et l'université irriguent, à longueur d'année, les petits restos sympa qu'on vous indique, et le festival est connu de tous, puisque vous êtes précisément là pour ça. Rappelons qu'il a été lancé en 1946 par Jean Vilar. Le but : créer un véritable théâtre populaire. Le pari a été réussi, tout en conservant une haute qualité des œuvres présentées. À l'heure actuelle, plus de 300 spectacles s'échelonnent durant le festival, de la mi-juillet à la mi-août. Certains spectacles sont plutôt officiels, d'autres, plutôt parallèles. Qu'importe, l'art y trouve son compte, et, pour une fois qu'il est vivant, profitez-en !

Adresses utiles

— *Office du tourisme :* 41, cours Jean-Jaurès. Tél. : 90-82-65-11.
— *Aéroport :* Avignon-Caumont, à 8 km au sud. Tél. : 90-31-20-39.
— *S.N.C.F. :* 90-82-62-92 et 90-82-50-50. Par le TGV, Paris-Avignon en 4 h 30.
— *Parkings :* à l'exception du parking situé sous le palais des Papes (payant), nous vous conseillons de vous garer, même hors saison, à l'extérieur des remparts, notamment sur le côté ouest de la ville.

Où dormir ?

De mi-juillet à mi-août : réservation d'avance indispensable ! Festival oblige.
C'est la ruée : heureusement, le G.D.R. est là, et tous les conseils que nous allons

vous donner vont vous permettre de réserver au mieux, sans être sur place. On est tellement sympa qu'on vous file le tuyau de secours, le seul qui ne nécessite pas de réservation !

— *Pax Christi* : animé par des bénévoles, 50 F environ, mais l'hébergement n'est pas chaque année au même endroit. Pour connaître l'adresse cette année, appeler le (1) 43-36-36-68.

● *Vraiment pas cher*

Mis à part l'A.J., les foyers cités ci-après fonctionnent surtout l'été, parfois durant certaines vacances scolaires. Comme toujours, les filles sont privilégiées, avec le seul foyer dans la vieille ville, pour elles toutes seules.

— *Foyer des Jeunes Contadines* : 75, rue Vernet. Tél. : 90-86-10-52. Ce n'est pas le moins cher. Chambre pour une : 70 F. Pour deux : 50 F par personne. Petit déjeuner : 10 F.

A proximité du centre, juste de l'autre côté des remparts, et près des restos super-sympa de la rue des Teinturiers :

— *Auberge de jeunesse* : 32, bd Limbert. Tél. : 90-85-27-78. Dortoirs de 16 personnes : 48 F avec le petit déjeuner. Fait aussi club de squash : amenez toujours votre raquette, on ne sait jamais...

— Adresse variant selon les années, comme Pax Christi, et en pension seulement pour 4 jours au moins. Contacter le CEMEA : 76, bd de la Villette, 75940 Paris. Tél. : (1) 42-06-38-10. 110 F par jour.

● *Plus éloigné*

— *Foyer des jeunes travailleurs* : 33, rue Eisenhower. Tél. : 90-82-68-65. 50 F avec petit déjeuner.

— A Villeneuve-lès-Avignon, à 1 km du centre ville, le *foyer de l'UCJC* : chemin de la Justice, 30400 Villeneuve-lès-Avignon. Tél. : 90-25-46-20. 220 lits et piscine. Ouvert de mars à octobre. Chambres de 3 à 12 lits ; pension complète à 150 F ; demi-pension de 78 à 120 F, selon le nombre de lits dans la chambre.

— Aux Angles, l'association *Jeunesse Accueil* : le Canadeau de Bellevue, route de Nîmes. Il est prudent de prendre le bus n° 10, qui part de la poste principale. Très bon marché : 25 F par personne. Fait aussi camping (8 F la tente). Petit déjeuner : 8 F ; repas chaud 20 F ; repas froid 10 F.

● *Pas cher*

— *Hôtel Savoy* : rue de la République. Tél. : 90-86-46-82. 44 chambres. Quelques chambres à 60 F, un grand nombre à 81 F, les plus chères étant à 127 F. Petit déjeuner : 11 F. Hôtel vieillot et calme, en plein centre ville, dans un ancien hôtel particulier dont il reste l'escalier monumental et une originale bibliothèque peinte en trompe-l'œil.

— *Hôtel Innova* : 100, rue Joseph-Vernet. Tél. : 90-82-54-10. Simple, mais confortable, comme l'affirme M. Duprieu, le sympathique patron. 88 F, avec douche, sur la cour (la chambre, pas la douche !). Petit déjeuner : 13 F. Attention 11 chambres seulement. Vite complet, même hors saison.

— *Hostellerie de l'Isle* : sur l'île de la Barthelasse, mais à 2 km du pont qui y mène. Tél. : 90-86-61-62. Fermé le dimanche. On se croirait à la campagne, pour... 60 ou 80 F la chambre, avec salle de bains et w.-c. Petit déjeuner : 10 F. Une chambre à 2 lits (4 places) pour 110 F.

— *Hôtel Beauséjour* : 61, av. Gabriel-Péri. Tél. : 90-25-20-56. De l'autre côté de l'île et du Rhône, à Villeneuve-lès-Avignon. Jolie vue. De 80 F la double à 107 et 127 F pour trois. Ajouter 20 F pour la douche dans la chambre. Hôtel récent qui possède également un restaurant.

● *Un peu plus cher mais pas terrible*

— Dans la rue Agricol-Perdiguier, qui va du cours Jean-Jaurès vers la place des Corps-Saints, trois hôtels, totalisant une cinquantaine de chambres. Le *Splendid* (tél. : 90-86-14-46), puis le *Parc* (tél. : 90-82-71-55), dans l'ordre, sont les mieux. Compter 100 F à deux, et 10 à 15 F le petit déjeuner.

— *Le Jacquemart* : 3, rue Félicien-David. Tél. : 90-86-34-71. 127 F la double, petit déjeuner inclus. Ce vieil hôtel a été remeublé moderne dans un goût... enfin, ça risque de ne pas être le vôtre, mais dormir, dans le centre, à deux pas de la place de l'Horloge et du palais des Papes, à ce prix-là, c'est déjà pas mal !

● *Un peu plus cher et plus chouette :*

— *Hôtel Mignon* : 12, rue Joseph-Vernet. Tél. : 90-82-17-30. Il porte bien son nom avec des chambres meublées avec goût : guéridon et fauteuil de style

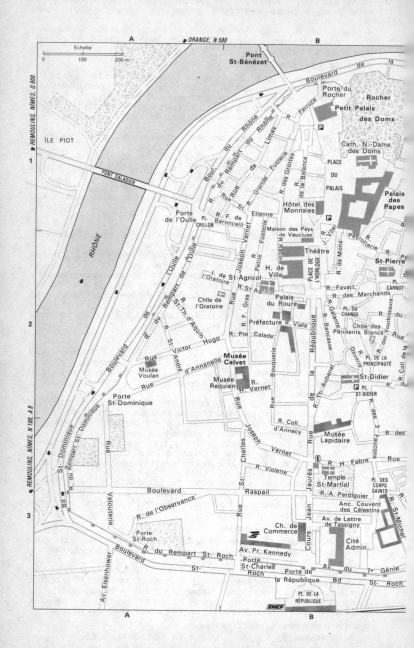

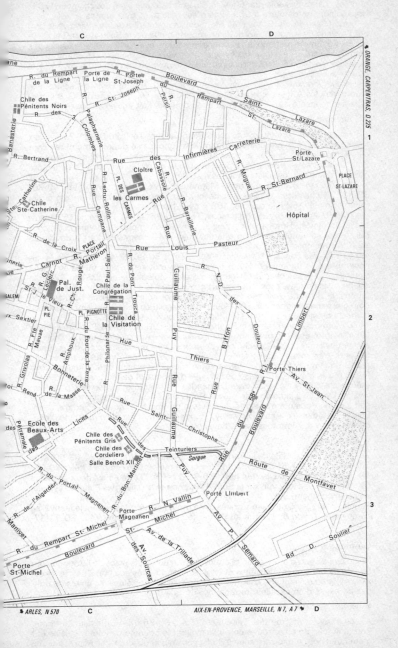

(lequel, au fait ?), doubles rideaux. Doubles fenêtres et revêtement mural isolant pour les chambres sur la rue. Efficace. Chambre double avec douche pour 125 F. Hors saison, on démarre à 95 F. Pas d'ascenseur, et trois étages...

— *Hôtel Saint-Roch* : 9, rue Paul-Méruidal (la première à droite quand vous prenez l'avenue Eisenhower, sortir des remparts par la porte Saint-Roch). Tél. : 90-82-18-63. Entrée rustique, en pierres apparentes, avec de vieux carreaux rouges typiques au sol. Une dame très sympathique vous y accueillera. 15 chambres de taille convenable, sans recherche particulière, mais où l'on se sent bien. 113 F la double avec douche.

— *Hôtel Florence* : à Villeneuve-lès-Avignon, 40, rue du Général-Leclerc (elle monte vers les Angles, au-delà du pont Daladier). Tél. : 90-25-55-00. 8 chambres mignonnes à 110 F pour deux avec douche. Fait également bar.

● *Plus chic*

— *Hôtel Bristol Terminus* : 44, cours Jean-Jaurès. Tél. : 90-82-21-21. Ouvert toute l'année. Tenu par une vieille famille avignonnaise dont les membres sont plus sympa les uns que les autres. Atmosphère compassée gentiment désuète. Près de la gare, un trois étoiles pour le prix de deux. Environ 180 F la chambre double. Une de nos meilleures adresses.

— *Le Magnan* : 63, rue du Portail-Magnanan, près des remparts. Tél. : 90-86-36-51. 32 chambres récentes et de confort moderne, donnant sur un jardin (donc calmes). 150 F la double, 160 F avec bains.

— *Hôtel d'Angleterre* : 29, bd Raspail. Tél. : 90-86-34-31. Fermé du 15 décembre au 15 janvier. Hôtel ancien, avec ascenseur, chambres de bonne taille, cour pour garer sa voiture, dans un quartier calme. 40 chambres dont 3 doubles à 92 F. Autres chambres doubles entre 118 et 230 F.

— *La Cité des Papes* : 1, rue Jean-Vilar. Tél. : 90-86-22-45. Fermé de la mi-décembre à la mi-janvier. Hôtel trois étoiles tout neuf, près du palais, avec ascenseur et belles chambres munies de radio, téléphone et mini-bar. 180 F la double avec douche, excellent rapport qualité-prix, la situation centrale en prime. En bas, le *Bistrot d'Avignon* vous propose sept coupes de glace baptisées du nom des papes avignonnais. On doute que les goûts de chacun soient connus au point de refléter une vérité historique... 30 F environ la coupe.

— *La Ferme Jammet* : île de la Barthelasse. Tél. : 90-86-16-74. Prendre à droite (vers le nord) après le pont en venant d'Avignon. Après, c'est fléché. Dans un authentique mas du XVIe siècle, cinq chambres avec mobilier ancien, deux appartements très modernes et super équipés, trois bungalows rustiques et une authentique roulotte tzigane : faites votre choix ! La piscine et le tennis ne vous feront pas oublier la gentillesse de l'accueil d'Étienne et de Martine. Petite bibliothèque dans chaque chambre. Demandez la chambre « Étienne » pour son lavabo. On n'en a jamais vu de pareil ! De 170 à 240 F (appartements) pour une nuit à deux. Vous pourrez signer leur livre d'or, après Jacques Lacarrière, Jean-Claude Casadessus, Annie Duperrey... Évidemment, c'est plein (d'artistes) pendant le festival. Alors réservez à l'avance.

● *Campings*

— Ils sont tous sur l'île de la Barthelasse. Le *Municipal* (tél. : 90-82-63-50) et le *Bagatelle* (tél. : 90-86-30-39) sont plus chics que le *Deux-Rhônes* (tél. : 90-85-49-70) et le *Parc des Libertés* (tél. : 90-85-17-73). D'ailleurs les deux premiers bénéficient d'une jolie vue sur le pont d'Avignon et le palais des Papes (très beau au soleil couchant).
Pour les courageux, ou les motorisés, il y a moins de monde pendant le festival au *camping du Grand Bois,* situé au Pontet (au lieu-dit : La Tapy. Tél. : 90-31-37-44).

Où manger ?

De la gare au palais des Papes, le cours Jean-Jaurès et la place de l'Horloge sont bordés de brasseries classiques et de « fast-food ». Dès que l'on s'écarte de cet axe, Avignon devient une charmante petite ville provinciale, avec un tas de bonnes adresses d'un excellent rapport qualité-prix.

● *Moins de 50 F*

— *Le Maquis* : 55, rue des Teinturiers. Tél. : 90-86-48-46. Restaurant corse. Pour une fois, on en a trouvé un où ils avaient le courage de faire la cuisine ! Et c'était très bon. À midi, un menu à 35 F avec un plat du jour local. Midi et soir, au même prix, une assiette repas : omelette au brocciu, charcuterie, crudités, fromage ou dessert. Également un menu à 65 F, avec le cabri cuit à la corse, le carpaccio (émincé de bœuf cru mariné dans l'huive d'olive et le citron) ou, bizarrement, des souvlaki. Les patrimonio, figari, domazan ne sont pas des clans de la vendetta mais les noms de votre repas.

— *Tache d'Encre :* 22, rue des Teinturiers. Tél. : 90-85-46-03. Café-théâtre super sympa avec cheminée et feu de bois en hiver. A midi, l'entrée, le plat du jour (ils ont une prédilection pour l'aïoli de morue), un quart de vin ou un café : 39 F. Le soir, le menu à 46 F offre, par exemple, un citron farci à la mousse de sardine, original et fameux. Le filet de dorade mariné à la tahitienne, ou la terrine à la confiture d'oignons sont de la même veine (menu à 65 F).

— *La Ciboulette :* 1 *bis,* rue du Portail-Magnanan. Tél. : 90-85-09-95. Fermé les samedis et dimanches midi, et le lundi toute la journée. Pour 50 F, vous aurez le choix entre trois saladiers de hors-d'œuvre à volonté, suivis d'une entrecôte aux pâtes fraîches, par exemple. Le menu au-dessus (70 F) permet d'avaler six saladiers avant de passer à quelque chose de plus consistant. Cadre simple et frais, avec tables et posters de jardin. Plafond style tonnelle.

— *Le Pain Bis :* 6, rue A.-de-Pontmartin. Tél. : 90-86-46-77. Resto végétarien. Pour 42 F, vous aurez un super menu bio, avec une certaine recherche : salade d'épinards aux noisettes, flan de potiron, potée au cumin, boulgour aux oignons et galette végétale, et dessert maison.

— *La Ferme :* île de la Barthelasse. Tél. : 90-82-57-53. Près de la Ferme Jammet (c'est fléché), une véritable ferme vous accueillera autour de la cheminée (qui possède toujours son four à pain, dans le coin, en haut à droite...). Sur le mobilier rustique, de vieux objets divers, allant du fusil à la lame de phaéton. Ne pas manquer l'original renard empaillé tenant dans la gueule un oiseau (empaillé lui aussi). Seul, le bar des années 60 est un peu incongru, c'est aussi ça la campagne ! Nous vous conseillons les hors-d'œuvre (excellente charcuterie), l'omelette aux oignons, la côte de porc grillée dans la cheminée et le flan maison pour 46,50 F. Très bon pichet de vin local à 6 F le demi-litre. Il existe aussi un menu à 64,40 F proposant un plus grand choix.

— *Le Venaissin :* le seul qu'on citera sur la place de l'Horloge. Un effort d'originalité, en cet endroit, avec, pour 45 F, du melon ou des asperges en saison (+ 5 F), de la daube de mouton à la mode d'Avignon, une omelette aux grisets du Ventoux, un dessert. Pas de commentaires sur le cadre. Inutile de penser réserver en saison.

● *Entre 50 et 100 F*

— *La Bonne Croûte :* 27, rue des Teinturiers. Tél. : 90-82-71-19. Ouvert le soir seulement, sauf le dimanche. Entre une statue de la Vierge à l'Enfant, des fleurs artificielles sous globe, des bustes d'angelots, des bouquins d'art, des tableaux, la Vénus de Milo (ce n'est pas l'original) et des glaces, on distingue quelques tables (trois, si on a bien compté). Manger chez un antiquaire... quel rêve ! Pour 60 F, fromage de chèvre chaud ou gésiers de canard confits ? Magrets de canard ou contre-filet de bœuf ? Ile flottante ?

— *La Ferigoulo :* 30, rue Vernet. Tél. : 90-82-12-28. Fermé le dimanche (hors saison) et le lundi midi. Fermé aussi début juin et début novembre. Menu à 52 F le midi seulement, avec un quart de vin. Menu à 75 et 98 F sinon. Cadre agréable, soigné, détendu. La table centrale avec les desserts et fromages vous met en appétit.

— *Le Salon de la Fourchette* et la *Fourchette II :* 7, rue Racine. Tél. : 90-81-47-76. C'est comme Rocky et Rambo, il y aura peut-être un jour les Fourchettes III et IV. Les deux restaurants servent le même menu à 80 F et sont des filiales de Hiely-Lucullus, le pape de la gastronomie en Avignon. Tout le monde va au Salon, allez donc à la F.II ! Nous avons fait comme tout le monde et pouvons vous dire que le « salon » pour déjeuner est petit, mignon, raffiné ; il a l'allure du Hiely-Lucullus, le goût du Hiely-Lucullus, mais pas le prix du Hiely-Lucullus ! En outre, on y rencontre des artistes connus à condition d'être un peu physionomiste et d'avoir une bonne culture théâtrale ou cinématographique.

Menu à 80 F, donc, avec le parfait de foies de volaille à la confiture d'oignons, les filets de sardines (fraîches) au taboulé, le maquereau frais aux poireaux à l'aigredoux, la terrine aux herbes et les tomates farcies à la provençale.

Tout cela est original, délicieux et succulent. La suite aussi : filets de porcelet froid au basilic aux légumes, salade tiède de caille et de canard aux choux, vinaigrette d'herbes, filet de daurade sauce graine de moutarde et tomate fraîche... enfin, douze desserts au choix parmi lesquels les remarquables sorbets au chocolat et sauce au café et parfait café et sauce au chocolat. Vous pouvez donc aller y déguster une glace à l'heure du thé, vous ne serez pas déçu. A signaler : certains vins sont servis en carafe, à des prix raisonnables. A partir de 30 F les 50 cl de côtes-du-rhône rouge ou rosé, et 56 F les 50 cl de châteauneuf-du-pape jeune et frais.

Il est impératif de réserver. Tant qu'à faire, retenez l'une des tables en terrasse, vous serez dans la verdure et à l'air.

— *Le Chandelier :* 29, rue Saraillerie. Tél. : 90-85-21-83. Décor familial hésitant entre le rustique et le vieillot. On ne sait pas d'où viennent les vieilles photos, mais on n'a pas reconnu nos parents, c'est déjà ça... Musique discrète et patrons sympa. Hors saison, ils mangeront à côté de vous. Jules, le chien de la maison, se manifestera surtout au moment du dessert. Le menu à 55 F nous a séduits avec six moules farcies, suivies d'un original poisson du chef à la sauce au safran et aux raisins secs. A 75 F, bonne mousse de saumon et excellents ris de veau braisés. Quatre sortes de rosés régionaux, dont un petit lirac...

— *La Mandarine :* 7, rue Pontmartin. Tél. : 90-86-22-09. Si vous voulez toucher au grisbi, il faudra mettre les doigts dans la sauce du même nom, laquelle accompagne l'émincé de volaille. Beaucoup de poissons, en salade, en soupe, en papillote, en filet. Régalido d'agneau. Menu unique à 78 F.

— *Le Santal :* 13, rue Saint-Étienne. Tél. : 90-82-33-08. Joli décor moderne et agréable, avec climatisation. Menu à 53 F, avec un original gâteau de Camargue aux épinards, ou les diablotines aux noix. Le menu à 72 F vous tentera peut-être avec sa mousse de foie gras et ses ris de veau aux truffes. A moins que la sole ou le confit d'oie ?...

● *Plus de 100 F*

— *Le Petit Bedon :* 70, rue Vernet. Tél. : 90-82-33-98. Cadre agréable, même si les fauteuils sont moins jolis que les verres, et si l'on a vue sur la cuisine depuis certaines tables, mais... on y mange bien et on est là pour ça ! A midi, menu à 70 F. Midi et soir, menu à 120 F. Excellente (et copieuse !) piperade. Le crespeau vauclusien est un gâteau d'omelette froide. Le panequet de grenouilles vous les livre, à la crème, entre deux crêpes. Une harmonieuse combinaison : les pétales de rognons et les ris de veau à la moutarde. Le menu à 120 F offre fromage, pâtisseries et sorbets à souhait.

— *Le Vernet :* 58, rue Vernet. Tél. : 90-86-64-53. Fermé samedi midi et dimanche, sauf de mai à septembre. Ah, le parc du Vernet ! Et quelle bonne idée que ce menu « affaires » même si tel n'est pas votre propos. Pour 100 F, savourez les amusettes, les moules de bouchot marinières, le merlan brillant poêlé grenobloise, la mousse aux myrtilles, avec un quart de vin de pays et un café compris. A moins que la sélection du marché (108 F) ne vous tente : feuilleté aux champignons frais, petites salades de Provence, sauté de lapereau moutarde, noisettes de filet mignon de porcelet. La classe !

— *Les Trois Clefs :* 26, rue des Trois-Faucons. Tél. : 90-86-51-53. Fermé le dimanche, sauf en juillet. Très « classe » également : enlevez votre vieux jean avant d'entrer ! Bref, le menu à 95 F mérite d'être signalé, mais les pieds de porc braisés au sang et légumes confits pour unique choix en plat de résistance vous jettent dans les bras du menu à 130 F... vous ne le regretterez pas ! La daube de lotte en gelée et salade à l'huile de noix rivalise avec les œufs brouillés aux écrevisses. Originale crépinette de raie bouclée aux choux et lardons.

Un peu de grammaire

Si vous êtes du Nord, un « Parisien », un « estranger », vous n'irez pas à Avignon, mais *en* Avignon. En fait, ceci est un usage (contesté) venant de la langue provençale. Les Marseillais, peuchère, ils vont *à* Avignon.

Dans le même ordre d'idée, on rappelle qu'on dit des festivals, et non des festivaux.

A voir

— Le *palais des Papes :* tout le monde se souvient de la définition de Froissard : « la plus belle et la plus forte maison du monde ». Les différentes salles et chapelles de ce très bel édifice gothique du XIVe siècle ne vous laisseront pas indifférent. Très bonne visite, obligatoirement guidée. Une heure qu'on ne sent pas passer. Il est dommage que certaines parties du palais soient interdites à la visite ! Toutes les demi-heures, de 8 h à 11 h 30 et de 14 h à 18 h 30, du 1-7 au

30-9. Se pointer à une heure pile entre 9 h et 11 h ou 14 h et 16 h, le reste du temps. Vous verrez notamment : le *grand Tinel* ou *salle des Festins*, de 48 m de long, des chambres (belles fresques dans celle dite *du Cerf*), la superbe *chapelle pontificale* et la *salle de la Grande Audience*, utilisée, actuellement, pour des repas de prestige.

— *Le petit palais :* ancienne résidence des archevêques, près du palais des Papes, a déjà un indéniable intérêt architectural. Intéressante salle 1, avec des chapiteaux d'église à hauteur d'yeux, ce qui permet de comprendre ce qu'on loupe le reste du temps, et de belles sculptures (têtes de Christ, notamment). La collection des peintures italiennes est la plus riche en France, après celle du Louvre. Même ceux qui auront passé des heures dans les musées du monde entier ne se dispenseront pas de la visite.

— Entre le petit et le grand palais, la *place du Palais* a été créée en 1403, en rasant une partie du quartier qui jouxtait les édifices. Cette place immense est à voir deux fois, si vous le pouvez : vide (hors saison), et lors du festival. L'effet est très différent.

— *Le jardin sur le rocher des Doms :* agréable promenade et belle vue sur le Rhône, Saint-Bénézet et la tour de Philippe IV le Bel. Allez lire l'heure au cadran solaire analemmatique (l'ombre du lecteur lui-même marque l'heure).

— *Le pont d'Avignon :* il n'en subsiste que quatre arches et une petite chapelle à deux étages. Particulièrement joli au soleil couchant, vu de l'île de la Barthelasse. Accès... payant !

— *Le musée Calvet :* superbe bâtiment du milieu du XVIIIe siècle, abritant, dans le vestibule, d'intéressantes sculptures du XIXe, et, dans la section égyptologique, des momies... dont celle d'un chat ! L'ensemble constitue une sorte de (très) petit Louvre, sans œuvre de premier plan, avec un prix d'entrée assez élevé.

— *L'atmosphère,* ou plutôt *les atmosphères.* Avignon aurait-il une gueule d'atmosphère ? Vous serez sensible, hors saison, à une promenade dans le vieil Avignon, avec ses édifices majestueux côté rue Vernet (ouest), ou ses ruelles tortueuses derrière le palais des Papes, vers l'église Saint-Pierre, le palais de Justice, l'église Saint-Didier. Ne ratez pas la rue des Teinturiers, sa rivière, ses roues à aubes, et... ses super adresses de restos (voir « Où manger ? »).

En saison, c'est la fête. L'animation est dans la rue, et surtout sur les places de l'Horloge et du Palais. Avignon, ville du Moyen Age, a retrouvé baladins et musiciens, bateleurs et marchands. Laissez-vous prendre au charme, jusqu'à celui du manège de chevaux de bois sur la place de l'Horloge !

● *A Villeneuve-Lès-Avignon*

— *La chartreuse du Val-de-Bénédiction :* c'est plus joli si, au pied de la tour Philippe-IV-le-Bel, vous prenez la rue qui monte à gauche au lieu de suivre le Rhône. Vous descendrez sur la vieille Villeneuve, dont les pierres sont si belles sous le soleil. On comprend que les notables de l'époque aient choisi d'y établir leurs résidences secondaires.

La chartreuse, du XIVe s., est la plus vaste de France. Des panneaux expliquent la vie de cet ordre hyper cloîtré où l'on ne parle pas, et où l'on vit dans la solitude la plus complète, si ce n'est la présence de Dieu et, quand même, un jour de récré par semaine, où les moines se promènent dans les bois et peuvent parler entre eux. Voir le *mausolée d'Innocent VI,* d'un gothique impressionnant.

— *le fort Saint-André* qu'on voit au-dessus de la chartreuse peut aussi se visiter, de même que l'on peut monter en haut de la *tour de Philippe IV le Bel.*

— Les amateurs de peinture iront au *musée municipal* de Villeneuve pour voir le *Couronnement de la Vierge* d'Enguerrand Charonton (peint en 1453 !), et la copie de la célèbre *Pietà d'Avignon* (original au Louvre).

— La sacristie de l'église Notre-Dame abrite une *Vierge d'ivoire polychrome,* un des plus beaux spécimens français du genre.

● *Aux environs*

— *Le pont du Gard :* on croit connaître cet édifice, parce que sa photo traîne un peu partout. Si vous ne l'avez pas vu, n'hésitez pas à y passer. Les dimensions de cet aqueduc sont impressionnantes, et le site dans lequel il est implanté est grandiose. Baignade possible dans le Gard.

CARPENTRAS

Carpentras est blottie derrière ses murailles (du moins, la vieille ville). De son passé d'ancienne capitale du comtat Venaissin, elle a hérité quelques monuments de valeur que vous découvrirez au fur et à mesure de votre promenade dans ses vieilles ruelles tortueuses. Vous verrez, en particulier, la synagogue, la plus vieille de France dont l'origine remonte à 1367 et qui fut reconstruite au XVIIIe siècle. Possibilité de la visiter. A côté, suivez la charmante rue des Halles. Un arc de triomphe romain, seul vestige de cette époque, se dresse au fond de la place d'Inguimbert. La cathédrale Saint-Siffrein présente un superbe portail sud de style flamboyant. Vous pouvez aussi faire une halte au musée des Beaux-Arts pour son intéressante section ethnographique.

Adresse utile

— *Office du tourisme* : 170, av. Jean-Jaurès. Tél. : 90-63-00-78.

Où dormir ?

— *Camping municipal de Villemarie* : av. du Parc. Tél. : 90-63-09-55. Ouvert du 15 mars au 30 décembre. Très correct.

Où manger ?

— *Marijo* : 73, rue Raspail. Tél. : 90-63-18-96. Fermé le lundi. L'intérieur de *Marijo* est bien mignon. Les agapes se déroulent, en général, au premier étage, dans une agréable salle rustique en pierres apparentes et crépi. Les poutres et la cheminée sont complétées par quelques objets décoratifs. La patronne aime bien les enfants et a toujours de la purée ou des coquillettes à vous proposer pour eux, avec une petite entrée et un dessert : vous ne trouverez que 20 F sur la note. Le menu à 60 F propose en entrée un excellent caviar d'aubergines (pimenté), une salade niçoise ou une terrine de lièvre. Vous découvrirez ensuite que le tajine de poisson, d'agneau ou le couscous aux oignons et raisins secs, le lapin provençal sont parfaits. En dessert, la salade d'oranges, les pêches au vin, le cocktail de fruits sur boule de glace vous laisseront un bon souvenir. Bon pichet du Ventoux, mais, à notre avis, la qualité de la cuisine mérite que vous vous intéressiez aux bouteilles de la carte des vins.
— *Pâtisserie Clavel* : 30, rue de la Porte-d'Orange. Vous allez vous en lécher les babines puis les doigts. Au choix : l'ardoise de Provence, le chocolat au café noisette des rocailles, les perles, les divines de Provence, les truffes au calva, les truffes du Ventoux, le nougatin, les papalines, les bichons et... on s'est arrêté de noter quand on n'a plus pu goûter, mais il en reste encore !

● *Dans les environs : Monteux*

A 4 km en direction d'Avignon, par la D 942.
— *La Genestière* : tél. : 90-62-27-04. Vous vous croirez dans votre salle à manger, ou, du moins, dans celle de la résidence provençale de vos amis fortunés, ou, peut-être, dans celle qu'eux-mêmes rêvent d'avoir ? Calme, sobriété et élégance. La grande tapisserie, discrète sur un mur, ajoute au charme. L'hiver, le feu crépite ou couve dans la cheminée. Bref, vous êtes séduit avant d'avoir quelque chose dans l'assiette. Choisirez-vous, pour 85 F, une terrine de poisson en croûte sauce rouille, un panaché de salades aux foies blonds de volaille tièdes ? Puis une caille farcie sur canapé, ou des filets de truite au beurre rouge ? Et enfin un fromage blanc, des sorbets ou une pâtisserie ? En tout cas, bonne bouteille de côtes-du-ventoux à 30 F. Il existe également un menu à 130 F.
— *Le Sélect* : 24, bd de Carpentras, 84170 Monteux. Tél. : 90-63-36-75. Ce trois étoiles a des prix particulièrement étudiés. Compter environ 200 F pour deux. L'accueil du couple qui le tient, d'origine hollandaise, est particulièrement sympathique et chaleureux. Même si vous n'y dormez pas, allez-y manger. C'est simple et original, fin et léger, bref une cuisine de haut niveau ; pour 85 F, avec un côtes-du-ventoux rosé mis en bouteilles par un petit viticulteur de Vacqueyras... nous n'en dirons pas plus, pour vous laisser la surprise de la découverte dont, pour notre part, nous avons été ravis.

L'ISLE-SUR-LA-SORGUE

Célèbre pour être la patrie du poète *René Char* qui a consacré l'un de ses poèmes à la Sorgue, cette ville possède un charme fou. Baignée par les bras de la Sorgue, elle n'échappe pas à l'appellation de « Venise » (du comtat Venaissin). Une promenade dans le vieux centre vous permettra de découvrir les maisons dont les terrasses sont au bord de l'eau, ainsi que les vieilles roues à aubes qui tournent encore. Autrefois, 70 roues donnaient la force motrice à diverses activités artisanales. L'église, au centre de la vieille ville, est un exemple caractéristique du baroque provençal.

Adresse utile

— *Office du tourisme :* place de l'Église. Tél. : 90-38-04-78.

Où dormir ?

— *Hôtel-restaurant du Vieux-L'Isle :* 15, rue Danton. Simple et ancien, près d'un canal avec une noria. De 70 à 100 F (avec douche) pour deux.
— *Auberge de l'Étape :* route de Carpentras. Tél. : 90-38-11-17. Très bien tenue. Terrasse ombragée. Chambres de 90 à 105 F.
— *Camping municipal la Sorguette :* route d'Apt. Tél. : 90-38-05-71. Nombreuses prestations et correct. Ouvert du 1er mars au 31 octobre.

Où manger ?

— *Pension familiale :* 35, rue Canet. Menu à 35 F.
— *Auberge de l'Étape :* route de Carpentras. Tél. : 90-38-11-17. Pour 70 F, le menu n'offre qu'un plat de résistance. Pour 90 F, vous aurez les deux. En entrée, assiette de l'Étape ou melon au porto, puis truite à la crème ou saumon sur le gril, suivi d'une brochette de jambonneau ou de côtelettes d'agneau grillées. Fromage ou dessert.

FONTAINE-DE-VAUCLUSE

Très beau site, avec une arrivée, depuis L'Isle-sur-la-Sorgue, vers la barrière rocheuse du Lubéron, et la découverte des ombrages enchanteurs qui sont le fruit d'une fontaine mystérieuse.

Mystère de son origine, d'abord. Vous irez jusqu'au « gouffre de la Fontaine ». La rivière y surgit par un siphon qui a fait l'objet de nombreuses explorations. Depuis 1878, celles-ci se sont succédé. Le commandant Cousteau lança trois expéditions en 1951, 1955 et 1967. La dernière tentative fut effectuée à l'aide d'un robot spécialisé dans l'exploration des fonds sous-marins. Hélas ! à 110 m de fond, l'engin ne trouva qu'un trou rectangulaire au-delà duquel nul homme ni objet ne s'est encore aventuré. On a aussi essayé de colorer les eaux de la Nesque. On sait que la source capte une partie de ses eaux et des eaux s'écoulant des avens du plateau du Vaucluse, mais on ignore d'où viennent ces flux qui peuvent porter le débit de la source jusqu'à 200 m³ par seconde. Dans ce cas, le niveau de l'eau se situe là où les figuiers sont accrochés sur les roches ! Si vous passez un jour où le débit dépasse les 20 m³ à la seconde, l'eau franchit la vasque souterraine et forme une cascade qui vaut le coup d'œil. En tout état de cause, c'est l'une des sources les plus abondantes du monde.

Très intéressant : la vieille papeterie, avec son fouloir à papier mû par une roue à aubes, qu'on visite en montant vers la source.

Les marcheurs pourront prendre, à gauche de la fontaine, le GR 6 qui permet de rejoindre l'abbaye de Sénanque, puis Gordes, promenade assez longue.

Les passionnés reliront Sade, au pied de son château, à *Saumane-de-Vaucluse* (4 km), mais ne pourront pas le visiter. Les romantiques évoqueront Pétrarque qui resta seize ans ici à se morfondre, en pensant à la belle Laure...

Où dormir ?

— *Camping la Coutelière :* à Galas, au bord de la Sorgue, à 2,5 km. Tél. : 90-20-33-97. Piscine, tennis, douches chaudes. Assez bon marché.
— *Camping municipal les Prés :* tél. : 90-20-32-38. Ouvert toute l'année. Très confortable.

Où manger ?

Point de lieu particulièrement gastronomique. Des restos partout. A qualité banale et sensiblement égale, le charme de ceux situés au bord de l'eau n'est pas négligeable. Les prix diminuent quelque peu en suivant la descente de la rivière. On peut manger très convenablement pour 50 F.

CAVAILLON

Célèbre par son melon, Cavaillon est une ville paisible située au milieu d'un immense verger entre la rive droite de la Durance et la rive gauche du Coulon. Ne manquez pas l'*arc de triomphe* romain sur la place du Clos.

Où manger ?

Vous vous régalerez à Cavaillon. Dans les restos, chic rime avec gastronomique.

● *Vraiment chic*

— *Le Fin de Siècle* : 46, place du Clos. Tél. : 90-71-12-27. Le café d'en bas fait très fin de siècle... on ne sait plus lequel, d'ailleurs. Le resto est en étage, style salon plus maître d'hôtel. Pour 97 F plus 15 %, nous pensons arriver à faire frémir vos papilles gustatives : petite salade de chair d'écrevisses aux pétales de concombre, ou composé de canard aux cubes de foie gras et vinaigre de xérès. Puis gratin d'écrevisses aux champignons, ou émincé de confit de palombe, ou ballottine de truite à la mousse de turbot aux petits légumes, ou ragoût de Saint-Jacques et d'écrevisses. Fromage et dessert.

— *L'Assiette au Beurre* : 353, avenue de Verdun. Tél. : 90-71-32-43. Climatisation et grand style. Pour 98 F, terrine du chef, cuissot de volaille au basilic, fromages et dessert du jour. C'est un peu jeune et c'est servi le midi en semaine seulement. Banco ! pour 129 F, salade pleine mer des gourmets ou château de courgettes au saumon fumé, grenadin de veau champêtre ou filet de rascasse au fenouil, fromage et carrosse de dessert. Super Banco ! oui, c'est vrai, le menu du marché est très, très bien... à 166 F.

— *Nicolet* : 13, place Gambetta (en étage). Tél. : 90-78-01-56. Fermé dimanche et lundi, première quinzaine de juillet, et du 10 au 25 février. Une des meilleures tables de la région, dont le prix reste accessible. Qu'on en juge plutôt : pour 120 F, amuse-gueule chauds avant l'entrée, salade d'ailerons de raie aux pointes d'asperges, filets de volaille grillés à l'estragon, fromages, très originale et succulente tulipe de fruits et sorbets. Le pain est à la limite du gâteau. Tout est parfait, y compris l'assiette de mignardises qui fait oublier la note. Service attentionné, cadre de bon goût, avec de plaisantes tables pour deux en véranda. Et en plus, on ne vous attend pas au coin de la bouteille. Nous gardons un excellent souvenir d'une demi-bouteille de lirac rosé à 30 F. Grande variété de côtes-du-rhône (sept blancs, sept rosés, une vingtaine de rouges), de côtes-du-ventoux, du Lubéron et d'Aix. Et pour une grande occasion, vous ne résisterez pas à la terrine de légumes, l'escalope de loup à l'oseille, le filet de bœuf vigneronne, le fromage et le millefeuille aux fraises (170 F). Attention : une quarantaine de couverts seulement. Il faut réserver (surtout le soir).

LE LUBÉRON

Entre les superbes ruines romaines de Fontaine-de-Vaucluse et la nonchalance d'Aix-en-Provence, on prévoit d'y passer une journée... certains y restent la semaine, accrochés à la montagne sèche, qui fut naguère hostile, et qui offre aujourd'hui un spectacle magnifiquement coloré.

Si vous pouvez y aller au printemps, c'est l'idéal. Les arbres en fleurs, aux couleurs blanc et rose tendre, contrastent doucement avec le gris clair des roches et des murets de pierre qui retiennent la terre et accueillent l'herbe aux tons verts dégradés. Le soleil accroche la pierre chaude des vieux villages, joue sur les ocres de collines écorchées, et la lumière magnifie le panorama qui récompense toute escalade ou recherche de routes peu fréquentées. On comprend que tant d'intellos parisiens, comme Jean Lacouture et Jean-Claude Maillet, y aient leur résidence secondaire.

Cet endroit où l'air est, dit-on, le plus pur d'Europe, classé parc régional, n'est pas envahi de touristes. Il y en a, certes, mais vous pouvez vous promener sans les rencontrer. Si vous voyagez pour découvrir la Provence, faites du Lubéron votre bouffée d'oxygène et de nature.

Le tour du Lubéron

En théorie, on peut effectuer le tour du Lubéron, et nous n'allons pas résister à la tentation de vous proposer un itinéraire. La pratique se révèle plus complexe, dans la mesure où la capacité d'accueil est insuffisante, surtout lorsque l'on descend au-dessous du niveau trois étoiles. Réserver un hôtel six mois à l'avance ne fera rire personne. Quant aux gîtes ruraux, on dit même qu'ils sont retenus d'une année sur l'autre et que les gîtes disponibles sont ceux qui sont créés dans l'année.

Il reste, parfois, des chambres d'hôte libres, si l'on réserve une quinzaine d'avance, ou si l'on a du pot, le jour même. On peut aussi se rabattre sur Apt ou Cavaillon, villes néanmoins sans grand intérêt.

● *ROBION*

A 5 km de Cavaillon par la D 2.

Où manger ?

— *La Maison de Samantha* : tél. : 90-76-55-56. Fermée mardi soir, mercredi et février. Cadre original, avec sa collection de portraits de clowns. Décor rustique : cheminée dans l'une des deux salles, autour de laquelle sont disposées cinq tables. Un certain bric-à-brac fera la joie des collectionneurs : siphons d'eau de Seltz, moulin à café accroché au mur, balance féministe, si l'on en juge par le personnage qui la fait pencher. Très bon menu à 65 F, avec les délices du jardin ou les moules gratinées (les moules sont très fines), puis agneau à la crème d'ail ou pintadeau rôti aux herbes. Fromage et dessert. Pour 90 F, la qualité ne se dément pas, avec une folle salade ou une terrine aux cèpes (proche de la crème de foie gras... et ratatouille froide délicieuse), puis le lapin provençale et sauce au foie ou la papillote de filet de sole et julienne de légumes. Là, une toute petite remarque : même cuite dans le papier aluminium, la papillote sèche un peu. Bon, va pour le lapin ! Fromage et coupe Samantha ou dessert au choix. Il faut signaler que manger à la carte n'est pas hors de prix, et que Samantha propose un beau choix de bons vins locaux entre 30 et 50 F. Par exemple : le côtes-du-lubéron « château de la Canorgue ». Il faut aussi signaler qu'on attend pas mal entre les plats !

● *OPPÈDE-LE-VIEUX*

La montée de Robion vers Oppède-le-Vieux, en passant par Maubec, est magnifique. A notre avis, ce village est celui qui a le plus de charme. Peut-être parce qu'il est en partie abandonné. Sans doute parce que l'effort de restauration entrepris par ses habitants le met en valeur. Sûrement pour ses vieilles maisons aux fenêtres gothiques ou Renaissance, dans lesquelles on aimerait habiter. Sympathique terrasse où l'on peut prendre son café, avec une vue sur une partie du vieux village. Montez dans la rue, vers l'atelier de santons, pour avoir la vue complète. Un peu plus loin, vous aurez un panorama magnifique à vos pieds : vue sur la plaine et sur les Alpes du Sud. Ne craignez pas l'escalade vers le donjon. Au fur et à mesure que l'on monte, la vue s'agrandit, s'amplifie, se magnifie...

Où dormir ?

— Trois *chambres d'hôte* chez M. et Mme Benoît. Tél. : 90-71-93-52. Elles sont situées dans une vieille maison en pierres apparentes, avec une originale colonne sculptée dans l'escalier. Les chambres sont vastes... l'une d'elles est un véritable appartement avec véranda. 120 F pour une personne, 150 F pour deux, 170 pour trois, 200 pour quatre (petit déjeuner compris). Attention, réserver en février pour Pâques, en mars-avril pour juillet-août.

D'Oppède à Gordes, la route est belle. Elle l'est encore plus si vous passez par Ménerbes et les Beaumettes. *Ménerbes* est un joli petit village, belle vue depuis le vieux château construit sur un promontoire escarpé.

● *LES BEAUMETTES*

Où manger ?

— *La Remise* : à 50 F, un des menus les plus abordables du Lubéron : buffet de hors-d'œuvre, crudités ou charcuteries, bavette grillée ou côtes d'agneau, fromage ou dessert. A 90 F, menu copieux et plus recherché : buffet de hors-d'œuvre, mousseline de Saint-Jacques ou tarte chaude aux épinards, gigot d'agneau, ou entrecôte aux cèpes, ou baron d'agneau au thym. Fromage ou dessert.

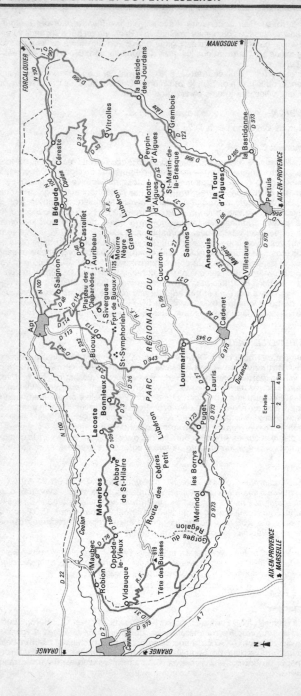

● *GORDES*

Superbe village accroché à un promontoire escarpé sur lequel la lumière joue de tonalités différentes selon les heures.

Adresse utile

— *Office du tourisme :* place du Château. Tél. : 90-72-02-75.

Où dormir ?

— *La Mayanelle :* rue de la Courbe. Tél. : 90-72-00-28. Fermé en janvier et février. Accroché au flanc de la colline, en plein centre de Gordes, l'hôtel, sur deux étages, offre une très, très belle vue, notamment depuis le jardin-terrasse du petit déjeuner. La salle à manger, aux voûtes sobres et blanchies, a du style. Le salon, longue pièce voûtée en pierres apparentes, terminée par une cheminée, meublée de fauteuils à haut dossier revêtus de tapisserie, aux fenêtres à vitraux, donne carrément dans le style seigneurial. Sans piscine, cet hôtel nous semble idéal pour le printemps. 140 F la double avec douche (quatre chambres). 240 F avec bains, pour les six autres. Petit déjeuner : 25 F. Repas à la carte : compter entre 90 et 200 F. Petit parking en face, ou sur la place du Château.

— *Hôtel le Gordos :* à 1,5 km sur la route de Cavaillon. Tél. : 90-72-00-75. Fermé de novembre à mars. Près du centre, cette construction récente vous accueille dans un joli jardin, en essayant de tirer parti du style mas de Provence et des pierres locales. Vaste cour pour les voitures. L'intérieur est très confortable. On s'y sent un peu comme chez des amis qui auraient une belle maison ! Le patio-terrasse, pour le petit déjeuner, et la piscine sont très agréables l'été. De 185 à 250 F. Petit déjeuner : 22 F. Pas de restaurant, mais possibilité de demander un plateau de sandwiches le soir.

— *La Gacholle :* route de Murs. Tél. : 90-72-01-36. Vue magnifique sur tout le petit Lubéron, jardin en étages, terrasse, piscine et tennis en contrebas. Accueil très sympathique qui sent bon la Provence. Chambres impeccables et bien meublées. Celles qui ont la vue sur la vallée sont les moins chères (250 F), mais sont un peu plus petites que les autres (290 F) qui donnent sur les collines. Petit déjeuner : 27 F.

— *Auberge de Carcarille :* Les Gervais, à 2,5 km par la D2. Tél. : 90-72-02-63. Fermé en décembre et le vendredi. Ambiance rustico-familiale, dans un cadre très soigné, en contrebas de Gordes. Chambres entre 150 et 200 F. Petit déjeuner : 15,50 F. Agréable jardin. Fait aussi restaurant (voir « Où manger ? »).

— *Hostellerie Provençale :* place du Château. Tél. : 90-72-01-07. Passé l'aspect quelque peu désordonné du bar et du resto aux menus et à l'aménagement quelconques, vous découvrirez 8 chambres refaites à neuf, aux beaux meubles de bon goût, très confortables. Les numéros 3 et 7 sont plus belles que les autres. 150 F la double et 200 F pour quatre.

● *Chambres d'hôte et camping*

A Gordes même : *chez Mme Lawrence,* chemin de la Roque. Tél. : 90-72-20-74. Une chambre avec salle de bains, classée 3 épis, 110 F pour une personne, 130 F pour deux.
En montant vers Gordes, à 1 km des Beaumettes et 3,5 km de Saint-Pantaléon, aux lieux-dits les Martins et les Bouilladoires, voisins l'un de l'autre, qui sont d'anciens hameaux, dans un joli cadre :

— *Chez M. Gaudemard :* les Bouilladoires. Tél. : 90-72-21-59. Quatre chambres avec douche, classées 2 épis ; de 100 à 145 F pour trois.

— *Chez M. Peyron :* les Martins. Tél. : 90-72-24-15. Quatre chambres avec douche, classées 3 épis, de 110 à 170 F pour trois... Fait aussi table d'hôte : 50 F le repas.

— *Camping-caravaning :* sur la route de Murs, assez loin du centre... ça grimpe ! Tél. : 90-72-02-66. Ouvert toute l'année. Tennis.

Où manger ?

● *Prix modérés*

— *Chez Tante Yvonne :* sur la place du Château. Pour 75 F, la très originale et très bonne terrine d'épinards au thon ou tarte au roquefort, puis tronçon de turbot à la crème d'anchois ou filet de daurade à la fondue de tomates, fromage ou pâtisserie. Évitez les glaces et sorbets assez fades. Ne vous arrêtez pas à la netteté de la veste du cuisinier dans la journée, le reste est très bien surtout le soir, avec une musique discrète, un éclairage tamisé, des nappes aux coloris chauds et tendres, le plafond en bois aux poutres apparentes...

— *La Renaissance :* sur la place du Château. Pour 80 F, outre la terrasse, très agréable en fin de journée, nous avons noté la terrine de rascasseaux aux herbes fraîches, puis la papillote de truite au fenouil frais ou le blanc de volaille aux poireaux, fromage et dessert. Il existe également un menu à 110 F.

— *Auberge de Carcarille :* les Gervais (hameau en contrebas de Gordes, en direction de la N 100). Tél. : 90-72-02-63. Fermé vendredi. Auberge chaleureuse, au cadre très soigné, avec un menu à 52 F proposant, entre autres, une salade niçoise, de la daube, un dessert, et un menu à 90 F avec timbale de foie de canard, écrevisses à l'armoricaine, ris de veau à la crème ou côtes d'agneau grillées, salade ou fromage et dessert.

Où dormir, où manger dans les environs ?

● *A Murs* (10 km de Gordes, par une route sinueuse offrant de belles vues) :

— *Le Crillon :* tél. : 90-72-02-03. 6 chambres. De 81 à 92 F. Le village a plus de caractère que les chambres. Bon restaurant, avec menu à 85 F : truffette de chèvre ou terrine de caille, ou saumon à l'oseille ; carré d'agneau ou jambonneau, ou volaille farcie aux écrevisses ; fromage et dessert. Menu enfant à 28 F. Fermé le mercredi.

● *A Joucas* (si vous venez de Murs, la descente sur Joucas est superbe) :

— *Hostellerie des Commandeurs :* tél. : 90-72-00-05. Intéressant lorsque les autres sont complets. 12 chambres, dont la moitié environ avec vue. Deux tennis. Entre 90 et 140 F la double. Repas à 57 F.

— *Ferme de la Bergerie :* tél. : 90-72-06-29. Belle piscine, ambiance familiale. Classée 3 épis. Plusieurs terrasses. Vue sur les vignes et la montagne. Fait la demi-pension et accepte les clients à partir de 4-5 jours. S'ils ont un creux entre deux séjours, ils pourront peut-être vous accueillir pour moins longtemps. 135 F par personne (en demi-pension). Demi-tarifs pour les (petits) enfants.

— *Chez M. Herbst :* tél. : 90-72-02-22. Chambres et chevaux, et même... école d'équitation, avec moniteur diplômé. Classé 3 épis, avec table d'hôte. Quatre chambres. Une personne : 100 F, deux : 120 F, trois : 140 F.

A voir

— Le site en lui-même. Pour l'allure du village accroché à la roche et surplombant un promontoire escarpé, sur lequel la lumière joue de tonalités différentes selon les heures.

— Très beau *château fort* du XVIe siècle, dans lequel vous admirerez, au premier étage, la cheminée Renaissance, deuxième de France par ses dimensions, et aux deuxième et troisième étages les toiles et dessins de Vasarely. Visite payante.

— *Le village des bories :* passionnante reconstitution de l'habitat en pierres sèches, de sa technique de construction et de l'époque de la vie rurale. Exposition sur les habitats de même nature dans le monde. Il faut savoir que 3 000 constructions de ce type existent rien que dans le Ventoux, le Lubéron et la montagne de Lure. Il en reste donc à retaper, si le cœur vous en dit !

— *Le musée du Vitrail :* au moulin des Bouillons, à 5 km au sud, sur la route de Saint-Pantaléon. Historique du vitrail et rétrospective de l'œuvre de Frédérique Duran. Jetez-y d'abord un coup d'œil de l'extérieur pour voir si vous aimez le style. Entrée payante.

— *L'abbaye de Sénanque :* à 4 km au nord, par une route escarpée qui, une fois le haut de la montagne franchi, vous livre une vue superbe sur l'abbaye nichée dans un creux de verdure. L'édifice lui-même est l'un des plus beaux de l'ordre cistercien, avec un impressionnant dortoir, une belle église et un joli cloître. Le réfectoire sert de lieu d'exposition, avec la généalogie des abbayes cisterciennes (1 760 en quelques siècles). Intéressante exposition sur le Sahara dans un autre bâtiment. Entrée assez chère (20 F). Ouverte de 10 h à 12 h et de 14 h à 18 h.

● *ROUSSILLON*

Le village et le site se confondent car les maisons sont aux couleurs des ocres extraites des carrières voisines. Vous admirerez, en effet, plusieurs nuances d'ocre, allant du rouge sombre au jaune doré.
Promenez-vous dans le village, et ne ratez pas le panorama près de l'église, ni les

rues sur le Val des Fées (falaises rouges à l'ouest) et celles sur les falaises éro-
dées de la Chaussée des Géants (chemin à l'est, quelques minutes à pied).

Où dormir ?

— *Résidence les Ocres* : route de Gordes. Tél. : 90-75-60-50. Fermée en février
et de mi-novembre à début décembre. De 160 à 170 F la double. 185 F pour
quatre. Calme. Petit déjeuner : 15 F.
— *Camping Arc-en-Ciel* : route de Goult. Tél. : 90-75-67-17. Ouvert du
15 mars au 31 octobre. Correct. Deux étoiles.

Où manger ?

— *La Gourmandine* : pour 55 F, menu simple mais complet, centré sur une
crêpe. Belle terrasse panoramique au pied des fortifications.

● **GOULT**

Embranchement à Lumières, sur la nationale Cavaillon-Apt. Au pied d'un vieux
château, l'adresse ci-dessous sera l'occasion de découvrir un petit village qui ne
manque pas de caractère, avec son église fortifiée et ses vieilles rues.

Où manger ?

Rentrez dans le *Tonneau*, place de l'Ancienne-Mairie et sacrifiez 60 F, pour voir...
vous ne serez pas déçu ! Vous dégusterez une salade de canard ou des légumes à
l'orientale, ou encore une salade de foies de volaille. Après un coquelet à l'estragon, ou un onglet aux échalotes, ou des calmars, vous passerez au dur-mou au
chocolat, à la salade d'oranges au citron vert, au gâteau à la noix de coco, ou à la
charlotte aux poires.

Où dormir ?

— *Chez M. Devys* : rue de la République. Tél. : 90-72-35-21 et 90-42-15-68.
2 chambres avec salles de bains, classées un épi. 120 F pour deux.

● **LACOSTE**

Village perché dominé par les ruines (dont une partie a été restaurée) du château
du marquis de Sade. Son passage dans le village fut assez tumultueux et dura
sept ans entre 1771 et 1778, date à laquelle sa conduite de mauvais chrétien lui
valut d'être emprisonné à la Bastille.

● **APT**

Vous risquez de passer à Apt pour deux raisons : la ville est traversée par une
route importante et elle dispose d'une bonne infrastructure hôtelière.

Où dormir ?

● **Bon marché**

— *Hôtel du Palais* : 12, place Gabriel-Péri. Tél. : 90-74-23-54. 11 chambres, de
60 à 90 F la double avec toilette ou douche, 144 F avec bains. Vieillot et sans
caractère ; la fatigue de la moquette justifie les prix. Petit déjeuner : 14 F.

● **Prix moyens**

— *Hôtel l'Aptois* : cours Lauze-de-Perret. Tél. : 90-74-02-02. 26 chambres, de
75 à 120 F la double. Petit déjeuner : 16,20 F. Ne vous attardez pas sur le goût de
l'entrée, vous êtes là pour dormir !
— *Hôtel Sainte-Anne* : 28, place du Balet. Tél. : 90-74-00-80. 8 chambres,
110 F la double avec douche et w.-c. Petit déjeuner : 16 F. La remarque précédente s'applique aussi ici.

● **Plus chic**

— *Hôtel du Ventoux* : 67, avenue Victor-Hugo. Tél. : 90-74-07-58. 8 chambres, de 102 F avec douche à 163 F avec bains et télé. Rustico-ancien dans le
bon sens du terme, avec de hauts plafonds en plâtre sculpté, cet hôtel ne manque
pas d'attraits, surtout si votre chambre ne donne pas sur la rue. Fait aussi demi-
pension (voir « Où manger ? »).
— *L'Aquarium* : sur la N 100, direction Cavaillon. Tél. : 90-74-22-80. Demi-

pension obligatoire, avec des menus manquant résolument d'originalité (58 ou 74 F). Tennis et ping-pong. « La piscine, c'est pas demain la veille qu'elle sera finie, pardi ! », dixit la sympathique patronne. Vastes couloirs menant à des chambres modernes toutes pourvues d'une belle salle de bains avec w.-c. Bien qu'au bord de la route, peu de bruit, car l'hôtel est perpendiculaire à celle-ci. La vue sur les paillotes, type tahitien, est plutôt ingrate. 136 F la simple, 156 F la double. Petit déjeuner : 17 F.

● *Campings*

— *Camping municipal les Cèdres :* route de Rustrel. Tél. : 90-74-14-61. Ouvert toute l'année.
— *Camping le Lubéron :* route de Saignon. Tél. : 90-74-23-93. Ouvert de Pâques au 1er novembre.

Où manger ?

● *Prix modérés*

— *La Taverne :* rue du Septier. Attention, c'est une ruelle entre la place Gabriel-Péri et la rivière. Sympathique restaurant, qui affiche fermement « ici, pas de frites ». Dès l'escalier vous verrez que le nom est mérité ; le pittoresque est au rendez-vous. Pour 60 F, vous prendrez peut-être un pâté de gibier, un fromage de chèvre à la romaine ou une salade verte aux croûtons et lardons. Ensuite, plat du jour ou faux-filet poêlé et légumes. Fromage et dessert.
— *Hôtel du Ventoux :* 67, avenue Victor-Hugo. Tél. : 90-74-07-58. Pour 57 F, menu très soigné avec pâté de sansonnet ou sardines glacées au mascara, fricassée de volaille aux herbes ou truite à la sauce hollandaise, puis fromage ou dessert. Il existe également un bon menu à 87 F et un troisième à 113 F.

● *Plus chic*

— *Hôtel Le Lubéron :* 17, quai Lion-Sagy. Tél. : 90-74-12-50. Le menu à 90 F est appétissant : feuilleté d'asperges au cerfeuil ou mousseline de suprême de volaille, puis sole braisée aux petits légumes, ou timbale de mer aux pâtes fraîches, ou blanquette d'agneau à l'oseille. La fin du repas atteint son summum avec le grand chariot de pâtisseries ou les glaces au miel et au nougat.

Achats

— Les *fruits confits,* au magasin de la coopérative, situé à la sortie de la ville, sur la N 100, direction Cavaillon. Vous y trouverez, à des prix défiant toute concurrence, des calissons de Provence, des nougats, des mini-pots de confiture aux parfums originaux (pastèque, hinis, figue, melon, banane, etc.). Et aussi des fruits à l'alcool, des cerises au vinaigre, etc.

Aux environs : le colorado de Rustrel

A Apt, suivre le quai de la Liberté vers l'est, direction de Digne. Traverser la rivière à la flèche Rustrel-Baron. Le Colorado n'a rien à voir avec le canyon du même nom. Simplement, la géologie a paré le sol, en plusieurs endroits, de couleurs blanche, ocre, rouge assez inhabituelles. La route la plus jolie longe la crête côté nord du Colorado.

● BONNIEUX

Petit pont romain typique sur la route d'Apt. Le village lui-même, entouré de ses remparts, constitue un joli site, vu de la route, et a beaucoup de charme. Beau panorama — que l'on monte du village ou que l'on en redescende — sur les gorges. De nombreuses personnalités y ont élu domicile, notamment de bons libraires.

Où dormir ? Où manger ?

— *Hôtel du Prieuré :* tél. : 90-75-80-78. Charmant trois étoiles aménagé dans un ancien monastère. La classe, le standing, et tout et tout... De 162 à 370 F la double. Fermé du 5 novembre à la mi-février. Le resto, lui, est fermé mardi et mercredi midi hors saison et, curieusement, mardi, mercredi et jeudi midi en saison. Menu à 99 F proposant un parfait de volaille au poivre vert, un mignon de lapereau au basilic, fromage ou dessert.
— *Hôtel César :* place de la Liberté. Tél. : 90-75-80-18. Fermé en décembre et en janvier. De 110 à 180 F la double. Au restaurant, menus à 65 F (en semaine) et

105 F. Ce dernier vous donnera droit, entre autres, au foie gras, à la mousseline de saumon, voire au ragoût d'escargots aux noix, au civet de canette.
— *Le Fournil :* menu peu original mais complet (un quart de côtes-du-lubéron compris) pour 76 F. Joli cadre lorsqu'on mange sur la terrasse, au cœur du village, près de la fontaine.

● **Camping**

— *Camping municipal du Vallon :* route de Ménerbes. Tél. : 90-75-86-14. Ouvert du 1er avril au 30 septembre. Correct.

● **CADENET**

Où dormir ? Où manger ?

— *Hôtel du Commerce :* tél. : 90-68-02-35. Le classique hôtel du Commerce, situé au centre du village, très vivant avec son marché et ses vanneries. Chambres très simples de 68 à 100 F. Cuisine familiale à 32-37 F le menu.
— *Hôtel-restaurant Aux Ombrelles :* avenue de la Gare. Tél. : 90-68-02-40. Fermé du 1er décembre au 1er février, dimanche soir et lundi. En partie dans l'ancienne maison du garde-barrière (rassurez-vous pour le bruit, c'est voie unique...). Chambres de 70 à 155 F (avec salle de bains et w.-c.). Repas à 84, 105 ou 145 F (52 F en semaine) dans une salle à manger bien décorée. Un effort méritoire et une bonne table.

● **Plus chic**

— *La Maison Rouge :* 22, rue Victor-Hugo. Tél. : 90-68-26-18 et 90-68-28-54. Ouvert midi et tard le soir. Fermé en décembre et en janvier. Terrasse fleurie. Cuisine créative et raffinée à la commande (si on veut). Compter de 80 à 150 F.

A voir

— *La statue du tambour d'Arcole :* sur la place principale. Souvenez-vous : en novembre 1796, André Étienne traversa la rivière à la nage (avec son tambour...) et fit croire, en battant la charge, que les Français prenaient les Autrichiens à revers. Ceux-ci s'enfuirent et l'armée de Bonaparte passa le pont, alors que le combat menaçait de s'éterniser.
— *L'église :* beau clocher provençal dont la souche carrée porte une tour octogonale. A l'intérieur, voir les fonts baptismaux, constitués par une moitié de baignoire, en marbre, du IIIe siècle.

Aux environs : le château de Lourmarin

— Ouvert de 9 h à 11 h 45 et de 14 h 30 à 17 h 45 (16 h 45 hors saison). Après François 1er, Churchill, Bosco, Camus, Elisabeth II, il est fondamental que vous alliez honorer de votre présence ce « haut lieu de l'esprit » (ils n'ont quand même pas osé mettre un E majuscule à esprit). En fait, le château de Lourmarin est intéressant à plusieurs titres.
● Côté *historique :* vous vous instruirez grâce à un guide érudit qui vous tiendra en haleine pendant 45 mn et vous dira tout sur ce château des XVe et XVIIe siècles (très bel extérieur Renaissance entre autres).
● Côté *artistique :* vous pourrez admirer, à l'intérieur, de beaux meubles rares : armoire Louis XIV provençale, par exemple, et également des meubles d'Égypte, d'Espagne et Tunisie, du Maroc, des poteries d'Apt, des instruments de musique chinois. Les amateurs remarqueront les gravures du Piranèse, au style romantique, voire baroque, dénotant l'influence du roman noir anglais. A l'étage, beau tableau de l'école de Léonard de Vinci, « Le Joueur de luth », récemment restauré. Enfin, bizarre, bizarre, la cheminée supportée par de grandes statues de style inca.
● Côté *mécénat :* vous apprendrez comment Robert Laurent-Vibert, propriétaire dans les années 20, a financé la restauration d'un château en ruine et a créé une fondation artistique de qualité, si l'on en juge par certaines (pas toutes) œuvres laissées par des boursiers.
● Côté *technique architecturale :* vous remarquerez, dans l'escalier aux 93 marches, que la marche est d'une seule pièce, depuis le cylindre permettant sa superposition centrale jusqu'à son extrémité constituant la pierre de façade.

Un souterrain de 8 km relie le château à celui d'Ansouis... impratiqué et impraticable, malheureusement !

Pour les littéraires : Albert Camus est enterré au cimetière de Lourmarin.

● *Où dormir ? Où manger à Lourmarin ?*

— *Hostellerie le Paradou* : tél. : 90-68-04-05. Fermé du 15 janvier au 28 février et le mercredi hors saison. Nous vous conseillons le menu à 80 F, celui à 103 F n'étant pas tellement mieux. Bonne cuisine avec quelques originalités, tels les cœurs de palmier avec anchoïade. Très bonne terrine, le canard aux olives se laisse (très bien) manger et les brochettes de mouton sont à signaler. N'oubliez pas la truite ou le saumon entre l'entrée et le plat. Fromage et dessert (on vous conseille les glaces). Le vin de pays rouge (VDQS) du Lubéron, médaillé, est d'un très bon niveau.
Trois possibilités pour les repas : salle à manger, véranda, ou terrasse donnant sur une vaste prairie où peuvent jouer les enfants. Cadre très agréable, à l'entrée des gorges, dans les arbres et la nature. Le *Paradou* mérite bien son nom ! Neuf chambres calmes : de 75 à 130 F la double.

● *CUCURON*

Joli village à visiter pour son église et le moulin à huile situé dans l'arrière-boutique d'une galerie de tableaux — artisanat. On y a appris qu'un *scourtin* est le panier à olives dans lequel elles étaient pressées.
Une petite pensée pour Alphonse Daudet (il fit de ce village le Cucugnan des « Lettres de mon moulin ») et pour Henri Bosco qui aimait beaucoup l'endroit.

Où dormir ? Où manger ?

— *Hôtel-restaurant de l'Étang* : tél. : 90-77-21-25. Fermé du 20 décembre à la mi-janvier et mercredi hors saison. Près du grand bassin rectangulaire bordé d'arbres. Cadre reposant, très joli. 130 F la double. Au resto, pour 86 F, soupe à l'oignon ou moules à la provençale, feuilleté d'andouillette, crêpes au roquefort ou pilaf aux moules. Faux-filet, truite, ou coq au côtes-du-lubéron. Salade, fromage ou dessert.

● *Campings*

— *Camping le Moulin à Vent* : pour y aller, prendre la D 182 sur 1,3 km, puis à gauche, sur 1 km. Tél. : 90-77-25-77 et 90-77-21-64. Ouvert du 1er avril au 30 septembre. Un petit camping très reposant et agréable. Ombragé. Réserver pour juillet-août.
— *Camping Lou Baradeu (La Resparine)* : à 1 km par la route de La Tour-d'Aigues. Tél. : 90-77-21-46. Ouvert du 15 mars au 30 novembre. Calme et beau point de vue. Un peu moins ombragé que le précédent.

● *ANSOUIS*

Très joli village perché sur une colline. Le château, monument historique, est une propriété privée. Ouvert au public l'après-midi seulement, de 14 h 30 à 18 h. Même si Lourmarin vous a comblé côté visite, faites la grimpette jusqu'au château (passez la grille et montez l'escalier qui mène à l'entrée) : vue magnifique sur le vieux village et les alentours.

LES GORGES DE RÉGALON ET LEURS ENVIRONS _____

Si vous aimez la marche, suivez les balises rouges et blanches du GR. 6, sur 1,4 km, qui vous mèneront à l'entrée des gorges. Ne vous risquez pas dans les gorges par temps de pluie, car le chemin remonte le lit du torrent !
Particularité de ces gorges : elles sont parfois très étroites. Vous serez impressionné par cette fissure, qui a, par endroits, moins d'un mètre de large, et... par les blocs de pierre qui y sont coincés !

● *MALLEMORT*

Où dormir ?

A signaler : les gîtes ruraux vastes et très bien aménagés de *M. et Mme Arnoux,* et surtout la gentillesse de leur accueil : 30, avenue des Frères-Roqueplan, 13370 Mallemort.

● *LA ROQUE-D'ANTHÉRON*

Effectuez un petit détour, depuis la route, pour rendre hommage à César de Cadenet, dont vous apprécierez la devise : « Deus nobis haec otia fecit », et comme vous ne savez plus le peu de latin que vous avez appris, on va ressortir le dictionnaire. Attendez... Voilà, ça vient : « Dieu a fait ce lieu de paix pour nous. »
Joli petit château Renaissance (notez les anses de panier au-dessus de la porte). Jetez un coup d'œil à l'ancienne mairie (en enlevant la sirène au-dessus) et à la mignonne église romano-gothique (intérieur quelconque).

● *L'ABBAYE DE SILVACANE*

Ouverte de 10 h à 12 h et de 14 h à 18 h. Fermée mardi, 1er mai, 25 décembre et 1er janvier. Silvacane, la troisième dans l'ordre chronologique des abbayes cisterciennes de la région (après le Thoronet et Sénanque), fut fondée en 1144 sur un terrain marécageux (*silva cannae :* forêt de roseaux). Les bâtiments actuels ont été construits entre 1175 et 1230, mis à part trois galeries du cloître (1250-1300). Comment ne pas être sensible au charme du cyprès dans le jardin du cloître ? A la sobre beauté des travées d'ogives de la salle capitulaire et de la salle des moines ?

LES ALPILLES

Le circuit que nous vous proposons est assez complet. Il est aussi très beau (de Provence). Comme il est globalement situé sur une horizontale est-ouest, pensez à l'effectuer de façon à avoir le dos au soleil.
Sur la N 7 Sénas-Orgon, prenez la direction *Miramas-Eyguières* (D 569). La route passe entre les collines calcaires déchiquetées, avec des vignes d'un côté et des cultures maraîchères de l'autre, protégées par des haies d'arbres. Par un soleil éclatant c'est, en quelque sorte, le résumé géographique de cette région. Au bout de 8 km, tournez en direction d'*Eygalières* et *Saint-Rémy* (D 25). La route, dans la forêt de pins, qui est l'une des plus jolies du delta provençal, évoque le paysage de la Côte d'Azur. Au premier carrefour, bifurquez à gauche, direction *Les Baux-Saint-Martin-de-Crau* (D 24). Vers le village du Destet, prenez à droite, direction *Maussane-Les Baux* (D 78). La forêt disparaît pour céder la place au massif rocheux des Baux. Un petit col offre une jolie vue sur la plaine.
Avant l'entrée de Maussane, empruntez la route qui contourne le village par le nord. Vous rejoignez la D 5, qui offre de plus jolis paysages que la route partant du milieu de Maussane. Tournez ensuite à gauche pour prendre la D 27 A et monter aux Baux.

● *LES BAUX-DE-PROVENCE*

Un site unique : formidable roc jaillissant du maquis, dominé par une citadelle démantelée... Rochers et architecture confondus, dans une clarté étincelante, donnent à l'ensemble un caractère magique. Le village a donné son nom à la bauxite, minerai découvert ici en 1822.
La visite des Baux s'effectue à pied, en se garant sur un parking payant. Les amateurs de grimpette, économes de surcroît, descendront dans le *val d'Enfer* et en profiteront pour :
— découvrir le site impressionnant, vu d'en bas du ravin, près de chez Baumanière ;
— remarquer les maisons construites contre la roche, et même dedans, en descendant le début de la route qui mène à la Benvengudo.

Où dormir ?

— *Hostellerie de la Reine Jeanne :* dans le vieux village. Tél. : 90-97-32-06. Fermée du 15 novembre au 1er février. 12 chambres de 120 à 185 F. Belle vue.

● *Très chic*

— *La Benvengudo :* sur la D 78. Tél. : 90-54-32-54. Fermé du 25 octobre à la mi-février et dimanche. Luxueux hôtel dans un cadre magnifique. Très vaste jardin, belle piscine et tennis. Cette agréable demeure, bastide provençale cossue, est presque « surchargée » de beaux meubles de styles variés. Les chambres sont dans un pavillon à un étage, séparé de la réception, du salon et du séjour. Vastes, de grand confort, elles sont très bien meublées avec, pour certaines, coiffeuse, fauteuil Louis-Philippe, têtes de lit originalement décorées. La double avec bains démarre à 275 F pour atteindre un maxi de 360 F, si vous souhaitez votre balcon ou terrasse privée. Petit déjeuner : 35 F.

Poursuivre la route vers Saint-Rémy : un astucieux a aménagé un parking là où la vue sur Les Baux est magnifique. Outre le parking, et c'est là l'astuce, il a également installé une vente de vin (caves de Sarragon). Profitez au moins du panorama !

● SAINT-RÉMY-DE-PROVENCE

Saint-Rémy est l'exemple type de la ville provençale, avec son boulevard circulaire ombragé de platanes, enserrant le centre ancien aux ruelles écrasées de soleil. Ajoutez-y les Alpilles qui offrent une jolie vue et surtout forment une barrière contre le mistral. Vous comprendrez alors pourquoi le charme de cette cité préservée a généré un tel engouement résidentiel et une envolée des prix.
Saint-Rémy est la patrie de Nostradamus (XVIe s.), et a accueilli Van Gogh, la dernière année de sa vie, dans l'hospice de Saint-Paul-de-Mausole.

Adresse utile

— *Office du tourisme :* place Jean-Jaurès. Tél. : 90-92-05-22.

Où dormir ?

● *Prix moyens*

— *Le Cheval Blanc :* 6, av. Fauconnet. Tél. : 90-92-09-28. Chambres refaites et accueillantes, avec douche et w.-c. Vous pouvez miser sur ce cheval-là, d'autant plus qu'il possède un parking, appréciable, en plein centre de Saint-Rémy. De 130 à 150 F la double.
— *Hôtel-restaurant de la Caume :* route d'Orgon. Tél. : 90-92-09-40. Ouvert du 15 mars au 1er octobre. Les chambres sont (relativement) protégées de la route par une séparation et un agréable jardin. Certaines donnent directement dessus. Petite piscine. De 140 à 165 F. Repas à 67 F avec terrine de saumon maison, entrecôte ou brochette de seiche provençale, fromage et dessert.
— *Villa Glanum :* route des Baux. Tél. : 90-92-03-59. Juste à côté des Antiques et des fouilles de Glanum. Bon hôtel une étoile. Ambiance familiale, accueil sympathique. Une condition : y prendre au moins un repas ! Compter 140 à 160 F en demi-pension, dans une chambre double. Ce prix nous semble justifié par l'existence d'une piscine. Attention, huit chambres seulement.

● *Plus chic*

— *Hôtel Soleil :* 35, av. Pasteur. Tél. : 90-92-00-63. L'hôtel est organisé autour d'une grande cour : beaucoup d'espace, y compris pour garer sa voiture. Piscine et terrasse. Une salle de jeux est séparée du salon. Les 20 chambres ne sont pas très, très grandes, mais, comme le dit le propriétaire, « à Saint-Rémy, on ne reste pas dans la chambre ». 150 F la double avec douche, 170 F avec douche et w.-c., 200 F avec bains.
— *Canto-Cigalo :* chemin du même nom. Tél. : 90-92-14-28. Fermé du 1er novembre au 1er mars. Quel calme et quel agréable jardin autour de cette grande maison bien entretenue qui semble neuve, tant à l'intérieur qu'à l'extérieur, alors qu'elle a dix ans ! 22 chambres doubles, vastes et confortables, avec w.-c. séparés de la douche ou des bains. Les chambres avec bains (190 ou 220 F) ont vue sur les Alpilles. Avec douche, compter de 170 à 200 F. Une bonne adresse.

● *Très chic*

— *Château de Roussan :* à 2 km environ, sur la route de Tarascon. Tél. : 90-92-11-63. 12 vastes chambres ont été aménagées dans une belle demeure du XVIIIe siècle au milieu d'un parc. Magnifique mobilier... et prix en rapport. La double avec douche de 300 à 450 F. Certaines chambres peuvent être regroupées, par deux, pour constituer des appartements.

A voir

— *La vieille ville* et ses beaux bâtiments, tels l'*hôtel Mistral de Mondragon* (musée des Alpilles consacré aux arts et traditions populaires), l'*hôtel de Sade* (collections archéologiques provenant des fouilles de Glanum), la mairie, etc.
— *Les Antiques* : cette appellation regroupe l'*arc* et le *mausolée* datant de l'époque romaine. La décoration de l'arc de triomphe rappelle la conquête des Gaules par César. Elle est particulièrement riche, soignée et bien conservée. Le mausolée est, lui aussi, en excellent état. Malheureusement, on ne sait pas exactement à la mémoire de qui il a été élevé. Il semblerait que ce soit pour les petits-fils d'Auguste (l'empereur qui a succédé à César).
— *Le monastère Saint-Paul-de-Mausole* : très jolie petite église romane, avec un cloître. Les romantiques pourront envisager de s'y marier un jour... (mais pas dans le cloître).
— *Glanum* : cette ancienne ville doit son existence à la présence d'une source venant des Alpilles, au IVe siècle avant J.-C. Vous pourrez visiter deux maisons grecques analogues à celles de Délos. Sinon, l'ensemble est romain, la ville s'étant développée à partir du Ier siècle avant J.-C. et ayant été détruite à la fin du IIIe siècle, par les Germains. Les vestiges des thermes, du forum, des maisons et des temples donnent une bonne idée de ce qu'était une petite ville de l'époque.

Quitter Saint-Rémy

Prenez la route allant vers les Antiques et Glanum. A environ 4 km, bifurquez à gauche vers la Caume. A près de 400 m d'altitude, par beau temps évidemment, vous embrasserez un magnifique panorama des Alpes à la Méditerranée. Redescendez ensuite sur Maussane.

● *MAUSSANE-LES-ALPILLES*

Petit village dont l'huile d'olive est particulièrement réputée. La coopérative oléicole est fléchée dans le village.

Où dormir ?

● *Assez chic*

— *Touret* : à la sortie du village, en direction d'Arles. Tél. : 90-97-31-93. Fermé en février. Hôtel remarquablement bien entretenu. Très belle vue, au sud, sur les derniers rochers des Alpilles qui viennent mourir dans la plaine de la Crau. Grandes chambres joliment meublées, belles salles de bains. Petite terrasse en prolongement de la chambre, où l'on peut prendre son petit déjeuner. Piscine abritée. Parking. Hôtel climatisé. 200 F la double avec douche, 210-220 F avec bains.
— *L'Oustaloun* : place de l'Église. Tél. : 90-97-32-19. La façade du XVIIIe siècle a été restaurée en harmonie avec la place. Le côté nord a été restructuré dans le style des maisons de la rue. M. Bartoli aime le travail bien fait. Il a trouvé sa vocation après avoir tourné pendant vingt ans comme représentant et constaté les problèmes de la profession en tant que client ! Il a su faire rimer poutres et voûtes et sa femme a décoré l'ensemble de façon remarquable. Si vous vous passionnez pour les meubles anciens, prévoyez de rester quelque temps ne serait-ce que pour la salle à manger et le salon. Si vous êtes plutôt peinture, les toiles de Mme Bartoli vous séduiront, tant par la variété des styles que par l'originalité de certains sujets. Si vous êtes sculpteur, deux belles statues sont mises en valeur par les niches ménagées dans la pierre apparente. Pour un peu, on allait oublier de vous parler des chambres ! Il y en a douze. Avec douche et w.-c., les prix vont de 190 à 250 F, avec bains et w.-c., de 210 à 290 F. Bien sûr, l'ameublement est à la hauteur de l'ensemble, et vous dormirez sous d'authentiques poutres du XVIe siècle.

Où manger ?

● *Bon marché*

— *La Pitchoune* : 21, place de l'Église. Tél. : 90-97-34-84. Fermé le vendredi. Deux salles bien aménagées, dans le style familial « intérieur bourgeois ». Une salle est mieux que l'autre, mais on n'y sert pas le menu à 49 F (vin compris, le midi, en semaine). Pour 64 F, vous bénéficierez donc des tentures aux fenêtres, de la grande cheminée, des poutres et du beau mobilier rustique. Vous choisirez entre la salade des Isles et la charcuterie, puis entre le coquelet, le gigot d'agneau, le faux-filet aux herbes, le filet de daurade à la provençale. L'original caneton flambé vous demandera un petit effort de 8 F. Fromage, ou dessert maison, ou sorbet.

● *Plus chic*

— *L'Oustaloun* (re) (voir « Où dormir ? »). Vu de loin : menu simple et quelconque. Goûté de près : la véritable huile d'olive de Maussane-les-Alpilles éveille la saveur de la betterave, du maïs, du fenouil... il faut y goûter pour y croire ! Le plat du jour change régulièrement, mais nous reprendrions bien de l'épaule de porcelet marinée dans le vin du pays, cuite deux heures, avec une pointe de caramel. La poire cuite, au naturel ou au caramel selon votre goût, constitue un dessert frais et tendre. N'oubliez pas que, pour 80 F, vous avez aussi le cadre décrit côté hôtel.

Quitter Maussane-les-Alpilles

Au Paradou, prendre la D 78 E qui rejoint Fontvieille.

● *FONTVIEILLE*

Ici le *musée Alphonse Daudet* intéressera les passionnés de littérature et les amateurs de gravures. Quant au bâtiment qui abrite ce musée, c'est un ancien moulin à vent bien conservé. L'écrivain aimait l'endroit pour la vue sur les Alpilles mais n'y a pas écrit, contrairement à la légende, ses célèbres « Lettres ».

Où manger ?

● *Assez bon marché*

— *La Grasilo :* pierres et poutres constituent un cadre agréable, ainsi que les lustres en fer forgé, le four à pain au fond de la salle. Musique d'ambiance. Menu original, dont les plats inventifs tels la salade aux fonds d'artichaut aux miettes de truffes et le citron farci à la chair de crabe sont un peu décevants. Nous avons préféré la rouille à la camarguaise ou la salade de fruits de mer au riz de Camargue. A signaler, un très bon faux-filet provençal ou, sinon, des brochettes d'agneau, une gibelotte de lapin. Honnête costière-du-gard rosé.

● *Plus chic*

— *Le Homard :* 29, rue du Nord. Tél. : 90-97-75-34. Fermé le samedi hors saison. Une agréable petite terrasse fleurie, avec des parasols, donne l'envie d'aller serrer la pince... du patron. Menu sans originalité à 55 F. Celui à 86 F offre 6 entrées et 6 plats, parmi lesquels nous avons sélectionné de quoi vous mettre en appétit : mousse de saumon, soupe de poisson à l'aïoli, lapin à la sauce de l'homme pauvre, caille au thym, pâtes fraîches et flageolets, salade aux croûtons aillés, fromage ou dessert. A signaler plus particulièrement : l'originale daube de poissons, dite des mariniers beaucairois, et les pieds et paquets maison. Si vous n'en goûtez qu'une seule fois, pour voir, ce restaurant est une bonne adresse. Bons vins des coteaux des Baux et d'Aix. A signaler, le mas-du-gourgonnier à 55 F la bouteille.

— *Auberge du Grès :* à Saint-Étienne-du-Grès. Tél. : 90-91-18-61. Fermée vendredi soir et samedi midi hors saison. La sobriété du mobilier ancien et le soin apporté à dresser les tables confèrent un caractère assez luxueux à la salle en pierre, pourvue de belles poutres. Menu astucieux à 80 F avec une entrée (92 F avec deux entrées). Originale terrine de thon pour commencer, ou bien escargots de mer, soupe de poisson, ou charcuterie. Les gourmands attaqueront ensuite un gratin de fruits de mer, ou une truite farcie à l'oseille, ou un filet de sole, ou des cannelloni. Les autres passent un tour. Vous vous rejoignez au faux-filet, à moins que les pieds et paquets, ou le canard, ne vous aient tenté. Tout le monde a droit à des légumes, un fromage et un dessert.

TARASCON _____

Ville universellement connue pour son Tartarin et sa Tarasque, Tarascon souffre cruellement de la disparition du premier et de la démythification de la seconde.

Vous risquez d'y passer une nuit, car la ville est bien pourvue en hôtels abordables ainsi qu'en restaurants compétitifs, mais n'espérez pas trop d'animation. Ici,
la nuit, on dort !

Adresse utile

— *Office du tourisme :* 59, rue des Halles. Tél. : 90-91-03-52.

Où dormir ?

● *Vraiment pas cher*

— *Hôtel du Rhône :* place du Colonel-Berrurier (il ne s'agit pas du collègue de
San-Antonio !). Tél. : 90-91-03-35. Vu le besoin de travaux au deuxième étage,
on se demande s'il sera toujours là quand vous voudrez y aller. Il reste toujours le
premier étage. Au total, ce vieil hôtel une étoile, où la patronne est là quand elle
est là, abrite 15 chambres avec l'inimitable armoire à glace centrale et deux
portes, les globes au plafond... 60 F la double avec lavabo, 66 F avec cabinet de
toilette, 83 F avec douche.
— *La Tarasque :* place de la Gare. Chambres soignées de 70 à 90 F. Fait aussi
restaurant.

● *Bon marché*

— *Hôtel Le Moderne* (restaurant Le Mistral) : 26, bd Itam/9, rue Monge.
Tél. : 90-91-01-70 et 90-91-27-62. L'hôtel porte bien son nom et offre un
confort à prix modique : 88 F la double avec cabinet de toilette, 155 F avec bains
et w.-c. Demi-pension à 145 F à partir de trois journées, menu sans originalité.
— *Hôtel-restaurant Le Castel :* 16, bd V.-Hugo. Tél. : 90-91-28-53. De 82 à
140 F. Menu à 42 F, avec vin et service compris. Au total, c'est assez économique.

● *Plus chic*

— *Hôtel-restaurant Saint-Jean :* 24, bd V.-Hugo. Tél. : 90-91-13-87. 12 belles
et grandes chambres à 140-150 F la double avec douche, 170 F avec bains. Petit
déjeuner : 17 F. Les salles de bains sont également spacieuses. L'accueil est
sympathique. Fait aussi restaurant.
— *Le Provence :* 7, bd V.-Hugo. Tél. : 90-91-06-43. 11 chambres de 185-
200 F la double à 250 F pour quatre. Excellent rapport qualité-prix de ce trois
étoiles (eh oui !) aux vastes chambres bien meublées, aux grandes salles de
bains. L'ensemble est calme et de bon goût. N'hésitez pas à choisir une chambre
à 200 F : elles sont pourvues d'une terrasse, sur laquelle vous pourrez prendre le
petit déjeuner.

● *Campings*

— *Saint-Gabriel :* à 5 km par la N 570, puis à gauche, vers St-Rémy. Tél. : 90-
91-19-83. Ouvert du 1er mars au 15 octobre. Correct mais sans plus. Bon marché.
— *Tartarin :* route de Vallabrègues. Tél. : 90-91-01-46. Ouvert du 15 mars au
30 septembre. Même confort que le précédent.

Où manger ?

● *Vraiment pas cher*

— *Restaurant le Roi René :* rue des Halles, près du Rhône. Pour 45 F, menu varié
et soigné. Par exemple : coquille de poisson, civet de porcelet, salade et
dessert.
— *Restaurant La Tarasque :* sur la place de la Gare. Qui dit mieux ? Pour 37 F,
quart de vin compris : salade composée ou pâté persillé, rouille de soupions ou
grillade de bœuf, fromage ou dessert. Et, en prime, un décor soigné, avec des
tables en salle ou dans une véranda.
— *Restaurant Terminus :* sur la place de la Gare. Tél. : 90-91-18-95. Fermé le
mercredi. Menu à 44 F type Terminus de l'ancien temps, avec un choix de
12 entrées, 12 plats et fromage ou dessert. Un effort sur le décor moderne.

● *Bon marché*

— *Restaurant Saint-Jean :* 24, bd V.-Hugo. Tél. : 90-91-13-87. Fermé le mercredi hors saison. Ce restaurant mérite une mention particulière : pour son décor

(poutres apparentes et arcades, cuivres aux murs, aquarium), pour ses prix et la qualité de sa cuisine, simple et régionale. Par exemple, pour 55 F, le menu se compose d'une pissaladière aux fruits de mer ou d'une soupe aux moules, d'un coquelet provençal ou d'une bavette marchand de vin, d'un fromage ou d'un dessert. Les autres menus sont à 71, 92 et 132 F. Menu enfant à 25 F. Un excellent rapport qualité-prix.

A voir

— *Le château :* cette forteresse à l'extérieur rébarbatif abrite, en fait, un très beau château de style gothique et Renaissance. Bel escalier à vis à l'extérieur du corps de bâtiment intérieur. Magnifiques plafonds à la française, en mélèze, dans la salle à manger et la salle d'audience. Superbe point de vue, depuis la terrasse, sur le mont Ventoux, les abbayes de Frigolet et Montmajour.
Pour une fois, les graffiti sont à l'honneur avec les dessins de galères exécutés par les prisonniers... il y a même le graffiti d'un évêque.
Pour bien voir le château, passer à Beaucaire par le pont sur le Rhône, et revenir, après avoir fait tout le tour de l'interminable bassin beaucairois. Enfin, ça vaut le coup d'œil.
— *L'église Sainte-Marthe :* à l'intérieur, intéressante collection d'œuvres d'art.
— *La vieille ville :* rues tortueuses et pittoresques abritant de vieux immeubles intéressants, notamment l'hôtel de ville.
Les amateurs de la faïence de Moustiers, hyperspécialisés dans les pots à pharmacie, peuvent écrire à la directrice de *l'hôpital* pour demander de visiter la salle qui en abrite une importante collection.

LA MONTAGNETTE ———————————————————

Cette petite montagne est située entre Avignon et Tarascon. Beaucoup l'évitent sans le savoir en prenant la nationale par Rognonas et Graveson. C'est bien dommage ! Vous traverserez d'abord la campagne provençale, avec ses haies d'ifs et ses cultures maraîchères, avant d'arriver à Barbentane.

● *BARBENTANE*

Vieux village provençal typique, avec sa place ombragée de platanes, endormie à midi, à l'écart de la route. Superbe château du XVIIe siècle, de style classique, dans un jardin. Beaux meubles Louis XV et Louis XVI dans des pièces richement décorées avec une touche italianisante. Visites : de 10 h à midi, de 14 h à 18 h, entre Pâques et la Toussaint. Entrée : 16 F (enfants : 10 F).

Adresse utile

— *Syndicat d'initiative :* à la mairie. Tél. : 90-95-50-39.

Où dormir ? Où manger ?

— *Hôtel-restaurant Saint-Jean :* tél. 90-95-50-14. Fermé du 15 janvier au 15 février et le lundi. Passons d'abord à table ! Pour 50 F, on vous offre (on peut le dire !) le chariot de hors-d'œuvre, puis une paupiette de veau provençale ou une coquille de pétoncles gratinées ou du chou farci à la vauclusienne. Dessert. Ce n'est pas fini : pour 75 F, le chariot est complété par deux plats : feuilleté de crustacé, mousseline de poissons de roche, puis poulet aux écrevisses, daube, et vous repassez au chariot... côté dessert. Toujours plus haut : pour 135 F, foie gras de canard ou saumon mariné, puis noix de Saint-Jacques à l'effilochée de poireaux ou feuilleté de saumon, et même le homard (plus 20 F, quand même !). Nous ne citerons plus que le râble de lapereau farci avant de passer aux fromages et desserts. Après cela, vous aurez bien besoin d'une chambre pour digérer ! Vous aurez admiré tout de même, auparavant, la collection de bouteilles de vin dans l'entrée et remarqué le soin apporté au cadre de la salle à manger.
Vous saurez apprécier le splendide escalier en pierre apparente qui mène aux chambres. Celles-ci sont agréables. De 105 à 160 F la double. Enfin, il faut souligner que le couple qui tient cet hôtel accueille volontiers les familles.

● **L'ABBAYE SAINT-MICHEL DE FRIGOLET**

De Barbentane, belle promenade, à travers une forêt de pins. En haut de la Montagnette, une halte pique-nique est aménagée, avec relais équestre.
L'abbaye est très vaste. Son nom vient de *férigoulo* (le thym, en provençal). On y prie Notre-Dame du Bon Remède car les moines de l'abbaye de Montmajour qui asséchaient les marais locaux, vers l'an 1000, étaient atteints de paludisme et venaient s'y refaire une santé tout en priant. Le climat était sain (il l'est toujours). Anne d'Autriche y fit une halte en 1632 pour demander un fils. C'est comme cela que nous avons hérité de Louis XIV en 1638.
Le cloître est de style roman (XIIe s.). Sa construction est massive et peu lumineuse car il supporte une terrasse.
Très bon topo par le moine qui commente la visite du cloître, fait remarquer les détails d'architecture et compare ses caractéristiques à celles des douze autres cloîtres romans de la région. Vous ne regretterez pas votre obole. Admirez la crèche en bois d'olivier : il a fallu gratter et poncer deux tonnes de bois pour fabriquer les quinze personnages.

ARLES

« Une des plus pittoresques villes de France, avec ses balcons sculptés arrondis, s'avançant comme des moucharabiés jusqu'au milieu des rues étroites, avec ses vieilles maisons noires aux petites portes moresques ogivales et basses, qui vous reportent au temps de Guillaume Court-Nez et des Sarrasins. »
Alphonse Daudet
(Les Lettres de mon Moulin)

Adresses utiles

— *Office du tourisme :* esplanade des Lices. Tél. : 90-96-29-35.
— *S.N.C.F. :* tél. : 90-96-01-58.

Où dormir ?

● *Prix modérés*

— *Hôtel Gauguin :* 5, place Voltaire. Tél. : 90-96-14-35. De 85 à 110 F la double. Sur trois étages. Petit déjeuner : 13 F. Chambres simples, bien aménagées. Celles qui donnent sur la place ont un balcon. Douche à l'étage pour les chambres avec cabinet de toilette.

● *Plus chic*

— *Hôtel Diderot :* place de la Bastille et 5, rue Diderot. Tél. : 90-96-10-30. Le directeur a reçu un oscar mondial du tourisme, pour 1986. 14 chambres. 99,50 F la double avec cabinet de toilette, de 154,50 à 175 F avec douche ou bains, et w.-c. Petit déjeuner : 15 F. Chambres sobres et bien meublées.
— *Hôtel Constantin :* 59, bd de Craponne (contre-allée du bd Clemenceau). Tél. : 90-96-04-05. Fermé du 15 novembre au 15 février. 91 F la double avec cabinet de toilette, 186 F avec bains et w.-c. Petit déjeuner : 16,50 F. Parking payant : 13 F. Les chambres sont simples et de bon confort. Le petit coin salon est agréable.
— *Hôtel Calendal :* 22, place Pomme. Tél. : 90-96-11-89. Ouvert du 1er mars au 15 novembre. 110-130 F la double avec cabinet de toilette, 180-220 F avec douche et w.-c. Petit déjeuner : 17 F. Chambres assez vastes et de bon confort qui donnent presque toutes sur un agréable jardin avec des palmiers. Parking sur la place devant l'hôtel.
— *Hôtel Mirador :* 3, rue Voltaire. Tél. : 90-96-28-05. Fermé en février. De 130 à 190 F la double. Hôtel bien tenu. Les chambres sont simples et meublées sommairement. Petit déjeuner : 20 F.

● *Très chic*

— *Hôtel Mireille :* 2, place Saint-Pierre. Tél. : 90-93-70-74. Fermé du 15 novembre au 1er mars. 163 F la double avec douche, 260 à 310 F avec bains, selon la situation par rapport à la piscine. Les dernières sont vastes et de tout confort. Parking gratuit et garage. Vaste salle de restaurant agréable. Piscine aménagée, protégée par un rideau d'arbres, et sur laquelle veille une statue.

— *Hôtel du Forum* : 10, place du Forum. Tél. : 90-96-00-24. Fermé du 15 novembre au 15 février. De 80 à 110 F avec cabinet de toilette, 280 F avec salle de bains. Hôtel ancien, aux vastes chambres, qui possède un certain charme. Agréable piscine abritée.

● *Campings*

— *Les Rosiers* : à Pont-de-Crau, à 2 km. Tél. : 90-96-02-12. Ouvert du 1er avril à la mi-octobre. Assez simple.
— *Camping City* : sur la route de Raphéle-lès-Arles. Tél. : 90-93-08-86. Assez ombragé. Fermé de septembre à avril.

Où manger ?

● *Bon marché*

— *Hostellerie des Arènes* : 62, rue du Refuge. Tél. : 90-96-13-05. Fermé du 1er au 15 juillet, du 15 février au 15 mars, et le mercredi. Réserver. Comment la cuisine familiale peut-elle s'élever au rang de la gastronomie pour 47 ou 70 F ? Avec, pour sa catégorie, un excellent vin de pays d'Arles à moins de 30 F la bouteille. Et juste à côté des arènes. Ce résultat témoigne de la simplicité et du souci d'un travail bien fait, qui anime visiblement tout l'ensemble du personnel. Cela se sent au décor, cadre chaud et familial type « salle à manger ». En saison, une terrasse est également ouverte, à l'étage. Cela se confirme dans l'assiette. Vous reprendrez sûrement du gratin de courgettes, plat banal s'il en est, merveilleusement léger et réussi. De même pour les frites, légères et pas grasses. Les crudités sont copieuses, le feuilleté de fruits de mer (léger, le feuilleté, léger !) contient des Saint-Jacques, le canard au poivre vert n'en abuse pas et ne vous emportera pas la bouche. N'oublions pas la très bonne daube provençale et... une authentique « main pâtissière » derrière la pâtisserie maison.
— *Hôtel-restaurant d'Arlatan* : 7, rue de la Cavalerie. Tél. : 90-96-24-85. Intérieur très simple. Menu intéressant à 47,50 F, avec melon glacé ou croustade de fruits de mer, puis filet de daurade meunière ou bœuf gardiane, légumes et dessert. Deux autres menus à 70 et 100 F.

● *Prix modérés*

— *Le Van Gogh* : 28, rue Voltaire. Tél. : 90-93-69-79. Salle au décor classique. Menu à 54 F, avec soupe de poisson ou pâté de campagne, puis lapin à la provençale et aux champignons ou épaule d'agneau farcie (spécialité du chef), fromage ou dessert. Il existe un menu à 75 F, avec, en plus, des moules à la provençale ou des champignons à la grecque.
— *Le Tambourin* : 65, rue Amédée-Pichot. Tél. : 90-96-13-32. Dans une salle agréablement aménagée, aux tables bien dressées, vous trouverez deux menus ainsi qu'une carte avec spécialités de poissons. Pour 55 F, soupe à l'oignon ou sardines du golfe, ou coquille de poisson, puis brochette de porcelet grillée ou coquelet rôti, légumes et dessert. Le menu à 75 F propose, entre autres, le saucisson d'Arles et du caneton du marais aux olives. Spécialité d'aïoli à 70 F ainsi que de bouillabaisse, calmars et moules.

● *Plus chic*

— *Le Tourne-Broche* : 6, rue Balze. Tél. : 90-96-16-03. Dans une magnifique salle voûtée du XVIIe siècle, René Feuillet cuisine, très finement, des menus tel celui à 92 F, où vous pourrez notamment choisir des tagliatelles à la crème ou une très bonne terrine à la présentation originale, puis une mousseline de saumon ou une escalope de turbot. Plateau de fromages et chariot de desserts.

A voir

— *Les Arlésiennes*, avec leur fichu de dentelle blanche et leur coiffe. On en parle beaucoup mais on les voit seulement pendant les fêtes folkloriques.
— Les *vieilles rues* du centre, situées entre l'hôtel de ville, l'église Saint-Trophime et les arènes.
— *L'église Saint-Trophime* et son cloître. Ancienne cathédrale, cette église romane est l'une des plus intéressantes de Provence. Admirez le portail qui, par sa richesse, contraste avec le dépouillement de l'intérieur. Le cloître est particulièrement beau.
— *Les arènes* : en fait, un amphithéâtre, un peu plus grand que celui de Nîmes.

Leur charme est dû en partie à leur situation dans le vieux quartier arlésien, cité ci-dessus.

— *Le théâtre antique :* moins bien conservé que les arènes, il mérite cependant votre visite. Il date des premières années du règne d'Auguste.

— *Les musées lapidaires :* le *musée chrétien* abrite une collection plus intéressante que le *musée païen.* Voir, notamment dans le musée chrétien, les *crypto-portiques,* vaste monument souterrain de 110 m de long, en forme de U, au centre duquel était situé le forum.

— *Le musée Arlaten :* rue de la République, dans l'hôtel de Laval-Castellane. Fermé le lundi. Frédéric Mistral lui-même créa en 1896 ce musée qui donne un reflet de la vie du pays d'Arles sous tous ses aspects : costumes et coiffes, mobilier, métiers, etc.

— *Les Alyscamps :* l'allée est bordée de tombeaux à l'ombre des cyprès et mène à une église en ruine : c'est le reste d'une nécropole immense et célèbre où, pendant quinze siècles, de nombreux chrétiens choisirent d'avoir leur sépulture. Il y avait des milliers de tombes sur près de 2 km de long... Au XIXe siècle, ce cimetière fut amputé pour la construction d'une ligne de chemin de fer.

Fêtes

En juillet : festival international de musique, de danse et de théâtre. Rencontres internationales de la photographie.

LES SAINTES-MARIES-DE-LA-MER _____

Les Saintes-Maries n'ont pas attendu le G.D.R. pour inventer le tourisme. Les pèlerins s'y rendent depuis environ dix-neuf siècles. Les 24 et 25 mai (pèlerinage gitan) et le samedi et le dimanche d'octobre (les plus proches du 22) attirent une foule considérable. La ville reprend alors un aspect plus authentique que le reste de l'année !

La Camargue tout autour est préservée. Immensité plate semée d'étangs d'un intérêt limité pour les promoteurs ? Pas évident, à en juger d'après l'abord est des Saintes-Maries (Saintes Mas-Ri-Bourel, priez pour nous !). En fait, la création d'un parc naturel a permis d'éviter aux Saintes le sort du Grau-du-Roi. Évitez les hôtels le long de la route qui vient d'Arles, par le nord. Style resto-chevo-dodo. Nous vous en proposons de plus calmes et de plus sympathiques. Il est impératif de réserver lors de vacances scolaires.

Où dormir ?

Nous ne vous étonnerons pas en disant que les prix sont proportionnels à l'affluence qui règne en ce lieu.

● *Pas trop cher*

— *Hôtel Brise de Mer :* 31, av. Gilbert-Leroy. Tél. : 90-97-80-21. Une étoile classique en bord de mer, avec chambres de 80 à 180 F. Fait restaurant, avec cheminée dans une salle à manger accueillante, ou service en terrasse face à la mer. Le menu à 63 F innove par rapport aux confrères (voir « Où manger ? »), avec des brochettes de soupions ou des hors-d'œuvre et terrine, puis des brochettes de volaille au citron ou un filet de merlan pané et la possibilité d'un fromage blanc frais à la crème au dessert.

— *Chez Kiki :* av. du Docteur-Cambon, à l'angle de la route de Cacharel. Chambres à 120 F (douche) et à 150-160 F (bains). Moderne, propre, sobre, fonctionnel, et sans caractère.

● *Prix moyens*

— *Le Mirage :* 14, rue Camille-Pelletan. Tél. : 90-97-80-43. De 135 F la double à 160 F. Petit déjeuner : 16 F. Bel hôtel moderne, avec un joli salon au premier étage. Il faut trouver la bonne profondeur où enfoncer la clef dans la serrure... Si vous voulez un poster érotique pour la nuit, demandez la chambre 7.

— *Le Camargue :* av. d'Arles. Tél. : 90-97-82-03. Grandes chambres, avec fauteuils, douche et w.-c. séparés, frigo dans l'entrée... Ce sont presque des studios ! 145 F à deux, 175 F à trois. Possibilité de réunir deux chambres pour faire un appartement : 210 F à trois, 215 F à quatre, 240 F à cinq, 265 F à six. Très bonne adresse à deux, excellente au-delà.

● *Plus chic*

— *Mas des Rièges :* on y accède par une digue en terre, dans les étangs. Elle prend sur la route de Cacharel, à l'entrée (ou la sortie) des Saintes. Ceci garantit son calme, malgré la proximité du centre. Tél. : 90-47-85-07. Sans restaurant. Fermé du 11 novembre au 1er avril. Les chambres donnent sur un jardin, très mignon et bien aménagé, avec une piscine, le tout abrité par des murs. Petites chambres avec de jolis meubles. Effort de décoration particulier pour le salon, avec de magnifiques selles et de beaux tissus sur les canapés. Chambres de 216 à 251 F. Petit déjeuner : 21 F.

— *Le Galoubet :* route de Cacharel. Tél. : 90-97-82-17. Fermé du 10 janvier au 10 mars et fin décembre. A l'embranchement de la route en terre menant au précédent. Vous rabattre sur celui-ci si l'autre est plein. Moderne et bien aménagé, piscine, mais moins de caractère. Compter dans les 200-220 F.

— *Hostellerie de Cacharel :* sur la route de Cacharel, à 4 km environ du centre. Arrivée par un chemin plein de nids-de-poule. Très calme, loin de la route. Ancienne manade, avec décor folklorique très sympa, des salons confortables donnant envie d'y rester. Salle à manger avec très belle vue sur la Camargue et les étangs ; tables avec de vieux carreaux. Chambres de 230 à 310 F. Petit déjeuner : 22 F. Pas de piscine.

— *Hostellerie du mas de Colabrun :* sur la route de Cacharel, à 7 km environ du centre. Tél. : 90-47-83-23. Ouvert du 1er avril au 1er novembre. La majeure partie des chambres donne sur une terrasse. Soleil, piscine, chaises longues et gent féminine occupée à bronzer. Écuries, chevaux, tennis (2 courts), barbecue. Ce serait banal, s'il n'y avait le charme des pièces basses blanchies, aux poutres apparentes, les beaux meubles rustiques, les animaux empaillés, les petits coins salon calmes et des surfaces généreuses. Évitez les chambres qui ne sont pas dans l'enceinte même de l'hôtel. Les douze chambres modernes dans le vieux bâtiment sont très grandes, avec de belles salles de bains. Mais essayez d'en obtenir une ancienne, plus typique, avec salle de bains originale (porte, carrelage). 317 F la chambre. Petit déjeuner : 28 F. Menus, changeant à chaque repas, à 92 et 130 F. Ce dernier est plus copieux que recherché (exemple : bouquet de crevettes, cuisses de grenouilles, viande, fromage et dessert). Demi-pension : 615 F pour deux ; pension : 772 F pour deux.

● *Chambres d'hôtes*

A Pioch-Badet (10 km environ, au nord) :
— *Le Mas de Pioch :* route d'Arles. Tél. : 90-97-80-06. Cinq vastes chambres très bien tenues, à 155 F ; petit déjeuner : 14 F. Joli cadre propice à la détente, réveil au chant des oiseaux, massifs fleuris dans de vieilles barques, propriétaires sympathiques et accueillants : que demander de plus ? Promenades à cheval, à proximité.
On peut manger pas loin, au restaurant *La Régie,* avec des menus régionaux marins à 58 et 103 F. Salle à manger quelconque, terrasse donnant sur campagne et... pompe à essence.

● *Campings*

— *Le Lange :* tél. : 90-97-87-26. Ouvert du 15 juin au 30 septembre. Le moins cher des trois campings.
— *La Brise :* tél. : 90-47-84-67. Pas de piscine, tennis à proximité. Près de la plage. Pas trop cher.
— *Le Clos du Rhône :* à 2 km par la D38. Tél. : 90-97-85-99. Confortable et piscine. Réserver pour juillet-août. Ouvert du 1er juin au 30 septembre. Plus cher que les autres.

Où manger ?

● *Bon marché*

Le nombre de restos au mètre carré est impressionnant. Il existe même une place où l'on dépasse la dizaine... les habitués du quartier Latin ne seront pas trop dépaysés.
Globalement, le menu est à peu près le même partout. L'entrée se situe entre les tellines (ce sont des coquillages ressemblant aux coques, en plus petit, plus plat, plus ovale et violacé), les moules et la soupe de poissons. Le plat évolue entre la

limande, l'inévitable bœuf gardiane et la daurade. Les prix s'échelonnent entre 50 et 60 F. Notre sélection :
— *Le Fournelet :* av. Gilbert-Leroy. Il possède une terrasse avec vue sur la mer.
— *Le Tournebroche :* 3, place Jouse-d'Arboud. Deux menus enfants à 21 et 28 F, et un choix plus varié au menu à 50 F.
— *Les Montilles :* 9, rue du Capitaine-Fouque. Pour sa mousse de canard et ses coquilles Saint-Jacques.

● *Un cran au-dessus*

— *Le Delta :* place Honoré-Pioch. Mention à part pour les sardines fraîches sur mousse de poivrons ou la terrine de légumes avec bavarois de tomates : la friture de Vaccarès et courgettes à la crème ou le filet turbot et sa brandade avec la purée d'épinards, ou la piccatta de veau avec flan de courgettes. Fromage ou dessert. 55 F. Menu à 80 F, avec un plat de plus.

● *Plus chic*

— *L'Hippocampe :* rue Camille-Pelletan. Tél. : 90-97-80-91. Fermé le mardi hors saison et du 15 novembre au 15 mars. Si vous avez envie de vous gâter sans pour autant dépenser une fortune, c'est là qu'il faut aller. Joli cadre, avec menu régional « classique » à 78 F, prposant une originale bourride de lotte. Pour 105 F, vous pourrez prendre des huîtres, puis deux plats. Pour 140 F, vous accédez au saumon frais mariné à l'aneth, puis mousseline de turbot vénitienne, viande, fromage et dessert.
— *L'Impérial :* place Impérial. Tél. : 90-97-81-84. Fermé le mardi hors saison. Le patron l'annonce franco sur le mur : ancien 1ᵉʳ lauréat de l'école hôtelière, coupe Cointreau 1979, ancien des relais aériens d'Air France... et maintenant sélectionné par le très honorable « Guide du Routard ». Patron, gravez une ligne de plus sur votre plaque ! Pour 80 F, vous hésiterez entre les rillettes de canard et la chiffonnade de foies de volaille confits, puis entre le saumon à l'oseille et la daube de bœuf en anchois. Salade, fromage ou dessert. Cadre sobre et de bon goût. Petite terrasse abritée.

A voir

— *L'église des Saintes-Maries :* extérieur typique de l'église fortifiée. Très bel intérieur roman en pierre de couleurs variées, dans les tons verts. Éclairage par minuterie payante. On peut visiter la crypte. La chapelle haute, où se trouvent les châsses des Saintes, est en restauration. On peut monter sur le toit (chemin de ronde). 9 F, c'est pas donné. A dix, c'est 6 F par tête. Jolie vue sur la vieille ville, le port, la mer, toute la Camargue. Particulièrement splendide au coucher du soleil.
— *Parc ornithologique du Pont de Gau :* 5 km avant les Saintes, sur la route nord venant d'Arles. 10 F.
— *Promenade sur le Tiki* (1 h 15 : 40 F). Un bateau à aubes remonte le Petit Rhône, jusqu'au bac du Petit Souvage. Son départ est accessible par la route qui longe l'ouest, depuis les Saintes. Fonctionne de Pâques au 2 novembre. Promenades l'après-midi de mars à mai et en octobre et novembre. Matin et après-midi de juin à septembre. Horaires exact au 90-97-81-68 et 90-97-81-22.

Aux environs

— Deux routes offrant de jolies vues et paysages. La *D 85 A* va de Pioch-Badet aux Saintes-Maries. Dite *route de Cacharel* (c'est un oiseau et non un marchand de fringues), elle double la route Arles-Les Saintes, par l'est, sur les dix derniers kilomètres.
La *D 36 B*, qui double la route Arles-Salins-de-Giraud, par l'ouest, est belle lorsqu'elle longe l'étang de Vaccarès, entre Villeneuve et la Paradis.

AIX-EN-PROVENCE _____

Aix, son festival et son charme au goût étrange venu d'Italie du Nord. Un charme que nulle autre ville française ne possède, dû à une rare unité architecturale : pierres calcaires d'une teinte chaude, toitures simples en tuiles rondes, sans mansarde, style homogène des façades, influencées par le baroque italien qui leur donne du relief.

Depuis 1948, le Festival de musique d'Aix est l'un des plus importants festivals de musique européens, avec Bayreuth et Salzbourg. Le cadre initial haut de gamme a été débordé depuis plus de dix ans et tout l'été la musique descend dans la rue. Nombreuses représentations théâtrales également. Programme à l'Office du tourisme.

Adresses utiles

— *Office du tourisme :* place du Général-de-Gaulle. Tél. : 42-26-02-93.
— *Aéroport Marseille-Marignane :* tél. : 42-89-90-10.
— *S.N.C.F. :* tél. : 42-26-02-89 et 42-27-51-63.
— *Gare routière :* rue Lapierre. Tél. : 42-27-17-91.
— *Visites guidées* par la C.N.M.H.S. : du 1er juillet au 30 septembre. Renseignements à l'Office du tourisme.
— *Évitez à tout prix* de circuler dans les ruelles du centre, sous peine d'y laisser vos nerfs.
— *Promenade en Land Rover :* initiative originale. Balade de 2, 4 ou 8 h en Land Rover, pour 60, 100 ou 250 F (repas compris dans ce dernier cas), sur les « pistes des vins » dans l'arrière-pays aixois. Se renseigner à l'Office du tourisme ou à l'hôtel Saint-Christophe (voir plus loin).

Où dormir ?

Aix offre la particularité d'être chère sans l'être. Bon, on s'explique. Il n'y a pas vraiment de chouette-petit-hôtel-pas-cher-simple-propre et confortable. En revanche, excellent rapport qualité-prix des trois étoiles qui se concurrencent ferme. Vous ne passerez sans doute qu'une nuit à Aix. C'est peut-être l'occasion de faire une folie ?
Enfin, l'été, entre les curistes et le festival, mieux vaut avoir réservé.

● *Bon marché*

— *Hôtel Vendôme :* 10, cours des Minimes. Tél. : 42-64-45-01. 7 doubles avec lavabo : 78 F. 10 avec douche : 98 F. Chambre avec bains : 108 F. Petit déjeuner : 15 F. Hôtel correct, mais sans prétention à l'originalité. Une fois l'escalier extérieur grimpé, tout est sur un étage, et le patron est dans le couloir.

● *Prix modérés*

— *Hôtel Vigouroux :* 27, rue Cardinale. Tél. : 42-38-26-42. Uniquement pour les vacances d'été car le reste de l'année, c'est loué à des élèves ou à des professeurs. Il est nécessaire d'écrire à l'avance. L'ambiance est plutôt « maison de famille ». 11 chambres, dont 1 appartement, certaines avec douche et w.-c. 60 à 170 F et, selon les cas, jusqu'à quatre étages sans ascenseur.
— *Hôtel Cardinale :* 24, rue Cardinale. Tél. : 42-38-32-30. Hôtel familial doté d'un très joli salon. L'hôtel est constitué par la juxtaposition de deux maisons particulières. 20 chambres au total. 70 F pour une personne. De 108 à 180 F la double. Ceux qui font lit à part pourront demander la chambre en duplex, très originale et fraîche l'été.
— *Hôtel des Quatre Dauphins :* 54, rue Roux-Alphéran. Tél. : 42-38-16-39. 10 vastes chambres dans une ancienne maison, avec de beaux meubles. 53 F pour une personne. De 74 à 126 F la double. Deux chambres triples à 121 et 138 F. La patronne est une dame très sympathique, qui a repris l'hôtel juste avant le blocage des prix, et aimerait bien pouvoir s'octroyer une petite augmentation dès que possible. Petit déjeuner : 15 F ; douche : 6,50 F.
— *Hôtel du Casino :* 38, rue Victor-Leydet. Tél. : 42-26-06-88. 26 chambres, en cours d'augmentation, lors de notre visite, par aménagement du troisième étage. Un salarié du groupe ACCOR a repris cet hôtel auquel il veut donner une impulsion... en restant modéré côté prix afin de tourner 365 jours par an et non 180 jours en saison. Bravo ! Chambres simples et bien équipées, literie Épéda haut de gamme toute neuve, charme des anciennes maisons aixoises au sol à tommettes... La rénovation semblait bien partie ! Prix prévus : 80 F, avec petit déjeuner, pour une personne, 150 F pour deux. Avec douche et w.-c.

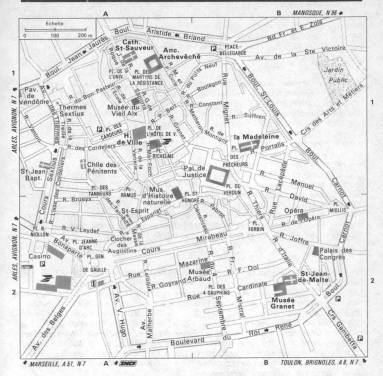

AIX-EN-PROVENCE

— *Hôtel Paul* : 10, av. Pasteur. Tél. : 42-23-23-89. 24 grandes chambres à l'ameublement moderne lors de la création de l'hôtel. Pas très original mais, pour y dormir, c'est très correct. Demandez une chambre donnant sur le jardin. Chambres doubles de 77 à 150 F. Notez les prix intéressants pour trois : 150-170 F, et pour quatre : 170-200 F. Dans ce dernier cas, ne vous tracassez pas, les salles d'eau sont vastes !

— *Hôtel Pasteur* : 14, av. Pasteur. Tél. : 42-21-11-76. Ouvert du 7 janvier au 20 décembre. 19 chambreS de 51 à 170 F (douche + w.-c.). Petit déjeuner : 16,50 F. Falt aussi resto : « Pourquoi n'irions-nous pas plutôt en centre ville ? » « Regarde le menu, ils ont fait un effort : mousse de saumon au basilic, terrine aux trois légumes, rougets grillés... Oui, mais pour 77 F, la salle du resto est plutôt quelconque. »

● *Plus chic*

— *Hôtel Résidence Rotonde* : 15, av. des Belges. Tél. : 42-26-29-88. 42 chambres dans ce trois étoiles... qui a été très bien et reste correct. Construction d'il y a vingt ans (environ). Chambres pour deux, avec douche et w.-c. : de 135 à 200 F, selon la taille et l'orientation. Petit déjeuner : 20 F.

— *Hôtel Saint-Christophe* : 2, av. Victor-Hugo. Tél. : 42-26-01-24. 54 chambres d'un confort moderne. Un effort particulier a été fait pour la réception (toiles, salles de réunion pour vos séminaires !). Pour deux personnes, avec douche et w.-c., les 140 à 175 F devaient passer à 160 et 200 F après la libération des prix. Avec bains : 230 F.

— *Hôtel la Caravelle* : 29, bd du Roi-René. Tél. : 42-62-53-05. 30 chambres presque toujours occupées, même hors saison, ce qui est révélateur ! Classe et style du trois étoiles, dès la réception. Chambres confortables de 130 à 200 F. Petit déjeuner : 20 F. Très bon rapport qualité-prix.

● *Vraiment plus chic*

— *Hôtel le Manoir* : 8, rue d'Entrecasteaux. Tél. : 42-26-27-20. On a un faible pour cet ancien monastère trois étoiles aux poutres apparentes et aux salons de style très confortables. 43 jolies chambres bien meublées. 5 avec un grand lit, douche et w.-c. pour 150 à 175 F. Ce sont souvent les dernières disponibles car la clientèle habituelle a les moyens de payer les 220 à 310 F demandés pour les autres. S'il fait bon, n'hésitez pas à prendre votre petit déjeuner, pour 30 F... dans la partie de la magnifique galerie du cloître qui a été conservée. Cour pour garer la voiture, appréciable en plein centre ancien.
— *Hôtel les Thermes Sextius* : 2, bd Jean-Jaurès. Tél. : 42-26-01-18. De 120 à 500 F, vous avez le choix. En lisière du centre, à l'intérieur du grand boulevard, ce magnifique établissement a pu préserver 8 000 m² de terrain, et des chambres dont la taille est respectable. Évidemment, pour les curistes qui restent trois semaines, il faut pouvoir se retourner. Piscine de 25 × 12,50 m. Vous pouvez manger en maillot de bain sur la terrasse. Si vous êtes habillé, vous choisirez entre la salle à manger et le jardin, très bien aménagé, avec des parasols à l'italienne, qui sont éclairés le soir. Menus : 120-150 F.

● *Très chic*

— *Mas d'Entremont* : à 3 km sur la N 7, montée d'Avignon. Tél. : 42-23-45-32. Fermé du 1er novembre au 15 mars. 9 chambres à 330 F et 6 bungalows à 400 F. Luxueuse demeure rustique, de style provençal, dans un parc dominant Aix, aménagé en terrasses. Quel calme ! Bien sûr, piscine et tennis. Petit déjeuner : 35 F. Le prix des repas, 135-150 F, est justifié, même sans tenir compte de l'agrément du cadre, par la cuisine de qualité digne des grands restos.
— *Hôtel des Augustins* : 3, rue de la Masse. Tél. : 42-27-28-59. Superbe hôtel aménagé dans l'ancien couvent des Grands-Augustins, édifié au XIIe siècle. Chambres très confortables meublées en Louis XIII. Le cadre avec ogives, vitraux et pierres apparentes est assez génial. Chambres doubles de 330 à 590 F. Et c'est à deux pas du cours Mirabeau.

● *Campings*

— *Arc-en-Ciel* : pont des Trois-Sautets, route de Nice. Tél. : 42-26-14-18. Ouvert toute l'année. Piscine et tennis. Tout confort, mais assez cher.
— *Chantecler* : au val Saint-André. Tél. : 42-26-12-98. Sur l'autoroute, direction Nice, sortie Aix-Est. Ombragé, en terrasses. Il est prudent de réserver de Pâques à septembre. Ouvert toute l'année. Piscine, tennis, etc. Tout confort. Cher.
— *Le Félibrige* : à Puyricard, à 5 km. Tél. : 42-92-12-11. Par l'autoroute, sortie Aix-Ouest et direction Sisteron. Ouvert du 15 mai au 15 septembre. Piscine. Un bon trois étoiles, calme.

Où manger ?

Aix présente la particularité d'avoir un éventail de restaurants d'origine très diverse, dont les prix sont relativement modérés. Pour respecter le caractère de la ville, nous en avons relevé quatre :
— *Le Jasmin* : rue Sully. Restaurant iranien. Menu à 50 F. Carte 80 F.
— *El Palenque* : 16, rue Victor-Leydet. Tél. : 42-27-52-91. Restaurant argentin. Menu à 77 F.
— *La Tasca* : 12, rue de la Glacière. Tél. : 42-26-07-26. Restaurant espagnol. Menu à 50 F. Fermé le lundi et mardi midi.
— *Le Blé en Herbe* : 7, rue Miguet. Restaurant biologique. Menu à 50 F.

● *Bon marché*

— *Al Dente* : 14, rue Constantin. Tél. : 42-96-41-03. Restaurant italien, avec spécialité de pâtes, et quelles spécialités ! Menu à 36 F le midi. Carte variée ;

compter 50-60 F : fusillis au roquefort, tagliatelles à la poitrine fumée et au piment, tagliatelles aux foies de volailles, raviolis verts aux trois fromages, rigatonis au speck, flambés au cognac. Il y a même une assiette de dégustation, sans compter la caponata (ratatouille sicilienne, aigre douce) et le carpaccio.

— *L'Orangeraie* : 18, rue Boulégon. Tél. : 42-21-07-50. A midi, pour 29 F, on vous servira une entrée, un plat chaud et un café. Le menu à 40 F est varié : choix entre quatre entrées, puis quatre plats chauds, quatre fromages ou quatre desserts. A noter, l'ascension du poulet. Au cidre dans le menu à 40 F, au champagne dans celui à 58 F (qui comporte également une truite sauce vierge). A 85 F, le poulet s'envole et laisse la place à l'avocat mousse d'ail ou la terrine alsacienne, au rouget en papillotes ou au sauté de veau au caramel. Il est prudent de réserver.

— *L'Hacienda* : 7, rue Mérindol, près de l'angle nord-ouest de la place des Cardeurs. Midi et soir, menu à 40 F, quart de vin compris, et, si vous ne prenez pas l'entrée, vous ne paierez que 35 F. Entrées : crudités, timbale de moules, charcuterie, pizza, ou salade. Plats : paupiettes, entrecôte ou veau. Un très bon rapport qualité-prix.

● *Prix modérés*

— *La Grille* : 18, rue Portalis. Tél. : 42-26-95-30. Le cadre est simple, plutôt rustique. Menu à 42 F comportant une entrée, salade aux noix, et un plat, fauxfilet marchand de vin ou mérou poché au safran, trois légumes. Le menu à 80 F est plus recherché : salade de bouchots au pistil de safran ou feuilleté d'escargots aux noix et gingembre, faux-filet à la crème de homard ou magret de canard au thym et au miel, trois légumes et dessert.

● *Plus chic*

— *Le Cahuzac* : 7 ter, rue Miguet. Tél. : 42-20-69-77. Cadre superbe dans une salle à ogives à l'éclairage zénithal. Pour 85 F, on vous dressera la table des champs avec une poêlée gasconne : salade verte tiède avec magret émincé, aiguillettes de canard aux cèpes et lamelles de foie gras : choix de glaces pour le dessert. Ensuite, les menus passent sans transition à 155 et 200 F.

— *Le Petit Verdet* : 7, rue d'Entrecasteaux. Dans un cadre de bistrot bien dans sa peau, qui évoque un peu le « bouchon » lyonnais, l'addition se situera entre 60 et 150 F. N'y allez pas pour manger d'abord, mais pour boire. Commençons donc par l'essentiel : si le margaux 79, à 39 F, est au-dessus de vos moyens, nous avons relevé l'irancy 82 (rouge de la région proche du chablis) à 12 F, le crozes-hermitage 82 à 9 F, le bandol 81 à 14 F, les côtes-de-provence 84 à 9 F, les côtes-du-ventoux à 8 F. Les entrées sont solides (il faut éponger !), avec des charcuteries variées de toutes les régions (Landes, Chalosse, etc.), rillettes d'oies, de canard. Plus léger, l'esturgeon fumé. Le gratin dauphinois est le pilier du menu, accompagné de jambon de montagne, d'une assiette landaise ou de canard ou, pourquoi pas, de foie gras en direct du Gers. Pour mémoire, la carte comporte aussi des assiettes chaudes, du chili con carne, des tripoux d'Auvergne, des poivrons doux au crabe.

— *La Brocherie* : 3 ter, rue Fernand-Dol. Tél. : 42-38-33-21. Fermé dimanche soir et lundi. Joli cadre rustique où même les volailles mises à rôtir dans la cheminée doivent se sentir bien. Le mécanisme du tournebroche a été conservé, avec son poids et son dispositif de transmission. Les serveurs ne sont pas tous au jus ni très passionnés... mais l'ambiance est sympathique. Beaucoup de poissons, spécialités sur commande. La carte des vins est particulièrement riche en côtes-de-provence des trois couleurs. Viser les prix bas ou (assez) hauts, car la sélection milieu de gamme n'apporte pas grand-chose. Menu à 85 F, avec pâté de sole ou terrine de canard, puis daurade provençale ou carré d'agneau ou brochette de gigot. Grand choix de desserts.

A voir

— *Fondation Vasarely* : à l'ouest d'Aix (4 km) près de l'autoroute, sortie Aix-Ouest, au « Jas de Bouffan » (voir aussi le musée didactique de Gordes.) Ouverte de 10 h à 17 h. Fermée le mardi. Vasarely n'est pas, à l'origine, un peintre, mais un architecte. A l'étage, l'exposition consacrée aux intégrations murales (décors d'immeubles) est très intéressante. La Fondation, visible depuis l'autoroute, est une conception architectonique intégrant ce type de décor mural et renfermant d'immenses toiles et tapisseries de Vasarely. Laissez-vous vivre dans les salles hexagonales, l'essentiel est de s'y sentir bien, de « ressentir un Espace ». Le voisinage de certaines œuvres, cumulant les variétés de couleurs, peut sembler parfois discutable. A signaler, la salle 7 et son tableau en bleus dégradés, où l'on peut voir deux volumes dans des sens différents, selon que l'on commence à regarder en haut, à gauche, ou en bas, à droite. Les surdoués arrivent à « voir » les deux à la fois... A la sortie, allez voir un oculiste et ne loupez pas l'escalier qui mène à l'expo du 1er étage. En outre, exposition de photos de jeux de lumière sur des façades de villes du monde entier. Routards, testez vos souvenirs de voyage !

— *Les vieilles façades* et les *lanternes* typiques. Bien entendu, on en voit un peu partout dans Aix. Et pour cause, il y a 190 hôtels particuliers des XVIIe et XVIIIe siècles dans la ville. Pourtant, nous trouvons un charme particulier aux grandes rues droites et les plus souvent désertes, telle la rue *Roux-Alphéran* près du musée Granet. Vous pouvez même aller rues Mazarine, Gayrand, Cardinale : les touristes n'y vont pas et le routard nostalgique trouvera là comme un coin d'Italie désert...

— *Les fontaines :* nombreuses, elles contribuent au charme de la ville. Par exemple : sur le forum des Cardeurs, ou sur la place des Chapeliers, la fontaine Cézanne, la fontaine des Quatre-Dauphins, la fontaine, si élégante, de la place d'Albertas.

— *Le cours Mirabeau :* le charme des platanes et des cafés bordant cette belle avenue tracée au milieu du XVIIe siècle donne à Aix un air de détente qui évoque également l'Italie du Nord. Trois fontaines rythment le cours, dont celle du roi René, qui tient une grappe de ce muscat qu'il introduisit en Provence.

— *Le cloître :* bien que le jardin du cloître, mal entretenu, détonne dans la ville d'Aix, vous serez conquis par la simplicité de l'architecture. La finesse des colonnes est due à la légèreté du toit soutenu par une charpente en bois.

— *La cathédrale Saint-Sauveur :* la diversité des styles (du XIIe au XVIe s.) fait un peu fouillis. A voir : l'original buffet d'orgues qui n'est pas un vrai, mais fait la symétrie avec l'autre (le vrai) ; le célèbre *triptyque du Buisson ardent*, dans le haut de la nef. Vous risquez malheureusement d'admirer surtout son cadenas, car le préposé à l'ouverture du triptyque n'a pas l'air passionné par son métier. Dommage !

— *Le musée des Tapisseries :* entrée 12 F. Ouvert de 10 h à 12 h et de 15 h à 18 h. Dans un bel hôtel particulier des XVIIe et XVIIIe siècles. Outre le cadre et de belles tapisseries de la même époque, une partie du musée fait le point sur l'avant-garde de l'art dans le textile. Remarquer la compression des jeans par César, la ficelle en relief, etc.

— *La place de l'Université* et la *rue Gaston-de-Saporta* qui descend vers le centre.

— *L'horloge* de la place de l'Hôtel-de-Ville, dans la rue Gaston-de-Saporta.

— *L'église Sainte-Marie-Madeleine,* dite de la Madeleine : pour l'originalité de sa construction. Elle abrite en outre le célèbre *triptyque de l'Annonciation.*

— *Le passage Agard :* entre le palais de Justice et le cours Mirabeau.

— *Le musée Granet :* ouvert de 10 h à 11 h 50 et de 14 h à 17 h 50. Installé dans l'ancien prieuré des chevaliers de Malte, ce musée renferme plusieurs beaux tableaux de Cézanne, Ingres, David, Géricault, Le Nain, et d'intéressantes vues de la région par Granet lui-même, peintre aixois. Les autres salles sont constituées de tableaux dont quelques-uns présentent un réel intérêt : les portraits de la famille de Guéridan, un Largillière, un Philippe de Champaigne, un Mignard, etc. Au sous-sol, en cours de réfection, la section archéologique.

Deux curiosités, si votre promenade vous amène à proximité :

— *Le monument au génocide arménien :* place d'Arménie. Si vous passez devant, vous pourrez vous initier aux charmes de l'alphabet arménien.

— Près du 6, bd Pasteur : le *monument,* et son commentaire, en vers, offert par *Joseph Sec,* le 26 février 1792, dédié à la municipalité observatrice de la loi.

Achats

— *Confiserie d'Entrecasteaux :* dans la rue du même nom. Dans un joli décor, on peut visiter la fabrique de calissons d'Aix, à côté du magasin.

— *Librairie spécialisée sur la Provence :* 2, rue Jacques-de-la-Roque (près de l'av. Pasteur). Livres récents et anciens.

Autour d'Aix

— *La montagne Sainte-Victoire* (immortalisée par Cézanne), ou du moins, si vous restez en voiture, le tour de la montagne. Le circuit, d'une soixantaine de kilomètres, est magnifique. Sortir d'Aix par le boulevard des Poilus, puis par la D 17. Au cours du circuit, vous admirerez plusieurs villages et sites, dont ceux du *Tholonet* et de *Vauvenargues*.

Le massif offre plusieurs possibilités de randonnées pédestres :

● A 9 km d'Aix, à la *ferme de l'Hubac*, 2 h de marche (piste rouge) mènent à la Croix de Provence. Pour la petite histoire, on trouve, au nord, dans les Roques-Hautes, des œufs fossilisés de dinosaures.

● A 12 km d'Aix, à *Saint-Antonin-sur-Bayon* commence la piste noire vers la Croix de Provence.

● A 20 km d'Aix, à *Puyloubier,* un accès à la montagne Sainte-Victoire et à son point culminant, le pic des Mouches (1 011 m). 4 h de marche (jalons bleus). Les jalons rouges mènent à l'ermitage de Saint-Ser.

● A 46 km, aux *Cabassols,* un accès au prieuré de Sainte-Victoire, en 1 h 30, mais le sentier pourra parfois vous paraître difficile.

LA CÔTE DE MARSEILLE A FRÉJUS

MARSEILLE

Deuxième ville de France, parlez-en autour de vous : personne ne réagira de la même façon. Les uns vont ricaner sur le légendaire sens de l'exagération des Marseillais (té, la sardine qu'a bouché le port !), les autres vont évoquer avec moult détails la pègre, le gangstérisme, les scandales financiers (ce qui pourrait faire croire à un Chicago français), les vrais gens de gauche critiqueront le « defférisme » qui fut le modèle suprême du système des alliances douteuses. Les antiracistes, quant à eux, blêmiront et frissonneront à l'énoncé du pourcentage inquiétant de l'extrême droite aux élections. Finalement peu de gens auraient l'idée d'y faire un tour autrement qu'en transit, pour voir des familiers ou pour le boulot. Rajoutez-y le trafic infernal, la réputation de saleté, les tensions d'une grande ville, c'est vrai qu'apparemment il n'y a pas moins provençal que Marseille.

Et pourtant, ça vaut la peine d'y passer. Ne serait-ce que pour l'atmosphère unique de certains quartiers, pour les multiples visages que la ville offre, pour les remarquables musées, les expos dignes du Centre Beaubourg, par exemple : « la Planète Affolée » à la Vieille Charité. Bref, quelque chose flotte dans l'air que l'on ne retrouve nulle part ailleurs... Bon, maintenant, on espère bien avoir excité votre curiosité !

Un peu d'histoire

Grand port de mer, Marseille, c'est avant tout l'histoire de ses conquérants, des civilisations qui ont façonné la ville, de son immigration. Nulle autre ville de France n'a intégré autant de gens venus d'horizons si différents. Un genre de « melting-pot » à l'américaine, cependant sans l'esprit « nouveau monde » et la compréhension de l'enrichissement que représentent de tels apports culturels et humains (nous verrons plus loin ce point-là). En peu de mots, voici quelques éléments historiques permettant de comprendre un peu ce qu'est Marseille aujourd'hui.

En 600 avant J.-C., les Phocéens (Grecs d'Asie Mineure) trouvent la rade fort belle et fondent un comptoir qui prospère pour donner une ville et un port actif : *Massalia*. Au IIᵉ siècle avant J.-C., devant les convoitises des Celtes et des Ligures, les Romains jouent les troisièmes larrons et s'emparent de la ville, point d'appui ensuite de la conquête de la Provence. Dans l'âpre débat qui oppose César à Pompée, Marseille choisit Pompée. Le mauvais choix ! César retire toutes

L'ESTAQUE, N 568

Echelle
0   100   200 m

Bassin de
la Grande Joliette

Château d'If

Boulevard

Hôtel de
la Marine

la Vieille
Charité

Tour des
Trinitaires

Cath. Ste Marie
Majeure

Chlle des
Pénitents Noirs

LORETTE

R. St-Antoine

R. d B. Ecuelles

la Major

Ancien
Evêché

Hôtel-Dieu

PL DES
MOULINS

Four du
Chap.

Chlle des
Pénitents Blar

les Accoules

Hôtel
de Cabre

Clocher
des Accoules

Palais Daviel

PL DE
LENCHE

PL DU
MAZEAU

PL.
V. Gelu

Musée des
Docks Romains

Caisseria

Maison
Diamantée

Hôtel
de
Ville

Vestiges
du Th. Grec

PL.
VIVAUX

PL.
JULES VERNE

St-Laurent

Rue   de   la

Quai   du   Port

Fort
St-Jean

Consigne
Sanitaire

VIEUX   PORT

Palais
du Pharo

Rive

Bas-Fort
St-Nicolas

Théâtre
de la Criée

Ste-Catherine

Charles   Livon   Quai

Corniche

Boul.

Fort
d'Entrecasteaux

Neuve

Sainte

Corde

PL.
ST-VICTOR

Jardin
Puget

St-Victor

Boul.   de   la

PL.
ÉTIENNE

Corse

Av. de
la Corse

Avenue   de   la

PL. DU
4 SEPTEMBRE

Tobelem

Codaccioni

Sauveur

Rue   d'Endoume

Bd
Tellène

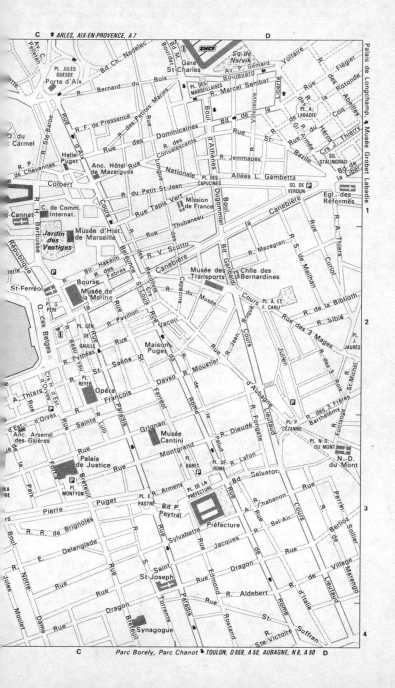

Palais de Longchamp, Musée Grobet Labadie

les libertés et franchises de la ville, ce qui précipite son déclin. Marseille devra subir ensuite quelques invasions de Barbares et pestes multiples avant de retrouver son importance au moment des croisés, ces premiers routards mystiques. Avec succès la ville dispute à Gênes le gros marché des Croisades (construction de navires, entrepôts, commerce international). Le pli est désormais pris : Marseille aura une vocation coloniale. Colbert développe considérablement ses activités maritimes : les galères marseillaises sillonnent le monde jusqu'en Extrême-Orient. La grande peste de 1720 y fait de profonds ravages, tout cela à cause de la rapacité des commerçants de la ville qui font débarquer leurs marchandises malgré un avis de mise en quarantaine des bateaux en raison de cas suspects de maladie à bord !

Pendant la Révolution française, Marseille est globalement républicaine, puis girondine (toujours le mauvais choix !). Enfin, sous l'Empire, elle devient royaliste car Napoléon, qui ruina l'économie du port par son blocus continental, était peu apprécié.

La conquête de l'Algérie, le percement du canal de Suez, le trafic avec la colonie indochinoise fixent définitivement le statut colonial de Marseille et font sa richesse. Jusqu'à la Seconde Guerre mondiale, la ville en profite donc largement.

La décolonisation porte évidemment un coup sévère au commerce. Avec la création de l'immense complexe sidérurgique de Fos-sur-Mer, les autorités crurent un moment que la reconversion allait s'engager. La crise de la sidérurgie, quelques années plus tard, ramène Marseille à la case départ, d'autant que la ville a toujours été moins industrialisée que beaucoup d'autres en France.

La Marseillaise

Petite anecdote, sans doute peu connue dans ses détails : comment le chant de guerre de l'armée du Rhin est-il donc devenu la Marseillaise ? En 1792, Rouget de l'Isle compose l'hymne et l'édite. Le chant parvient à Marseille où, lors d'une fête organisée en l'honneur de volontaires montant à Paris, quelqu'un a la bonne idée de le chanter. Enthousiasme général. Lorsque le bataillon de volontaires montera à Paris, il chantera évidemment l'hymne en traversant les villes, améliorant crescendo l'exécution et l'harmonie. Arrivant à Paris, il atteindra une perfection proche du professionnalisme des Compagnons de la Chanson. Sur le parcours, les foules enchantées, fascinées, ne parleront que de la beauté, du rythme et du lyrisme du « chant des Marseillais ». A ce sujet, avec peu de moyens, la Marseillaise fut probablement l'une des premières opérations de marketing et de lancement d'un hit. Bref, l'un des tout premiers succès médiatiques...

Marseille et la « question des étrangers »

Où l'on va voir que si l'histoire ne se répète pas, elle bégaie drôlement... Marseille a, de tout temps, eu vocation de terre d'asile et d'assimilation. Sans remonter trop loin, signalons les grandes phases de l'immigration marseillaise. En 1822, afflux de Grecs, rescapés des massacres turcs. Ils deviennent cordonniers, tailleurs, pêcheurs, négociants. Puis, c'est le tour des Italiens ruinés par leur crise agricole, avec une grosse vague à la fin du XIXe siècle. Les patrons les payent moins et les utilisent parfois pour briser les grèves. Ils sont les « Arabes de l'époque ». Surnommés « Babbis » par les Français, ils les concurrencent rudement sur les docks, dans les manufactures de tabac et dans le bâtiment. Grosses tensions et incidents racistes en 1885 et 1886. De véritables « chasses aux Babbis » sont organisées, ancêtres des « ratonnades », faisant de nombreux morts. Puis vers la fin du siècle, les tensions disparaissent grâce au boom du commerce colonial et le développement du syndicalisme.

Le génocide arménien à partir de 1915, puis la guerre d'indépendance des Turcs en 1922 amènent à Marseille des milliers d'Arméniens et de Grecs. Beaucoup y restent. Un certain *Hagop Malakian* ouvre une boutique de confection. Son fils fera du cinéma sous le nom d'*Henri Verneuil*. Une autre famille produira le petit *Charles Aznavourian*, la voix cassée la plus célèbre du monde.

A partir de 1925, nouvelle vague d'immigration transalpine avec les antifascistes italiens. Parmi eux, la famille *Livi*. Le petit Ivo Livi sera contraint de travailler à l'âge de 11 ans dans une savonnerie, puis plus tard comme docker. Formé à la rude école de la rue, le jeune Ivo y puisera d'ailleurs sa force instinctive dénuée d'intellectualisme. En 1938, trouvant les docks trop durs, Ivo Livi se lance dans la chanson et débute à l'Alcazar. A force d'avoir entendu sa mère lui crier de son balcon : « Ivo monta ! », il le choisit comme nom de scène. L'extraordinaire carrière d'Yves Montand a commencé ! Puis arrivent les républicains espagnols battus par le régime franquiste. En 1956, lors de l'indépendance de la Tunisie, vagues de juifs et d'Italiens. En 1962, exode massif des pieds-noirs d'Algérie. Quant à l'immigration maghrébine, elle est déjà ancienne. Au début du siècle, les Kabyles sont « importés » en masse pour travailler dans les huileries et les sucreries. Ils s'installent dans le quartier de la porte d'Aix. Pour le complexe sidérurgique de Fos, on fait venir plusieurs milliers d'Algériens à nouveau. Puis c'est la crise économique et le retour des tensions raciales. La guerre d'Algérie créa un profond traumatisme chez certains Français, dont on ne mesurera jamais assez les graves conséquences psychologiques, sans compter la communauté pied-noir toujours amère et obligée de coexister avec l'ennemi d'hier. Le succès aux élections de l'extrême droite montre l'ampleur des dégâts (25 % des voix sur l'ensemble de la ville, des pointes à 40 % dans certains quartiers). Voilà, plus rien à ajouter, Marseille est arrivée aujourd'hui au point absurde où « les enfants des Babbis » se montrent à leur tour intolérants et xénophobes. Cruelle ironie de l'histoire !

Adresses utiles

— *Office du tourisme :* 4, la Canebière. Tél. : 91-54-91-11. Ouvert de 9 h à 12 h et de 14 h à 17 h 30 (samedi jusqu'à 16 h 30). Bureau également à la gare Saint-Charles. Tél. : 91-50-59-18.
— *Centre Information Jeunesse :* 4, rue de la Visitation, 13004. Tél. : 91-49-91-55.
— *Poste :* bureau central, place de l'Hôtel-des-Postes, 13001 (angle Henri-Barbusse et Colbert). A côté du centre commercial Bourse. Poste restante de 8 h à 19 h (samedi 8 h à 12 h).
— *Consulat de Belgique :* 62, cours Puget, 13006. Tél. : 91-33-83-89.
— *Consulat de Suisse :* 7, rue d'Arcole, 13006. Tél. : 91-53-36-65.
— *Consulat du Canada :* 24, av. du Prado, 13006. Tél. : 91 37 19 37.
— *S.O.S. Médecins :* 91-52-84-85.
— *Change :* Thomas Cook, gare Saint-Charles. Tél. : 91-50-85-45. Ouvert de 6 h à 20 h tous les jours (samedi, dimanche et jours fériés jusqu'à 18 h).

Transports

— *Métro :* très pratique. Deux lignes en service. Même prix que les bus. Renseignements : R.T.M. (tél. : 91-95-92-10).
— *Bus :* nombreuses lignes. Possibilité d'acheter les tickets par carnet de 6. Correspondance bus-métro et ticket valable 1 h 10 si l'on va dans la même direction.
— *Bus pour l'aéroport :* gare Saint-Charles pour Marignane. Tous les quarts d'heure de 7 h à 20 h. Renseignements sur les vols : 42-89-90-10.
— *Gare routière :* place Victor-Hugo, 13003. Renseignements : 91-08-16-40.
— *S.N.C.F. gare Saint-Charles :* 91-08-50-50. Bureau en ville au 4, la Canebière. Tél. : 91-95-14-31.
— *Transports maritimes* (renseignements sur les mouvements des bateaux) : 91-91-13-89. Compagnie S.N.C.M. (bateaux pour la Corse, l'Algérie et la Tunisie) : 61, bd des Dames. Tél. : 91-91-92-20.
— *Taxis :* 91-95-92-20, 91-02-20-20 et 91-66-68-10.

Où dormir ?

Autant le dire, ne pas s'attendre à trouver à Marseille beaucoup d'hôtels de charme. Situation hôtelière désolante dans le centre à moins que l'on ne possède un seuil de confort très bas.

● *Très bon marché*

— *Auberge de jeunesse de Bois-Lusy :* 76, av. de Bois-Lusy, 13002. Tél. : 91-49-06-18. Au nord de la ville, dans le quartier de Mont Olivet. Prendre le bus 6 ou 8. Fermée de 10 h à 17 h comme toutes les A.J. officielles. Possibilité de planter la tente.
— *Auberge de jeunesse de Bonneveine :* 47, av. J.-Vidal, 13008 (impasse du Dr-Bonfils). Tél. : 91-73-21-81. Métro : Castellane, puis bus 19 ou 44 (arrêt Vidal-Collet). A.J. moderne, pas loin de la plage, dans un quartier tranquille.

● *Assez bon marché*

— *Hôtel Edmond-Rostand :* 31, rue Dragon (entre la rue de Rome et le bd Notre-Dame). Tél. : 91-37-74-95. Assez central, dans un quartier animé la journée. Délicieusement vieillot et fort bien tenu. Atmosphère familiale. Chambres correctes de 60 à 100 F.

— *Hôtel Caravelle :* 5, rue Guy-Mocquet. Donne sur le bd Garibaldi. Tél. : 91-48-44-99. Un des hôtels les mieux placés de la ville. Au cœur de l'animation, mais dans une rue calme. Ambiance très famille. Chambres correctes de 60 à 130 F.

— *Hôtel Bellevue :* 34, quai du Port, 13002. Tél. : 91-91-11-64. Mieux placé, tu meurs ! Vue panoramique sur le Vieux-Port. Chambres correctes de 110 à 187 F.

— *Hôtel le Béarn :* 63, rue Sylvabelle, 13006 (entre la rue de Rome et la rue Breteuil). Tél. : 91-37-75-83. Métro : Estrangin-Préfecture. Près du centre. Quartier tranquille. Établissement qui conviendra aux lecteurs recherchant un certain calme provincial. Ambiance vieillotte et feutrée. Bon marché : 90 F la double avec lavabo.

— *Hôtel des Allées :* 34, place Léon-Gambetta, 13001. Métro : Canebière-Réformes. Tél. : 91-62-51-80. Très simple, mais central, assez propre et bon marché. Pour petits budgets.

— *Hôtel le Monthyon :* 60, rue Montgrand, 13006. Tél. : 91-33-85-55. Pas de charme particulier, mais acceptable. Chambres de 100 à 150 F.

— *Hôtel Breteuil :* 27, rue Breteuil, 13006. Tél. : 91-33-24-20. Central. A peine plus cher que les précédents pour un confort supérieur. Doubles de 138 à 158 F avec salle de bains et T.V. Seul petit inconvénient : rue un peu bruyante.

● *Pour les motorisés*

Voici quelques adresses un peu excentrées, mais intéressantes pour leur prix et leur caractère.

— *Hôtel-restaurant Le Corbusier :* 280, bd Michelet, 13008. Dans le prolongement de la rue de Rome et de l'av. du Prado. Tél. : 91-77-18-15. Au 3e étage. Pourquoi ne pas habiter « la maison du fada », la célèbre œuvre de Le Corbusier à Marseille ? Chambres doubles agréables avec douche pour 160 F. Au resto, menu à 59 F.

— *Hôtel Péron :* 119, corniche Kennedy, 13007. Tél. : 91-31-01-41 et 91-52-33-53. A 5 km du centre ville, vers Cassis. Vue panoramique sur la mer. Hôtel possédant un certain charme. Rempli de plantes vertes, avec une entrée complètement rétro. Chambres avec salle de bains de 110 à 160 F. Seul inconvénient : pas conseillé à ceux qu'une mouche réveille en se posant sur la table de nuit, car la corniche connaît un trafic très dense.

— *Hôtel le Richelieu :* 52, corniche Kennedy, 13007. Tél. : 91-31-01-92. Vue sur la mer et terrasse bien exposée. Chambres avec lavabo acceptables de 85 à 120 F.

● *Plus chic*

— *Hôtel Esterel :* 124, rue Paradis, 13006. Tél. : 91-37-13-90. Central et sur rue animée. Un des deux étoiles parmi les moins chers. Doubles de 143 à 202 F. Clientèle très V.R.P.

— *Hôtel de Genève :* 3 bis, Reine-Élisabeth, 13001. Tél. : 91-90-51-42. Métro : Vieux-Port. Dans la zone piétonne. Bien situé, à deux pas du Vieux-Port. Très belles chambres de 190 à 280 F.

— *Hôtel New Astoria :* 10, bd Garibaldi, 13001. Tél. : 91-33-33-50. A l'angle avec la Canebière. Hôtel traditionnel proposant des chambres insonorisées de 240 à 260 F pour deux, avec bains ou douche, T.V., climatisation, mini-bar, etc.

— *Le Mistral :* 31, av. de la Pointe-Rouge, 13008. Tél. : 91-73-44-69. Intéressera ceux qui se dirigent sur Cassis et veulent quitter la ville tranquillement. Situé entre les « plages » du Prado et de la pointe Rouge. Coin agréable, pas loin du parc Borely. Petit hôtel propre et moderne. Intéressant aussi pour sa bonne cuisine. Doubles de 124 à 170 F. Menu à 52 F (service compris, boisson en plus) avec brochette de moules de lotte, huîtres farcies aux pointes d'asperge, terrine de rouget, etc. Signataire de la charte de la bouillabaisse (garantie qu'elle est préparée dans les règles) : 125 F par personne.

● *Campings*

— *Camping municipal les Vagues :* 52, av. de Bonneveine, 13008. Tél. : 91-73-76-30. Bien situé, à côté de la plage du Prado et du parc Borely. Bus 44 depuis la station de métro Castellane.
— *Camping de Bonneveine :* 187, av. Clot-Bey, 13008. Tél. : 91-73-26-99.
— *Camping municipal de Mazargues :* 5, av. de Lattre-de-Tassigny, 13009. Tél. : 91-40-09-88.

Où manger ?

● *Bon marché*

— *Le Sphinx* (Alexandrie) : 50, rue d'Aubagne, 13001. Tél. : 91-54-36-93. Ouvert midi et soir jusqu'à 1 h du matin. Fermé le dimanche midi. Petit resto très sympa dans quartier éminemment populaire et animé. Probablement un des menus les moins chers de la ville et un des plus corrects : 35 F (service et quart de vin compris), comprenant brochette de viande, lapin chasseur ou truite meunière. A la carte, quelques spécialités égyptiennes et de bonnes pizzas.
— *La Garga :* 17, rue André-Poggioli, 13006. Tél. : 91-42-98-07. Métro : Cours-Julien. Ouvert le soir jusqu'à minuit, sept jours sur sept. Dans un quartier jeune et branché, un décor frais et coloré pour une bonne cuisine variée. Menu à 65 F (service compris, boisson en plus) offrant assiette nordique, mesclun au magret d'oie fumé, mousse au saumon, aloyau au poivre vert, fondue bourguignonne, friture de rougets, tripes à la provençale, etc. Menu à 90 F également avec cuisse de confit de canard, magret sauce aux morilles, etc. Une bonne adresse.
— *Au Roi du Couscous :* 63, rue de la République, 13002. Tél. : 91-91-45-46. Métro : Vieux-Port. A côté de la place Sadi-Carnot, à deux pas du « Panier ». Ouvert le midi et le soir jusqu'à 23 h. Dans une grande salle agréable et bourdonnante, on vous servira un excellent couscous, copieux et parfumé, pour 30 ou 40 F. Bon accueil. Clientèle locale essentiellement.
— *L'Art des Mets :* 3, rue du Petit-Puits. Au cœur du vieux quartier du Panier. Derrière ce jeu de mots, se cache un petit resto plein de charme, vivant et sympa. Seulement le midi et ouvert tous les jours lorsqu'il y a une expo. Sur de bonnes vieilles toiles cirées une nourriture simple, mais copieuse et bon marché.
— *Chez Angèle ·* 50, rue Caisserie, 13002. Tél. : 91-90-63-35. Fermé le lundi et la seconde quinzaine de juillet. Là aussi, dans le Panier, côté Vieux-Port, un p'tit resto toujours plein. C'est bon signe. Décor provençal pour une clientèle d'habitués, population de quartier et V.R.P. de passage. Un menu à 64 F d'excellent rapport qualité-prix (service et boisson compris). Pieds-paquets, tripes, pizzas, etc. Petits vins bien gouleyants.
— *Velvet :* 40, rue Estelle (escalier cours Julien), 13006. Tél. : 91-47-78-09. Fermé le dimanche. Ouvert le soir jusqu'au dernier client. Petite salle à la déco moderne, fraîche et colorée. Ambiance cool et clientèle un peu gay. Bonnes salades pas chères, un plat du jour à 28 F et de bons gâteaux.
— *Restaurant-galerie le Contre-Jour :* 6, rue des Trois-Rois, 13006. Tél. : 91-48-74-24. Fermé le dimanche. Ouvert le soir jusqu'à 22 h 30. Cheminée avec feu de bois, mezzanine, lumière douce et atmosphère d'intimité. Clientèle jeune et relax. Menu à 65 F (service compris, mais boisson et dessert en sus). Mousses et salades, tajine aux pruneaux et amandes, civet de porcelet à l'ancienne, rougets en papillotes, etc.
La rue est pleine de petits restos du même genre, vous avez le choix.

● *Plus chic*

— *La Côte en Long :* 7, rue Adolphe-Pollak, 13001. Tél. : 91-54-04-07. Un des préférés des noctambules. Ouvert le soir seulement mais jusqu'à 2-3 h du matin. Bons petits plats : filet au beurre d'anchois, moules à la provençale, pizzas, toutes sortes de pâtes. Viandes délicieuses en général. Compter aux environs de 130 F.
— *L'Ardoise :* 5, rue Pastoret. Petite rue donnant dans le cours Julien. Tél. : 91-48-31-83. Ouvert tous les soirs jusqu'à minuit. Fermé le dimanche. Clientèle assez « branchated ». Paradoxalement, on vous dira que les meilleurs mois pour y manger sont juillet-août. Néanmoins, en avril c'était bon. Dans un décor post-moderne pas trop glacial, un honnête menu à 57,50 F : salade au roquefort ou aux noix, raviolis frais, fricassée de poulet au vinaigre de framboise. Au menu à

83 F (service compris, boisson en plus), terrine de coquilles Saint-Jacques, pièce de bœuf à l'ardoise, pot-au-feu de poulet, etc.

— Le cours Julien regorge de restos de toutes sortes, pour tous les portefeuilles, goûts, et fantasmes. D'ailleurs, ce cours bien agréable et chaleureux ne semble plus destiné désormais qu'à satisfaire les papilles gustatives. Bien le diable que vous ne dénichiez celui qui correspond à votre désir du moment.

— *La Maison du Poisson* : 9, rue de la République, 13002. Tél. : 91-91-72-33. Fermé le dimanche soir. Sert jusqu'à 22 h. Grande salle au premier. Décor fonctionnel, sans grande originalité. Clientèle un peu chic, mais pas trop guindée dans l'ensemble. Resto spécialisé dans le poisson comme le laisse espérer l'enseigne. D'ailleurs, le patron tient la poissonnerie au rez-de-chaussée, c'est une garantie de fraîcheur. Excellent service. Compter 150 F à la carte. Bonne bouillabaisse à 120 F (prix acceptable pour Marseille).

A voir

● *Dans le centre*

— *Le Vieux-Port* : c'est ici que débarquèrent les Phocéens et que se déroula le trafic maritime jusqu'au XIXe siècle. Construction des quais sous Louis XIII. Le quai Nord (côté Panier), avec son lacis de ruelles médiévales, abritait de nombreux résistants. Il fut en grande partie rasé en 1943 par les Allemands. De nombreux bâtiments furent reconstruits par l'architecte Pouillon.

— *La Canebière* : perpendiculaire au Vieux-Port, c'est l'avenue la plus célèbre de Marseille, son symbole presque. Trafic infernal le jour. On y trouve grands magasins, cinémas et banques qui ont peu à peu remplacé les grands cafés. Ça tient aujourd'hui des Grands Boulevards et des Champs-Élysées, mais la nuit, animation assez faible. On ne s'y attarde guère. Tout en bas, avant d'arriver au port, s'élève la *Bourse*, pur exemple de l'architecture du Second Empire. Elle abrite la plus ancienne chambre de commerce du pays (créée sous Henri IV). Devant, fut assassiné, en 1934 le roi Alexandre de Yougoslavie.

— *Le musée de la Marine* : installé au rez-de-chaussée de la Bourse. Ouvert de 10 h à 12 h et de 14 h à 18 h. Fermé le mardi. Entrée gratuite. Tél. : 91-91-91-51. Collections racontant l'histoire du port et de son commerce. Nombreuses gravures, peintures, maquettes, etc.

— *Le jardin des vestiges de la Bourse* : en 1967, lors de travaux d'aménagement du quartier de la Bourse, on fit une découverte extraordinaire : l'ancien port, rien de moins. Jusque-là, les historiens ne disposaient pratiquement d'aucun vestige, indice, trace de Massalia.

Aujourd'hui, on peut admirer la belle ordonnance du quai en pierre de taille, réédifié par les Romains à partir de matériaux pris aux monuments grecs locaux, ainsi qu'un rempart, une voie dallée, une nécropole, etc. En prime, on découvrit même en 1974 un magnifique bateau du IIe siècle après J.-C. Ainsi pendant tant de siècles, les Marseillais marchèrent sans le savoir sur leur propre histoire.

— *Musée d'histoire de Marseille* : installé dans le nouveau centre Bourse, il apparaît comme le prolongement naturel du jardin des vestiges. Entrée au 12, rue Henri-Barbusse. Traverser le jardin. Ouvert de 10 h à 19 h. Fermé dimanche et lundi. Entrée : 3 F. Tél. : 91-90-42-22. Présentation didactique de l'histoire de Marseille dans un cadre moderne, aéré, extrêmement agréable. Nombreux témoignages de l'époque romaine : bornes, cippes, mosaïques, etc. Reconstitution d'un four de cuisson, amphores, lingots de cuivre, bronze et étain. Exposition de l'épave « lyophilisée » du navire trouvé dans le port.

Une curiosité : dans le hall du centre Bourse, on découvre derrière une vitre une portion du système de tout-à-l'égout mis en place par les Romains. Quand on pense au nombre de pays qui n'en possèdent toujours pas !

● *Dans le quartier du Vieux-Port et du Panier*

Compris entre le quai du Port et la rue de la République, un coin très vivant où l'on retrouve le véritable esprit de Marseille, surtout au « Panier », l'un des derniers quartiers à atmosphère.

— *L'ancien hôtel de ville* : épargné par les destructions de 1943, il date du XVIIe siècle. Belle architecture d'inspiration génoise.

— *Musée du Vieux-Marseille* : rue de la Prison. A côté de l'ancien hôtel de ville. Ouvert de 10 h à 12 h et de 14 h à 18 h 30. Fermé le mardi et le mercredi matin. Tél. : 91-55-10-19. Installé dans la *Maison Diamantée*, du XVIe siècle, l'une des plus anciennes de la ville. Façade en pointes de diamant d'influence italienne. Très joli décor ancien. Noter la superbe cage d'escalier avec rampe et plafond sculptés. Meubles provençaux, objets domestiques, proues de navires. Intéressante collection de santons de Provence mis en scène : la Camargue, le port, le village, la transhumance, etc. Crèche en mie de pain du XVIIIe siècle, maquette de Marseille en 1848, gravures, estampes. Au 2e étage, costumes provençaux et collections de clichés en bois et cuivre pour tarots et cartes à jouer.

— *Musée des docks romains* : place Vivaux. Ouvert de 10 h à 12 h et de 14 h à 18 h 30. Fermé le mardi et le mercredi matin. Tél. : 91-91-24-62. Musée récemment réaménagé, il complétera celui d'histoire. Il occupe le site des anciens entrepôts romains. « Dolias » (jarres à huile et à vin) et nombre de découvertes archéologiques illustrent le commerce de Marseille et ses liens avec le reste de la Méditerranée dans l'Antiquité.

— *Le quartier du Panier* : familièrement appelé « le Panier », c'est l'un des plus sympa de Marseille. Longtemps habité par les pêcheurs, auxquels sont venus se joindre des immigrés de tout le bassin méditerranéen. Situé sur une colline et délimité par la *rue Caisserie*, la *place de la Major* et la *rue de la République*. Quartier passablement délabré et qui eut bien mauvaise réputation. Quelques rues en escalier célèbres pour leurs plantureuses prostituées composaient les classiques cartes postales. Souteneurs et petits malfrats complétaient le tableau. Incroyable ! Plus de la moitié des Marseillais qui vinrent récemment visiter les expos de la Vieille-Charité n'avaient jamais mis les pieds au Panier ! Et pourtant, il faut venir y flâner, le nez au vent, le long des ruelles, escaliers, passages étroits, se perdre dans ce labyrinthe qui se trouve être le dernier quartier historique cohérent de Marseille. Aujourd'hui, il n'y a pas d'opération chirurgicale immobilière en perspective, on semble se diriger plutôt vers une rénovation douce.

— *L'hospice de la Vieille-Charité* : 2, rue de la Charité. Tél. : 91-90-24-70. Profitez-en pour la rejoindre par un parcours pittoresque : place Daviel (au Vieux-Port), la montée des Accoules, la ruelle des Moulins et l'adorable place des Moulins, la rue des Muettes, une partie de celle du Panier (colonne vertébrale du quartier) et pour finir la rue des Pistoles. Ah, que de vieux noms sonnant agréablement aux oreilles ! La Vieille-Charité, l'une des plus belles œuvres de Pierre Puget et l'une des rares qui lui ait survécu. Superbe témoignage de l'architecture civile du XVIIe siècle, réalisée initialement pour l'enfermement des vagabonds. La chapelle centrale se révèle comme l'un des plus beaux édifices baroques français. La Vieille-Charité fut utilisée comme caserne au XIXe siècle, puis abandonnée à son triste sort. Elle menaçait ruine quand Le Corbusier attira l'attention des autorités sur ce chef-d'œuvre. Classé monument historique, les travaux de rénovation durèrent plus de quinze ans. Aujourd'hui tout le monde peut admirer sa lumineuse pierre rose et ses harmonieuses proportions à l'occasion des expositions qui s'y tiennent désormais. En 1986, « la Planète affolée », expo sur les surréalistes à Marseille, inaugura magnifiquement le cycle.

— *La Vieille-Major* : c'est l'ancienne cathédrale qui souffre beaucoup de l'ombre de la nouvelle. Bel exemple de style roman provençal avec coupole octogonale, elle se vit amputée de ses cloître et baptistère lors de la construction du monstre à côté. Une campagne d'opinion empêcha d'ailleurs sa destruction totale. A l'intérieur, voir d'intéressants autels et le bas-relief en faïence blanche de Lucca della Robbia. Chapelles des XIIIe et XVe siècles. Visites accompagnées à partir de 9 h. Fermée le lundi.

— Pas loin de la Vieille-Major, la *place de Lenche* conserve un côté villageois bien plaisant. A l'extrémité du Panier, le *fort Saint-Jean* et la petite *église Saint-Laurent*, elle aussi de style roman provençal. Du parvis, belle vue sur le vieux port

● *A l'est du Vieux-Port*

— *Le quartier Belsunce* : délimité par le cours Belsunce, la rue d'Aix, le boulevard d'Athènes et la Canebière, un très vieux quartier habité en majorité par les immigrés et possédant à peu près les mêmes caractéristiques que celui de la Goutte d'Or à Paris. Sa principale originalité est avant tout d'exister en plein centre de la ville et d'exposer ses immeubles décrépis et ruelles délabrées au vu de tout le monde. En général, les quartiers pauvres se situent à la périphérie des villes ou bien, lorsqu'ils étaient au centre, ils ont changé socialement de façon radicale (comme le quartier Saint-Paul à Paris).
Ici, à Marseille, Belsunce exaspère les racistes et ceux qui ont perdu la mémoire. En effet, ce quartier fut toujours celui de l'immigration : Arméniens en 1915, antifascistes italiens dans les années 30, Maghrébins du boom économique d'après-guerre, pieds-noirs après 62, etc. En outre, c'est l'un des poumons économiques de Marseille. Les gens viennent de loin pour y faire leurs achats.

Les Algériens même, qui depuis l'assouplissement de la réglementation sur l'importation des produits de consommation, traversent la Méditerranée en masse. Races, ethnies et religions cohabitent : au nord-est du quartier, les grossistes juifs, en dessous les travailleurs africains, au sud-ouest, les Maghrébins et Mozabites (détail et demi-gros), au nord, les hommes d'affaires libanais (export-import). Les Arméniens sont dans le cuir, etc.

Vous constaterez à travers des rues aux noms pittoresques (rue des Petites-Mariées, des Convalescentes, du Tapis-Vert, du Baignoir, du Poids-de-la-Farine, etc.), combien ce quartier est dynamique. Nombreux petits restos pas chers. Il se métamorphose au gré des heures. Lorsque les boutiques ont fermé, la rue appartient aux habitants, aux curieux, aux visiteurs, aux clients des prostituées ghanéennes, aux petits dealers et autres demi-sel. Et puis, vous y découvrirez également sous la crasse et la patine de beaux exemples d'architecture du XVIIIᵉ siècle : portails sculptés, balcons en fer forgé, etc. La rénovation de la *rue d'Aix* révèle aujourd'hui combien son ordonnancement est harmonieux. Sans oublier l'histoire : au nᵒ 25 de la *rue Thubaneau*, l'une des rues les plus chaudes de Marseille, résonna pour la première fois « la Marseillaise » (plaque sur l'immeuble). Quelques églises anciennes, comme *Saint-Théodore*, à l'entrée de la rue des Dominicaines.

La *porte d'Aix* fut élevée en 1825. Statues et bas-reliefs de David d'Angers. Au nord de Belsunce, la *gare Saint-Charles* développe son escalier monumental, construit en plein boom colonial.

● *La Canebière « côté pair »*

De l'autre côté du quartier Belsunce, on découvre d'autres coins vivants et sympa. Tout ce qui est à droite de la Canebière (dos au port) fut longtemps considéré comme étant le Marseille aisé et « propre ». Aujourd'hui, la Canebière ne constitue plus la frontière symbolique entre les pauvres et les riches, entre les « bronzés » et les Blancs. Là aussi, les choses évoluent. En prévision de la restructuration de Belsunce, nombre de ses commerçants se redéploient de ce côté-ci.

— *Le quartier de Noailles* a toujours été le ventre de Marseille. Empruntez la *rue des Feuillants* jusqu'à la *place du Marché-des-Capucins,* pour respirer les bonnes odeurs du marché de rue et retrouver, sur quelques centaines de mètres, toutes les couleurs de la Provence.

Plus haut le *cours Julien* et la *rue des Trois-Rois* ont désormais pour vocation d'exciter et satisfaire les papilles gustatives du Tout-Marseille (voir chapitre « Où manger ? »).

— *La rue Saint-Ferréol* symbolisa de tout temps le commerce chic et de luxe. Longue rue de Rome, très commerçante également.

— *Galerie des Transports :* place du Marché-des-Capucins (gare de Noailles), 13001. Tél. : 91-54-15-15. Ouverte de 10h 30 à 17h 30. Fermée le dimanche et le lundi. Entrée gratuite. Dans cette ancienne gare de tramways sont exposés : omnibus à chevaux, le premier tram de la ville, le train à vapeur de l'Estaque, etc. Le tout agrémenté de photos et anciennes cartes postales.

— *Musée Cantini :* 19, rue de Grignan, 13006. Tél. : 91-54-77-75. Petite rue donnant entre la rue Saint-Ferréol et la rue de Paradis. Ouvert de 12 h à 19 h. Fermé le mardi et le mercredi matin. Entrée 5 F. Collections d'art moderne et contemporain et intéressantes expositions temporaires. On y trouve le célèbre « Monument aux oiseaux » de Max Ernst, ainsi que des œuvres de Masson, Picabia, Miró, Arp, Dubuffet, Riopelle, Bacon, Velickovic, Alechinsky, etc. Galerie de faïences de Moustiers.

— *Basilique Saint-Victor :* ouverte de 10 h à 12 h et de 15 h à 17 h, sauf le dimanche matin. Fondée au Vᵉ siècle, en l'honneur de saint Victor qui mourut écrasé entre deux meules, ce qui en fit naturellement le patron des meuniers. Une des cryptes de l'église actuelle appartient à la construction initiale. Rasée par les Sarrasins, la basilique fut reconstruite au XIᵉ siècle, puis agrandie au XIIIᵉ siècle. Le siècle suivant, elle prit son caractère d'église fortifiée. A l'intérieur, nombreux tombeaux et sarcophages des premiers chrétiens. Visite des cryptes, au fond de l'église.

— *Notre-Dame-de-la-Garde :* à plus de 160 m d'altitude, c'est la « Bonne Mère » qui protège les Marseillais. Construite au XIXᵉ siècle dans le style romano-byzantin, décidément très à la mode à l'époque. A côté, un belvédère permet d'obtenir, bien sûr, un intéressant panorama de la ville et du Vieux-Port.

● *Assez loin du centre*

— *Musée des Beaux-Arts* : Métro : Longchamp-Cinq Avenues. Situé dans l'aile gauche de l'imposant palais Longchamp, un édifice un peu mégalo construit en 1862. La composition centrale symbolise la rivière Durance et ses affluents, entourés de la vigne et du blé. Musée ouvert de 10 h à 12 h et de 14 h à 18 h 30. Fermé le mardi et mercredi matin. Tél. : 91-62-21-17. Entrée 3 F. Pas très emballant, assez triste, peu d'œuvres majeures (il vaut mieux n'avoir pas vu celui de l'Annonciade à Saint-Trop avant). Dans le lot, on distinguera cependant quelques Nattier, Dufy, Vuillard, Marquet, Ziem. De Paul Signac, « l'Entrée du port de Marseille ». Intéressante petite collection de bronzes de Daumier (36 bustes de parlementaires sous Louis-Philippe). De Pierre Puget, de jolis marbres : Louis XIV à cheval et un de ses portraits. La copie de « San Sebastien » donne envie d'aller voir l'original à Gênes.
Dans l'aile droite du palais Longchamp, *museum d'Histoire naturelle*. Même horaire que celui des Beaux-Arts.

— *Musée d'Archéologie* : château de Borély, av. Clot-Bey. Tél. : 91-73-21-60. Ouvert de 9 h 30 à 12 h 15 et de 13 h à 17 h 30. Fermé le mardi et mercredi matin. Situé dans une belle demeure du XVIIIe siècle dans le parc Borély, agréable but de promenade. Pour s'y rendre, bus 44 ou 19. Antiquités égyptiennes et orientales, vases grecs, statuettes et bronzes antiques. Également, une riche collection de dessins et gravures.

— *La Cité Radieuse* : bd Michelet (prolongement de la rue de Rome et de l'av. du Prado). Les curieux et férus d'architecture urbaine viendront voir « la maison du fada », une des œuvres les plus célèbres de Le Corbusier. C'est une « unité d'habitation » bâtie en 1945 sur pilotis et qui suscita à l'époque bien des polémiques. L'idée de Le Corbusier fut de réunir sous un même toit tout ce dont on pouvait avoir besoin : services, commerces, école, équipements sociaux et sportifs. 350 logements disposés sur deux niveaux et même un hôtel (au 3e étage). Malgré sa taille imposante, étonnante impression de légèreté de l'ensemble.

Loisirs, culture, et vie nocturne

Si la vie culturelle est sauvée grâce à la Vieille-Charité, les ballets Roland Petit et le théâtre de la Criée dirigé par Marcel Maréchal, en revanche la vie nocturne se révèle d'une faiblesse affligeante.
La nuit, la plupart des quartiers sont tristes, voire sinistres. Les boîtes pour jeunes sont nulles. Quant aux autres, celles pour les grands, les rares qui subsistent traînent leur mauvaise réputation.
Deux espaces surnagent sur cet océan glauque : le *cours Julien* et les rues avoisinantes et le *cours d'Estienne-d'Orves* dans le quartier du Vieux-Port. Quelques adresses :

— *Espace Julien* : 33, cours Julien, 13006. Tél. : 91-47-09-64. Centre culturel dynamique proposant d'excellents concerts de jazz, théâtre, danse, expos de peinture. Plus des « semaines » organisées par thèmes, cultures, etc.

— *L'Avant-Scène* : 59, cours Julien, 13006. Là aussi, un complexe culturel intéressant comprenant théâtre, restaurant, galerie d'art et librairie-presse.

— *Cinéville* : 9, cours Jean-Ballard-d'Estienne-d'Orves. Au Vieux-Port. Tél. : 93-33-21-30. Devant le désert culturel à Marseille en matière de cinéma, réfugiez-vous dans cette salle chaleureuse à l'excellente programmation. (Même salle, 54 *bis*, rue Edmond-Rostand, 13006. M : Castellane. Tél. : 93-81-10-72.)

— Cours d'Estienne-d'Orves, on trouve quelques cafés branchés où l'on joue parfois du jazz.

A voir aux environs

● *Le château d'If* : Alexandre Dumas l'a rendu célèbre en y emprisonnant deux de ses personnages : le comte de Monte-Cristo et l'abbé Faria. Départ du quai des Belges de 9 h à 17 h toutes les heures en été. En hiver à 9 h, 11 h 14 h, 15 h 30 et 17 h. Compter environ 1 h 30 de balade.

● *La côte de Marseille à Martigues* n'est plus depuis longtemps une promenade romantique et bucolique. Cézanne, Braque, Dufy, Derain qui ont immortalisé L'Estaque auraient probablement du mal à reconnaître leur petit port si charmant. Cependant, voici quelques escapades encore sympa.

— *Niolon* (à 18 km de Marseille) : tout petit port de pêche possédant encore du charme. Deux bons restos de poissons et de fruits de mer, avec terrasse. Celui le plus proche de l'eau est plus sympa, moins cher.

— Tout au bout de la D 9, la grande plage populaire de la *Couronne*, la plage de tous les Marseillais. Choisir l'heure et le moment pour y aller, car c'est souvent bondé. A côté, entre ses rochers, la petite et gentille *plage de Sainte-Croix*.

Où manger

— *Chez Elaine* (Li Sian Ben) : Les Renaires, par la gare de *Ponteau-Saint-Pierre*. Situé juste avant Martigues, au petit port du Ponteau (pas facile à trouver). Tél. : 42-81-35-78. Quelle idée de servir une des meilleures bouillabaisses de la région entre centrale électrique et raffinerie ? Qu'importe ! Dans ce petit caboulot (cadre familial, ambiance populaire), vous dégusterez de bonnes grillades, de délicieux poissons, et surtout, une superbe bouillabaisse comme on n'en fait presque plus. Attention, c'est cher (compter 200 F le repas), mais c'est un grand moment. Important : n'oubliez pas de téléphoner avant, car ils ne servent que sur commande.

— *Martigues* : si vous êtes dans le coin, il faut rendre visite à ce petit port provençal, littéralement axphyxié par la civilisation industrielle, mais qui a néanmoins su conserver un certain charme. Petite église *Sainte-Madeleine-de-l'Ile* avec façade corinthienne et jolie décoration intérieure. Un plan d'eau, bordé de maisons colorées de pêcheurs et appelé le « Miroir aux oiseaux », ravit les peintres du dimanche (après Corot, Ziem, etc.). Petit *musée du Vieux Martigues* présentant un certain nombre d'œuvres de Ziem et une section d'archéologie locale et de folklore (ouvert de 10 h à 12 h et de 14 h 30 à 18 h, l'après-midi seulement en basse saison ; fermé lundi, mardi et jours fériés).

CASSIS

A 20 km de Marseille et 12 de La Ciotat, un des rares ports de la région qui ait conservé tout son charme et naturel, malgré l'afflux touristique inévitable. Enserrée dans ses hautes falaises, la bourgade offre un vrai repos, un délicieux vin blanc et de merveilleuses promenades dans ses fameuses calanques... Frédéric Mistral y fit naître *Calendal*, le héros d'un de ses poèmes.

Comment y aller ?

— Nombreux cars depuis Marseille-Saint-Charles. Plus pratique que le train (la gare de Cassis se trouvant à plus de 3 km du port). Renseignements pour les cars : 42-01-70-41. Pour les trains : 42-01-01-18.

Adresse utile

— *Office du tourisme* : place P.-Baragnon. Tél. : 42-01-71-17. Bon matériel touristique, dont une brochure assez bien faite sur les possibilités de promenades pédestres dans les calanques.

Où dormir ?

— *Auberge de jeunesse la Fontasse* : superbement située dans le massif des Calanques. L'une de vos plus belles étapes provençales. Tél. : 42-01-02-72. Pour s'y rendre (en voiture ou à vélo) : venant de Marseille, à une quinzaine de kilomètres, tourner à droite pour le col de la Gardiole (3 km de bonne route, plus 2 km de caillouteuse). A pied, possibilité de se faire descendre au carrefour pour la Gardiole ou, si l'on a un sac pas trop lourd, de monter à l'A.J. par les calanques depuis Cassis. Dans ce dernier cas, prendre l'av. de l'Amiral-Ganteaume, puis celle des Calanques jusqu'à la calanque de Port-Miou et grimper jusqu'à l'A.J. (environ 1 h de marche). Maison provençale très agréable dans un cadre exceptionnel. 65 lits.
En juillet-août, présentez-vous dès le matin car elle risque vite d'afficher complet (piétons et cyclistes ne seront cependant jamais refusés). Père aubergiste très sympa qui connaît parfaitement la région. Apporter sa nourriture. Citerne d'eau de pluie et éolienne pour l'électricité. Nombreuses activités : randonnées (le G.R. 98 passe à côté), escalade, baignade, découverte de la flore (450 variétés de plantes), pétanque, etc. L'A.J. conviendra tout à fait à ceux (celles) qui rêvent d'un vrai retour à la nature. Ouverte de 8 h à 10 h et de 17 h à 23 h. Possibilité de prendre sa carte sur place.

— *Hôtel Laurence :* 8, rue de l'Arène. Tél. : 42-01-88-78 et 01-81-04. Ouvert de fin mars à mi-octobre. A deux pas du port, un petit hôtel fort bien tenu et bon marché. Accueil charmant. Chambres dans l'ensemble pas très grandes, mais agréables et toutes équipées d'une salle de bains. Tout en haut, deux d'entre elles bénéficient d'une belle terrasse. Derrière, super calme avec vue sur le château.

— *Hôtel du Grand Jardin :* 2, rue Pierre-Eydin. Tél. : 42-01-70-10. Là aussi, très central, mais pas trop près de l'agitation du port. Un certain charme. Bon accueil. Chambres doubles de 103 à 174 F.

— *Cassitel :* place Clemenceau. Tél. : 42-01-83-44. Petit hôtel moderne sans caractère particulier. Chambres de 130 à 200 F.

— *Le Provençal :* 7, rue Victor-Hugo. Tél. : 42-01-72-13. Hôtel sur le port offrant de belles chambres de 151 à 186 F.

— *Pension Maguy :* av. Revestel. Tél. : 42-01-72-21. Le plus éloigné du port (mais à moins de 10 mn quand même). Un peu sur les hauteurs. Conviendra à qui recherche un havre tranquille pour quelques jours. En haute saison, reçoit seulement en demi-pension. Bonne cuisine familiale. De 135 à 153 F par personne.

● *Plus chic*

— *Hôtel de la Rade :* 1, av. des Dardanelles. Tél. : 42-01-02-97. Très confortable. Terrasse panoramique, piscine, solarium. Doubles de 200 à 250 F.

● *Aux environs*

— *Joli Bois :* à 3 km sur la route de Marseille. Tél. : 42-01-02-68. Une plaisante petite auberge en pleine campagne offrant des chambres avec douche fort correctes. 90 F pour deux et, au resto, un bon petit menu.

● *Camping*

— *Camping les Cigales :* route de Marseille. Tél. : 42-01-07-34. Situé à moins d'un kilomètre de la mer. Confortable. Ouvert toute l'année. Pas de réservation.

Où manger ?

— *El Sol :* 23, quai des Baux. Tél. : 42-01-76-10. Ouvert le midi et le soir jusqu'à 22 h. De tous les restos du port, l'un des meilleurs rapports qualité-prix. Poissons très frais, bonne bouillabaisse du pêcheur pour deux, délicieux pieds paquets. Copieux menu à 58 F (service compris, boisson en sus).

— Le resto de l'*hôtel Liautaud :* sur le port. Tél. : 42-01-75-37. Sa cuisine possède une solide réputation et sa salle à manger une belle vue panoramique.

— Nous ne recommandons pas, pour cause de médiocrité, *la Paillote,* sur le quai, ni le resto de l'*hôtel du Commerce.*

● *Plus chic*

— *Chez Gilbert :* 19, quai des Baux. Tél. : 42-01-71-36. Fermé le dimanche soir et le mardi midi. Salle à manger traditionnelle de style provençal pour une fameuse bouillabaisse (pour deux et à commander). Menu à 140 F très correct proposant matelote de fielas aux petits oignons, pieds-paquets au vin blanc, brochettes de queues de crevette, poisson du jour, etc.

A voir. A faire

● *Les calanques*

Pittoresques échancrures entaillant la côte. Sur le port, de nombreux bateaux proposent l'excursion ; on peut aussi les découvrir à pied.

— *La calanque de Port-Miou :* la plus proche de Cassis. A environ 1/2 h de marche. Possibilité d'y aller en voiture. On peut prolonger la balade jusqu'au bout de la presqu'île du cap Cable pour admirer le grand large. La grande carrière de pierre cessa son activité il y a quatre ans.

— *La calanque de Port-Pin* et la *pointe Cacau :* environ 2 h de marche aller et retour, en empruntant en partie le G.R. 98 B. Dans la calanque, petite plage. De la pointe Cacau, jolie vue des falaises et de la calanque d'En-Vau.

— *La calanque d'En-Vau :* incontestablement la plus belle des trois, avec ses aiguilles et falaises tombant dans la mer. Là aussi, petite plage. On peut encore y parvenir depuis le parking du col de la Gardiole. Venant de Marseille, à 5 km de Cassis, emprunter la route de la Gardiole. Le GR 98 B mène ensuite à la calanque par la maison forestière, les vallons de la Gardiole et d'En-Vau. Superbe balade.

● **En « ville »**

— *Marché :* tous les mercredis et vendredis matin.
— *Plage du Bestouan :* vers les calanques. Celle de la *Grande-Mer* se situe vers la promenade des Lombards, au pied du château.
— *Petit musée municipal :* rue Xavier-d'Authier. Tél. : 42-01-88-66. Propose quelques vestiges archéologiques, des œuvres de peintres régionaux et des documents sur la ville. Ouvert les mercredis, vendredis et samedis de 15 h à 17 h.

De Cassis à La Ciotat

Nous recommandons vivement la route des Crêtes qui procure de superbes panoramas, notamment depuis le cap Canaille et le point de vue du sémaphore. Nombreux belvédères. Au cap Canaille, falaise la plus haute de France (362 m). Sensibles au vertige, s'abstenir.

LA CIOTAT

Longtemps célèbre pour ses chantiers navals qui font face depuis quelques années à une grave crise. La Ciotat, malgré sa vocation industrielle, n'a rien d'une cité monstrueuse. Vous y trouverez même de belles plages et de nombreux campings. Les quartiers sont bien délimités : chantiers navals d'un côté et vieux port avec ses charmantes maisons de l'autre. Louis Lumière y tourna ses premiers films : « l'Entrée du train en gare de La Ciotat » et le célèbre « Arroseur arrosé ».

Où dormir ? Où manger dans le coin ?

— *Hôtel Beauséjour :* 34, av. de la Mer, Saint-Cyr-les-Lecques. Tél. : 94-26-31-90. A environ 3 km de La Ciotat, vers Bandol. Grande maison familiale très plaisante au fond d'un jardin. Chambres doubles au calme de 110 à 200 F. Terrasse. Spécialités régionales. En haute saison, prend plutôt en demi-pension ; réservation obligatoire.

BANDOL

La plus célèbre station balnéaire de cette partie de la côte. Lovée dans ses collines, bien protégée du mistral, c'est un port de plaisance important. Agréable promenade du front de mer. Les anciennes villas et les vignobles nichés sur les coteaux environnants lui donnent un petit côté familial et un certain charme.

Adresses utiles

— *Office du tourisme :* sur le port. Tél. : 94-29-41-35. Ouvert de 9 h à 19 h 30.
— *Gare S.N.C.F. :* arrêt du T.G.V. Marseille-Toulon. Tél. : 94-91-50-50 et 94-29-41-51.
— *Renseignements pour les cars :* 94-29-46-58 et 94-29-16-58.

Où dormir ?

— *Hôtel La Brunière :* résidence du château, bd Louis-Lumière. Tél. : 94-29-52-08. Grande maison bourgeoise dans un superbe jardin planté de pins et dominant le port. Calme assuré. Chambres chaulées de blanc, simples mais très propres. De 141 à 215 F la double. Atmosphère un peu vieille France profonde. Un de nos meilleurs rapports qualité-prix.
— *L'Oasis :* 15, rue des Écoles. A mi-chemin du port et de la plage. Tél. : 94-29-41-69. Petit hôtel extrêmement agréable avec grand jardin ombragé et terrasse. Belles chambres de 90 à 178 F. Une excellente adresse. Réservation très conseillée.
— *Roses Mousses :* rue des Écoles. Tél. : 94-29-45-14. Fermé d'octobre à mars. Petit hôtel sans resto dans une maison particulière. Pas loin du port. Idéal pour les petits budgets. Chambres doubles de 60 à 100 F.

— *Le Commerce* : 5, rue des Tonneliers. A 100 m du port. Tél. : 94-29-52-19. Chambres de 75 à 100 F, simples, mais correctes. Bon petit menu à 49 F.

— *Brise* : bd Victor-Hugo. Tél. : 94-29-41-70. Ouvert toute l'année. Petit hôtel de type familial sur le port. En saison, fait pension complète. Sinon, doubles autour de 100 F.

— *L'Hermitage* : résidence du Château. Tél. : 94-29-46-50. Un honnête deux étoiles bien situé, au calme et à deux pas de la mer. Ouvert toute l'année. Nombreuses chambres avec balcon et vue sur le large (et toutes avec bains) de 140 à 200 F. Bonne cuisine. Menu à 75 F. Jardin avec terrasse.

— *Coin d'Azur* : rue Raimu. Tél. : 94-29-40-93. Petite villa-hôtel surplombant la plage de Renecros, à l'entrée de la presqu'île. Fermé d'octobre à mars. Chambres correctes de 80 à 140 F.

● *Plus chic*

— *La Ker-Mocotte* : rue Raimu. Tél. : 94-29-46-53. Belle villa, ancienne demeure du grand acteur Raimu transformée en hôtel. Fermée de novembre à février. Du 1er juin au 30 septembre, demi-pension ou pension complète obligatoire. Jardin provençal en terrasse sur la mer, avec de grands pins centenaires. De 190 à 250 F la chambre double (avec télé couleur, téléphone et radio). Réservation quasi obligatoire en haute saison.

— *Golf Hotel* : plage de Renecros. Tél. : 94-29-45-83 et 94-94-61-04. Fermé de novembre à mars. Situé directement sur la plage, un hôtel sympathique proposant une salle à manger panoramique, un charmant jardin ombragé, de nombreuses chambres avec petite terrasse. Chambres pour deux de 235 à 320 F (petit déjeuner compris).

— *Splendid Hotel* : plage de Renecros. Tél. : 94-29-41-61. Gentil et classique hôtel en bord de plage. Prend surtout des pensionnaires. Honnête cuisine. Chambres avec salle de bains de 180 à 200 F. En demi-pension, 210 F par personne.

● *Campings*

— *Vallongue* : à 2 km de la mer, sur la route de Marseille. Tél. : 94-29-49-55. Ouvert de Pâques à fin septembre. Confortable et assez ombragé.

— *Happy Holiday* : rue Marivaux. Tél. : 94-29-46-23. Ouvert de début mai à fin septembre.

A voir. A faire

— *Balade à l'île de Bendor*, à quelques encablures. On y trouve un petit *musée du vin* (ouvert de 10 h à 12 h et de 14 h à 18 h, fermé le mercredi). Bandol produit, en effet, de gouleyants petits vins, surtout un rouge extra.

— *Jardin exotique de Bandol-Sanary* : à 3 km de la ville. Des milliers de plantes et fleurs tropicales réparties sur 2 ha, ainsi que de nombreux oiseaux (aras, cacatoès, toucans, paons, etc.). Ouvert de 8 h à 12 h et de 14 h à 19 h. Fermé le dimanche matin.

— Quelques intéressantes *randonnées pédestres*. L'Office du tourisme publie un petit dépliant avec des itinéraires bien détaillés. Sentiers maritimes et chemins de douaniers vers l'ouest ou balades dans les collines surplombant Bandol. Notamment de la jolie *chapelle de Saint-Ternide* au *mont du Gros-Cerveau* d'où l'on obtient un panorama exceptionnel. C'est sur cette colline au nom prédestiné, qu'en 1793, un petit capitaine d'artillerie corse du nom de Bonaparte venait échafauder ses plans pour s'emparer du fort tenu par les Anglais. Déjà il rongeait son frein devant l'inaction de l'état-major.

Aux environs

Quelques villages perchés, très touristiques mais assez pittoresques.

— *Le Castellet* : très joli village possédant encore ses remparts, une église du XIIe s., un château, des ruelles médiévales. C'est dans ce décor que Pagnol tourna l'inoubliable « Femme du boulanger » avec Raimu. Nombreux artisans. Les amateurs de style roman provençal pousseront jusqu'à la charmante *chapelle de Beausset-Vieux*, avec en prime un intéressant panorama sur les environs.

— *Le massif de la Sainte-Baume* : au nord du Castellet et de Bandol, le massif de la Sainte-Baume est le plus important massif provençal. Belle balade depuis

Aubagne-Gemenos, vers le Saint-Pilon. Depuis la D 80, rejoindre le carrefour de l'Oratoire pour le sommet du Saint-Pilon. Du haut de ses 1 000 m, panorama éblouissant sur le Ventoux, le Lubéron, la Sainte-Victoire, les Maures, la baie de La Ciotat, etc.

— *La Cadière-d'Azur* : vieux village médiéval là aussi, avec son treillis de ruelles autour de la place principale et quelques vestiges de ses remparts. De La Cadière, belle balade sur la D 266, à travers les vignobles, vers Bandol.

● *Où dormir ? Où manger ?*

— *Hostellerie Bérard* : La Cadière-d'Azur. Dans le cœur médiéval du bourg. Tél. : 94-29-31-43. Une auberge pleine de charme proposant de belles chambres de 200 à 400 F, une excellente nourriture dans un resto panoramique, piscine chauffée, jardin, terrasse ombragée, etc.
— *Camping de la Malissonne* : sur la D 66 entre La Cadière et Saint-Cyr-sur-Mer. Tél. : 94-29-30-60. Au milieu des vignes de Bandol. A 4 km de la mer. Assez confortable. Boutique d'alimentation, resto, possibilité de laver son linge. Ceux qui préfèrent le *camping à la ferme* en trouveront un quelques centaines de mètres plus loin.

De Bandol à Toulon

Parcours pas terrible, assez urbanisé, pas de belles plages. A Sanary-sur-Mer, deux campings : *Les Girelles*, mieux que Le *Mogador*. A 400 m de la mer. Ombragé et bons sanitaires.

Ne pas rater, avant d'arriver à Toulon, *Notre-Dame-de-Piepole*, une étape architecturale intéressante sur la commune de Six-Fours. C'est une croquignolette chapelle du VIe siècle. Absidioles lui donnant un air fortifié, meurtrières, porche massif, campaniles asymétriques, toits de guingois, belle pierre mise à nu depuis peu. Elle fut construite sur le modèle des premières églises syriennes. Quelques retouches au cours des siècles ont fait de cette chapelle un exemple unique d'architecture orientalo-provençale. A l'intérieur, une délicieuse et intimiste pénombre.

TOULON

Deuxième port militaire français, reconstruit à l'emporte-pièce comme beaucoup de villes durement touchées lors de la dernière guerre, Toulon ne provoque pas de prime abord un engouement immédiat et n'apparaît surtout pas comme une destination de vacances ou pour un week-end d'amoureux. Pourtant une petite visite ne s'avère pas inintéressante. Avant tout, bien sûr, pour les marcheurs et poètes urbains, une vieille ville décadente à souhait. Une atmosphère un peu glauque, pour les cinéphiles amoureux du cinéma français d'avant-guerre et quelques belles images de films populistes. Pour les autres… presque rien. Toulon se permet même d'être la dernière des vingt grandes villes françaises dans le hit-parade de l'investissement et de la politique culturelle.

Un peu d'histoire

Au XVe siècle, la ville, avec toute la Provence, tomba dans le domaine royal. Grâce à sa grande baie enserrée dans de hautes collines, elle trouva tout de suite sa vocation maritime et militaire. Louis XII, puis Henri IV la fortifièrent. Un arsenal y fut installé d'où sortaient les galères royales. Vauban en améliora bien sûr les systèmes de défense. Le grand corsaire Duquesne venait y relâcher entre deux courses. En 1748, les galères furent supprimées et remplacées par le célèbre bagne d'où Victor Hugo fit échapper Jean Valjean dans « les Misérables ». En 1793, la ville était royaliste et pactisa avec les Anglais. Elle fut prise par Bonaparte (qui y gagna ses galons de général). Toulon ayant gagné, quant à elle, le titre de « ville infâme », 12 000 ouvriers furent réquisitionnés pour la raser. Au dernier moment, la Convention reporta l'ordre de destruction et Toulon n'y perdit finalement que son titre de préfecture (ce qui explique que, jusqu'à une date très récente, ce soit Draguignan, ville moins importante, qui détint ce titre).

Plus tard, Napoléon fit de Toulon son premier port de guerre, et, de la marine, sa principale industrie. En 1942, lorsque les Allemands envahirent la zone libre, la flotte française se saborda plutôt que de tomber entre ses mains.

Aujourd'hui, Toulon possède autant une vocation de port de plaisance que de port militaire. Les mousses de la Royale étant désormais autorisés à sortir en civil lors des permissions, la ville y a même perdu une grande partie de son folklore coloré. C'est la rançon du progrès...

Adresses utiles

— *Office du tourisme :* 8, av. Colbert. Tél. : 94-22-08-22.
— *Poste et téléphone :* angle rues Ferrero et Bertholet.
— *S.N.C.F. :* place Albert-Ier. Renseignements : 94-91-50-50.

Où dormir ?

— *A.J. :* en principe, il y en a une qui fonctionne en juillet-août, installée dans une école. Se renseigner au siège des A.J. à Toulon, 32, rue Victor-Clappier. Tél. : 94-91-87-17.
— *Hôtel le Jaurès :* 11, rue Jean-Jaurès. Tél. : 94-92-83-04. Un « une étoile » qui en vaut bien deux. Assez central. Accueil sympathique. Toutes les chambres avec douche et w.-c. Très propre. De 100 à 130 F la double. Notre meilleure adresse.
— *Hôtel Molière :* 12, rue Molière. Tél. : 94-92-78-35. A côté du théâtre. Vieillot, mais correct et bon accueil. Chambres de 88 à 125 F.
— *Régent Hôtel :* 3, rue Adolphe-Guiol. Tél. : 94-92-65-63. Derrière la poste centrale. Bien tenu. Chambres de 80 à 140 F.

● *Plus chic*

— *Hôtel de l'Amirauté :* 4, rue Adolphe-Guiol. Tél. : 94-22-19-67. Établissement à la belle façade et qui présente un excellent rapport qualité-prix. Grandes chambres avec bains à 180 F. En propose même avec lavabo à 128 F.

● *Camping*

— *Beauregard :* quartier Sainte-Marguerite. Tél. : 94-20-56-35. En dehors des nombreux campings de La Seyne-sur-Mer, c'est le plus proche de la ville. Vers l'est, à environ 5 km du centre. Bus 7 ou 27 depuis la gare.

Où manger ?

— *Le Cellier* (chez Odette) : 13, rue Jean-Jaurès. Petit resto populaire proposant un gentil menu à 36 F (service et vin compris), dans une atmosphère animée et bon enfant. Au menu à 45 F, c'est carrément fromage *et* dessert ! Pour le prix, une de nos meilleures adresses.
— *Le Chaudron :* 2, place Gustave-Lambert. Tél. : 94-93-54-20. Sur une charmante place de la vieille ville, à la hauteur de la rue d'Alger. Fermé le mercredi. Bon menu à 66 F proposant terrine de gibier, rognons à la provençale, rouget meunière, etc. Menu à 85 F également.
— *Fortune Carrée :* 16, rue Charles-Poncy. Ruelle du centre ville qui part devant le théâtre. Ouvert le soir seulement. Décor simple. Tables de bistrot. Menu à 68 F correct. Grand choix de salades et de steaks.

● *Plus chic*

— *Le Galion :* 10, rue Jean-Jaurès. Tél. : 94-93-02-52. Fermé dimanche et jours fériés. Service à midi et le soir jusqu'à 21 h 30. Cadre plaisant. Carte de visite longue comme le bras : « Chef de cuisine, échanson du Roy René, chevalier des comtés de Nice et de Provence », etc. On se sent entre de bonnes mains. Excellent menu à 90 F proposant une délicieuse soupe de coquillages au safran, bavarois de saumon, coq au vin en gelée, goujonnette de vives aux fonds d'artichaut, rognons et ris de veau à la graine de moutarde, etc. Un bon petit menu à 64 F également.
— *Le Poète Maçon :* 21, rue Charles-Poncy. Tél. : 94-92-96-37. Fermé le dimanche et le lundi. Ouvert à midi et le soir jusqu'à minuit. Petit restaurant-galerie. Décoration postmoderne et clientèle gentiment branchée. Salades, bonnes viandes, pâtes fraîches. Compter dans les 100 F environ.

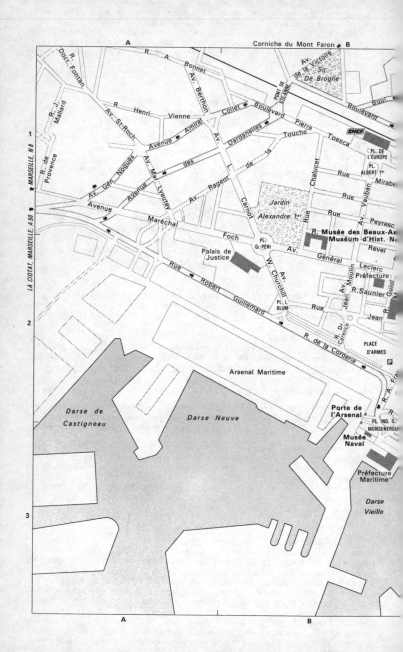

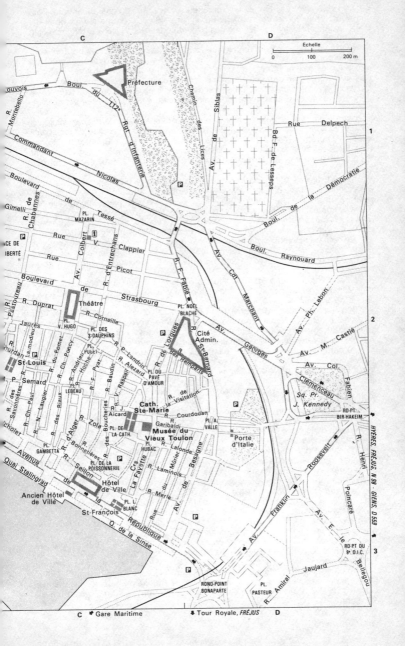

C   D

Echelle

0   100   200 m

Préfecture

R. Montebello

ouvois

Boul. du 112°

R. de Chabannes

Commandant

Boulevard

Nicolas

R. d'Infanterie

Chemin des Lices

Av. de Siblas

Rue Delpech

Bd. F. de Lesseps

de la Démocratie

1

Gimelli

de

PL. MAZARIN

Tessé

Rue Colbert

Clappier

Rue

d'Entrechaus

Picot

Boul. Raynouard

ACE DE LIBERTÉ

Boulevard

de

Strasbourg

R. F. Fabié

Av. Cdt. Marchand

Av. Ph. Lebon

R. Pastoureau

R. Duprat

Théâtre

R. Corneille

PL. V. HUGO

PL. NOEL BLACHÉ

Av. des Gorges

Av. M. Castié

2

Jaurès

PL. DES 3-DAUPHINS

R. Lamalgue

Cité Admin.

Av. Col. Fabien

Clémenceau

St-Louis

P. des Fomel

R. Ch. Poncy

R. P.-Landrin

R. Alézard

R. de Lorgues

R. des Remparts

R. St-Bernard

Sq. Pr. J. Kennedy

Semard

R. Andrieu

Hoche

R. Baudin

R. Raspail

PL. DU PAVÉ D'AMOUR

R. de la Visitation

RD-PT BIR-HAKEIM

R. des Saxonnières

R. Ch.-Paul

Cath. Ste-Marie

R. Courdouan

PL. A. VALLÉ

R. d'Alger

R. Zola

R. Boucheries

R. Aicard

Garibaldi

Musée du Vieux Toulon

R. Lalonde

R. de Bessagne

Roosevelt

R. Henri Poincaré

chollet

PL. GAMBETTA

R. Bonnetières

PL. DE LA CATH.

PL. HUBAC

R. Laminois

Porte d'Italie

Avenue

R. Seillon

PL. DE LA POISSONNERIE

Crs La Fayette

R. de la Mairie

Av. E. le

3

Quai Stalingrad

Hôtel de Ville

R. Merle

Av. Franklin

Ancien Hôtel de Ville

PL. L. BLANC

St-François

Q. de la Sinse

Républiaue

RD-PT DU 9° D.I.C.

Bellegou

Jaujard

ROND-POINT BONAPARTE

PL. PASTEUR

R. Amiral

HYÈRES, FRÉJUS N 98 - GIENS, D 559

C ● Gare Maritime   ⬇ Tour Royale, *FRÉJUS*   D

A voir

— *La vieille ville :* cachée par les immeubles modernes du quai Stalingrad. Possède un certain caractère et même du charme. Elle s'ordonne autour de la *rue d'Alger,* qui, après avoir été l'une des plus chaudes de la ville, est devenue bien respectable aujourd'hui. La partie la plus ancienne s'étend jusqu'au *cours Lafayette.* Enchevêtrement de ruelles, dont bien des taudis qui les bordent sont d'authentiques maisons médiévales (comme dans la *rue du Noyer).* Est-il trop tard pour les sauver ? Cela demande-t-il trop d'efforts, trop d'argent ? Manque-t-on de volonté ? En tout cas, de larges dents creuses attestent que les autorités ont opté pour le plus facile. Enfin, venez vite flâner le nez au vent dans cette dernière page d'histoire qui prend le soir des teintes complètement expressionnistes...

Bordant la place d'Armes, comme une carte postale Yvon défraîchie, quelques ruelles aux façades délavées et lézardées rappellent le Toulon colonial des années d'après-guerre. Bars interlopes, néons agressifs ou agonisants, sirènes trop fardées, filles à matelots « miss France 1954 »... une atmosphère avant tout. Probablement, le dernier « quartier réservé » de la côte encore un peu structuré.

Au hasard de vos pérégrinations, vous traverserez la pittoresque *place de la Poissonnerie* avec sa halle provençale bruissante et bourdonnante le matin. Vous partirez aussi à la recherche des belles fontaines de la ville (place Puget, celle des *Trois Dauphins,* du XVIIIᵉ s.). Cours Lafayette, se tient normalement le marché de Provence, célébré dans une chanson par Gilbert Bécaud, natif de Toulon (récemment, il a émigré quelques rues plus loin à cause de travaux routiers).

— Au coin de l'avenue de la République et du cours Lafayette, l'élégante *église Saint-François-de-Paul,* durement touchée lors des bombardements de 1944 puis restaurée, propose sa façade baroque et un bel autel en marbre polychrome.

— *La cathédrale Sainte-Marie-Majeure* offre, quant à elle, une façade classique du XVIIᵉ siècle et un massif clocher plus tardif. Pour visiter l'intérieur, apporter sa lampe de poche.

— *Musée naval :* place Monsenergue. Tél. : 94-02-02-01. Ouvert de 10 h à 12 h et de 13 h 30 à 18 h, sauf mardi et jours fériés (ouvert cependant le mardi en juillet-août). Entrée payante. Superbe porte monumentale du XVIIIᵉ siècle décorée de statues de Puget. A l'intérieur, maquettes géantes de voiliers, figures de proue, estampes, photos, plans, peintures se rapportant à la mer et quelques souvenirs des guerres coloniales. Les « addicts » de musées de la marine peuvent aussi visiter celui du *fort de Balaguier* à La Seyne-sur-Mer, corniche de Tamaris (fermé lundi et mardi). Navette depuis le port.

— *Musée de Toulon :* 113, bd du Maréchal-Leclerc. Tél. : 94-93-15-54. Ouvert tous les jours, sauf jours fériés, de 12 h 30 à 19 h. Entrée payante. Une section archéologique et quelques salles exposant des peintures, sculptures et objets d'art du XVᵉ siècle à nos jours.

— Au sud de la place d'Armes, création de Colbert, s'étend l'*arsenal de Toulon* qui emploie près de 10 000 personnes. Près de l'entrée, splendide porte du XVIIIᵉ siècle à quatre colonnes doriques. Possibilité de participer à un tour de l'arsenal, mais visite pas vraiment spectaculaire : vestiges du bagne du XVIIIᵉ. Celui-ci ferma en 1854, lorsque fut créé celui de Cayenne. Certains bassins de radoub furent d'ailleurs creusés par les bagnards.

— *Le mont Faron :* du sommet, à plus de 500 m de hauteur, vue exceptionnelle sur la rade, la ville et les environs. Possibilité d'y monter en téléphérique. Départ de la gare inférieure, bd Amiral-Vence. Ouvert de 9 h à 12 h et de 14 h 15 à 18 h 30. Trajet en 6 mn. En été, ouvert le lundi après-midi. En haut, on trouve un grand parc boisé et des sentiers aménagés.

Également, un *musée du mémorial du débarquement de 1944* (ouvert tous les jours de 9 h 30 à 12 h et de 14 h 30 à 19 h ; entrée payante).

— *La plage du Mourillon :* à 2 km, vers l'est. La grande plage populaire de Toulon. Sur la pointe, s'élève la tour Royale, dite la *Grosse Tour,* datant de 1514. Ouvrage de défense, puis prison et, aujourd'hui, annexe du musée de la marine. Ouverte de 14 h à 18 h. Fermée le dimanche matin et du 1ᵉʳ novembre au 1ᵉʳ mars.

Distractions

— *Balades en vedette* dans le port vers la *plage des Sablettes* et la *presqu'île de*

Saint-Mandrier. Départ des bateaux en été pour l'*île de Porquerolles*. Renseignements sur le port.
— Dans le désert culturel toulonnais, quelques pièces de boulevard au Grand Théâtre et une petite salle de ciné sympa programmant d'excellents films : l'*Utopia*, 52, bd Foch (tél. : 94-62-39-13).
— En été, *festival* au centre culturel et artistique de *Châteauvallon*, à 7 km de Toulon (théâtre, danse, jazz, etc.).

LES ILES D'HYÈRES

Trois îles fameuses : Porquerolles, Port-Cros et le Levant. Appelées les *îles d'Or* à la Renaissance (les roches contenant du mica et brillant au soleil sont à l'origine de cette appellation), bien que très touristiques, elles constitueront dans votre itinéraire autant d'étapes extrêmement agréables et reposantes.

● *PORQUEROLLES*

La plus importante des trois. Environ 8 km de long sur 2 de large. Paradis de la marche à pied familiale. L'État a pratiquement racheté toute l'île pour empêcher la spéculation immobilière et l'urbanisation sauvage. 250 habitants permanents, plus les élèves d'une école de gendarmerie (la planque !). Pas de voitures. Sur la côte nord, de superbes plages sous les pins. Côte sud très accidentée. En dehors de juillet-août, possibilité de se promener sans rencontrer trop de monde. Village très agréable s'ordonnant autour de la charmante place d'Armes.

Comment y aller ?

— Depuis le port de *la Tour Fondue,* à l'extrémité de la presqu'île de Giens, par la compagnie *T.L.V.* Renseignements : 94-41-65-87. 8 départs par jour en basse saison de 7 h 30 (9 h le dimanche) à 18 h. Du 1er au 30 juin et du 1er septembre au 15 septembre : 10 départs de 7 h 30 à 19 h. Du 1er juillet au 31 août : 20 départs de 7 h à 19 h 30. Prix : environ 40 F aller et retour. 20 mn de trajet.
— En été, bateaux également depuis *Toulon* et *Le Lavandou*.
— Possibilité de *circuit des trois îles* en une journée depuis la Tour Fondue. Les lundis et jeudis du 16 au 30 juin et du 1er au 11 septembre. Tous les jours (sauf dimanche et jours fériés) du 1er juillet au 31 août. Départ à 9 h.
— Pas de liaison régulière entre Porquerolles et Port-Cros.
— Pour les véliplanchistes confirmés, la traversée Giens-Porquerolles par un bon force 4 se révèle une balade sportive superbe d'une douzaine de minutes.

Où dormir ? Où manger ?

Cinq hôtels sur l'île, et ils sont assez chers. Réservation plusieurs mois à l'avance pour la haute saison. La plupart sont en pension complète.
— *Le Relais de la Poste :* place d'Armes. Tél. : 94-58-30-26. Fermé du 30 septembre à Pâques. C'est le seul qui ne fasse que la nuit et le petit déjeuner. Chambres correctes de 260 à 380 F pour deux. Location de vélos. Petite crêperie.
— *L'Auberge de l'Arche de Noé* (tél. : 94-58-30-74), *les Glycines* (tél. : 94-58-30-36) et l'*hôtel Sainte-Anne* (tél. : 94-58-30-26) pratiquent sensiblement les mêmes prix : de 250 à 300 F par jour et par personne en pension complète. Le dernier, contrairement aux autres, ne ferme que du 12 novembre au 22 décembre et fait demi-pension en basse saison.
— Pour satisfaire les fringales, une douzaine de restaurants inévitablement touristiques. Les fauchés apporteront leur casse-croûte.

A voir. A faire

Avant toute chose, quelques règles élémentaires : camping sauvage proscrit, interdiction également de faire du feu, de fumer en dehors du village et de pratiquer la pêche sous-marine. Respect de la nature : pas de fleurs coupées ni de fruits cueillis, pas d'abandon d'ordures sur place. Enfin, économie de l'eau douce.
L'Office du tourisme édite de petits dépliants fort complets sur les balades paisibles à réaliser, la flore et la faune.

● *Les plages*

— *La plage d'Argent :* à gauche du port. Bien abritée et entourée d'arbres. Beau sable blanc, eaux transparentes. Un peu plus loin, à la pointe ouest de l'île, *plage du Grand Langoustier,* dominée par un fort.

— *La plage de la Courtade :* à droite du port, la plus fréquentée. Assez longue, très belle aussi, bordée de tamaris, de pins et d'eucalyptus. Petites criques de sable jusqu'au fort de Lequin.

— *La plage Notre-Dame :* la plus grande de l'île. Agréable promenade de 3 km pour l'atteindre. Bordée d'arbousiers et de bruyère. La préférée des adorateurs du soleil. A l'extrémité de la plage, les cinéphiles retrouveront, la *calanque de la Treille,* où Godard tourna l'une des plus belles scènes de « Pierrot le fou ».

● *Quelques promenades*

En plus des plages, voici quelques balades réalisables tranquillement en quelques heures.

— *Le phare, le cap d'Armes et la gorge du Loup :* plutôt que de prendre la route directe, suive plutôt le petit chemin passant par le cimetière. Itinéraire moins « boulevard ». Compter de 1 h 30 à 2 h de balade. Phare le plus puissant de la Méditerranée après Marseille, avec une portée de 54 km. Au passage, avec les lagunes, on notera une expérience intéressante : à Porquerolles, les habitants ont en grande partie résolu le problème des eaux usées par le système du lagunage. Le soleil, l'oxygène, les algues, les bactéries éliminent presque complètement les germes. Au point que l'eau, réutilisée sans problème pour les cultures, paraît si propre qu'on a beaucoup de mal à empêcher les visiteurs de s'y baigner ! Impressionnante gorge du Loup où la mer se précipite impétueusement. Baignade extrêmement dangereuse dans ce coin-là. Lorsque le mistral souffle, on peut à peine tenir debout.

— *La balade des forts :* vu sa situation géographique, Porquerolles fut de tout temps considérée comme une position stratégique de première importance. La poliorcétique (« art de défendre une place forte », le Routard se doit d'étaler de temps à autre son immense culture !) s'y est donc beaucoup développée, ainsi qu'à Port-Cros.

— Au-dessus du village, expo permanente au *fort de Sainte-Agathe* sur l'histoire des îles. De la terrasse, beau point de vue. C'est un fort construit sous François Ier, sur l'emplacement d'une ancienne fortification romaine. Impressionnante épaisseur des murailles.

— A la pointe ouest de l'île, sur un îlot, *fort du Petit-Langoustier,* construit par Richelieu. Celui du *Grand-Langoustier,* à la pointe Sainte-Anne, est en ruine, mais possède encore beaucoup d'allure. Visite assez risquée, surtout par jour de grand vent.

— Enfin, la belle petite balade vers le *sémaphore,* au sud-est, permet d'apercevoir le *fort de la Repentance,* enfoui dans les buttes de terre.

● *PORT-CROS*

Depuis 1963, c'est à 100 % un parc national, et le seul d'Europe qui soit en même temps parc sous-marin et terrestre. Une tentative de préserver un petit morceau de forêt méditerranéenne resté intact et d'empêcher la dégradation des fonds marins et la disparition de la végétation marine très menacée aujourd'hui. Il propose un vaste réseau de sentiers aménagés pour découvrir la très riche flore. Des trois îles, c'est la plus montagneuse, de forme presque circulaire, avec une longueur maximum de 4,5 km. Le point le plus élevé, le *mont Vinaigre,* culmine à 196 m. Les rivages rocheux et déchiquetés ne livrent que deux toutes petites plages.

Ce paradis écologique est cependant menacé par un ennemi que l'on n'attendait point : son propre succès. Ce ne sont pas tant les 100 000 touristes qui lui rendent visite chaque année d'ailleurs, que les quelque 300 bateaux de plaisance qui y jettent l'ancre chaque jour. Le seuil de saturation, depuis longtemps dépassé, les effets négatifs deviennent vraiment alarmants. Certaines variétés d'arbres des rivages commencent à dépérir (ce qui est un comble), rongés par les eaux usées des plaisanciers et les détergents qu'ils véhiculent. Si les poissons semblent pour le moment s'en accommoder, en revanche, les herbiers d'eau

supportent très mal. D'autant plus que les centaines d'ancres jetées et remontées quotidiennement les arrachent du fond impitoyablement. Encore, ne nous étendrons-nous pas sur la pollution par le plomb des rejets des moteurs...
Cela dit, la situation ne se révèle pas encore désespérée. Des mesures radicales sont prévues pour contrer les effets pervers du succès !
Bien que l'île soit petite, elle abrite quand même une grande variété d'animaux, principalement à plume : 114 espèces très exactement. Les oiseaux migrateurs habituels y font escale : fous de bassan, huppes, passereaux, guêpiers, etc. Les autres, goéland, leucophee, fauvette mélanocéphale, hypolaïs polyglotte, bruant, zizi, pipit, rousseline, puffin cendré n'ont pas envie de quitter ce petit paradis. L'île abrite également des espèces rares : le faucon crécerelle, celui d'Éléonore, l'épervier, l'aigle botté, réapparu en 1980, etc. Pour en savoir plus sur les animaux à poil et à écaille, nous vous conseillons vraiment l'excellente brochure sur le parc (couverture violette).

Comment y aller ?

— Depuis Le Lavandou : avec la *Compagnie de Transports Maritimes,* 15, quai Gabriel-Péri. Tél. : 94-71-01-02. Voici les horaires à titre indicatif (car susceptibles de varier légèrement). La plupart des bateaux accostent d'abord au Levant. Le trajet, avec escale par le Levant, dure 45 mn ; en direct 25 mn.
— Basse saison : bateaux à 9 h - 11 h - 14 h et 17 h. Cependant, à certaines périodes, bateaux seulement à 10 h et 14 h (téléphoner de toute façon avant). Services spéciaux directs pour Port-Cros les mercredis et vendredis à 6 h, jeudis à 7 h.
De fin mai à début juillet, mêmes horaires, à part le dernier bateau qui part à 17 h 30.

— En été : bateaux à 9 h, 10 h 10, 11 h 20, 12 h, 14 h, 15 h, 16 h 15, 17 h 40 et 18 h 40. Services spéciaux les mercredis et vendredis à 6 h, les jeudis à 7 h.

— La première quinzaine de septembre : à 9 h 30, 11 h 10, 14 h et 17 h. Mêmes services spéciaux.

Où dormir ? Où manger ?

Infrastructure hôtelière quasi inexistante à Port-Cros. Quelques restos sur le port. Si l'on souhaite rester dans le coin, il vaut mieux résider au Levant, qui n'est, au fond, qu'à dix minutes en bateau.
— *Hostellerie Provençale :* hôtel assez sympa dominant le port. Tél. : 94-05-90-43. Ne fonctionne pas toute l'année en tant qu'hôtel. Souvent réservé pour des stages de plongée en juillet-août. Pension complète à 295 F par personne et 220 F en demi-pension. Sinon, 176 F la double. Indispensable de téléphoner ou d'écrire pour réserver.

A voir. A faire

Situé dans une belle rade, le village de Port-Cros aligne ses charmantes demeures et ses palmiers. Point de départ pour aller à la découverte du plus merveilleux concentré de la flore méditerranéenne.
— Si vous ne disposez pas de beaucoup de temps, empruntez le *sentier botanique* jusqu'à la petite plage de la Palud. Avec la brochure sur le parc, possibilité de suivre fleurs et plantes. Comptez deux bonnes heures aller-retour. En chemin, vous verrez le *fort de Lestissac,* édifié sous Richelieu (visite et expo en été). Tout au long du sentier, les espèces sont signalées. On peut ainsi faire connaissance avec toutes les variétés de pins (maritime, d'Alep, parasol, etc.), avec les « yeuseraies » (concentration de chênes verts dans les vallons humides) et l'« oléolentisque » (brousse à oliviers, myrtes et lentisques). Au passage, l'euphorbe arborescente rappelle sa curieuse nature : elle se dénude totalement en été, rameaux et feuilles poussent en automne.
L'herbe aux chats est tellement odorante que son parfum entêtant rend fou les matous.
Le maquis recèle aussi de nombreux arbustes et plantes : l'arbousier, un des rares végétaux à porter en même temps des fleurs et des fruits, la bruyère arborescente qui peut atteindre jusqu'à 7 m et dès mars offre de belles fleurs blanches, le romarin, la lavande des îles, la ciste à feuilles de sauge, le genêt à

feuilles de lin, etc. Plus toute la végétation halophile (qui aime le sel) aux si jolis noms : crithme (ou perce-pierre), laiteron glauque, lotus à feuilles de cytise, griffe de sorcière, etc. Au bout de votre initiation d'herboriste, la *plage de la Palud*. Assez bondée en été.

Au retour de la balade, adorable petit cimetière marin au-dessus du village.

— Une autre très agréable balade consiste à emprunter la *route des forts* jusqu'au *fortin de la Vigie*, puis à revenir par le *vallon de la Solitude*. Le sentier musarde alors à l'ombre d'une épaisse forêt.

— Ceux qui disposent de plus de temps peuvent effectuer le *circuit historique*, grande boucle de 10 km passant par le fortin de la Vigie (qui ne se visite pas), l'ancienne fabrique de soude, le fort de Port-Man et la pointe de la Galère. Itinéraire très complet (vallonné et beaux paysages).

— Enfin, Port-Cros propose aux amateurs de plongée une balade assez unique : un *sentier d'initiation et d'exploration en milieu sous-marin* situé entre la plage de la Palud et l'îlot du Rascas, sans danger (il ne dépasse pas 10 m de profondeur), parfaitement balisé. Il suffit d'être équipé de palmes, masque et tuba et d'être capable de nager sur une longueur de 300 m. Le parc national a même édité une plaquette plastifiée permettant de suivre le parcours sous l'eau. Nombreuses espèces végétales dans l'herbier de Poséidon, véritable prairie de la mer, algues, etc.

Bien sûr, vous rencontrerez de merveilleux poissons dont certains sont fort peu farouches : bancs de sars, saupes, rascasses, rougets, girelles-paons, etc. Les plongeurs expérimentés s'attaqueront au très riche *îlot de la Gabinière*, au sud de l'île. On y découvre de magnifiques gorgones et surtout le curieux « trottoir de lithophyllum tortuosum », une algue calcifiée qui prend l'apparence du corail. Une dizaine de gros mérous conviviaux attendent aussi les visiteurs...

● L'ILE DU LEVANT

Une île qui, il y a quelques dizaines d'années, faisait fantasmer beaucoup de gens pour avoir été la première à autoriser le nudisme. Bien qu'aujourd'hui il soit devenu très banal de se dévoiler sur les plages de la côte, La Mecque du nudisme bénéficie toujours d'une certaine faveur. Pourtant, elle propose peu de balades (la majeure partie de l'île est domaine militaire) et on en a vite fait le tour. Le Levant est avant tout un lieu de repos total avec ses villas, ses petits hôtels noyés dans les mimosas et les lauriers-roses.

Comment y aller ?

— La plupart des bateaux se rendant à Port-Cros depuis Le Lavandou font d'abord escale au Levant. Se reporter donc au chapitre « Comment aller à Port-Cros ? ».

— Bateaux depuis *Hyères* également avec la compagnie *T.L.V.* Renseignements au 94-57-44-07. En principe, 2 départs par jour en haute saison. 1 h 30 de trajet. Possibilité de combiner Port-Cros et le Levant dans la journée. Départ à 9 h 15 et 11 h.

Où dormir ? Où manger ?

Comme à Porquerolles, une majorité d'hôtels font avant tout pension complète ou demi-pension. En haute saison, réservation quasi obligatoire.

— *Brise-Marine* : tout en haut, près de la place du village. Tél. : 94-05-91-15. Belles chambres disposées autour d'un patio. Un certain charme. Très bon accueil. En demi-pension, 635 F pour deux par jour. Sinon, chambres de 200 à 300 F (petit déjeuner compris).

— *Héliotel* : en haut de la colline, en surplomb sur la mer avec, bien sûr, un superbe paysage. Tél. : 94-05-91-92 (en basse saison : 94-71-32-18). Un très bel hôtel proposant d'agréables chambres avec balcon et vue imprenable. Grande piscine avec terrasse. Restaurant panoramique, piano-bar, etc. Petite plage en contrebas. De 550 à 650 F pour deux en demi-pension. L'une des meilleures adresses de l'île.

— *La Source* : chemin de l'Aygade. A deux pas de la mer. Du débarcadère, emprunter la route qui monte (et pas les escaliers). Tél. : 94-71-91-36. Un honnête resto proposant, dans sa salle bien fraîche, un bon menu à 73 F. Propose aussi d'agréables chambres dans des maisons disséminées au milieu des fleurs sur la colline.

— *Camping Colombero* : pas loin de l'adresse précédente. Tél. : 94-05-90-29. Confort assez sommaire, mais bien tenu et surtout très bon marché.
— Nous déconseillons formellement l'*hôtel Gaétan* : accueil vraiment peu sympathique.

HYÈRES

C'est la grande ancêtre des stations balnéaires de la Côte d'Azur. A l'origine du nom, un sous-préfet en poste à Dijon qui vint un beau jour de 1887 se reposer dans le coin. Sur la plage d'Hyères, fasciné par les bleus confondus de la mer et du ciel, il se serait écrié : « Que voilà une côte d'azur ! » Comme lui, Tolstoï, Michelet, Mme de Staël, Talleyrand, Lamartine, la reine d'Espagne apprécièrent Hyères.
Les plus enthousiastes furent pourtant les Britanniques. L'écrivain Stevenson, la reine Victoria, le grand bourlingueur Albert Young et de nombreux aristocrates anglais séjournèrent à Hyères. Les médecins londoniens recommandaient chaudement Hyères à leurs patients atteints de phtisie (tuberculose, la grande maladie du XIXe siècle).
Cependant, n'ayant pas su se doter de l'infrastructure touristique nécessaire (théâtre, casino, etc.), Hyères se vit supplanter par Cannes et Nice. Aujourd'hui, de ce passé britannique, il ne reste qu'une atmosphère indéfinissable, quelques villas décadentes et démodées, des plaques de rue et une fontaine offerte à « ses amis les animaux » par Mrs Stewart, une certaine dame écossaise. Avec ses environs et la presqu'île de Giens, Hyères propose de nombreux campings et hôtels. Autant dire que vous n'y serez pas seul l'été...

Adresses utiles

— *Office du tourisme* : rotonde Jean-Salusse, av. de Belgique. Tél. : 94-65-18-55.
— Bateaux pour Port-Cros et le Levant : renseignements 94-57-44-07.

Où dormir ? Où manger ?

— *La Reine Jane* : au port de l'Ayguade. Tél. : 94-66-32-64 et 94-66-34-66. Petit hôtel tenu par un jeune couple sympa. Belles chambres à prix très modérés et bonne cuisine.
— *Hôtel Lido* : av. Émile-Gérard. A Hyères-Plage, à 500 m du port de plaisance. Tél. : 94-58-03-15. Charmant petit établissement en bord de plage. Fermé de la mi-novembre à la mi-décembre. Chambres de 145 à 305 F. Si le coin est très touristique, au moins n'est-il pas urbanisé. Longue succession de grosses villas, petits hôtels et pensions.
— *La Rose des Mers* : av. Émile-Gérard. Au port d'Hyères. Tél. : 94-58-02-73. Coin sympa là aussi. Belles chambres de 142 à 196 F (douche et w.-c., vue sur la mer).
— *La Méditerranée* : av. de la Méditerranée. A Hyères-Plage. Tél. : 94-58-03-89. Chambres correctes de 110 à 200 F. Menus intéressants à 58 et 90 F.

● *Plus chic*

— *Auberge des Borrels* : à partir de Hyères-Ville, emprunter la route de Pierrefeu-du-Var (la D 12). A 2 km environ, tourner à droite pour les Borrels se composant de trois petits hameaux. Au 3e d'entre eux, vous trouverez cette auberge exceptionnelle, perdue dans une campagne merveilleuse. Ancienne maison paysanne joliment restaurée. Tél. : 94-57-23-74 et 94-65-68-51. Fermée jeudi toute la journée et vendredi midi. Accueil exquis. L'hôtesse est charmante et le patron concocte une des meilleures nouvelles cuisines de la côte, imaginative, savoureuse (et même copieuse), servie dans une salle à manger très agréable. Aux beaux jours, on mange évidemment dehors. A la carte, c'est très cher (250 F environ), mais ils proposent à côté un étonnant menu à 95 F (service compris, boisson en sus) avec certains plats de la carte, comme ces succulents rognons blancs aux deux moutardes et aux pâtes fraîches à l'encre de seiche. Réservation très recommandée (obligatoire en été). Eh oui, la maison commence à être bien connue et on vient de loin pour goûter ces extraordinaires qualités d'accueil et de cuisine !

● *Campings*

Une quinzaine de campings traditionnels, plus une demi-douzaine à la ferme, Hyères affirme sa vocation de station populaire.
— Dans la presqu'île de Giens, à la Madrague, *l'International* (tél. : 94-58-20-25) et le *Clair de Lune* (tél. : 94-58-20-19). Corrects et proches de la mer.
— A Hyères même, *Domaine du Centurion* (tél. : 94-66-32-65) à 50 m de la grande plage de l'Ayguade. *Camping Bernard*, à côté. Plus petit, bien tenu.

A voir

— *Les plages* de part et d'autre du port de plaisance sont les plus agréables. Longues lignes de pins parasols.
— *Hyères-Ville* : située à 5 km de la mer, mérite une petite visite pour ses vieux quartiers et ses ruelles pittoresques, en particulier, la *place du Marché* dominée par la *tour Saint-Blaise*, abside massive d'une ancienne église des templiers.
— Ne pas manquer la *collégiale Saint-Paul* : ouverte de 14 h 30 à 17 h 30. Escalier monumental menant à une porte Renaissance. Clocher roman. Juste à côté, une superbe maison Renaissance percée d'une porte de ville et surmontée d'une tourelle d'angle ronde.
— Quelques rues à arpenter : la *rue Sainte-Claire* menant à la porte des Princes, la *rue Paradis* et son élégante maison romane à fenêtre à colonnettes.
— *Église Saint-Louis*, du XIIIe siècle, où le premier roi routard de l'histoire vint prier au retour de sa première croisade.
— Après avoir passé le joli *parc Saint-Bernard,* la route, puis un sentier, montent aux *ruines du château*. De là-haut, magnifique panorama.
— *Musée municipal* (archéologie, meubles et section d'histoire naturelle). Fermé le mardi et jours fériés.

Aux environs

— *La presqu'île de Giens* : ancienne île, reliée à Hyères par deux étroites bandes côtières. Emprunter celle de droite en descendant. C'est « la route du sel ». Vous y verrez les derniers marais salants de la côte. De la Tour Fondue, bateaux pour les îles d'Hyères.

La route vers Le Lavandou

Jalonnée de quelques petits ports ayant conservé un certain charme. Vers le cap de Brégançon, de très jolies portions de route (les dernières avant longtemps).
— *Les Salins-d'Hyères* : petit port de pêcheurs « tranquille ». L'*hôtel de l'Univers* propose des chambres correctes avec douche à 130 F et quelques spécialités (tél. : 94-66-40-14).
— Sur la plage de *La Londe-les-Maures,* le *Pansard,* camping sympa, confortable et bien situé dans un coin assez préservé. Pas de réservation, téléphoner un ou deux jours avant (94-66-83-22).
— Quitter la N 98 vers Port-de-Miramar et emprunter la délicieuse route du côtes-de-provence qui va vers le cap de Brégançon. La promenade à vélo rêvée. Ça monte sans peine, ça descend tranquillou dans de sereins paysages. Coin absolument pas urbanisé. On se pince pour y croire. Traversée de nombreux domaines viticoles.

CABASSON ET LE CAP BRÉGANÇON _____

Adorable plage de Cabasson. Au bord d'une petite baie, noyée dans la verdure, à droite des rochers. Beaucoup de monde en été, pratiquement personne en basse saison. Un petit troquet et une aire de loisirs pour les enfants. Au loin, se profile la silhouette massive du fort de Brégançon. Allez serrer la pogne à notre président de la République qui vient s'y reposer de temps à autre des turpitudes du pouvoir. Croquignolet village de Cabasson. Prendre la route qui grimpe sur la colline surplombant le village. Panorama superbe sur toute la région.

Où dormir ?

— *Camping Bout du Monde* : à deux pas de la mer, à Cabasson. Tél. : 94-

64-80-08. Installations simples, mais camping hyper bien situé et bon marché. Petite boutique.
— *Camping à la ferme de la Griotte :* au milieu des vignes. Situé à mi-parcours, sur la petite route entre Cabasson et Le Lavandou.

● *Plus chic*

— *Les Palmiers :* à Cabasson. Au milieu d'un grand jardin exubérant, une jolie maison de style provençal. Tél. : 94-64-81-94. Repos total et calme assuré. Ouvert toute l'année. Nombreuses belles promenades dans le coin. Seulement en demi-pension ou pension complète. Certaines chambres avec terrasse au sud. De 260 à 375 F par jour et par personne en demi-pension. Une excellente adresse.

LE LAVANDOU

Une autre station balnéaire populaire de la côte. Grâce surtout à sa belle plage de sable fin, car la ville en elle-même ne possède pas de charme particulier. Portion de côte en bonne voie de bétonnage comme beaucoup d'autres. Port d'embarquement principal pour Port-Cros et le Levant. Ceci dit, pour quelqu'un voulant concilier la mer et les balades à vélo, Le Lavandou peut constituer un agréable camp de base. Nombreux superbes itinéraires, au-dessus, dans le massif des Maures.

Adresses utiles

— *Office du tourisme :* quai Gabriel-Péri. Tél. : 94-71-00-61.
— *Holiday Bikes :* la Santa Cruz, av. des Ilaires. Tél. : 94-64-86-03. Ouvert 7 jours sur 7 d'avril à septembre. Location de motos de 50 à 1 000 cc. Bien utile pour grimper les pentes de l'arrière-pays.
— *Rossi :* 19, av. des Martyrs-de-la-Résistance. Ouvert de Pâques à septembre. Tél. : 94-71-12-09. Location de vélos.

Où dormir ?

On trouve pas mal d'hôtels proposant un excellent rapport qualité-prix. En basse saison, garantie de trouver pratiquement toujours de la place. En été, réservation plus qu'obligatoire.
— *L'Oustaou :* 20, av. du Général-de-Gaulle. Tél. : 94-71-12-18. A 50 m des plages. Hôtel fort bien tenu, coloré, frais, très plaisant. Ouvert toute l'année. Chambres avec lavabo de 85 à 105 F, avec douche ou bains de 125 à 170 F.
— *Le Rabelais :* rue Rabelais. Petite rue perpendiculaire au port de plaisance. Tél. : 94-71-00-56. Petit hôtel avec un côté provincial désuet et sympa. Bon accueil. Chambres de 105 à 196 F.
— *Le Neptune :* 28, av. du Général-de-Gaulle. Tél. : 94-71-01-01. Très central et près de la plage. Ouvert de mars à octobre. Propre et familial. Chambres de 150 à 183 F pour deux.

● *Plus chic*

— *Hôtel l'Escapade :* 1, chemin du Vannier. Tél. : 94-71-11-52. Une petite ruelle donnant dans l'av. de Provence. Au calme. Petit hôtel superbement tenu avec un confort très british et décoré avec goût. Chambres de 140 à 220 F la double. Une excellente adresse. En été, le soir, table d'hôte servie en terrasse. Bonne cuisine régionale.

● *Campings*

Pas de campings en bord de mer au Lavandou même. Le plus proche de la mer est situé sur la plage de Bormes-les-Mimosas (voir plus loin).
— *Camping Saint-Pons :* av. du Maréchal-Juin. Quartier Saint-Pons. Tél. : 94-71-03-93. Ouvert de fin mars à fin septembre. A 1,5 km de la mer. Snack et boutique.
— *Parc-camping de Pramousquier :* sur la R.N. 559. A 9 km à l'est du Lavandou. Tél. : 94-05-83-95. Ouvert du 15 mai au 30 septembre. Plage à 400 m. Emplacements aménagés en terrasses avec vue sur la mer. Confortable. Alimentation. Petite cafétéria.

— *Les Mimosas* : à Cavalière (à 7 km du Lavandou). A 400 m de la mer. Tél. : 94-05-82-94. Un camping 4 étoiles ouvert du 1er février au 31 octobre. Bon confort. Libre-service. Snack. Piscine.

Où manger ?

— *La Ramade* : 16, rue Patron-Ravello. Petite rue parallèle au front de mer. Tél. : 94-71-20-40. Cadre agréable. Menu à 59 F très correct comprenant anchoïade, poulet au curry ou beignets de calmars à la romaine, etc. A signaler, l'excellent menu à 93 F comprenant une soupe de poissons de roche parfumée et la « marmite du pêcheur », une spécialité de la maison. C'est une bouillabaisse (sans arêtes) de sars, daurades, pageots et rougets. Propose aussi des chambres (douche et w.-c.) à 216 F.

● **Plus chic**

— *Auberge provençale* : 11, rue Patron-Ravello. Tél. : 94-71-00-44. Ouverte tous les jours. Superbe salle à manger, meublée en vrai rustique. Grande cheminée. Menu à 80 F proposant terrine de lapereau aux noisettes, coq au vin, filet de turbotin menthe fraîche. Au menu à 93 F, cassolette de moules à la provençale, faux-filet aux morilles, médaillon de lotte aux blancs de poireaux, etc. Quelques chambres (avec douche) intéressantes à 140 F.

A voir. A faire

— *Balade en bateau à Port-Cros et à l'île du Levant.* Voir au chapitre « Iles d'Hyères ». Possibilité de jumeler les deux visites. Renseignements au 94-71-01-02.
— Quelques parcours à pied très chouettes à effectuer dans le coin pour ceux qui séjourneraient au Lavandou. Malheureusement, pour éviter les incendies, ils sont fermés en juillet-août.
— Laissons les hauteurs du cap Bénat, devenu propriété privée, à ceux qui y ont planté moult panneaux d'interdiction, barrières et postes de garde.
— Depuis la *plage de la Favière* sur la commune de Bormes, un sentier suit le littoral, divisé en deux parties. La première accessible à tous va jusqu'à la *pointe de la Ris* et la *plage du Gaou Bénat* (1 h de randonnée environ). La deuxième partie, sans être trop difficile, demande un peu plus d'expérience : quelques grimpettes escarpées et des escaliers jusqu'au petit port du *Pradet*, puis une très agréable section jusqu'au sud du cap Bénat.
— *Sentier botanique de la Draye de la Croix de l'Isle.* Départ de la « Suberaie de Martini » à Saint-Clair, le premier village à l'est du Lavandou. Arrivée au Four-des-Maures, on suit un moment la « route des crêtes » à 428 m. Plan détaillé à l'Office du tourisme pour partir à la découverte des œillets de Croatie, euphorbes arborescentes et autres filaria à feuilles étroites...
— Pour les valeureux cyclistes, la région nécessite des mollets d'acier. Superbe balade dans le *massif des Maures* (voir plus loin), par Bormes-les-Mimosas, les cols du Gratteloup et de Babaou, Collobrières (charmante bourgade), Notre-Dame-des-Anges (point culminant du Var), Pignans, les Vidaux, etc. Finalement, la piste de l'Issemble vous ramène au Lavandou par La Londe-les-Maures.

BORMES-LES-MIMOSAS

A 5 km du Lavandou, l'un des plus beaux villages de la côte, l'un des plus touristiques aussi. Un village provençal de rêve : tout y est bien propre, léché, rénové, restauré, peaufiné. Malgré cela, nous vous invitons à parcourir son labyrinthe d'escaliers, jardins fleuris, passages voûtés, poternes, culs-de-sac, venelles qui répondent aux doux noms de « montée du Paradis », « rue des Amoureux », etc.
Vous lui trouverez hors saison un charme fou. Nombreux artisans et artistes y puisent en tout cas l'inspiration. En revanche, le nouveau port de Bormes est d'une laideur affligeante. Vous aurez, de toute façon, amarré votre yacht au Lavandou.

Adresse utile

— *Syndicat d'initiative* : rue J.-Aicard. Tél. : 94-71-15-17.

Où dormir ? Où manger ?

— *Le Provençal :* au cœur médiéval de Bormes, un petit hôtel de charme. Tél. : 94-71-15-25. Chambres toutes blanches, style vieillot et romantique. Piscine, jardin suspendu, restaurant panoramique. Chambres (beaucoup avec vue sur les flots bleus) de 150 à 240 F. Menu à 80 F très correct. Une de nos meilleures adresses.
— *La Terrasse :* en haut du village. Tél. : 94-71-15-22. L'hôtel de province typique, au charme un peu suranné et à l'atmosphère reposante. Chambres simples, mais très bien tenues et bon marché. En haute saison et vacances scolaires, demi-pension à 126 F par personne et pension complète à 175 F par personne. Hors saison, chambre double à 100 F. Grande salle à manger chaleureuse. Menus à 68 F et 81,50 F. Cuisine familiale.
— *Le Bellevue :* en face de l'hôtel la Terrasse. Tél. : 94-71-15-15. Là encore, un petit hôtel-resto à la douce atmosphère provinciale. Chambres de 103 à 175 F donnant pour la plupart sur la forêt de toits. Bonne cuisine régionale. Menus à 70 et 91 F proposant filets de rascasse au poivre vert, lotte ou lapin à la provençale, pintade niçoise, bon gratin dauphinois, etc. Une adresse intéressante.
— *Hôtel Lou Poulid Cantoun :* place de l'Horloge. Tél. : 94-71-15-59. Situé dans l'un des coins les plus pittoresques du village, sur une placette sans voitures. Ouvert de mai à fin septembre. En principe, demi-pension (115 F par personne) et pension complète (183 F par personne). Prix extrêmement modérés. Cuisine familiale.

● *Plus chic*

— *Le Grand hôtel :* dominant superbement le village, au milieu des palmiers. Probablement l'un des trois étoiles les moins chers de la côte. Tél. : 94-71-11-21 et 94-71-23-72. Belles chambres avec bains pour 200 F.
— *La Tonnelle des Délices :* en haut du village. Tél. : 94-71-34-84. Ouvert tous les jours, midi et soir jusqu'à 22 h. L'une des grandes adresses de la nouvelle cuisine sur la côte. Grande salle à manger « personnalisée ». En effet, on voit le célèbre chef partout, en photo, dessiné, au milieu des peintures, avec les vedettes, les hommes politiques. Un seul petit reproche, comme souvent avec la nouvelle cuisine, ce n'est pas très copieux ! Dommage car c'est effectivement très bon. Menu à 120 F (service compris, vin en plus) proposant marinade de sardines crues, soupe au pistou, favouilles farcies aux crustacés, lapereau grillé au thym, etc. A la carte, c'est évidemment beaucoup plus cher.
— *La Pastourelle :* rue Carnot. Tél. : 94-71-57-78. Cadre frais et agréable pour un bon menu à 90 F (boisson en plus) offrant gratin de moules aux épinards frais, cœur de charolais, rougets grillés au beurre d'anchois, riz créole, etc.

● *Campings*

— *Camp du Domaine de la Favière :* sur la plage de la Favière, à Bormes. Tél. : 94-71-03-12. Pour s'y rendre venant de Toulon, par la RN 559, tourner à droite 500 m avant Le Lavandou. L'un des plus grands campings de la Côte d'Azur. 25 ha de pinède, une grande plage de sable fin. Épicerie, resto, machines à laver. Espace raisonnable entre les tentes. Trois catégories de prix suivant la proximité de la plage. Pour juin, juillet et août, obligation de réserver de janvier à mars. Cependant, les motorisés peuvent toujours tenter leur chance si par hasard un emplacement se libérait.
— *Camping à la ferme Le Pin :* en dessous du village de Bormes-les-Mimosas. Tél. : 94-71-20-66.

A voir

Bormes, c'est avant tout la découverte de son réseau de ruelles fleuries, bordées de jolies maisons, dans la fraîcheur du matin ou au soleil couchant.
— *L'église paroissiale* date du XVIIIe siècle, mais l'architecture est plutôt romane. Sur la façade, cadran solaire (en retard de 1 h 14, on a vérifié). A l'intérieur, un chemin de croix moderne intéressant.
— La petite *chapelle Saint-François,* sur la route de Collobrières, est toujours un

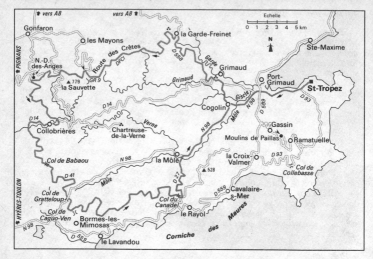

LE MASSIF DES MAURES

lieu de pèlerinage. Les gens y punaisent leurs vœux au mur. A côté, quelques très vieilles tombes. De la terrasse devant, belle vue sur le village.
— Enfin, monter jusqu'aux *ruines du château* pour jouir du panorama sur Bormes, le cap Bénat, les îles d'Hyères.

LE MASSIF DES MAURES

Si c'est l'overdose de plages surpeuplées, on peut choisir de rejoindre Saint-Trop et sa région par les petites routes du massif des Maures. Il n'y en a pas moins de trois, plus une tout au nord par La Garde-Freinet. La N 98, par La Môle, présente peu d'intérêt (c'est celle des camions). Il en reste deux autres. Les pressés emprunteront l'étroite *D 27* par le col du Canadel d'où l'on bénéficie d'une vue remarquable de la côte. Les autres prendront la pittoresque *D 41* vers Collobrières, puis la *D 14* par le col de Taillude. On traverse de magnifiques forêts de châtaigniers et de chênes-lièges. Au passage, un petit crochet pour admirer l'intéressante chartreuse de La Verne.
Contrairement aux apparences, Maures ne vient pas du passé sarrasin de la région. Il trouve son origine dans le mot provençal « mauro », bois de pin sombre (mot lui-même probablement issu du mot grec « amauros » qui signifie sombre).

● COLLOBRIÈRES

Paisible bourgade aux vieilles maisons, dans une petite vallée au centre du massif. Ne pas manquer de goûter aux spécialités du coin : la purée de châtaignes et les marrons glacés.

Où dormir ? Où manger ?

— *Camping municipal Saint-Roch :* à 200 m du village. Ouvert du 1er juillet au 31 août.
— *Restaurant de la Petite Fontaine :* 1, place de la République. Tél. : 94-48-00-12. Ouvert le midi et le soir jusqu'à 20 h 30. Fermé le dimanche soir. Un adorable petit resto à l'atmosphère chaleureuse. Objets insolites et vieux outils composent le décor. Excellent accueil. Téléphoner pour savoir s'il y a de la place. Bon petit menu à 65 F (service compris, boisson en plus) offrant fricassée de poulet à l'ail, lapin au vin blanc, polenta maison, etc.

● *LA CHARTREUSE DE LA VERNE*

Superbes ruines d'un monastère du XIIᵉ siècle. Prendre la D 14 entre Collobrières et Grimaud. Une petite route de gravier de 6 km mène au site. Entrée payante. Ouvert tous les jours de 10 h à 19 h (sauf le mardi du 1ᵉʳ octobre au 1ᵉʳ juin). Une association d'amoureux du monastère a entrepris de le restaurer. Il fut plusieurs fois détruit et reconstruit au cours des siècles, puis définitivement abandonné à la Révolution française. Une fois de plus, on constate que les moines savaient choisir leur site. Outre les différences de style reconnaissables dans la construction, l'intérêt vient du contraste entre la pierre brune et les encadrements de porte en « serpentine » (une pierre verte avec de jolies nuances). Monumentale porte d'entrée, visite de l'ancienne huilerie (pressoir à olives), de la boulangerie, de la grande cuisine. Vestiges du cloître, de l'église romane, d'une élégante porte Renaissance, de l'église du XVIIᵉ siècle, etc.

DU LAVANDOU À SAINT-TROPEZ PAR LA CÔTE _____

La route, le plus souvent en corniche, suit la mer, livrant souvent de beaux points de vue (notamment au Rayol). Dans l'ensemble, plages assez petites cependant et le béton se fait envahissant. On ne retrouve le vrai charme provençal que dans la presqu'île de Saint-Tropez, bien mieux protégée des promoteurs sans goût ni loi.

● *CAVALAIRE-SUR-MER*

Plus fameuse pour son immense plage de sable fin que pour le charme de la ville elle-même. Station balnéaire traditionnelle des familles car on y trouve encore des hôtels abordables.

Adresses utiles

— *Office du tourisme :* square de Lattre-de-Tassigny. Sur le front de mer. Tél. : 94-64-08-28.
— *Poste :* rue Gabriel-Péri.

Où dormir ? Où manger ?

— *Le Petit Vatel :* av. des Alliés. Dans la rue principale, à 400 m de la mer. Tél. : 94-64-11-10. L'hôtel le moins cher de la station. Petit, moderne, bien tenu. Chambres de 100 à 150 F. En pension, 150 F par personne.
— *Hôtel Le Niçois :* av. Pierre-Rameil, dans le centre. Tél. : 94-64-02-84. Petit hôtel très familial. En haute saison, reçoit surtout en pension. En dehors de cette période, chambres correctes à 150 F (petit déjeuner compris). Bons petits menus à 50 et 60 F.
— *Hôtel Raymond :* av. des Alliés. A 600 m de la plage. Tél. : 94-64-07-32. Pas cher et propre, mais accueil peu sympathique. Chambres de 135 à 185 F. En demi-pension : 216 F par personne.
— *Hôtel Le Maya :* angle av. Maréchal-Lyautey et A.-Daudet. Tél. : 94-64-33-82. Moderne et sans grâce, mais les chambres avec douche sont les meilleur marché du coin. 160 F la double.

● *Plus chic*

— *Les Alizés :* sur le front de mer. Tél. : 94-64-09-32. Un petit trois étoiles moderne et agréable. Chambres impeccables (avec douche et w.-c.) à 241 F. En demi-pension : 236 F par personne. Resto avec un plat du jour à 35 F. Menu à 85 F comprenant jambon de montagne, parfait de langoustines, daurade grillée, etc.
— *La Bonne Auberge :* 400, av. des Alliés. Tél. : 94-64-02-96. Genre motel avec grande terrasse devant. Pas désagréable. Certaines chambres possèdent un balcon. De 115 (avec lavabo) à 200 F la double avec bains. Possibilité de manger dans le jardin.
— *Hôtel Régina :* av. du Maréchal-Lyautey. Tél. : 94-64-01-62. Dans la grande rue centrale. Petit hôtel moderne sans charme particulier. Chambres de 185 à 215 F très correctes.

● *Campings*

— *Camping de la Baie :* bd Pasteur. Situé en ville même, à 300 m de la mer. Tél. : 94-64-08-15. Inséré dans un grand parc de verdure. Bon confort. Évidemment bondé en été. Ouvert de fin mars au 1er octobre. Réservation nécessaire du 1er juin au 15 septembre et une semaine minimum de séjour.

— *Camping la Pinède :* chemin des Mannes. Tél. : 94-64-11-14. Situé à l'entrée de la ville, accès par la RN 559. A 400 m de la mer. Confortable et ombragé. Boutique d'alimentation, machines à laver. Réservation très recommandée en juillet-août.

● *LA CROIX-VALMER*

Station balnéaire plus populaire, moins urbanisée que Cavalaire. Belle plage de la Bouillabaisse. Derrière celle du Débarquement de 1944, il y a même des champs et de la végétation. Du monde en été, bien sûr, avec la clientèle des campings et des villas.
Pittoresque balade à pied sur le sentier du littoral, passant par le *cap Lardier*, jusqu'au *cap Taillat.* Rocheux à souhait. Une belle plage vous y récompensera de vos efforts.

Où dormir ?

— *Hôtel de la Mer :* quartier la Ricarde. Tél. : 94-79-60-61. Ouvert d'avril à fin septembre. A 500 m de la mer. Situé dans un parc magnifique. C'est une grosse villa cossue dans le style provençal. Grande piscine. Chambres de 175 à 300 F. En demi-pension : 213 F par personne.
— *Hôtel Château-Valmer :* plage de Gigaro. Tél. : 94-79-60-10. Grande demeure provençale couverte de lierre, avec une très belle terrasse devant. Beaucoup de charme. Calme absolu. Uniquement en demi-pension : 210 F par personne. Une excellente adresse.

● *Camping*

— *Camping Selection :* à 400 m de la mer. Tél. : 94-79-61-97. Bien ombragé. Ouvert de Pâques à fin septembre.

SAINT-TROPEZ ─────────────────────────────────

Aïe ! Aïe ! Nous y voilà. Il va falloir en parler et tenter d'échapper aux sempiternels clichés. Pas facile, d'autant plus que les clichés sont pour la plupart vrais : délicieux petit port de pêche, un charme fou, une qualité de lumière extraordinaire, une séduisante homogénéité architecturale, un... Bon, ça explique peut-être les 100 000 visiteurs chaque été et le petit tableau apocalyptique qui suit : en haute saison, ville hors de prix, logements introuvables, restauration bâclée dans la plupart des cas, arnaque assurée dans les cafés, embouteillages monstres en ville et sur la route des plages.

Et puis une frime, un cinoche insupportable, le royaume du faux-semblant... Long défilé de vedettes sur le retour, de parasites du showbiz, de starlettes avec 300 mots de vocabulaire, de vieux beaux plus fanés qu'un arbre de Noël jeté au mois de mars. Le tout arrosé de bataillons de touristes gras et prospères, de jeunes Anglaises décalcifiées, de dactylos à la recherche du prince charmant d'une nuit, etc. Quai de Suffren, on est en représentation permanente. De gros rires s'échappent des yachts ventrus. Des bateaux de plaisance qui ne naviguent jamais font s'extasier les gogos. Parfois, les marchands de croûtes (pires qu'à Montmartre, faut le faire !) cachent le port. Allons, on arrête, parce que les lecteurs vont penser que nous sommes aigris !

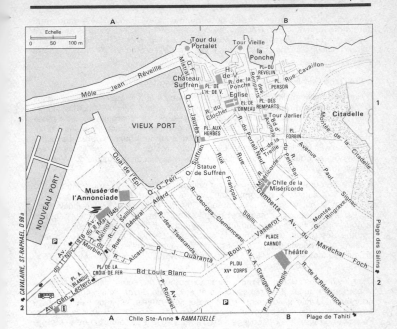

SAINT-TROPEZ

Et pourtant, il faut absolument aller à Saint-Trop. Il suffit de bien choisir son moment ! En basse saison, la ville déploie un charme incomparable, vous serez conquis. Vous y rencontrerez les vrais habitants avant qu'ils ne rentrent dans leurs coquilles en juillet-août. Et puis, si vous ne pouvez venir qu'en été, arrangez-vous pour réserver une chambre longtemps à l'avance dans l'un des rares petits hôtels pas chers (si, si !) et découvrez le ravissant tableau que compose la ville au petit matin. Personne ne vous embêtera : on se couche et on se lève tard à Saint-Trop. Enfin, on y trouve l'un des plus intéressants musées de peinture de la côte (à Marseille, ils n'en ont pas un aussi beau !). Une véritable explosion de couleurs, les photophobes mettront des lunettes noires...

Un peu d'histoire

Cette baie exceptionnelle devait, à coup sûr, attirer les conquérants. Ligures, Celtes, Grecs bien évidemment et Romains tombèrent amoureux du site. Puis l'histoire devint presque légende.

En l'an 68, *Torpes,* intendant de Néron, refusant d'abjurer sa foi chrétienne, fut torturé, décapité et son corps jeté dans une barque en compagnie d'un coq et un chien censés grignoter ce qui restait. Les courants ramenèrent la barque jusqu'au rivage. Les chrétiens du coin, prévenus par rêve de l'événement trouvèrent la barque, cachèrent le corps du martyr, puis lui élevèrent une chapelle. Torpes, devint finalement Tropez.

La région demeura l'un des derniers bastions des Sarrasins après leur défaite à Poitiers. Relancée par les Génois, la ville devint, du XVe au XVIIe siècle, une sorte de petite république autonome qui prospéra et se couvrit de belles demeures. Colbert, le centralisateur, mit fin à ce statut privilégié. Au XVIIIe siècle, la ville produisit un grand navigateur, le bailli de Suffren, qui bourlingua longtemps sur les mers d'Asie. Pendant la Révolution française, Saint-Trop reprit son nom romain d'Heraclea.

Pour finir, les bombardements du débarquement, le 15 août 1944, endommagèrent gravement le port. Mais, à la différence de tant d'autres villes et ports à l'époque, il fut heureusement reconstruit sur le même modèle, donnant aujourd'hui une image à peu près fidèle de ce qu'était la ville il y a quatre siècles.

Saint-Trop, les écrivains, les peintres et les autres...

L'exceptionnelle qualité de la lumière, la violence et la variété des couleurs dans la région devaient fatalement y attirer les artistes et écrivains. Au XIXe siècle, Saint-Trop était en outre un port actif, pittoresque : on chargeait sur les « tartanes », le gouleyant rosé de la presqu'île, les écorces de chêne-liège, les châtaignes du massif des Maures. Autant de scènes authentiques propres à susciter l'émotion et à inspirer les artistes. Les premiers résidents firent venir des essences exotiques pour les planter : palmiers, cactus, yuccas et agaves du Mexique, eucalyptus d'Australie, etc.

Colette savourait ces « nuits pleines d'odeurs de matou et d'embrocation ». Le premier « étranger » à succomber au charme de Saint-Trop fut un ministre de Napoléon III qui y acheta un château. *Guy de Maupassant* s'enthousiasma : « C'est là une de ces charmantes et simples filles de la mer... On y sent la pêche et le goudron qui flambe, la saumure... On y voit, sur les pavés des rues, briller, comme des perles, des écailles de sardines. » Le peintre *Paul Signac* craqua également et décida d'y vivre. Il y produisit ses plus belles toiles. Puis d'autres artistes succombèrent : *Henri Matisse* qui y peignit « Luxe, Calme et Volupté », *Marquet, Bonnard, Dunoyer de Segonzac,* etc.

Dans les années 20, Saint-Trop devint à la mode et possédait déjà ses « boîtes à débardeurs truqués pour riches touristes ». *Picabia, Errol Flynn, Anaïs Nin* fréquenteront la ville assidûment. Après la dernière guerre, la vague existentialiste arrive jusque-là avec la bande à *Juliette Gréco, Daniel Gélin, Annabel Buffet,* etc. Puis ce fut vraiment le « décollage » médiatique avec les années 50-60 et l'apparition des nouvelles locomotives : *Sagan, Bardot, Vadim, Eddie Barclay* et tout le monde du showbiz... La suite, on la connaît !

Adresses utiles

— *Office du tourisme :* quai Jean-Jaurès. Tél. : 94-97-45-21. Ouvert en basse saison de 9 h à 18 h 30, sauf dimanche. D'avril à fin septembre tous les jours de 9 h à 19 h.
— *Maison du tourisme :* 23, av. du Général-Leclerc. A l'entrée de la ville, en venant de Port-Grimaud. Tél. : 94-97-41-21.
— *Établissements Mas Louis :* 5, rue Quaranta. Face à la place des Lices. Tél. : 94-97-00-60. Ouvert tous les jours du 1er juin au 15 septembre (jours fériés et dimanches, le matin seulement). Location de vélos, cyclomoteurs et motos.
— *Renseignements pour les cars :* 94-97-01-88.

Où dormir ?

— *Hôtel Lætitia :* 52, rue Allard. Tél. : 94-97-04-02. Central, à deux pas du port. Ouvert d'avril à mi-octobre. Petit hôtel vieillot ayant un certain charme. Accueil assez impersonnel. Chambres bien tenues, vraiment pas chères pour le coin. De 140 à 220 F la double.
— *Les Chimères :* à l'entrée de la ville, à droite, en venant de Port-Grimaud. Tél. : 94-97-02-90. Pas loin du terminal des bus et à 10 mn du port à peine. Propre et bon accueil. Chambres de 110 à 180 F. Réserver au moins deux mois avant. En demander une sur le jardin, car celles sur la route sont assez bruyantes.
— *La Méditerranée :* 21, bd Louis-Blanc. Tél. : 94-97-00-44. Pas trop loin du port. Chambres doubles à 160 F. Correct.
— *Hôtel O'Sympa :* place Grammont. Tél. : 94-97-01-37. Situé pratiquement sur le port, à côté de l'Annonciade. Chambres bon marché et propreté acceptable.
— *Les Lauriers :* rue du Temple. Tél. : 94-97-04-88. Ouvert d'avril à début octobre. Ruelle juste derrière la place des Lices. A deux pas de l'animation, avec pourtant le calme garanti. Grande villa de couleur ocre, bien tenue. Probablement les chambres les moins chères de Saint-Trop (dans les 120 F la double).

— *Lou Cagnard :* rue Paul-Roussel. Tél. : 94-97-04-24. Grosse maison à la limite de la ville (mais les distances étant relatives, en fait pas si loin du centre). Chambres correctes de 150 à 240 F.

● *Plus chic*

— *Sube Continental :* sur le port. On ne peut être plus au cœur de l'animation. Tél. : 94-97-30-04. Le meilleur rapport qualité-prix des hôtels de haut de gamme. Pas mal de charme. Doubles avec douche de 195 à 256 F, avec bains de 320 à 425 F (petit déjeuner compris).

● *Très chic*

— *La Ponche :* place du Revelin. Tél. : 94-97-02-53. Dans le vieux quartier des pêcheurs. L'hôtel de luxe qui possède le plus de charme. Picasso venait prendre le « pastaga » au bar, Boris Vian y noircissait du papier et Mouloudji chantait pendant les dîners. Ces quelques maisons de pêcheurs, formant aujourd'hui hôtel et meublées avec un goût exquis, raviront nos riches lecteurs amoureux. A partir de 350 F la chambre double.

● *Campings*

— *La Toison d'Or :* sur la plage même de Pampelonne, commune de Ramatuelle. Tél. : 94-79-83-54. C'est le plus proche de Saint-Trop. Sur la plage même. Genre de camp d'internement pour gens consentants. Assez cher. Ouvert de Pâques à septembre. Réservation obligatoire en juillet-août. Location de mobil-homes et de caravanes.

— *Kon Tiki :* plage de Pampelonne. Tél. : 94-79-80-17. A côté du précédent. Même genre.

— *La Croix du Sud :* route des Plages, Ramatuelle. Tél. : 94-79-80-84. A 2 km de la mer.

— *Les Tournels :* route de Camarat. Tél. : 94-79-80-54. A 700 m de la mer. C'est le plus éloigné de Saint-Trop, mais le plus sympa, semble-t-il, car s'étageant sur une colline au milieu des pins.

— *Camping à la ferme Biancolini :* à côté de celui des Tournels, en revenant vers la route des plages. Correct. Évidemment moins congestionné que les « grands ».

Où manger ?

— *Restaurant les Graniers :* sur la première plage après le port des pêcheurs. Dans un coin sympa. Tél. : 94-97-38-50. Ouvert tous les jours, le midi seulement. Les tables sont dehors avec des parasols de toutes les couleurs. Resto possédant une bonne réputation et qui, malgré la foule de l'été, maintient une constante qualité. Toujours un plat du jour pas cher. Grillades et poissons à prix raisonnables.

— *Crêperie :* 12, rue Sibille. Rue donnant place de la Mairie. Crêpes pas trop chères. Galettes de sarrasin au jambon, fromage, etc. Milk-shakes, jus de fruit. Une autre crêperie, sur le port, quai Mistral.

— *La Frégate :* 52, rue Allard. Tél. : 94-97-07-08. Un petit resto pas trop touristique proposant une honnête cuisine et un menu pas cher.

— *La Cascade :* 5, rue de l'Église. Ouvert tous les soirs à partir de 19 h. Une très bonne cuisine à dominante antillaise. Atmosphère animée à souhait. Menu à 79 F (boisson et service en sus) avec soupe de poisson, côte de veau au miel, le « cha-cha » (brochette piquante), turbot à l'oseille, la mousse du fruit du jour et son coulis, etc.

— *La Flo :* rue de la Citadelle. Dans le centre. Tél. : 94-97-23-30. Pour se restaurer décontracté et pas trop cher. Petite terrasse sur rue, ambiance sympa. Grand choix de salades, tartes aux légumes, porc au curry, hamburgers, terrine de saumon, etc.

● *Plus chic*

— *Canastel :* 12, rue de la Citadelle. Tél. : 94-97-26-60. Resto proposant une savoureuse cuisine italienne dans un décor très agréable et une lumière plus que tamisée. Bonne atmosphère. Bien connu des vrais Tropéziens qui ont bon goût. Délicieuses salades, pâtes fraîches et onctueuses pizzas servies tard. Compter 150 F maximum.

— *Lou Revelen :* 4, rue des Remparts. Tél. : 94-97-06-34. Dans ce quartier de la Ponche, bourré de restos frimeurs et hors de prix, celui-ci propose une cuisine honnête à prix assez modérés. En particulier, remarquable menu poisson à 103 F (service compris, boisson en sus) proposant de délicieuses moules « poulette » à la crème, pâtes fraîches aux langoustines, goujeonettes saint-pierre, pâtes Arlequin, etc. Menu correct à 77 F avec anchoïade, petits supions persillade, raviolis frais niçoise. Petits vins de pays extra. Joli décor intérieur. L'été, nécessité de réserver.

● **Très chic**

— *L'Échalote :* 25, rue Allard. Tél. : 94-54-83-26. Ouvert tous les jours. Service le soir jusqu'à 22 h. Décoration raffinée. Beau jardin au calme pour dîner au clair de lune. Clientèle très branchée. Pourtant, on y trouve un menu au prix finalement raisonnable (125 F, vin et service compris) comprenant les amuse-bouche du jardin, foies de volaille et sa mousse, pièce de bœuf à l'échalote ou gigolette d'agneau, fromage et dessert.

Où boire un verre ?

— *Le Café des Arts :* place des Lices. Tout le décor est en place pour accueillir la faune tropézienne : le vieux zinc, les murs patinés, le carrelage usé, les tables de bistrot, le percolateur datant du néolithique… Cependant, malheureux, ne tentez pas d'y manger, votre budget en pâtirait sans véritable contrepartie. Contentez-vous du spectacle permanent.

— *Sénéquier :* sur le port. Les vedettes n'y vont presque plus. Cependant, pour passer pour un vrai Tropézien, il faut aborder la terrasse par derrière et non par devant. C'est à ces petits détails qu'on vous jugera…

A voir

— *Musée de l'Annonciade :* place Grammont. Tél. : 94-97-04-01. Ouvert de 10 h à 12 h et de 15 h à 19 h (14 h-18 h d'octobre à fin mai). Fermé le mardi. Superbement installé dans une ancienne chapelle du XVIIe siècle, le musée présente une exceptionnelle collection de toiles de grands artistes qui furent inspirés par la lumière géniale de Saint-Tropez. La qualité des œuvres proposées est telle que l'on est finalement étonné de trouver un tel musée dans un petit port de pêcheurs, si l'on ignore qu'un riche mécène, tropézien d'adoption, fit don en 1955 de sa collection particulière à la ville. Au dernier étage, possibilité de « s'ébouriffer » les yeux de couleurs, enfoncé dans de moelleux fauteuils. C'est ainsi que l'on peut y admirer parmi les plus beaux, Signac, Picabia, les « Gitanes » de Matisse, Albert Marquet, Ziem (le « Champ de course ») et Dufy (« la Jetée »), Bonnard, Vuillard, Braque (« l'Estaque »), Vlaminck, Rouault, l'admirable « Femme à la balustrade » de Van Dongen, Derain, Camoin, Dunoyer de Segonzac et tant d'autres. Expositions temporaires très intéressantes.

— *Balade dans la ville :* débarrassée de ses touristes, Saint-Trop livre de bien charmants secrets : ruelles médiévales comme la *rue de la Miséricorde* et ses arcades, passages étroits mangés par la végétation, jardins secrets, placettes poétiques où glougloutent d'antiques et nobles fontaines, le vieux *quartier de la Ponche* avec son petit port de pêche, vestiges de tours et remparts, le portique du Revelen bâti au XVe siècle, les superbes portails de serpentine verte, etc. Rue Gambetta, la *chapelle de la Miséricorde* possède un bien joli toit de tuiles vernissées bleues, vertes et dorées. *Rue Allard,* nombre de demeures présentent des détails pittoresques, comme la « maison du Maure » et sa tête de Barbaresque enturbanné.

— La croquignolette *place aux Herbes* a-t-elle jamais changé avec son petit marché aux poissons, ses étals de légumes de fruits et de fleurs…

— *Place de la Mairie,* noter cette porte insolite, véritable dentelle de bois et qu'on aurait été sculptée par des « indigènes de Zanzibar ».

— *La place des Lices :* les joutes s'y déroulaient autrefois. Aujourd'hui, un marché animé les mardis et samedis matin. D'âpres parties de boules opposent, de temps à autre, vieux pêcheurs à la retraite aux Eddy (Barclay et Mitchell), tandis que le *café des Arts* se transforme en Deux Magots estival. Pour voir et être vu !

— Grimper à la *citadelle* pour bénéficier du plus beau coup d'œil sur la forêt de toits aux tuiles patinées. Dites bonjour en passant aux paons majestueux. La citadelle fut édifiée aux XVIe et XVIIe siècles. Elle abrite un petit *musée de la marine* (ouvert de 10 h à 18 h, fermé le jeudi).

— Redescendre vers la mer pour rendre visite au pittoresque *cimetière marin,* un des rares en France fusionnant véritablement avec les flots. Certaines familles tropéziennes qui y sont enterrées descendent directement des 21 familles génoises qui relevèrent la ville au XVe siècle. La fille de Liszt y repose aussi.

● **Les fêtes**

— *En dehors des rires des belles Scandinaves faisant leur toilette au champagne, sur le port, à l'aube, et des boîtes déversant la même musique funky insipide, il existe quelques belles fêtes à Saint-Trop.*
— *La Bravade :* elle se déroule du 16 au 18 mai. L'une des plus vieilles traditions provençales. Son origine remonterait au XIIIe siècle, mais c'est en 1558 qu'on en trouve les premières descriptions. Fête patronale célébrant l'arrivée du saint dans sa barque. A cette occasion, un capitaine de ville est élu. La statue de saint Tropez parcourt la ville en procession. D'archaïques pétoires et autres tromblons font parler la poudre. La ville se pare de rouge et de blanc, couleurs des corsaires. Durant ces jours de fête, d'autres cérémonies se déroulent, toutes suivies par une population locale très soucieuse de préserver son identité et de se purifier avant les invasions de l'été.
— *La « petite Bravade »,* dite des Espagnols : elle commémore, le 15 juin, une victoire navale des Tropéziens contre une vingtaine de galères espagnoles, en 1637. Elle fut d'ailleurs instituée par décret, cette année-là, par le « conseil vieux et nouveau » de la ville.
— En juin également, *joutes provençales* sur le port.

● **Les plages**

— *Plage des Graniers :* la plus proche, près du cimetière. Facilement accessible à pied. Vite bondée. Un peu plus loin, la baie des Canoubiers attire tout autant de monde, mais elle possède quelques criques.
— Les amoureux de B.B. se baigneront à celle des *Tamaris,* à l'ombre de sa Madrague. Mais, là aussi, ils ne pourront poser leur serviette que sur la tranche.
— *Plage des Salins :* à environ 4 km à l'est. Quasiment vide en basse saison.
— Les vedettes, grandes et petites, ont une prédilection pour la *plage de Tahiti.*
— *Plage de Pampelonne :* 5 km de sable fin. La plus longue, avec des portions où l'on peut respirer un peu.
— *Plage de l'Escalet :* plus au sud. Des mini-bandes de sable alternant avec des criques. Là aussi, beaucoup moins de monde.
— *Plage de la Bastide Blanche :* la plus au sud, au cap Taillat. Bien connu des Tropéziens initiés. Au bout d'une mauvaise route. Faites un effort, vous serez récompensé.

● **Balades dans la presqu'île**

— *Randonnées à pied sur le littoral :* un sentier piétonnier part de la *plage des Graniers* et effectue le tour de la pointe nord-est de la presqu'île (par la *pointe de Rabiou,* le *cap de Saint-Tropez,* la *pointe de Capon*) jusqu'à la *plage de Tahiti.* Compter une douzaine de kilomètres. Variante possible : après la baie des Canoubiers, le chemin communal des Salins menant directement à la plage des Salins.
Après l'immense plage de Pampelonne, le sentier repart vers les *cap Taillat* et *Cartaya,* puis vers le *cap Lardier,* la *pointe Andati* et la *plage de Brouis.* Variantes possibles en cours de route pour rejoindre des plages peu fréquentées.
Le sentier se termine à la *plage de Gigaro* à La Croix-Valmer, où peut vous attendre une voiture (ou bus pour revenir sur Saint-Tropez). Renseignements sur cette balade à l'Office du tourisme. Il propose une carte assez complète des randonnées pédestres avec description des variantes et éventuelles difficultés.
— Possibilité aussi d'une courte excursion à la petite *chapelle Sainte-Anne,* au sud de la ville. Compter 4 km. Construite au XVIIe siècle, pour remercier Dieu d'avoir épargné la région de la peste qui frappait la Provence. Pittoresques ex-voto et beau panorama sur le golfe.

RAMATUELLE

Vieux village accroché à une colline, au milieu des vignobles. Ses maisons lui servent d'enceinte. Bien sûr, abondamment restauré et très touristique en haute saison. Nombreux artisans et antiquaires. Balade plaisante dans ses ruelles étroites à arcades. Noter le portail en serpentine de l'église. Sur une place, un orme planté par *Sully*.

Au cimetière, tombe de *Gérard Philipe*. Facile à trouver : contre le mur à droite. C'est la plus belle, la plus simple, la plus émouvante (une pierre blanche et un tertre couvert d'une dense végétation).

GASSIN

Par une route en lacet, on atteint ce village bien léché, également perché sur une hauteur. Du belvédère, panorama évidemment superbe sur toute la région. Vestiges de remparts, ruelles et passages charmants. Quand il fait trop chaud sur la côte, c'est une saine habitude de venir y boire un verre au frais, entre chien et loup.

Où dormir ? Où manger ?

— *Hôtel Bello Visto* : place dei Barri, sur le belvédère. Tél. : 94-56-17-30. Ouvert du début avril à fin septembre. Idéal hors saison. Petit « une étoile », évidemment très bien situé. Chambres correctes et pas chères pour le coin. Si vous en trouvez une en juillet-août, sans avoir réservé, jouez au loto tout de suite.

— *Auberge La Verdoyante* : à la sortie de Gassin, sur la petite route partant à droite du cimetière. Un chemin de terre mène ensuite à une grande maison perdue dans la campagne. Situation exceptionnelle. Tél. : 94-56-16-23. Ouvert le midi et le soir jusqu'à 22 h. Fermé le mercredi. Grande salle bien agréable aux grosses poutres. A partir de mai, on mange évidemment dehors. Bon accueil. Très honnête menu à 92,50 F (service compris, boisson en sus) proposant terrine maison, daube provençale, lapin sauté à l'ail, tarte Tatin. A la carte, un bon magret de canard à l'armagnac (pour deux). Sur commande, aïoli et bouillabaisse.

● *Camping*

— *Camping de la Verdagne* : sur la commune de Gassin. Signalé depuis la route de La Croix-Valmer à Saint-Tropez. A environ 1,5 km de l'embranchement. Accessible aussi par la voie communale n° 7, dite « du Brost ». Tél. : 94-79-78-21. Ouvert de mai à septembre. A 3 km de la mer. Peu d'ombre, mais bien situé, au milieu des vignes. Possibilité de balades à cheval.

PORT-GRIMAUD

Situé à 7 km de Saint-Tropez, sur la route de Fréjus. Vaut la peine d'y jeter un œil. Un des rares ensembles immobiliers modernes réussis de la côte. Construit en forme de village méditerranéen typique et coloré, autour d'un canal à la vénitienne. Parking pour la voiture, puis balade à pied. Possibilité aussi d'emprunter une navette pour remonter le canal.

Un détail amusant : c'est bien la première fois que les défauts de construction et la mauvaise qualité de la peinture extérieure ont des conséquences positives. L'ensemble semble vieux de deux siècles et se patine harmonieusement.

Grande plage et camping tout à côté.

GRIMAUD

Un des villages pitons les plus célèbres de la région. Son nom provient des *Grimaldi*, la grande famille qui y régnait. Restauré, abondamment fleuri, il propose une délicieuse promenade dans ses ruelles tortueuses vers le superbe château en ruine. Voir la très belle *rue des Templiers* et ses arcades en ogive, ainsi que l'église romane.

Où manger ?

— *Restaurant du Café de France :* sur la place principale. Tél. : 94-43-20-05. Fermé le mardi (et lundi soir en basse saison). Vieille maison couverte de vigne vierge et belle terrasse pour manger dehors. Salle du fond creusée dans la roche et bien fraîche par grosse chaleur. Menu à 66 F correct (service compris, boisson en sus) proposant une bonne salade de mesclun, steak ou lapin à la moutarde, toujours un plat du jour et dessert. Accueil quelconque.

LA GARDE-FREINET

Gros village ayant gardé tout son caractère provençal, enfoui dans une forêt de châtaigniers, à 400 m d'altitude. Ce fut autrefois le dernier point d'appui des Sarrasins en France. Chassés de partout, ils réussirent pourtant, grâce à la position stratégique du site, à s'y maintenir un siècle de plus. Si les traces physiques de cette occupation ont disparu, en revanche, les Sarrasins laissèrent d'importants éléments de leur culture : ils transmirent l'art de travailler le liège, l'usage de la tuile plate, leurs pratiques en médecine et probablement le tambourin, élément du folklore provençal.
La Garde-Freinet, au milieu d'une nature sauvage et préservée, représente pour ceux qui font une allergie aux foules luisantes ou tapageuses de l'été une base arrière idéale pour visiter la région.

Comment y aller ?

— *Service de cars quotidien* pour Toulon par Grimaud.
— *Gare S.N.C.F. :* Les Arcs-sur-Argens, puis taxi. Solution valable à plusieurs.

Où dormir ? Où manger ?

— *Auberge de jeunesse :* une grande maison à l'entrée du village, à droite, en venant de Grimaud. Tél. : 94-43-60-05. Animateurs super sympa et bien tuyautés sur les possibilités de la région. Un projet de rénovation en fera sûrement l'une des meilleures A.J. de France. En attendant, c'est assez rustique, un peu vieillot, mais il y a de l'eau chaude et une chouette atmosphère. En août, arriver tôt le matin, car c'est vite plein.
— *Auberge La Sarrazine :* dans le village. A l'intersection des deux rues principales, prendre celle de droite (direction de Luc-Vidauban). Tél. : 94-43-67-16. Chambres simples, mais très correctes autour de 100 F pour deux. Dans une salle à manger adorable et la décoration raffinée, on peut goûter une bonne cuisine régionale. Menu à 36,50 F d'un excellent rapport qualité-prix (très copieux). Également menu poisson à 67 F et un autre à 74 F. A la carte, brouillade de morilles, corbeille de charcuterie, cassoulet au confit d'oie, escalope sarrazine, etc. Spécialité de fromage de chèvre chaud.
— *Lézard Plastique* (la maison du sandwich) : 7, place du Marché. Tél. : 94-43-62-73. Ouvert tous les jours de midi à minuit. Snack, piano, parfois des expos. Ambiance jeune et sympa.
— Éviter *La Renaissance*. Les autochtones n'y vont plus, c'est tout dire.

● *Plus chic*

— *La Faucado :* dans la rue principale, à droite en venant de Grimaud. Tél. : 94-43-60-41. Ouvert midi et soir jusqu'à 23 h 30 (22 h en basse saison). Fermé le mardi. Réservation conseillée. Superbe salle à manger. Du rustique exquis. Terrasse noyée dans la verdure. La terrine est sur la table. Bonne cuisine : civet de porcelet, salmis de pigeon, confit de canard maison, filet de bœuf au porto et aux morilles, gratin aux fruits de mer, etc.

● *Village de vacances Léo Lagrange*

— *Les Alludes :* nos lecteurs-familles nombreuses (ou ceux voulant se faire prendre en charge) peuvent être intéressés par cette formule. Tél. : 94-43-62-85 et 86. Le site est exceptionnel. Bungalows en dur répartis sur une colline de 4 ha couverte de pinèdes. Restaurant panoramique, discothèque, salle de télé, activités sportives, excursions, etc. A proximité, grande piscine et possibilité d'équitation. Activités proposées aux enfants. Très bonne atmosphère qui favorise les rencontres, les échanges. Prix fort intéressants (basse et haute saison). Ouvert de mai à septembre. Nécessité de réserver.

● **Campings**

— *Camping municipal Saint-Éloi :* dans un grand parc ombragé peuplé de cèdres, de chênes-lièges et pins maritimes. Tél. : 94-43-62-40. Ouvert de début juin au 15 septembre. Possibilité de réserver. Bon marché. Sanitaires tout neufs. Douches chaudes.
— *Camping à la ferme Bérard :* tél. 94-43-62-93.

A voir. A faire

— *Visite du village :* ruelles aux noms pittoresques, fontaines, vieux lavoir, église Renaissance avec un autel polychrome.
— *La Maison de La Garde-Freinet :* chapelle Saint-Éloi, route de Grimaud. Tél. : 94-43-67-41. Présentation des productions locales : miel, confitures, vins, fromages, marrons glacés, artisanat. Propose, ainsi que le Syndicat d'itinitiative, une brochure avec des circuits de petites et grandes randonnées dans la région.
— Balade très chouette vers les *ruines du château sarrasin.* Compter une bonne demi-heure de marche pour y accéder. De là-haut, point de vue exceptionnel.
— Nombreuses promenades sympa : les *Roches Blanches* (à 20 mn à pied, autre panorama somptueux). Possibilité aussi de joindre les hameaux paisibles qui entourent La Garde-Freinet. Le temps semble s'y être arrêté. En particulier, *La Moure, Valdegilly, Camp de la Suyère,* etc.
— Vers l'ouest, le fameux G.R. 9 rejoint *Notre-Dame-des-Anges.*
— Enfin, excursion vivement recommandée : la *chartreuse de la Verne,* à 23 km (voir p. 91).

● **Les fêtes**

— *Bravade de Saint-Clément :* le 1er mai.
— *Fête de la forêt des Maures* et *foire des cocons :* vers le 15 juin.
— *Fête locale :* le premier dimanche d'août.
— *Fête du hameau de La Moure :* le 15 août (avec bravade).
— *Fête de la châtaigne :* fin octobre.

FRÉJUS et SAINT-RAPHAËL _____

Deux villes complètement imbriquées qui en constituent en fait trois : *Fréjus-Plage,* entassement de lotissements, pavillons et hôtels d'architecture très médiocre, *Saint-Raphaël,* son prolongement plus bourgeois et, sur sa colline, *Fréjus-Ville,* de loin la plus intéressante avec son riche patrimoine archéologique. Le tout hyper bondé en été, ça va de soi...

Un peu d'histoire

Fréjus fut, pendant la période romaine, l'un des plus importants ports de la Méditerranée. Port de lagune, un chenal y amenait les galères. Jules César en fit un grand marché-étape sur la route de l'Espagne, d'où son nom de *Forum Julii* qui se transforma en Fréjus. L'empereur Auguste y établit une grande base militaire. Puis la lagune commença à s'ensabler et les activités déclinèrent, pour cesser au IIe siècle de notre ère. Fréjus vint rejoindre Aigues-Mortes au panthéon des grands ports déchus et disparut de l'actualité, se contentant de cajoler ses vestiges romains.
En 1959, la ville effectua une tragique réapparition publique avec la rupture du barrage de Malpasset qui provoqua plus de 400 morts. Aujourd'hui, Fréjus fait à nouveau parler d'elle grâce à un fringant jeune ministre de la Culture, en orbite présidentielle...

Adresses utiles

— *Office du tourisme de Fréjus :* 325, rue Jean-Jaurès, à Fréjus-Ville. Tél. : 94-51-54-14. *Bureau de tourisme :* bd de la Libération, à Fréjus-Plage. Tél. : 94-51-48-42.
— *Office du tourisme de Saint-Raphaël :* « Le Stanislas », place de la Gare. Tél. : 94-95-16-87.
— *Poste de Fréjus :* av. Aristide-Briand. Tél. : 94-51-56-39. Ouverte de 8 h 30 à 19 h ; le samedi de 8 h 30 à 12 h.

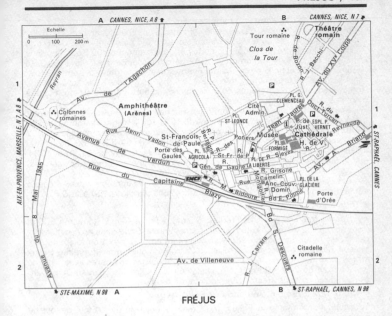

FRÉJUS

— *Cycles et loisirs* : 3, rue Jean-Mermoz, Fréjus-Plage. Tél. : 94-51-03-66. Location de vélos. 35 F par jour et 168 F par semaine. Caution financière.
— *Idéal loisirs* : 892, bd de la Mer, Fréjus-Plage. Tél. : 94-51-16-76. Location de vélos. 30 F par jour.

Où dormir ?

● A Fréjus-Ville

— *Auberge de Jeunesse* : domaine de Bellevue, route de Cannes. Tél. : 94-52-18-75. Pour ceux qui arrivent par l'autoroute, sortie Puget-Argens. En train, gare de Fréjus ou Saint-Raphaël (à cette dernière, plus de trains). L'A.J. possède une vieille estafette. En juillet-août, elle passe parfois ramasser les voyageurs au train. Téléphoner. Sinon bus de la gare qui s'arrête à l'hôpital ou rue Grisole, ensuite 1 km à pied. Auberge très agréable, située dans un parc de 12 ha, à 3 km de la plage, mais à quelques minutes à pied du vieux Fréjus. Père aubergiste sympa et fou de saxo. On dort dans les dortoirs de l'auberge ou sous marabout. Possibilité de camper dans le parc. Nombreuses activités et stages : golf, tir à l'arc, ski nautique, kayak en mer, tapisserie, astrologie, danses provençales, etc. Téléphoner ou écrire pour réserver.
— *Hôtel la Riviera* : 90, rue Grisole. Tél. : 94-51-31-46. Bon accueil. Décor vieillot, mais établissement bien tenu et offrant aux petits budgets des chambres avec lavabo autour de 100 F.
— *Nouvel Hôtel* : 35, rue Grisole. Tél. : 94-51-38-35. Un petit « une étoile », là aussi, sympa et bon marché.
— *Hôtel-restaurant Le Vieux Four* : 49, rue Grisole. Tél. : 94-51-56-38. Fermé le dimanche soir et le lundi. Correct. Chambre avec douche à 130 F.
— *Hôtel Bellevue* : place Paul-Vernet. Tél. : 94-51-42-41. L'hôtel vient d'être rénové sans trop de goût et offre des chambres au calme, propres et aseptisées, à 100 et 150 F. Celles donnant sur la place bénéficient effectivement d'une belle vue.

● A Fréjus-Plage et Saint-Raphaël-Boulouris

— *Centre international du Manoir* : situé à Boulouris, à 5 km de Saint-Raphaël. Tél. : 94-95-20-58. Tout à côté de la gare de Boulouris. Bus toutes les 30 mn depuis Saint-Raphaël. Genre de grande A.J. privée, membre de l'UCRIF (Union des Centres de Rencontres Internationales en France). Accueil très sympa. Ambiance internationale chaleureuse garantie. Agréables chambres de 6 lits dans le manoir et ses annexes, donnant sur un grand parc ombragé. Ouvert du 15 juin au 31 octobre. En dehors de cette période, téléphoner. 65 F par personne et par jour (petit déjeuner compris). 108 F dans les chambres à 2 lits. Possibilité de demi-pension et pension complète. Petite cotisation à donner la première fois, car il s'agit d'un organisme privé. L'été, on mange dehors sous les palmiers. Nombreuses activités : stages de voile, tennis, culture de bonsaï, etc. Plage à deux pas. Une excellente adresse !

— *Nouvel Hôtel :* av. Henri-Vadon, Saint-Raphaël. Tél. : 94-95-23-30. Correct et bon marché pour la ville. Situé à moins de 100 m de la plage. Chambres de 120 à 140 F. Bon resto. Spécialité de poissons. Réservation recommandée.

— *Hôtel L'Horizon :* face à la mer, à Fréjus-Plage. Tél. : 94-53-73-66. Petit hôtel à deux étages avec une terrasse. Ambiance familiale. Chambres à 160 et 180 F (petit déjeuner compris). Petite restauration pas chère : omelettes, salades, sandwiches (il y en a même un qui s'appelle « le routard »).

— *Les Palmiers :* Fréjus-Plage. Tél. : 94-51-18-72. Un agréable « deux étoiles » à prix modérés. Ouvert de Pâques à octobre. Chambres de 100 à 200 F.

● **Plus chic**

— *Hôtel Il était une fois :* rue Frédéric-Mistral, à Fréjus-Plage. A environ 500 m de la mer. Tél. : 93-51-21-26. Ouvert toute l'année. Situé dans un quartier très calme, un hôtel de charme adorable et pratiquant des prix très raisonnables. Maison de type provençal au milieu d'un romantique jardin (fontaine, beaux arbres, bosquets fleuris, etc.). Parking privé. Superbes chambres avec salle de bains autour de 200 F (et même quelques chambres moins chères). Demi-pension en juillet et août. Resto. Que vous faut-il de plus ?

● **Campings à Fréjus, Boulouris et Saint-Aygulf**

Beaucoup de campings à Fréjus, mais peu en bord de mer. Est-il besoin de préciser combien ils sont surchargés en été !

— *Camping de l'Aviation :* Grand Escat, à Fréjus. Sur la route menant à la plage, juste avant la caserne. Le plus proche de la mer (500 m environ). Tél. : 94-51-10-13. Ouvert de Pâques au 30 septembre. Assez ombragé. Un petit camping deux étoiles au confort acceptable.

— *Parc de camping de Saint-Aygulf :* un des plus grands campings de la région (1 600 places), situé sur la petite commune de Saint-Aygulf, rattachée à Fréjus. Pratiquement en bord de plage (mais la plus bondée du coin). Sanitaires refaits à neuf. Ombragé à 75 %. Ouvert du 1er juin au 20 septembre.

— *Holiday Green :* le meilleur camping quatre étoiles du coin, mais à 6 km de la mer, sur la route de Bagnols. Tél. : 94-52-22-68. Ouvert du 1er avril au 31 octobre. Environ 700 emplacements qui se répartissent sur des terrasses. Anglophobes s'abstenir, car la perfide Albion a colonisé le site. Camping célèbre surtout pour son immense piscine. Pas loin, le *camping de la Baume,* même genre.

— *Le Colombier :* route de Bagnols. A 3 km de la mer. Tél. : 94-51-56-01. Assez confortable et bien ombragé.

— *Camping Val Fleuri :* à Boulouris, sur la N 98 qui longe le bord de mer. A environ 5 km de Saint-Raphaël. Tél. : 94-95-21-52. A 50 m de la mer, il n'y a que la route (à grande circulation) à traverser. Pas mieux, pas pire que tous les campings de ce genre sur la côte.

Où manger ?

— *Cadet Rousselle :* 25, place Agricola, à Fréjus-Ville. Tél. : 94-53-36-92. Sur l'une des places les plus populaires de Fréjus, une crêperie appréciée des autochtones. Menu à 38 F tout compris. Également de bonnes spécialités maison : la « forestière », la « paimpolaise » ou la « niçoise », ainsi que les « crêpes-pizzas » répondant aux doux noms de « Brasil », « Columbia », etc.

— *Lou Grilladou :* place Agricola. A côté du précédent. Terrasse. Onctueuses pizzas et, sur commande, « lasagne al forno ». Plats consistants, comme la brochette du chef-frites à 39 F. Ouvert jusqu'à 1 h du matin.

— *La Romana :* 155, bd de la Libération à Fréjus-Plage. Tél. : 94-51-53-36. Un resto du front de mer proposant une nourriture très correcte, copieuse et bon marché. Plats à dominantes italienne et provençale : pizzas, pâtes, daube de bœuf, filet mignon de porc aux olives, etc. Menus à 42 et 62 F. Pour ce dernier, bonne soupe de poisson, plat, fromage et dessert. Dans ce coin très touristique, une adresse valable.

● *Plus chic*

— *Les Potiers* : 135, rue des Potiers, à Fréjus-Ville. Tél. : 94-51-33-74. A 50 m de la place Agricola. Fermé le mercredi. Salle agréable dans le genre faux rustique de bon goût, atmosphère charmante, très « cosy ». Cuisine imaginative, légère, « tasty ». Un honnête menu à 76 F avec salade de roquefort, fricassée de volaille, etc. Mais nous recommandons chaleureusement celui à 124 F (service compris, boisson en sus) proposant de délicieux plats avec une touche « nouvelle cuisine » intelligente (et pas du tout anémique comme bien d'autres) : terrine maison à la sauge, charlotte de baudroie sauce safran et poivre rose, les ris de veau aux champignons sauvages... hum ! Nous vous envions déjà d'y aller !

— *Pastorel* : 54, rue de la Liberté, à Saint-Raphaël. Dans le centre. Tél. : 94-95-02-36. Fermé le dimanche soir et le lundi. Très différent du précédent. Grande salle à l'atmosphère feutrée, sans trop de chaleur et clientèle assez guindée. Resto possédant cependant une solide réputation de qualité. Quelques incursions heureuses en nouvelle cuisine. Menu à 125 F (service compris, boisson en plus) et à la carte.

A voir

● *La cité épiscopale,* dans le vieux Fréjus, un ensemble remarquable comprenant :

— *La cathédrale :* ouverte de 8 h à 12 h et de 13 h 30 à 19 h. Construite sur l'emplacement d'un temple romain, elle marque l'apparition du gothique en Provence, tout en conservant de nombreuses caractéristiques romanes. Élégant clocher du XIIIe siècle. Magnifiques portes Renaissance en bois sculpté. Sur le bord de l'une d'entre elles, noter une évocation très réaliste des massacres des Sarrasins. Dans le chœur, stalles du XVe siècle.

— *Le baptistère :* le plus ancien de France, datant de la fin du IVe siècle. Au centre, une petite piscine de forme octogonale. Aux huit angles de la salle, colonnes et chapiteaux provenant d'un édifice antique.

— *Le cloître :* ouvert de 9 h à 12 h et de 14 h 30 à 19 h (en hiver jusqu'à 17 h). Fermé le mardi. Cloître adorable, paisible. Rez-de-chaussée du XIIe siècle. Certaines colonnes proviennent du podium du théâtre romain. Plafonds de bois peint évoquant l'Apocalypse (personnages, animaux fantastiques). Double escalier construit également avec les gradins du théâtre. Grande finesse des colonnettes du 1er étage.

— *Le musée :* en réaménagement pour le moment. Peu de choses. Cependant, vous y admirerez une superbe mosaïque retrouvée intacte, une copie de l'Hermès découvert il y a 16 ans (considéré comme « trésor mondial ») et une belle tête de Jupiter.

● *Les arènes :* datent du IIe siècle. Visite de 9 h 30 à 11 h 45 et de 14 h à 18 h 15. Fermées le mardi (mais de l'extérieur, vision suffisante). Moins spectaculaires que celles d'Arles et Nîmes, elles n'en accueillaient pas moins de 10 000 spectateurs. Gradins très restaurés, mais une grande partie des galeries voûtées est intacte. Il y a cent ans, la N 7 traversait les arènes par ses deux portes monumentales. Aujourd'hui, ce « nombril ébréché » sert de plaza de toros et pour de fameux concerts de rock.

● A Fréjus, on dit souvent : « Ici, on ne peut pas creuser un trou sans trouver un Romain. » Lors de vos pérégrinations, vous rencontrerez effectivement de nombreux vestiges de l'*aqueduc,* un tout petit *théâtre romain,* des restes de *remparts,* la *porte des Gaules* (près des arènes), l'emplacement de l'ancien port, la *porte d'Orée* (seule arcade subsistant des anciens thermes), etc. Pour une enrichissante découverte à pied, procurez-vous à l'Office du tourisme le petit guide de la ville.

● *Fête*

— *Bravade de Fréjus :* fête de la ville, la troisième semaine d'avril.

Quitter Fréjus

— Pour Nice et Marseille : *Cars Phocéens.* Tél. : 94-95-24-82.

— Pour Saint-Tropez et Toulon (par la côte) : *compagnie Sodetrav.* Tél. : 94-95-24-82.

— Pour Bagnols-Fayence-Les Adrets : *compagnie Gagnard.* Tél. : 93-36-27-97.

— *Renseignements S.N.C.F. :* 93-99-50-50 et 94-51-30-53.

En prenant de la hauteur, enfin une bouffée d'air frais, une échappée vers des lieux beaucoup moins mercantiles. Garantie de rencontrer des Provençaux, des Azuréens plus authentiques et de merveilleux villages médiévaux. En prime, des paysages pas encore assassinés... Bon, en route !

BAGNOLS-EN-FORÊT

Après avoir laissé casernes et champs de manœuvres derrière elle, la D 4 grimpe ses premiers coteaux jusqu'à Bagnols-en-Forêt, petit village forestier, à mi-chemin entre Fayence et Fréjus.

Où dormir ? Où manger ?

— *La Provence :* route de Fayence. Tél. : 94-40-60-35. Petit « une étoile » dans le village. Simple et bon marché.
— *Le Commerce :* dans la rue principale. Tél. : 94-40-60-05. Un honnête resto proposant de bonnes spécialités de l'arrière-pays. Ouvert tous les jours en été. Fermé le mardi hors saison. Menus à 43, 59 et 80 F (lapin à la provençale, canard à l'ancienne, etc.). Bouillabaisse et paella sur commande.
— Petit *camping* à la sortie du village.

CALLIAN, MONTAUROUX ET LE LAC DE SAINT-CASSIEN

A 30 km de Fréjus, adorables villages accrochés à leur colline. A *Callian*, montée délicieuse par de charmantes ruelles jusqu'au château. Sur le parcours, vieilles portes, blasons sculptés, petits jardins secrets fleuris, etc. Chapelle des Pénitents. A côté de Callian, *Montauroux*, gentil aussi. Vieilles maisons dans la rue de la Rougière.
Sur la D 526, à 2 km de l'intersection de la route de Draguignan et de Montauroux, possibilité de visiter une *verrerie*. Ouverte du lundi au vendredi de 8 h 30 à 12 h et de 14 h à 18 h. Renseignements : 94-76-43-74.
Le *lac de Saint-Cassien,* grand lac de barrage au sud de Montauroux (35 km de pourtour), offre ses coteaux boisés, d'agréables baignades dans ses eaux très pures et la possibilité de pratiquer divers sports nautiques.

Où dormir ? Où manger ?

— *Auberge de jeunesse de Montauroux :* villa « Les Roses », rue Sainte-Brigitte. Tél. : 94-76-59-08. Ouverte du 15 mars au 1er novembre. A la lisière du village, sur une colline dominant le paysage. Très jolie maison avec escalier à balustres (si, si !). Père aubergiste jeune et dynamique. Bonne atmosphère. Location de vélos, de raquettes de tennis et de planches à voile. Possibilités de belles randonnées tout autour.
— *Au Centenaire :* 1, rue de Lyle, à Callian. Tél. : 94-47-70-84. Ouvert tous les midis, et vendredi et samedi soir. Petit resto offrant de bonnes grillades au feu de bois. Le patron est au fourneau, c'est bon signe. Plat du jour à 40 F et menu à 55 F correct (service et vin compris) avec cuisses de grenouilles à la provençale. Menu à 75 F également.
— *Le Relais du Lac :* sur la commune de Montauroux, sur la D 562, entre Montauroux et Callian et à deux pas du lac de Saint-Cassien. Tél. : 94-76-43-65. Un complexe hôtel-resto un peu en retrait de la route. Ouvert toute l'année. Bonne table, mais atmosphère impersonnelle et peu intime. Menu « routiers » à 49 F (sauf le dimanche) et à 67 F. Chambres correctes de 120 à 200 F. Certaines ont vue sur un grand jardin agréable et la campagne.

● *Plus chic*

— *Auberge du Puits Jaubert :* route du lac de Fondurane, à Callian. Tél. : 94-76-44-48. Fermée le mardi. Située en bas de la colline de Callian, dans « la plaine ». Venant de Draguignan ou de Grasse par la D 562, tourner au niveau de la verrerie de Montauroux et du resto « Chez Bernard » (c'est de toute façon bien indiqué). Venant de l'autoroute, sortir par la D 37 et le lac de Saint-Cassien. Superbe bergerie provençale en pleine campagne. Immense salle à manger aux murs de pierres sèches joliment décorés d'outils agricoles. Chaleureuse atmosphère pour l'une des meilleures cuisines de toute la côte. Généreuse, inventive ! Surtout le menu à moins de 100 F (service compris, boissons en sus), présentant le meilleur rapport qualité-prix (et on pèse nos mots) et proposant feuilleté de cuisses de grenouilles sauce ciboulette, chausson de caille chaud aux griottes, lapereau farçi à la crème de basilic, etc. On ne peut résister au plaisir d'énumérer le reste. Au menu à 120 F, un succulent ragoût fin de l'auberge aux pâtes fraîches (rognons et ris de veau aux champignons) et une copieuse salade campagnarde (œufs de caille, gésiers de canard, magret fumé, etc.). Au menu à 160 F, là on craque tout simplement : « salade gourmande » au foie gras maison, trou Jaubert, magret de canard sauce crème échalote au vinaigre de framboises... En plus, accueil charmant et si vous avez eu la sage précaution de réserver à temps, huit agréables chambres de 150 à 200 F. Bravo à M. Carro, le propriétaire et chef de cuisine.

● **Camping**

— *Camping Les Floralies* : à Montauroux, situé à égale distance du village et du lac de Saint-Cassien (2 km). Tél. : 94-76-44-03. Ouvert toute l'année. Calme et ombragé. Atmosphère assez familiale. Petite alimentation et plats cuisinés. Réservation quasi obligatoire en juillet-août.

FAYENCE

Un des beaux villages du coin, mais évidemment très touristique. Dominant insolemment toute la plaine, il s'est retrouvé naturellement l'un des plus importants centres de vol à voile. Habité par une colonie d'antiquaires, peintres, sculpteurs sur bois et potiers. Voir la *Sarrasine*, porte fortifiée du XIVe siècle, l'*église paroissiale* du XVIIIe siècle (belle vue de sa terrasse) et le campanile en fer forgé de la *tour de l'Horloge*. Surtout se perdre dans le treillis pittoresque des ruelles. Courte et jolie balade à pied jusqu'au village jumeau de *Tourrettes*. Dans le coin aussi, *Notre-Dame-des-Cyprès,* une gentille chapelle romane au sud-est du village (retable du XVIe siècle).

Où dormir ? Où manger ?

— *Auberge de la Fontaine* : située sur la route de Fréjus (la D 4) peu après l'intersection avec la D 562. Tél. : 94-76-07-59. Genre mas de Provence, agréablement à l'écart de tout, dans la « plaine » de Fayence. Terrasse et jardin. Chambres très correctes à partir de 140 F. Dans la belle salle à manger, choix entre cinq bons menus de 60 à 140 F avec daube à la provençale, canard aux olives, cuisse de poule à l'ancienne, etc. Notre meilleure adresse.
— *Hôtel Les Oliviers* : quartier La Ferrage. Tél. : 94-76-13-12. Au pied du village, sur la D 19. Hôtel moderne, mais un peu dans le style du pays. Chambres de 190 à 220 F avec salle de bains. Pas de resto.
— *Le Vieux Buffet* : dans le village, Grand-Rue. Bon menu à 48 F (service compris, boisson en sus), proposant poulet basquaise, pâtes fraîches à la carbonara, etc. Menu à 68 F également. Terrasse.
— *Le Poêlon* : rue Fort-de-Vin. Tél. : 94-76-21-64. Fermé dimanche soir et lundi. Situé dans une ruelle en escalier. Belle salle à manger dans une cave voûtée. Réservation recommandée. Menus à 62 et 82 F assez copieux. Pour les grosses faims, « la Potence », assortiment de viandes et de saucisses. Téléphoner avant pour commander.
— *La France* : au centre du village. Tél. : 94-76-00-14. Ouvert tous les jours (le soir jusqu'à 21 h). Terrasse surplombant la vieille ville. Grande salle familière et agréable. Menu correct à 42 F. Pour 68 F, on obtient rillettes maison, poulet aux pignons, ou manchon de canard en confit, etc. Au menu à 115 F, deux entrées, les cuisses de grenouilles, les écrevisses du chef, divers plats, fromage et dessert. Fait aussi salon de thé.

● **Très chic**

— *Moulin de la Camandoule* : chemin Notre-Dame-des-Cyprès. Tél. : 94-76-00-84. Fermé le mardi (sauf en juillet-août). Depuis Fayence, prendre la route de Seillans. C'est à 5 mn en voiture. Ancien moulin à huile, merveilleusement restauré, dans un parc de 5 ha au bord de la rivière Camandre. Dans le salon, meules et presses sont restées en état. Terrasses ombragées. Piscine. Chambre en demi-pension à 625 F pour deux. Resto ouvert aux non-résidents. Bonne cuisine, mais, à midi, pas de menu et la carte est chère. Le soir, menu à 115 F avec plat unique, salade, fromage et dessert (service compris, vin en sus). Réservation recommandée.

SEILLANS

A 6 km de Fayence, un autre charmant village haut perché. Le peintre *Max Ernst* choisit d'y passer ses dernières années. Vestiges de remparts, porte du XIIIᵉ siècle, ruelles étroites et places croquignolettes. Église avec deux beaux triptyques. A 1 km, sur la route de Fayence, *Notre-Dame-des-Ormeaux,* chapelle romane proposant aux connaisseurs un superbe retable Renaissance (Adoration des mages et des bergers). En principe, chapelle ouverte le dimanche après-midi, sinon s'adresser au presbytère.

Où dormir ? Où manger ?

Pas d'hôtel bon marché, la région est éminemment touristique et, bien sûr, assez chère.
— *Hôtel des Deux Rocs :* en haut du village, dans un des coins les plus charmants. Tél. : 94-76-05-33 et 94-76-87-32. Ouvert d'avril à la fin octobre. Une grosse demeure provençale calme et chaleureuse. Belles chambres de 160 à 260 F. Bonne cuisine et menus à 65 et 130 F.

● *Très chic*

— *Hôtel de France :* établissement assez luxueux, manquant d'intimité et à l'ambiance trop commerciale. Un bon point cependant pour la belle piscine offrant un cadre adorable et une superbe échappée sur les alentours. Fermé en janvier. Tél. : 94-76-96-10. Chambres de 250 à 320 F. Celles situées dans la partie ancienne possèdent bien entendu plus de charme que celles de l'annexe récente.
— *Le Clariond,* resto correct. Aux beaux jours, on mange près d'une vieille fontaine.

BARGEMON

Jolie route menant à Bargemon, autre bourg agrippé à sa colline. Vestiges de l'enceinte médiévale. Ne pas y manquer la petite *église Notre-Dame-de-Montaigu* qui fut longtemps un lieu de pèlerinage important. Vierge miraculeuse et bel autel baroque tout doré. L'*église Saint-Étienne,* du XVᵉ siècle, offre, quant à elle, un portail de style flamboyant et à l'intérieur deux belles têtes sculptées par Pierre Puget.

Où dormir et faire du cheval ?

— *Relais équestre des Ginestières :* à Claviers, route de Seillans (sur la D 55). Tél. : 94-76-65-47. En pleine nature, un centre équestre offrant des stages de week-end et à la semaine à des prix intéressants. Initiation, promenades, randonnées, etc. Possibilité de monter à l'heure aussi, bien sûr. Accueil très sympa. Pension complète 180 F par jour et par personne (demi-pension : 130 F) dans des chambres agréables. Calme et repos assurés.

DRAGUIGNAN

Le charme n'opère pas vraiment. Peut-être parce que le baron (Haussmann) y appliqua ses célèbres principes d'urbanisme. Durant la Révolution française, Toulon, puni par la Convention pour ses sympathies royalistes, perdit son statut de préfecture au profit de Draguignan. Cette anomalie prit fin en 1974.
Si à tout hasard vous y faites une étape, ne manquez pas, le matin, dans le vieux centre la pittoresque *place du Marché* et ses bonnes odeurs. C'est le coin le plus sympa de la ville.
Rue de la Juiverie, façade de l'ancienne synagogue du XIIIᵉ siècle. Enfin, il subsiste deux anciennes portes de ville des XIVᵉ et XVᵉ siècles. Possibilité de grimper dans la *tour de l'Horloge* surmontée d'un beau campanile en fer forgé (renseignements à l'Office du tourisme, 9, bd Georges-Clemenceau. Tél. : 94-68-63-30).

Où dormir ? Où manger ?

— *Hôtel le Dracenois :* 14, rue du Cros. Tél. : 94-68-14-57. A deux pas de la place du Marché, un petit hôtel fort bien tenu et très bon marché.

— *La Calèche :* bd Gabriel-Péri. Tél. : 94-68-13-97. Près de l'ancienne gare. Fermé dimanche soir et lundi (en basse saison, fermé tous les soirs sauf le samedi). Cadre agréable pour de bons menus à 57 et 83 F. Goûtez à la terrine de lapereau au romarin, au suprême de volaille au fumet de cep ou au civet de porcelet à l'ancienne. A la carte, beaucoup plus cher.

A voir

— *Le musée :* rue de la République. Ouvert de 10 h à 11 h 30 et de 15 h à 18 h. Fermé dimanche, lundi et jours fériés. Un petit musée valant le coup d'œil. Conservateur très affable. Quelques œuvres intéressantes : « l'Enfant à la bulle » de Rembrandt, un petit Frans Hals, les scènes paysannes de David Téniers, un beau marbre de Camille Claudel, le manuscrit du « Roman de la Rose », une Bible de Nuremberg du XVe siècle, enluminures et incunables, collections de faïences, etc.

DE DRAGUIGNAN AUX GORGES DU VERDON

Possibilité de rayonner tout autour et de visiter de nombreux jolis villages, charmantes abbayes, imposants châteaux. Choix presque trop grand. Notre itinéraire plonge vers le sud pour remonter vers le nord et les gorges du Verdon. Nous aurions pu faire l'inverse, mais on a tranché ça à pile ou face. Pour les cyclistes, vers Les Arcs, éviter la D 555. Trop de camions. Il vaut mieux musarder par Flayosc, Lorgues, etc.

● FLAYOSC

A 7 km de Draguignan, par la D 557. Le village a conservé son aspect fortifié. Les maisons forment comme un grand mur ondulant. Nombreuses fontaines et portes de ville du XIVe siècle. De la terrasse de l'église, belle vue sur les environs.

● LORGUES

Au sud de Flayosc, on atteint Lorgues par une route très étroite. Voir la *collégiale Saint-Martin.* Architecture assez lourde, avec une imposante façade de style classique. On est surpris de découvrir un monument aussi massif dans un village aussi frêle. A l'intérieur, beau maître-autel en marbre polychrome.
Intéressante vieille ville, qui offre dans son lacis de ruelles pittoresques de jolies fontaines et nombreuses maisons médiévales qui n'ont pas encore été rénovées. Elles possèdent un vieux charme et une noblesse fanée qu'ont perdu en partie les maisons trop bien léchées de certains villages restaurés du haut Var (cf. Tourtour). Une bonne idée : sur les plaques des rues figurent leur date de naissance.

Où dormir ? Où manger ?

— *Hôtel du Parc :* dans le centre, à deux pas de la collégiale. Tél. : 94-73-70-01. Un hôtel de province typique avec un côté charmant et désuet. Pour tous les budgets. Chambres correctes de 80 à 200 F. Derrière, un grand jardin au calme où l'on peut manger l'été. Menus de 40 à 115 F avec daube provençale, civet de porcelet, etc.

● LES ARCS-SUR-ARGENS

En marge de la D 555, à 12 km de Draguignan, un bourg viticole possédant sur une hauteur un quartier médiéval très pittoresque. Vestiges de l'enceinte et du château du XIIe siècle (qui abrite aujourd'hui un hôtel de charme). Impressionnant donjon d'où l'on guettait le retour des Sarrasins. Maisons de ce quartier superbement restaurées et abondamment fleuries. Venez flâner quelques instants entre chien et loup dans ses ruelles et escaliers voûtés. En bas, dans l'église paroissiale (fermée de 11 h 30 à 14 h), beau polyptyque réalisé en 1501.

Où dormir ? Où manger ?

— *Hôtel de l'Avenir :* av. de la gare. Tél. : 94-73-30-58. Hôtel sans grand charme, mais bien tenu et bon marché. De 65 à 90 F (avec douche) la double.
— *Le Logis du Guetteur :* comme le bernard-l'ermite, cet hôtel a harmonieuse-

ment occupé la coquille vide du château. Tél. : 94-73-30-82. Fermé du 15 novembre au 15 décembre. En basse saison, resto fermé le vendredi. Séjour et atmosphère romantiques à souhait et bonne étape gastronomique. Calme absolu garanti. Chambres avec bains à moins de 200 F. En demi-pension et pension complète, prix raisonnables. Menus à 55, 97 et (gastronomique) 160 F. Cassolette de poisson au gratin, truite à la mousseline de homard, lapereau à la moutarde, coquelet aux champignons, etc.

● *Camping*

— Camping l'Eau Vive : à 800 m des Arcs. Propre et très ombragé. Tél. : 94-47-40-66.

Aux environs

Vers le sud, l'autoroute A 8 a bouleversé considérablement le paysage. Vidauban, Le Cannet-des-Maures, Le Luc, etc., n'apparaissent pas vraiment comme des lieux de villégiature, mais s'il vous arrive d'y passer, voici néanmoins quelques curiosités à voir et de bons restos. Si vous continuez vers Saint-Tropez, n'hésitez pas à emprunter la sinueuse D 74 qui musarde à travers une délicieuse campagne et des hameaux comme on n'en fait plus.

● *Le Vieux-Cannet*

Peu avant Le Cannet-des-Maures, pittoresque petit village accroché à sa butte, d'où l'on bénéficie d'un vaste panorama sur la région. Charmant campanile du XVIIIe siècle surmontant l'*église Saint-Michel* (plus âgée, elle, de six siècles).

● *Le Luc-en-Provence*

Gros bourg agricole sans charme particulier, mais qui intéressera les philatélistes. En effet, le *château de Vintimille,* belle bâtisse du XVIIe siècle aujourd'hui entièrement rénovée, abrite depuis peu un intéressant *musée du timbre-poste.* Situé dans le centre ville, place de la Convention, à 50 m de la place de la Mairie. Renseignements : 94-47-96-16. Tout sur l'histoire du timbre donc, mais aussi sur les techniques de fabrication : le dessin, l'impression, la taille-douce, l'héliogravure, etc. Atelier reconstitué d'Albert Decaris, l'un des derniers graveurs en taille-douce de France.

De juin à septembre, possibilité de visiter le *Musée historique* du centre Var. Ouvert les mercredis, samedis et dimanches de 10 h à 12 h et de 15 h 30 à 19 h. Matériel ethnologique, armes, documents d'archives, fossiles, etc.

Où dormir ? Où manger dans la région ?

— *Le Concorde :* place Georges-Clemenceau, à Vidauban. A 5 km des Arcs et à 11 km du Luc-en-Provence. Tél. : 94-73-01-19. Resto avec une salle très plaisante. Grosses poutres et bon feu de bois au fond. Au menu à 65 F : daube, raviolis maison, pieds et paquets à la marseillaise. Le menu à 90 F propose moules farcies gratinées à la provençale, fricassée de ris de veau et rognons à la graine de moutarde, gratin de la Méditerranée aux pâtes fraîches et coulis de crustacés, etc.

— *Le Mas du Four :* route de l'Ealat, au Cannet-des-Maures. A 100 km de la N 7 et à 2,5 km à l'est du Luc-en-Provence. Tél. : 94-60-74-64. Fermé dimanche soir et lundi. Service à midi et le soir jusqu'à 20 h 30. Halte-étape bien agréable dans cette grande demeure de style provençal. Chambres de 110 à 180 F. Piscine et tennis. Jardin ombragé. Menus de 62 à 98 F proposant table de hors-d'œuvre, daube de bœuf avec pâtes aux morilles, civet de porcelet, pieds-paquets, canard aux olives, etc.

— *Le Provençal :* 5, rue Lebas-Appolinaire, Le Luc-en-Provence. Tél. : 94-60-72-94. Petit resto typique du centre ville. Gentil cadre, accueil sympa et surtout bonne et abondante nourriture. Au menu à 46 F tout compris, une belle salade composée et une copieuse brochette d'agneau grillée au feu de bois (largement suffisant pour un appétit normal). Menus à 63 et 72 F avec deux entrées et, entre autres, tendres viandes, excellente queue de lotte sauce bourride, pieds-paquets à la provençale, etc. Quelques chambres avec lavabo, simples mais correctes, à 80 F.

● *L'ABBAYE DU THORONET*

Sans conteste l'une des plus fascinantes abbayes du Midi. A ne pas rater. Ouverte de 10 h à 12 h et de 14 h à 18 h, de mai à septembre (fermée à 17 h dans l'inter-saison et à 16 h en hiver). Située sur la D 79, à 9 km de Lorgues et à 4 km du village du Thoronet. Chaque dimanche et jour de fête, messe chantée à midi. Exceptionnellement, portail ouvert pour ceux qui veulent y assister. Garderie pour les enfants.

Comme Sénanque, construite par les cisterciens en 1160, en réaction au luxe de l'abbaye de Cluny. Moins connue que Sénanque, et pourtant plus belle, « plus pure », voilà d'ailleurs le véritable qualificatif qui lui convient. Poignante, rajoute-rons-nous, tant dans ce vallon isolé elle nous apparaît austère et dépouillée. La nature ingrate, le relief hostile, la configuration inhospitalière du site contribuè-rent également à la simplicité de l'architecture, contrainte de s'entendre avec le terrain. Le grand architecte *Fernand Pouillon* avait dit : « Dure, cassante, irrégu-lière, cette roche refusait toute complication, interdisait toute sculpture, elle avait vocation cistercienne ! »

Cela dit, si en général les moines savaient choisir leur site pour méditer, en revanche ceux du Thoronet n'avaient pas prévu que la belle terre rouge de la région contenait de la bauxite et qu'elle serait aujourd'hui en grande partie à l'origine de problèmes. En effet, aux environs, les mines de bauxite taraudent les collines. Les amoureux du Thoronet firent aussi longtemps campagne contre le passage à proximité des poids lourds chargés de minerai. Résultat, la colline d'à côté glisse inéluctablement sous l'abbaye. La route départementale s'est bom-bée, la vieille grange qui s'y accole est dangereusement menacée. Certes, les constructeurs de l'époque avaient édifié les bâtiments sur des couches de terrain différentes : argile, marne, bauxite, calcaire, etc., mais enfin, ça avait quand même tenu huit siècles !

Aujourd'hui, l'abbaye subit une pression énorme au mètre carré. Pour stopper le phénomène, les autorités envisagent de couler des colonnes de béton dans le sol. En attendant, fenêtres et voûtes de la salle capitulaire ont été cerclées de bois pour prévenir tout déplacement des pierres.

Tout le monde est conscient de la nécessité d'intervenir pour sauver ce chef-d'œuvre qui fait partie de ces lieux privilégiés qui parlent tellement d'eux-mêmes qu'on ne trouve rien à dire !

Compte tenu de la configuration du terrain, les proportions traditionnelles n'avaient pas été respectées : cloître en forme de trapèze, galeries à des niveaux différents, etc. Église aux lignes pures, harmonieuses, presque parfaites. Voûtes en arcs légèrement brisés, timide approche du gothique. Cloître à l'aspect massif et pourtant élégant, grosses arcades divisées chacune par deux baies retombant sur une colonne. Possibilité de monter sur la terrasse du cloître. Salle capitulaire pour le moment inaccessible. On entraperçoit les voûtes d'ogives et leurs ner-vures. Magnifique berceau brisé du dortoir des moines. Si son eau s'est tarie depuis les ennuis géologiques de l'abbaye, la fontaine du lavabo conserve néan-moins toute sa grâce. Enfin, d'autres vestiges vous attendent tout autour.

Où dormir ? Où manger dans le coin ?

— *Hostellerie du Pont-d'Argens* : à l'entrée d'un petit hameau, sur la D 17, peu avant le Thoronet (en venant de Lorgues). Située au bord d'un torrent. Tél. : 94-73-87-04. Fermée le dimanche soir et le lundi. Accueil très sympa. Après avoir travaillé quinze ans au Canada, les patrons sont revenus au soleil du Midi pour nous faire profiter de leur bonne cuisine. En été, on mange sur la terrasse. L'hiver et les journées fraîches, le feu de bois ronronne dans l'âtre. Menu à 75 F (service et boisson en plus) proposant une délicieuse soupe de poisson, le pâté en croûte du chef, bouchées de moules au curry, lapin bonne femme, civet de porcelet. A la carte, filets de truite saumonnée au vermouth et cèpes, tendre carré d'agneau, etc. Quelques chambres à 100 F avec douche à l'extérieur.

Promenades à vélo

Deux belles balades à vélo sans trop de difficultés depuis Le Luc-en-Provence. Traversée de paysages sereins, de villages typiques du haut Var pas trop res-taurés, sans « résidences secondarisées »... Un *circuit sud* passant par Cabasse, Flassans, Besse, Carnoules, Pignans, Gonfaron, Les Mayons (par la D 75), Vidau-ban (par la D 48), Entraigues, Vieux-Cannet, etc. Un *circuit nord* par Cabasse, le Thoronet, Carcès, Cotignac, Entrecasteaux, etc. Plus au nord, vers Villecroze et Tourtour, ça grimpe trop.

● *CABASSE*

Tout petit village endormi. Quelques ruelles en surplomb de la vallée, une très jolie fontaine moussue et une église du XVIe siècle. Pour la visiter et contempler les visages grotesques ornant les retombées d'ogives ainsi que le retable en bois doré, demandez la grosse clé au tabac de la place.

● *ENTRECASTEAUX*

Bourg médiéval très agréable. Petit, mais charmant. Déambulez dans ses ruelles pittoresques pour humer l'air du temps jusqu'à ce que l'une d'entre elles vous ramène à l'église fortifiée du XIVe siècle (une particularité : l'abside est plus basse et plus étroite que la nef).
Devant le château, un superbe jardin à la française dessiné par Le Nôtre.

A voir

— *Le château d'Entrecasteaux :* ouvert tous les jours de 10 h à 20 h (de 10 h à 18 h d'octobre à avril). Tél. : 94-04-43-95. Il date des XVIe et XVIIe siècles. Il appartient au *comte de Grignan,* époux de la fille de Mme de Sévigné. La célèbre marquise y séjourna d'ailleurs à plusieurs reprises. En 1948, le château fut acheté par la commune. Il se dégrada rapidement. Les belles boiseries du XVIIe servaient alors de bois de chauffage, le toit s'écroulait, les escaliers pourrissaient et s'effondraient.
En 1974, c'était une ruine à deux doigts de disparaître définitivement. C'est alors que se produisit un miracle sur fond d'histoire d'amour. Ian McGarvie Munn, un Écossais fou de la France et des châteaux, décide de racheter et de sauver Entrecasteaux. Pour réaliser son projet, il vend tout, se nourrit pendant des années de sandwiches, travaille jour et nuit. Ian McGarvie Munn symbolise d'ailleurs très bien la race des grands aventuriers modernes de cette fin de siècle : successivement soldat britannique, lors de la dernière guerre, sur les fronts d'Extrême-Orient, marin, puis commandant en chef de la marine du Guatemala et, pour finir, ambassadeur... Également architecte et peintre de grand talent. Entrecasteaux fut sa dernière aventure. Aujourd'hui, son fils, architecte également, a repris le flambeau et achève son œuvre. Cela valait la peine : par sa simplicité architecturale classique, cette grande et noble demeure est un peu aux châteaux de Provence ce que Le Thoronet est aux abbayes.
Plus des deux tiers de la restauration sont aujourd'hui achevés. Venez admirer l'élégance de l'architecture et la décoration intérieure. Caves voûtées du XIe siècle, poteries, céramiques anciennes, meubles anglais et chinois, etc. Salons et galeries abritent aussi d'intéressantes expositions de peinture, photos, documents sur l'histoire du château et sa rénovation, etc. Le propriétaire, M. Lachlan McGarvie Munn, très affable, aime recevoir les visiteurs : A la fin, possibilité de faire emplette de confitures onctueuses, miel, vrai pain d'épice, huile aromatisée et autres savoureuses productions maison.

● *COTIGNAC*

Pittoresque village dont les maisons s'accrochent à une haute falaise de tuf, percée de grottes et surmontée des ruines d'un château du XVe siècle. Au fil des étroites ruelles, découvrez les portes anciennes, portails, jolies fontaines. Délicieuse place de la Mairie. Église du XVIe siècle.

● *SILLANS-LA-CASCADE*

Très joli village, typique du haut Var. Environ 400 habitants en comptant les canards et les fontaines. Pas un poil de restauration, il a conservé toute son âme. Beaucoup de maisons abandonnées, complètement figées depuis la disparition du dernier locataire. Nombreux détails insolites de la vie rurale à découvrir suivant sa sensibilité. Exemple : l'incroyable bric-à-brac devant certaines maisons, là aussi statufié pour toujours. La boulangère cuit encore son bon pain au feu de bois.
En bordure de la route Marseille-Draguignan, portions quasi intactes des remparts du château. Petit *musée* d'intérêt local (vieux outils, minéraux, etc.).
A 800 m du village, superbe *cascade de la Bresque,* haute de plus de 40 m. Une délicieuse promenade.

Où dormir ? Où manger ? Où faire du cheval ?

— *Hôtel-restaurant Les Pins :* dans le village même. Tél. : 94-04-63-26. Agréables chambres à prix modérés. Environ 150 F la double avec bains. Salle à manger de style rustique avec une grande cheminée. Menus à 46, 77 et 88 F

proposant de bons petits plats : coquille de poisson gratinée, gigot d'agneau au thym, filet mignon de porc sauce champagne, etc.
— *Kim relais* : route de la piscine, à Sillans. Tél. : 94-04-71-55. Pour faire du cheval dans une nature généreuse. 50 F de l'heure.
— Tout à côté, *camping* confortable et piscine.

● *AUPS*

Gros bourg niché dans un environnement de collines boisées. Là encore, la balade dans les ruelles médiévales se révèle un enchantement. Au nord du village, voir la tour de l'horloge et son campanile, le cadran solaire, les vestiges des remparts et la porte de ville. Pittoresque *rue des Aires*. Achetez une carte postale du début du siècle et comparez : rien n'a changé ! Également, tour sarrasine et vieux lavoir. Église collégiale où une vieille inscription rappelle que les églises sont la propriété de l'État.

Où dormir ?

— *Grand Hôtel* : à côté de l'église collégiale, sur une placette tranquille. Tél. : 94-70-00-89. Accueil sympa. Chambres correctes avec douche pour environ 100 F.
— *Camping des Prés* : route de Tourtour. A 500 m du village. Petit camping au calme. Ouvert toute l'année. Tél. : 94-70-00-93. Bon accueil. Resto et épicerie. Piscine et tennis tout à côté.
— *International camping* : route de Fox-Amphoux. A 2 km. Tél. : 94-70-06-80. Ouvert d'avril à fin septembre.
— Un autre *camping* à 2 km, en direction de Moustiers.

● *TOURTOUR*

L'archétype du bourg provençal complètement restauré. Ce « village dans le ciel », très touristique et assez cher, manque indéniablement d'un supplément d'âme. Pour y arriver, belle route panoramique, mais à travers de grandes collines dénudées, depuis les terribles incendies de forêt de ces dernières années. Quelques maisons de style Renaissance avec façades ouvragées. Vieux château. Sur la place principale, deux ormes plantés en l'honneur de la naissance de Louis XIV en 1638. Émouvant, non ! Église du XIe siècle, un peu à l'écart du village, d'où l'on bénéficie d'un panorama, par beau temps, portant jusqu'aux Maures, les monts de la Sainte-Victoire, etc.

Où dormir ? Où manger ?

— *La Petite Auberge* : assez proche du village, sous la petite église de la colline. C'est bien fléché. Tél. : 94-70-57-16. Établissement qui a de la classe sans être trop chic. Calme total et vue extra sur la campagne. Chambres adorables à 200 F pour deux (petit déjeuner en sus). Demi-pension et pension complète à prix intéressants. Piscine. Splendide salle à manger style rustique. Menu à 110 F (service compris, boisson en plus) offrant pâté de gibier, jambon cru de pays, croustade aux fruits de mer, cailles sur canapé, etc. Resto ouvert aux non-résidents et fermé le mardi. Une de nos meilleures adresses.
— Pour les plus petits budgets, voir « Villecroze ».

● *Très chic*

— *La Bastide de Tourtour* : à 500 m de Tourtour, au milieu d'une pinède. Ancienne bastide transformée en hôtel-restaurant de luxe. Tél. : 94-70-57-30. Ouvert de mi-février à mi-novembre. Piscine chauffée. Tennis. Chambres très chères, ainsi que les repas à la carte. Nous attirons cependant votre attention sur le menu à 120 F (service compris, vin en plus) servi le midi seulement (sauf le dimanche) dans la magnifique salle à manger tout en voûtes ou, aux beaux jours, sur l'agréable terrasse.

● *VILLECROZE*

Moins restauré que Tourtour, Villecroze a conservé un côté plus vivant et populaire. Quelques ruelles très pittoresques, dont celle des Arcades (ou des Arceaux), bien cachée, possédant un authentique charme médiéval. Passez sous la tour de l'horloge, puis empruntez la rue de France. Jolie et photogénique succession d'arcades et de voûtes.

Grand parc agréable au pied d'une falaise percée de grottes (d'où Villecroze, la « ville creuse »). Jadis, certaines d'entre elles furent habitées. Visite de 9 h à 12 h et de 14 h à 19 h.

Où dormir ? Où manger ?

— *Le Grand Hôtel* : place du Général-de-Gaulle. Dans le centre du village. Tél. : 94-70-78-82. Le petit hôtel de province typique. Style vieillot et charme un peu suranné. Bon accueil. Chambres à l'ameublement disparate, mais bien tenues. Doubles de 100 à 130 F pour deux. Nous n'avons pu tester le resto.

— *Le Bien-Être* : route de Draguignan, quartier des Cadenières. A 3 km, sur la D 557 (fléché depuis la route). Tél. : 94-70-67-57. Fermé le mercredi. Une grande maison au milieu de la verdure, terrasse bien agréable à la belle saison. Clientèle assez middle-class. Resto possédant une bonne réputation dans le coin. Menu à 75 F très correct (service compris, boisson en plus) : copieuse salade composée ou gâteau aux légumes, cuisses de grenouilles à la provençale ou civet de porcelet aux cèpes, fromage et dessert. Au menu à 120 F : salade forestière au foie gras, mignon de porc aux myrtilles, ris de veau des gourmets, chariot de desserts, etc. Réservation très recommandée le dimanche midi.

● AMPUS

Gentil village à 25 km au nord-ouest de Draguignan. Voir l'église paroissiale édifiée sur l'ancien castrum romain, tout en haut du bourg. La plus grande partie, de style roman, date du XIe siècle.

A quelques kilomètres, petite *chapelle Notre-Dame-de-Spéluque,* de la même époque, qui renferme un remarquable autel pentapode sculpté (à cinq pieds, quoi !).

D 49 vivement recommandée pour retourner à Draguignan, magnifiques points de vue.

Où dormir ? Où manger ?

— *L'Auberge d'Ampus* : route de Châteaudouble, au pied d'un gros rocher. Beau panorama devant. Tél. : 94-70-97-10. Ouverte toute l'année. En basse saison, fermée le mardi. Chambres confortables autour de 150 F. Cuisine soignée et trois menus pour toutes les bourses.

● Plus chic

— *La Fontaine* : sur la place principale d'Ampus. Tél. : 94-70-97-74. Fermé dimanche soir et lundi. Un des restos les plus renommés de la région. Petite terrasse aux beaux jours à l'ombre d'une fontaine qui gazouille. Quelques bonnes spécialités : salade gourmande au foie frais, œuf cocotte aux truffes du pays, ris de veau aux champignons et pointes d'asperges, magret de canard sauce framboisée, etc. Gouleyant petit vin de pays. Compter dans les 130 F.

LES GORGES DU VERDON _____

Sans prétendre concurrencer le grand canyon du Colorado, les gorges du Verdon apparaissent cependant comme les plus impressionnantes d'Europe. C'est un grand coup de hache entre le Provence et les Alpes qui a laissé une profonde entaille de 21 km de long dans la terre. Il y a trente ans, le Verdon débitait jusqu'à 800 m³ d'eau à la seconde au moment des plus fortes crues.

Aujourd'hui, deux barrages régulateurs ont ramené le débit à 30 m³ d'eau à la seconde et permettent aux randonneurs l'accès au fond du canyon. Falaises vertigineuses qui vous écrasent de leurs 300 à 600 m de hauteur, chaos rocheux, rives sauvages, etc. C'est le paradis des randonneurs. Paradoxalement, les gorges du Verdon sont une découverte récente puisqu'elles ne furent explorées qu'au début de ce siècle.

Le Touring-Club de France y a créé de nombreux sentiers sur une grande partie du parcours.

Les routes, récentes aussi, longeant les gorges au nord et au sud, livrent d'époustouflants paysages.

Notre itinéraire part d'*Aiguines*, au bord du lac de Sainte-Croix, emprunte la route sud (D 71), puis celle de Trigance (D 90), puis la route du nord (D 952), avec une escapade sur la D 23 qui suit plus amoureusement les gorges.

● *AIGUINES*

A plus de 800 m d'altitude, Aiguines propose un beau château du XVIIe siècle avec un toit orné de tuiles vernissées et d'élégantes tours en poivrière.
Ne pas manquer de rendre visite à Font d'Eïlenc, autre grand monument historique ! Joëllo Font d'Eïlenc tient une boutique-capharnaüm très pittoresque dans le centre du village (que vous immortaliserez sûrement par une photo). Poète, ancien secrétaire de l'Académie des Muses, il fit en 1928 la une de tous les journaux en organisant le premier tour de France en « auto à voile ». Ancien maire d'Aiguines, il aime le Verdon et sa région d'amour fou. C'est un adorable bavard. Dans sa boutique, au parfum très nostalgique, vous pourrez faire largement emplette de ses œuvres, de brochures et autres produits régionaux. C'était notre rubrique : « Rencontre avec des gens peu ordinaires... »
Petit *musée des Tourneurs sur bois*, profession aujourd'hui disparue. Exposition des machines et différents matériaux (tours à bois, racines de buis, etc.).

● *LA CORNICHE SUBLIME*

C'est la route du sud (la D 71). Au *col d'Illoire*, première vision superbe du canyon. Un peu plus loin, le *cirque d'Aumale*, au point le plus élevé de la route (1 200 m), offre un ample panorama.
Aux *falaises de Bauchet*, la route longe la partie la plus étroite des gorges. Belle vue en enfilade.
A la *falaise des Cavaliers*, à-pic impressionnant. De là, possibilité de rejoindre la rive nord par un sentier assez raide. Franchissement de la *passerelle de l'Estellié* pour rejoindre le refuge de la Màline ou effectuer un superbe trek (le sentier Martel). Voir plus loin au chapitre « Randonnée ». A l'Estellié, très beaux jeux de lumière.
Aux *tunnels du Fayet,* superbe vue plongeante (du 2e tunnel) sur la courbe effectuée par le canyon (parking, ça va de soi).
Du *pont de l'Artuby,* bel ouvrage d'une seule portée, on domine le Verdon de 200 m environ.
Des *balcons de la Mescla,* à 2 km du pont, panorama saisissant sur la fusion du Verdon avec la rivière Artuby. Le Verdon se replie autour d'une crête étroite.
Au hameau de *Saint-Maymes,* quittez la D 71 pour emprunter la D 90 vers *Trigance,* charmant village perché, dominé par un fier château aux quatre grosses tours rondes.
Puis, la D 90 cède le pas à la D 955, venant de Comps. Suivez-la à gauche vers *Pont-de-Soleils* où vous rejoindrez, à gauche de nouveau, la D 952 venant de Castellane. Fin du parcours sud.

● *LA ROUTE DU NORD*

De Pont-de-Soleils à La Palud-sur-Verdon, succession ininterrompue de belvédères. Auparavant, par une route en corniche, on aura atteint la rivière au niveau de la rive de *Carejuan*.
Après le tunnel de Tusset, une route mène à gauche au confluent du Verdon et du Baou, au lieu-dit *belvédère du couloir Samson*. Possibilité de descendre au fond. C'est là que débouche le *sentier Martel* (qui part de la falaise des Cavaliers et du refuge Maline).
Remontez sur la D 952. Aimable diversion par la D 17 jusqu'au village nid d'aigle de *Rougon*. Gros rocher dominé par les ruines d'un château féodal. Paysage d'une réelle splendeur. Panorama exceptionnel
Retour à l'*Auberge du Point-Sublime*. Promontoire avec coup d'œil superbe sur l'entrée du grand canyon. Peu avant d'arriver à La Palud, tournez àgauche pour la corniche des Crêtes sur la D 23 (nombreux belvédères, surtout les trois premiers).
Du premier, celui de *Trescaïre,* impression la plus saisissante. On est complètement à pic de la paroi. On découvre le point de jonction des trois vallées.
Du deuxième, le *belvédère de l'Escalès,* la vue porte plus loin.
Du troisième, la *dent d'Aires,* vue la plus panoramique sur le canyon et l'arrière-pays. Le seul permettant de suivre complètement le tracé du Verdon. Tout en

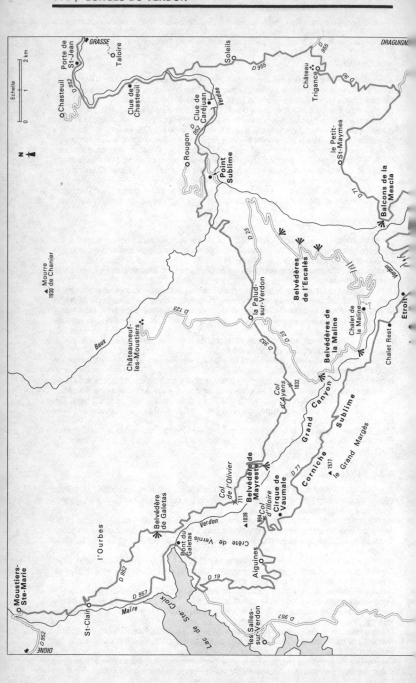

bas, le *chalet de la Maline,* point de départ du sentier Martel et de celui menant aux Cavaliers, sur la corniche sud.

● *LA PALUD-SUR-VERDON*

Village-étape, « petite capitale » du Verdon. Son église possède un beau clocher roman du XIIe siècle. Quelques commerces et hôtels.

Où dormir ? Où manger dans le Verdon ?

● *Rive sud*

— *Auberge-relais Altitude 823 :* à Aiguines, dans le village. Tél. : 94-70-21-09. Chambres correctes autour de 100 F (salle de bains sur le palier). Jolie salle à manger de style rustique.
— *Hôtel du Grand Canyon :* falaise des Cavaliers, à mi-chemin d'Aiguines et de Comps. Tél. : 94-76-91-31. Ouvert d'avril à octobre. « Hôtel-nid d'aigle » surplombant le Verdon de 300 m. Chambres confortables avec petite terrasse donnant sur les gorges. 180 F la chambre double avec salle de bains. Resto panoramique. Menu à 64 F avec lapin en gibelotte et daube provençale. Celui à 88 F propose jambon cru, grive confite, agneau rôti, civet de porcelet, etc. A la carte, brouillade aux truffes, civet de sanglier, etc.

● *Rive nord*

— *Auberge du Point-Sublime :* sur la commune de Rougon, à l'entrée des gorges, sur la D 952. Tél. : 92-83-60-35. Salle à manger chaleureuse, décorée de divers souvenirs : tête de sanglier, poteries, cuivres, plantes vertes. Terrasse sous une tonnelle. Service à midi et le soir jusqu'à 20 h 45. Menu à 43 F avec civet de lapin à l'ancienne, à 54 F avec civet d'agneau et polenta. Menus à 73 et 90 F également (jambon cru, écrevisses, etc.). Spécialités d'agneau des alpages grillé, brouillade de truffes, pigeon garni.
— *Auberge de jeunesse :* à La Palud-sur-Verdon. Tél. : 92-74-68-72. Fermée du 1er décembre au 1er mars. Hyper bien située et fort bien tenue. Accueil très sympa. Agrandissement en cours. Tout devrait être fin prêt pour 1987. Petits dortoirs de six. Quelques chambres pour couples. Possibilité de camper à côté. Trois stages d'escalade (initiation, perfectionnement et « initiation plus randonnée »). Balades à cheval et randonnées pédestres. Inscription et renseignements en écrivant à l'A.J.
— *Hôtel Le Provence :* à La Palud-sur-Verdon. Tél. : 92-74-68-88. Petit hôtel agréable. Doubles avec salle de bains à 150 F. Jolie salle à manger. Menu correct à 68 F.

Transports

— *Bus* pour Moustiers, Aix-en-Provence et Marseille à 13 h (du 1er juillet au 15 septembre), les lundis, mercredis et samedis. Le reste de l'année, uniquement le samedi. A 8 h 05 et 17 h 40, tous les jours, du 1er juillet au 31 août (sauf dimanche et fêtes).

Quelques conseils

Bien que dépourvues de difficultés majeures, les balades au fond du canyon nécessitent tout de même un certain matériel et quelques précautions :
D'abord posséder de bonnes chaussures, une réserve d'eau potable, un anorak léger, un pull pour les passages un peu frais, une lampe-torche, une petite trousse de secours.
Utile d'acheter la carte I.G.N. au 1/50 000 « Moustiers-Sainte-Marie », ainsi que le topoguide des sentiers de grande randonnée G.R. 4 de Grasse à Pont-Saint-Esprit par le canyon du Verdon.
Ne jamais quitter les sentiers, ne pas tenter de prendre des raccourcis (qui peuvent se terminer dans le vide).
Ne pas traverser le Verdon sauf nécessité absolue. Le délestage des barrages peut amener de brutales variations du niveau de l'eau. Remous éventuels ou tout simplement impossibilité de repasser le gué.
Tenir sérieusement compte de la météo. Les orages au fond du canyon sont très violents.
Ne pas cueillir les fleurs, ne pas faire de feu et ne laisser aucune ordure. Cent mille visiteurs par an, les gorges crèveraient du moindre manque de civisme.

Quelques balades

— De la falaise des Cavaliers, sur la rive sud, compter un peu plus d'une heure aller et retour pour rendre visite au Verdon. Descente un peu raide, mais pas difficile.
— *Des Cavaliers au chalet de la Maline,* sur l'autre rive, compter deux heures environ et prévoir votre mode de transport pour repartir de l'autre côté.
— *Le sentier du couloir Samson :* pour les pressés, une balade assez courte et sans difficulté majeure qui permet d'avoir un bon aperçu des gorges. Avoir une lampe de poche (car on traverse un tunnel). Laisser son véhicule au belvédère du couloir Samson, rive nord, juste au-dessous du Point Sublime. Deux heures de marche aller et retour.
— *Le sentier Martel* (ou du T.C.F.) : la « grande classique » des gorges. Le départ s'effectue du *chalet Maline,* rive nord, sur la D 23. Compter environ 8 h de marche. Œuvre du Touring-Club de France dans les années 30. Ce fut un rude labeur. Il porte le nom du premier explorateur des gorges. Pour la description de l'itinéraire, se reporter aux brochures spécialisées. Itinéraire extrêmement varié. Ceux qui souffrent de vertige affronteront quelques passages délicats, notamment une brèche à franchir à l'aide d'escaliers en fer (quelque 240 marches fort bien scellées). Sentier néanmoins sûr car hors de portée des sautes d'humeur du Verdon et balisé par le G.R. 4.

MOUSTIERS-SAINTE-MARIE

L'un des plus jolis sites de la région, l'un des plus originaux devrions-nous préciser. Accroché à la montagne, le village s'étage de part et d'autre d'un violent torrent. Maisons suspendues au-dessus, dans un environnement verdoyant et fleuri. Pittoresques ponts en dos d'âne. Une chaîne en fer forgé (au milieu de laquelle est suspendue une étoile) relie sur 227 m les deux bords de la falaise, entaillée par le torrent. Elle aurait été tendue par un ancien croisé au XIIIe siècle, en remerciement pour sa libération. Dans le bourg, belle église qui possède un clocher roman de style lombard. Pierre de construction aux tons chauds, mordorés. A l'intérieur, stalles sculptées très anciennes.
Le village produit une superbe faïence, dite de Moustiers.
Petit *musée de la Faïence,* installé dans une crypte, près de l'église. Ouvert de 9 h à 12 h et de 14 h à 18 h. Fermé le mardi et de fin octobre à fin mars.
Balade sympa à la petite *chapelle Notre-Dame-de-Beauvoir* qui domine le village. Beau panorama sur la forêt de toits.

LA CÔTE DE SAINT-RAPHAËL A MENTON ET L'ARRIÈRE-PAYS

LA CORNICHE DE L'ESTÉREL

De Saint-Raphaël à Cannes, la route qui longe le littoral offre des points de vue splendides, des criques en contrebas où l'on peut se baigner et des sentiers qui vous mèneront sur les sommets au milieu d'une végétation sauvage. Les roches rouges de l'Estérel (blocs de porphyre déchiquetés) sont spectaculaires.
De nombreuses petites stations sont disséminées tout au long du rivage, et les promoteurs ne semblent pas en mal d'imagination pour vendre leurs résidences « pleine vue mer », avec pins, oliviers et soleil... Quand s'arrêteront-ils ?

Transports

— De Saint-Raphaël à Cannes, bus toutes les heures.

● *LE DRAMONT*

Une stèle commémorative s'élève au-dessus de la grève où débarqua la 36e division américaine, le 15 août 1944.

● *AGAY*

Station balnéaire très bien située au bord d'une rade profonde et dominée par le *Rastel d'Agay* (288 m). C'est un bon point de départ pour les excursions dans l'Estérel.
— *Office du tourisme* : bd de la Mer. Tél. : 94-82-01-85.

Où dormir ? Où manger ?

— *Royal Camping* : à 1,5 km du centre, en bordure de plage. Tél. : 94-82-00-20. Correct mais sans plus. Ouvert du 20 mars à septembre.
— *Camping de l'Agay* : à 0,7 km au nord, au bord de l'Agay, et à 500 m de la plage. Tél. : 94-82-02-74. 15 F par personne. Réservation conseillée. Agréable.
— *Camping Agay-Soleil* : au bord de la mer. Tél. : 94-82-00-79. Il est prudent de réserver.
— *Restaurant Agay-Soleil* : un peu quelconque, sur le bord de la route, mais bon menu à 65 F avec soupe de poisson, coquelet et dessert. Terrasse sur la mer.

● *ANTHÉOR*

La station est dominée par les sommets du *cap Roux.*
Peu avant la pointe de l'Observatoire, vue étonnante à gauche sur le ravin couronné par les rochers rouges de *Saint-Bathélemy*, du *Saint-Pilon* et du *cap Roux.* 5 km après Anthéor, route forestière pour le cap Roux. De la *pointe de l'Observatoire*, vue superbe sur Anthéor mais aussi le golfe de La Napoule. Toute la côte, ici, déchiquetée, creusée de calanques, est splendide.

Où dormir ? Où manger ?

— *La Réserve d'Anthéor*. Tél. : 94-44-80-05. Ouverte du 1er février au 10 octobre. Au bord de la plage, entre les rochers, « pleine » vue sur la mer. Chambres de 140 à 225 F.
— *Les Flots Bleus*. Tél. : 94-44-80-21. Ouvert du 15 mars au 15 octobre. Chambres avec vue sur la mer de 102 à 150 F. Restaurant correct avec menu à 68 F. Spécialités : soupe de poisson, poissons grillés. On déjeune en terrasse.

● *LE TRAYAS*

Agréable station : on peut se baigner dans les criques du bord de mer, ou monter assez haut à l'intérieur. Vue splendide assurée.

Où dormir ?

— *Auberge de Jeunesse* : à 1,5-2 km de la gare S.N.C.F. en montant (il faut toujours monter, on ne peut pas se tromper, mais avec un sac à dos, c'est un peu dur). Tél. : 93-75-40-23. Ouverte toute l'année. Pour un séjour supérieur à trois nuits il vaut mieux réserver, surtout en été. Attention, le dernier bus ou le dernier train le soir passe à 19 h-19 h 30. 5 trains par jour. Chambres de deux à six lits. 31 F la nuit. 9,50 F le petit déjeuner. Repas du soir : 31,50 F. Carte des A.J. obligatoire. L'A.J. organise des stages de plongée, de planche à voile, etc. La situation est vraiment géniale : vue sur la mer et l'Estérel ; le seul inconvénient, c'est d'y arriver.

● *MIRAMAR*

Station cossue au-dessus de la baie de La Figueirette. Dans un virage, à gauche, un sentier monte en 5 mn au *point de vue de l'Esquillon* d'où l'on a un panorama grandiose sur la « Grande Bleue », les îles de Lérins et l'Estérel.

Où dormir ? Où manger ?

— *Hôtel de la Corniche d'Or* : 10, bd de l'Esquillon. Tél. : 93-75-40-12. Ouvert du 1er avril au 30 septembre. Un peu cher (270 F la double ; en saison, en plus, pension obligatoire), mais le site est superbe, il y a une piscine et on mange dehors. Alors...

Aux environs

De la route, remarquer en contrebas la récente *cité marine de Port-la-Galère*, étonnante réussite architecturale due à Jacques Couelle. Les façades qui font bloc avec les rochers semblent avoir été sculptées par la mer et s'intègrent parfaitement au paysage. On aimerait voir de plus près cet ensemble architectural, mais c'est privé.

Consolez-vous en profitant du panorama qui s'étend maintenant sur le golfe de La Napoule, Cannes, les îles de Lérins et le cap d'Antibes.

● *THÉOULE-SUR-MER*

Gentille station d'été. La rue principale est bordée de petites villas familiales, précédées de petits potagers, où court la glycine. Un côté paisible, non loin de l'animation de Cannes. Mais déjà quelques petits immeubles semblent voir le jour. Au bord de la mer, le château est une ancienne savonnerie du XVIIIe, restaurée et transformée.

Adresse utile

— *Syndicat d'initiative :* place du Général-Bertrand. Tél. : 93-49-28-28. Ouvert en été de 10 h à 19 h, même le samedi.

Comment y aller ?

Bus de Cannes ou de Saint-Raphaël toutes les heures.

Où dormir ? Où manger ?

— *Grand Hôtel :* 1, corniche d'Or. Tél. : 93-49-96-04. Ouvert d'avril à septembre. Très bien situé, avec vue sur la baie de Cannes. Chambres très correctes de 130 à 240 F.

— *Chez Aristide :* 46, av. de Lérins. Tél. : 93-49-96-13. Fermé de la fin décembre à la fin janvier et le lundi. Spécialités de poissons toujours frais et excellente bouillabaisse (175 F). Menus de 62 à 85 F. Près des feux du carrefour. Accueil sympa.

A faire

Nombreuses promenades à pied, hors des sentiers battus. Le Syndicat d'initiative vous donnera des tuyaux.

Suggestions : le *col de Théoule,* le *col du Trayas* et le *col de La Cadière.* On est vite dans la montagne et les vues sur la mer sont très belles.

● *MANDELIEU-LA NAPOULE*

Agréable station estivale au fond du golfe de La Napoule, dotée d'un grand port de plaisance bien situé près de l'imposant château.

— *Office du tourisme :* av. de Cannes, B.P. 16, 06210 Mandelieu. Tél. : 93-49-14-39. Également rue Jean-Aulas, B.P. 15. Tél. : 93-49-95-31.

Où dormir ?

— *Motel San Angelo :* 681, av. de la Mer. Tél. : 93-49-28-23. Chambres, studios et appartements tout confort. Selon la saison, chambres de 178 à 241 F. Jardin, terrasse, tennis et piscine.

— *Les Bruyères :* 1400, av. de Fréjus. Tél. : 93-49-42-01. Fermé en octobre. Terrasse et jardin. Prix modérés pour l'endroit : de 90 à 150 F.

— *L'Éperon d'Or :* av. de Fréjus. Tél. : 93-49-46-06. Fermé de fin septembre à la mi-novembre. Belle demeure transformée en hôtel. Agréable terrasse. De 90 à 190 F.

— *Logis San Estello :* domaine de Barbossi, N 7. Tél. : 93-49-54-54. Belle architecture et jolie piscine, jardin, tennis. Chambres à 195 F.

— *La Calanque :* av. Henri-Clews. Tél. : 93-49-95-11. Face au château et vue sur la mer. Terrasse ombragée agréable. Fermé du 30 octobre au 20 mars. Chambres pour deux personnes avec salle de bains ou douche de 190 à 210 F, avec cabinet de toilette à 103 F. Le resto est correct ; menus à 63, 75 et 98 F. Spécialités : filet de rascasse provençale, turbot au beurre blanc.

● *Campings*

— *Camping la Siagne :* av. de la Mer. Tél. : 93-49-99-12 et 93-49-86-94. Ouvert du 1er avril au 30 septembre. A 400 m de la mer. Ombragé, près de la Siagne. 140 emplacements.

— *Les Pruniers :* av. de la Mer. Tél. : 93-49-92-85 et 93-49-99-23. Ouvert du 1ᵉʳ avril au 30 septembre. Proche du précédent. Douches chaudes gratuites. Location de bungalows. Ombragé.

Où manger ?

— *Le Boucanier :* sur le port de plaisance, au pied du château de La Napoule. Tél. : 93-38-80-51. Fermé dimanche soir et lundi. Terrasse au bord de la plage. Très bien situé. Allez-y le soir quand le château est illuminé. Bon menu à 78 F (service non compris) avec soupe de poisson ou terrine de poisson ou crudités, puis daurade grillée ou plat du jour et dessert. Cadre agréable, banquettes confortables. Après un bon repas, dégourdissez-vous les jambes : traversez la petite plage juste à côté et longez le château. Vous passez sous des arcades anciennes et le clapotis de l'eau qui vient mourir ici ajoute à la beauté du lieu.

— *La Calanque :* voir « Où dormir ? »

A voir

— *Le château-musée :* visites accompagnées débutant à 15 h 15 et 16 h 45. Fermé en novembre. Entrée : 15 F. Enfants et étudiants : 10 F. Du puissant château fort du XIVᵉ siècle ne subsistent que deux tours. Le château a été restauré par le sculpteur américain Henry Clews. Cela donne un étonnant patchwork de styles mais l'ensemble garde belle allure. Le site est superbe.

— *Le port de la Rague :* plus loin, en allant vers Théoule. Petit port naturel bien abrité, moins gigantesque et plus sympa que le bassin-béton de La Napoule.

LA VOIE AURÉLIENNE

C'est la route qui relie *Saint-Raphaël à Cannes* par l'intérieur. Dans l'Antiquité, la voie Aurélienne allait de Rome à Arles. La N 7 a en grande partie suivi le même tracé.

Au départ à la sortie de Fréjus sur la gauche, on déplorera encore les dernières trouvailles des promoteurs, en l'occurrence les « Jardins de César », mais quand le bâtiment va... ne nous plaignons donc pas !

Au bout de 11 km de route de « montagne », on parvient au *col du Testanier* (310 m). Là, prendre à droite la route forestière. A la maison forestière de *Malpey* (traduction : la mauvaise montagne), tourner à gauche ; 1 km plus loin, nouveau carrefour, prendre à gauche. On est à la base du Vinaigre où on laisse la voiture pour monter à pied au sommet du *mont Vinaigre* (618 m). De l'ancienne tour de vigie, la vue, très dégagée, s'étend de la côte italienne à la Sainte-Baume. A ne pas manquer.

Retrouver la N 7, on monte encore jusqu'au *Logis de Paris,* point culminant du trajet.

A gauche, la D 237 conduit aux *Adrets-de-l'Estérel ;* de cette petite route, vue sur la mer, les îles de Lérins et Cannes.

Où dormir ? Où manger ?

— *Le Logis de Manon :* Les Adrets-de-l'Estérel. Tél. : 94-40-90-95. Six chambres à 126 F, simples mais bien tenues. Jardin. Hôtel ouvert du 1ᵉʳ juin au 15 septembre. Restaurant fermé en octobre, début mars et le soir en saison. Un seul menu à 105 F avec, au choix, des sardines farcies, une caillette, un civet de lapin en paquet. Bon accueil.

— *Le Relais des Adrets :* Les Adrets-de-l'Estérel. Tél. : 94-40-90-88. Ouvert toute l'année. Face à la mairie et la place des Platanes. Terrasse. Trois menus de 55 à 95 F. Pour 55 F, salade, filet de daurade, fromage et dessert.

Retourner sur la N 7 qui descend sur Mandelieu et Cannes, au milieu d'un beau paysage.

CANNES

Tout de suite des images un peu surfaites : palaces, Rolls et casinos, célébrissime Croisette où défile un monde de « happy few », luxueuses boutiques qui n'ont rien à envier à celles du Faubourg-Saint-Honoré, festival du Film et ses stars en représentation permanente... Un univers un peu inaccessible. La réalité bien sûr est différente : le nombre de Rolls est certes impressionnant, les cheveux argentés sont en forte proportion mais Cannes n'en demeure pas moins un site exceptionnel, un port coquet avec de nombreux hôtels et restaurants à des prix... abordables. Partez hors des sentiers battus, Croisette et palaces, pour découvrir les îles de Lérins, les avenues de la Californie cachées sous les pins, les chemins de la Croix-des-Gardes ou les placettes ombragées du Cannet. Et puis, si possible, évitez juillet-août. Hors saison, on se sent si bien ici quand le soleil se couche tout en douceur sur la silhouette mystérieuse de l'Estérel...

Adresses utiles

— *Direction du tourisme :* accueil palais des Festivals, esplanade du Président-Georges-Pompidou. Tél. : 93-39-01-01. Ouvert l'hiver du lundi au samedi de 9 h à 18 h 30. L'été de 9 h à 19 h 30 tous les jours. *Accueil gare S.N.C.F.,* tél. : 93-99-19-77. Ouvert l'hiver de 9 h à 12 h 30 et de 14 h à 18 h 30 du lundi au samedi. L'été, tous les jours de 9 h à 20 h. Efficace et compétent. Effectuent les réservations d'hôtel, fournissent une bonne documentation bien à jour, liste des meublés, etc.
— *Gare S.N.C.F. :* rue Jean-Jaurès. Tél. informations : 93-99-50-50 ; réservations : 93-99-50-51. Trains très fréquents (le Metrazur) pour toutes les gares de la côte, de Saint-Raphaël à Menton. Demander la fiche horaire.
— *Gare routière :* pour *Saint-Raphaël et Nice,* départs place de l'Hôtel-de-Ville face au vieux port. Tél. : 93-39-54-40. Pour *Saint-Raphaël* départs en hiver à 8 h 10, 9 h 40, 11 h 15, 14 h 30, 16 h et 17 h 40. Le dimanche, premier car à 11 h 15. Pour *Nice,* car tous les quarts d'heure environ. Dernier départ à 21 h. Tarif Cannes-Nice : 25 F.
Pour *Grasse par Pegomas,* tél. : 93-39-18-71.
Pour *Grasse, Vallauris, Valbonne,* à gauche en sortant de la gare S.N.C.F. Pour *Grasse,* tél. : 93-39-31-37. Pour *Vallauris,* tél. : 93-63-88-02 et 93-63-74-59 (par Golfe-Juan). Pour *Valbonne,* tél. : 93-20-60-57.
— *Société des transports urbains de Cannes :* départ et informations place de l'Hôtel-de-Ville. Tél. : 93-39-18-71. 11 lignes.
— *Cannes Information Jeunesse :* 5, quai Saint-Pierre. Tél. : 93-68-50-50. Ouvert du lundi au vendredi de 9 h à 12 h 30 et de 14 h à 18 h. Propose des jobs saisonniers ou à l'année, des stages, fournit des informations, vous donne des renseignements sur les sports que l'on peut pratiquer à Cannes, etc.
— *Allo Stop :* 93-38-60-88.
— *Location deux-roues :* 5, rue Allieis. Tél. : 93-39-46-15. Entre la rue d'Antibes et le parking Gambetta, sur la gauche en sortant de la gare S.N.C.F.
— *Location de voitures :* Mattei, 8, rue des Frères-Pradignac. Tél. : 93-39-36-50.
— Pour épater votre petite amie, possibilité de louer une Porsche (1 250 F par jour), une Ferrari (2 300 F) ou une Rolls (4 665 F) chez *France-Kent :* 5, rue Latour-Maubourg. Tél. : 93-94-54-50...
— *Service des îles de Lérins :* Tél. : 93-39-11-82.

Un peu d'histoire

Le nom de la ville viendrait des cannes ou roseaux qui poussaient jadis dans les marais voisins. Les Romains nommèrent le site *Canois.* Pendant longtemps la ville ne fut qu'un petit bourg de pêcheurs. A la fin du IVe siècle cependant, saint Honorat fonde le monastère de Lérins.
A partir du XVIIIe siècle, la construction du port développe l'activité de la petite ville. En 1815, Napoléon, qui vient de débarquer à Golfe-Juan, campe dans les dunes hors de la ville. Pour la petite histoire, il envoie le célèbre général Cambronne obtenir 6 000 rations, histoire de tromper l'opinion sur l'importance de ses troupes...
Mais c'est l'année 1834 qui va changer le destin de la ville. Lors de l'épidémie de choléra qui sévissait en France et en Italie, lord Brougham, qui appartenait à la fine fleur de l'aristocratie anglaise, est refoulé d'Italie. Il se voit contraint de faire demi-tour avec sa fille malade et s'arrête à Cannes, à l'unique auberge Pinchinat, où la bouillabaisse est particulièrement délicieuse. Séduit par le site, le petit port bien abrité, les îles qui brillent au soleil, les pins parasols et les oliviers, lord Brougham décide de s'y installer et fait construire une somptueuse résidence, le *château Éléonore,* du nom de sa fille. Jusqu'à sa mort, en 1868, cet hôte illustre passera tous les hivers à Cannes, et son exemple sera suivi par l'aristocratie

anglaise. Le Cannes d'aujourd'hui est né. En 1853, après l'ouverture du chemin de fer, on construit un début de Croisette et, en 1870, la ville compte déjà quelque 35 hôtels et 200 villas...

D'autres étrangers et de nombreux artistes séjournent à Cannes pendant l'hiver : on pense à Mistral, Mérimée et surtout à Maupassant... mais Thiers, le vice-roi des Indes, les membres de l'aristocratie russe, les Rothschild et de Broglie prenaient également leurs quartiers d'hiver à Cannes (à l'époque, on fuyait la côte l'été car le soleil brûlant aurait hâlé les teints de lys alors à la mode...). Les maisons les plus étonnantes, les plus extravagantes, les plus luxueuses voient le jour, du manoir faux gothique aux villas style pagode ou avec minaret, grottes et colonnes de marbre, etc.

Cannes aujourd'hui

Nostalgie, quand tu nous tiens ! Cannes a bien changé depuis un siècle... Les héritiers des belles villas n'ont souvent plus les moyens d'entretenir de telles demeures, ni de résister aux offres des promoteurs qui ont fait surgir un peu partout des appartements « dans un site unique, pour une retraite heureuse ». Il en reste néanmoins un grand nombre, enfouies sous les pins de la Californie où vécut quelque temps Picasso, tout en haut de la Croix-des-Gardes... ou à travers les rues de Super-Cannes... Villas modernes dotées de tous les gadgets nécessaires, châteaux flanqués de tours surréalistes, maisons de délire...

« La » saison cannoise a changé aussi : la saison d'été est désormais la reine, et il est loin le temps où sur le casino figurait cette pancarte : « Fermé pendant l'été ».

Où dormir ?

(Voir aussi à Mougins, Valbonne, Golfe-Juan, Mandelieu, etc.)

● *Bon marché*

— *Azur Hôtel :* 15, rue Jean-de-Riouffe. Tél. : 93-39-52-14. Ouvert toute l'année. Très central, derrière le palais des Festivals. Rien d'extraordinaire mais prix corrects : 100 F pour deux personnes avec cabinet de toilette. 145 F avec douche et w.-c. Petit déjeuner : 12 F.

— *Le Florian :* 8, rue du Commandant-André. Tél. . 93-39-24-82. Fermé du 15 novembre au 15 décembre. Chambres pour deux avec douche de 110 à 128 F. Petit déjeuner : 13 F. Tout près de la Croisette.

— *Hôtel National :* 8, rue du Maréchal-Joffre. Tél. : 93-39-91-92. Ouvert toute l'année. Chambres avec cabinet de toilette à 80 F pour deux. Central. Pas loin de la gare.

● *Plus chic*

— *Hôtel des Étrangers :* 6, place Sémard. Tél. : 93-38-82-82. Juste en face de la gare. Rénové récemment. Ouvert toute l'année. Décoration réussie des chambres, toutes avec salle de bains. De 185 à 340 F. Au 6e étage, solarium. Accueil sympathique.

— *Hôtel Delft :* 20, rue Jean-de-Riouffe. Tél. : 93-39-39-90. Fermé du 1er novembre au 1er mars. Très correct et prix raisonnables : de 104 à 174 F pour deux. Petit déjeuner : 15 F.

— *Hôtel Select :* 16, rue Hélène-Vagliano. Tél. : 93-99-51-00 et 01. Fermé du 1er novembre au 15 décembre. Chambres insonorisées, ventilées, avec salle de bains. Cadre récent. De 218 à 243 F pour deux.

— *Hôtel Wagram :* 140, rue d'Antibes. Tél. : 93-94-55-53. Chambres climatisées, tout confort : 297 F pour deux. Jardin ombragé et calme, agréable.

— *Hôtel Molière :* 5-7, rue Molière. Tél. : 93-38-16-16. Dans un grand jardin fleuri, une demeure du XIXe siècle et son annexe moderne. Chambres avec terrasse, très claires. De 190 à 375 F.

● *Vraiment plus chic*

— *Hôtel Bleu Rivage :* 61, la Croisette. Tél. : 93-94-24-25. Fermé du 1er décembre au 6 février. Dans une demeure ancienne, située sur la Croisette, chambres rénovées gardant un cachet vieillot et désuet, un brin nostalgique. Jardin à l'arrière. Très reposant. Chambres avec vue sur la mer et l'Estérel de 330 à 350 F. Sur le jardin : 290 F. Petit déjeuner : 20 F.

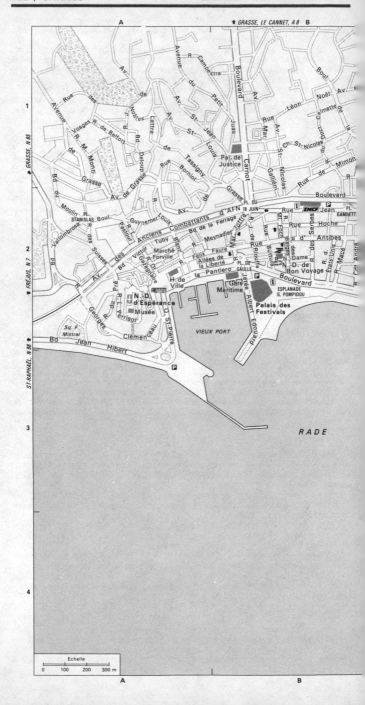

GRASSE, LE CANNET, A 8

RADE

Echelle
0   100   200   300 m

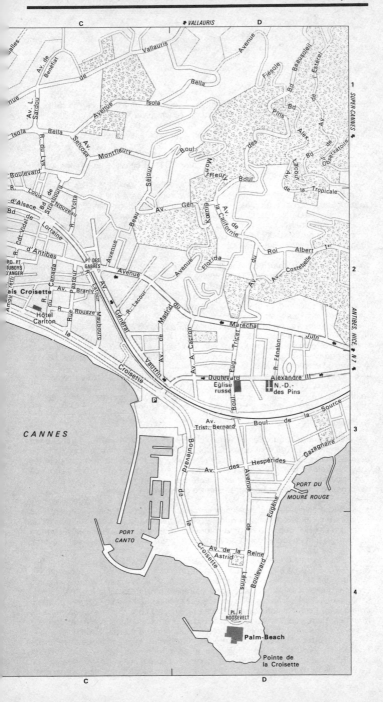

● *Du luxe abordable*

Hors saison les palaces de la Croisette proposent des forfaits week-ends défiant toute concurrence. Téléphonez à la direction.

Où manger ?

● *Très bon marché*

— *Le Bouchon :* 10, rue de Constantine. Tél. : 93-99-21-76. Fermé de la mi-novembre à la mi-décembre, et le lundi. Beaucoup de fleurs et une jolie salle à manger provençale pour ce restaurant qui propose un menu à 49 F d'un bon rapport qualité-prix. Cuisine familiale honnête, avec à la carte quelques spécialités provençales.

— *Ma Cantine :* 14, rue des Frères-Pradignac. Tél. : 93-48-40-49. Presque en face de la célèbre Mère Besson. Bon menu à 60 F. Spécialités de pâtes (dans les 35-40 F). Décor très frais. On y est bien.

— *Manhattan :* 75, rue Meynadier ou 3, rue Félix-Faure. Tél. : 93-39-74-00. Fermé le dimanche midi. Ouvert très tard la nuit et de 4 h à 8 h du matin ! Le rendez-vous des noctambules. Resto tout en longueur, décor de brique branché, ambiance jeune et sympa. Une formule à 49 F, service non compris, avec salade aux noix, bavette à l'échalote ou pizza royale. Spécialités de pizzas (de 28 à 42 F), de pâtes, et de viandes garnies. Bonnes salades composées. Quelques spécialités américaines : chili con carne, hamburger, etc.

— *Little Palace :* 16, rue du 24-Août. Tél. : 93-38-42-42. Fermé lundi et mardi midi. Tenu par le charmant couple Germain et Michel qui assure une cuisine honnête et surtout une ambiance assez géniale le soir. Menus à 59 et 95 F, boisson en plus. Une bonne adresse.

— *La Pizza :* 3, quai Saint-Pierre. Tél. : 93-39-22-56. Ouvert toute l'année. Sur le vieux port, notre coin préféré. Vaste pizzeria où règne une bonne ambiance. Les pizzas et pâtes y sont correctes. Ouvert tard le soir.

— *Le Bec Fin :* 12, rue du 24-Août (près de la gare). Tél. : 93-38-35-86. Fermé le dimanche. Ici, il faut oublier le décor assez banal pour ne penser qu'à la savoureuse cuisine qui vous sera servie. Menus à 65 et 85 F d'un excellent rapport qualité-prix. Bons plats du jour et surtout portions très copieuses. Ne pas y aller trop tard car souvent complet.

— *La Petite Folie :* 7, rue Haddad-Simon. Tél. : 93-38-23-73. De l'autre côté de la voie ferrée, loin des touristes. Décoration soignée et reposante, tout en rose. A midi, menu à 49 F, service compris : salade en folie, côte de porc grillée et dessert. Le soir, formules à 58 et 70 F. Service attentif.

● *Plus chic*

— *L'Estaminet :* 7, quai Saint-Pierre.Tél. : 93-39-47-92. Annexe de « Gaston et Gastounette », à côté, qui propose une cuisine « encore plus chic » ; dans un décor confortable, vous pourrez savourer pour 65 F (service non compris) les moules farcies à la provençale, l'entrecôte grillée maître d'hôtel ou les calmars à l'américaine, riz créole, et une excellente pâtisserie maison. La réserve côtes-de-provence à 32 F est honnête. Service prévenant. Terrasse.

— *Lou Souleou :* 16, bd Jean-Hibert. Tél. : 93-39-85-55. Sur le bd de la Mer qui mène à Mandelieu. Fermé mardi soir et mercredi. Il faut se contenter des menus qui offrent un excellent rapport qualité-prix. Ainsi pour 85 F, vous déjeunerez ou dînerez d'une blanquette de lotte aux moules, d'une terrine de rascasse au beurre nantais (ou plat du jour, ou filet de turbot, etc.) et d'un dessert. Vue sur l'Estérel. Décor style bateau.

— *L'Assiette au Bœuf :* allées de la Liberté ou 2, rue Félix-Faure. Tél. : 93-39-94-70. On aime beaucoup cet endroit pourtant archiconnu ; le décor génial, surtout dans la salle au piano à queue laqué noir où évoluent des mannequins énigmatiques... Les fauteuils en rotin y sont confortables et la formule à 50 F sans (mauvaises) surprises... La viande est excellente. Service empressé. Menu enfant à 30 F avec salade, steak-frites et glace. Il faut y aller le soir car trop de monde le midi, succès oblige ! L'été, terrasse sous les platanes. Attention aux desserts : ils sont redoutablement tentants, mais font monter l'addition.

— *La Croisette :* 15, rue du Commandant-André (à l'angle de la rue des Frères-Pradignac). Tél. : 93-39-86-06. Fermé le mardi. Bon petit menu à 69 F avec un grand choix d'entrées et de plats tels que l'osso bucco aux pâtes fraîches, le demi-coquelet forestière ou la daurade grillée sauce rémoulade. Dommage que certains soient gratifiés d'un supplément. Portions copieuses. Le décor n'est pas génial (tables un peu serrées), mais c'est quand même une bonne adresse.

— *L'Atrium* : 3, rue des Gabres (donne dans la rue d'Antibes). Tél. : 93-39-35-06. Très beau décor avec pilastres et peintures en trompe-l'œil. Cadre récent et confortable. Menus à 70 et 90 F le midi seulement. Pour 70 F : potage du jour ou raviolis à la romaine, entrecôte grillée et sa garniture ou moules à la crème au basilic, crème caramel. Pour 90 F : salade gourmande Atrium ou salade de foies de volaille, plat du jour et tarte du jour. Le soir, à la carte, cela revient beaucoup plus cher. 80 F le plat... vous nous avez compris !

● *Vraiment plus chic*

— *La Brouette de chez Grand-mère* : 9, rue d'Oran. Tél. : 93-39-12-10. Fermé de novembre à la mi-décembre et le dimanche. Agréable petit resto fréquenté par les jeunes Cannois, dans un décor 1900 rouge madère — gravures, affiches — hétéroclite mais sympathique. Une seule formule indémodable : pour 165 F, apéritif maison servi avec amuse-gueule, entrées et plats de grand-mère (contre-filet grillé à la moelle, cailles au raisin, pot-au-feu, langue sauce piquante), fromage, dessert, café et vin du pays à discrétion. Bon accueil. Il est prudent de réserver.

— *Les Planqués* : 3, rue Marcellin-Berthelot. Tél. : 93-68-50-18. Ouvert jusqu'à 2 h 30 du matin. Tenu par deux anciens du Blue Bar qui ont choisi un décor résolument branché : sièges Starck, appliques futuristes. Cuisine très soignée. Très fréquenté.

A voir

● *Le centre ville*

— *Les allées de la Liberté* : ombragées de vieux platanes, il fait bon s'y promener le matin quand s'y tient le marché aux fleurs, non loin du kiosque à musique. Le samedi, marché à la brocante, où vous rencontrerez peut-être César, venu de sa maison de Roquefort, près de Mougins. A l'extrémité des allées, l'hôtel de ville fraîchement repeint, et la gare routière.

— *Le vieux port* : face aux allées, il abrite une flottille de pêche et de nombreux voiliers de plaisance aux noms évocateurs : Princess Audrey, Love-love, Brise Marine. En toile de fond, le *Suquet* et le charmant *quai Saint-Pierre* aux belles façades pastel. Le nouveau palais des Festivals gâche hélas le paysage... On aime flâner sur le quai et les amateurs de voile seront fascinés par quelques superbes voiliers (cuivres et acajous vernis). Il est amusant d'observer la vie des gens à bord de leurs gros bateaux en carénage. Sur la jetée Albert-Édouard, à côté du palais, sont amarrés les yachts les plus luxueux ; un spectacle de rêve le soir, lorsqu'ils sont éclairés, et qu'on devine les salons avec télévision, bien sûr, tableaux de maître, canapés en cuir, gerbes de fleurs, bar, etc. Si déjà on avait ça chez soi ! Sur l'*esplanade des Alliés*, à côté, superbe manège à l'ancienne. La plage, à cet endroit, est très agréable hors saison. Non payante. En retournant vers les allées de la Liberté, *square Mérimée* qui rappelle la mémoire de l'écrivain mort ici en 1870.

— *Le palais* : « hénaurme »..., inauguré en 1982, véritable vaisseau de béton et de verre baptisé « Bunker », qu'on essaie de dissimuler quelque peu derrière de la verdure. En tout cas, il est doté de tout l'équipement perfectionné pour recevoir les congressistes et, bien sûr, les projections du festival.

— *La rue d'Antibes* : c'est la grande rue commerçante de Cannes, ville qui détient le record pour le nombre de commerces par rapport à la population. Ici on compare parfois la rue d'Antibes au Faubourg-Saint-Honoré, ce qui est quelque peu exagéré... sauf pour les prix !

— *La rue Meynadier* : beaucoup plus sympa que la précédente, elle relie la ville moderne au Suquet. C'était autrefois la rue principale ; de nos jours elle est très animée grâce à ses nombreux commerces d'alimentation et de vêtements ; la rue compte quatre « Mercure d'Or » ou prix d'excellence. A vous les fromages réputés de la Ferme Savoyarde, les pains de seigle de Jacky Carletto et les pâtes fraîches de la Maison des Ravioli ou Aux Bons Ravioli...

— *Le marché Forville* : tout à côté, où vont se ravitailler les meilleurs restaurants de Cannes, c'est dire. Il est célèbre pour ses poissons qui frétillent encore sur les étals, mais aussi pour ses fruits et légumes, véritable festival de couleurs et de senteurs.

● *La vieille ville*

Montez par la pittoresque *rue Saint-Antoine,* un peu trop saturée de restaurants (assez chers). Il faut quand même remarquer les maisons basses aux volets vert ou bleu pâle, les vieilles plaques, les entrées en ogive... Vous arrivez à la *place de la Castre,* bordée par un vieux mur d'enceinte. Vue d'un côté sur la Californie et l'Observatoire, de l'autre sur l'Estérel.
— *L'église Notre-Dame-d'Espérance :* construite en 1627, alors que Cannes ne comptait que 1 000 habitants, elle est de style gothique provençal. Ce fut long-temps un lieu de pèlerinage. A l'intérieur, retables de l'époque classique et statue de sainte Anne, en bois polychrome, de la fin du XVe siècle.
— *La tour du Suquet :* ancienne tour de guet, assise sur une voûte, terminée en 1385. En passant sous le vieux clocher, on arrive à une agréable terrasse, très reposante, avec vue sur le port, les allées de la Liberté... Vous découvrez aussi la petite *chapelle Sainte-Anne,* surélevée d'un chemin de ronde, la *tour carrée du mont Chevalier* et les restes du château des abbés de Lérins. Ils étaient bien, là-haut !
— *Le musée de la Castre :* dans le château. Ouvert tous les jours, sauf le mardi, de 10 h à 12 h et de 14 h à 17 h du 1er octobre au 31 mars ; de 10 h à 12 h et de 14 h à 18 h du 1er avril au 30 juin ; de 10 h à 12 h et de 15 h à 19 h du 1er juillet au 30 septembre. Entrée : 3 F. Collections d'antiquités égyptiennes, phéniciennes, grecques, romaines, et d'ethnographie provenant des cinq continents. On y retrace aussi l'histoire de Cannes. A l'entrée, quelques sculptures modernes.
— Retour dans la ville « moderne » : le vieux Cannes du Suquet n'est constitué que de sept ou huit rues, alors n'hésitez pas à les parcourir toutes : *rue de la Suisse,* réservée jadis aux réformés de la Ligue, *rue Coste-au-Corail* où l'on entreposait les coraux pêchés dans la rade, *rue de la Boucherie,* et ses escaliers, *rue du Château-Vert, de la Bergerie, du Moulin,* etc., sans compter les passages, voûtes et placettes...

● *La Croisette*

C'est la façade luxueuse de Cannes avec ses palaces et ses boutiques réservées aux milliardaires, mais c'est aussi une agréable promenade de bord de mer, avec vue sur l'Estérel. Plantée de palmiers et ornée de parterres et jardins fleuris, elle est la promenade inévitable de tous les vacanciers. L'hiver, l'endroit est plutôt fréquenté par un troisième âge fortuné, caniches distingués et lourds colliers de perles, venu chercher encore un peu de douceur de vivre. L'été, la population est plus jeune et les rares plages publiques sont très fréquentées. Beaucoup d'étrangers, de toutes nationalités comme en témoignent les 96 quotidiens en 30 langues différentes vendus à Cannes. Notre palace préféré, de l'extérieur, est bien sûr le *Carlton* pour son architecture Belle Époque. Consacrez un moment (s'il existe encore, car il devrait être démoli et remplacé par un hôtel) à l'*ancien palais des Festivals,* aimable pâtisserie à l'italienne, détrônée par le nouveau palais, et qui abrite pendant le festival la Quinzaine des Réalisateurs.
Au niveau du *port Canto,* jardins impeccablement entretenus, avec manège et jeux pour bambins bleu marine. Belle vue sur le vieux Cannes ; allez-y la nuit quand la tour du Suquet est illuminée et que la route de l'Estérel se dessine clairement sous les réverbères.
Si vous continuez jusqu'à l'extrémité de la promenade, la pointe de la Croisette — où s'élevait autrefois une petite croix, d'où le nom de croisette — vous arriverez au casino du *Palm Beach,* tellement célèbre... Rappelez-vous « Mélodie en sous-sol », d'Henri Verneuil, avec Gabin et Delon... C'est là.

Autour de Cannes

● *La Croix des Gardes :* bloc rocheux situé au nord-ouest de Cannes. Cette colline boisée de pins est une des plus belles promenades des environs.
Prendre l'avenue du Docteur-Picaud et, à droite, le boulevard Leader, puis, à pied, le sentier sous les pins maritimes. Vues superbes sur Cannes et l'Estérel. Au sommet de la colline (163 m), petite croix de fer scellée sur un rocher. Rentrer par l'avenue J.-de-Noailles ou se promener encore dans les nombreuses avenues de la colline, au milieu de luxueuses villas.

● *L'observatoire de Super-Cannes :* nombreux itinéraires pour grimper les 280 m d'altitude, où se dresse la *tour de l'Observatoire.* On est étonné de se trouver si vite au milieu de tant de verdure : les somptueuses demeures disparaissent derrière les pins et les fleurs... difficile de deviner ces villas-châteaux de rêve. Peu à peu le panorama s'élargit. Au pied de la tour de l'Observatoire, un ascenseur vous permet d'atteindre le sommet. Ouvert tous les jours de 10 h à la tombée de la nuit, l'été jusqu'à 21 h. Vue splendide par beau temps, sur l'Italie, l'Estérel et les Alpes enneigées.

● *Le Cannet :* agréable lieu de villégiature, loin du bruit et des embouteillages de Cannes, situé à 2,5 km au nord de la ville. Pour s'y rendre, bus n° 4 ou 5 de la place de l'Hôtel-de-Ville. Sinon, en voiture prendre le bd Carnot et continuer toujours tout droit. Le Cannet constitue en fait une banlieue chic de Cannes, réputée pour son doux climat. Le site est en effet très protégé du vent.
Le peintre Bonnard y passa les dernières années de sa vie. La Bégum y réside encore plusieurs mois par an. Laissez-vous dériver dans les vieilles rues dont certaines maisons datent du XVIIIᵉ siècle, découvrez au hasard une placette ombragée avec parfois des échappées sur la mer. De la place Bellevue, où se retrouvent les habitants, panorama sur la baie de Cannes.

LES ILES DE LÉRINS

Notre promenade préférée à partir de Cannes. L'île Sainte-Marguerite et l'île Saint-Honorat, à respectivement un quart d'heure et une demi-heure de Cannes, sont des paradis de soleil, verdure calme et fraîcheur... On se sent tout à coup très loin de la côte et de la foule.

Comment y aller ?

— *De juin à septembre :* embarcadère des Vedettes, face aux allées de la Liberté. Départs à 7 h 30, 9 h, 10 h, 11 h 20, 12 h et de 14 à 16 h toutes les demi-heures. Retours à 12 h et de 15 à 18 h, toutes les demi-heures.
— *D'octobre à juin :* départs à 7 h 30, 10 h, 11 h 20, 14 h et 14 h 45. Retours à 12 h, 15 h et 17 h.

● *L'ILE SAINTE-MARGUERITE*

C'est la plus grande des deux îles ; elle abrite 170 ha de forêt. Possibilité de se baigner à l'aplomb des rochers et sur quelques petites plages de sable et de galets. Des bateaux viennent mouiller au nord et au sud de l'île. Les randonneurs effectueront le tour de l'île en 2 h environ, ou iront au hasard des allées qui desservent la forêt.

Un peu d'histoire

En 1685, le fort de Sainte-Marguerite devint prison d'État. Le célèbre *Masque de Fer* débarqua en 1687 par Saint-Mars y fut interné. Les hypothèses les plus étranges ont été émises quant à l'identité du Masque de Fer. Voltaire affirmait que c'était un frère aîné de Louis XIV, mais fils illégitime de la reine ; un historien pencha pour Marc de La Morelhie, gendre du médecin d'Anne d'Autriche qui établit le rapport d'autopsie de Louis XIII. Ledit gendre aurait lu le document qui déclarait le roi incapable d'avoir des enfants, et en conséquence le futur Roi Soleil était un bâtard... D'autres érudits proposèrent le comte Mattioli, diplomate italien qui aurait escroqué Louis XIV, ou encore Eustache Dauger, serviteur de Fouquet et compromis dans l'affaire des poisons... On n'en sait pas plus.
Autre prisonnier célèbre, le *maréchal Bazaine* qui capitula sans résistance durant la guerre de 1870. Il n'endura que peu de temps les rigueurs de la prison car il réussit à s'évader quelques mois plus tard.

A voir

— *Le Fort Royal :* édifié par Richelieu, il fut renforcé par Vauban en 1712. Belle porte monumentale. De part et d'autre de l'allée centrale, dite allée des Officiers, s'élèvent les bâtiments qui étaient des casernements. A l'angle nord-est, les prisons, surmontées par la tour du sémaphore. Dans l'une des cellules fut emprisonné le Masque de Fer. On peut également visiter les salles où furent internés des pasteurs protestants après la révocation de l'édit de Nantes. A l'angle nord-ouest, importantes ruines romaines mises au jour récemment. Voir encore le bâtiment mis à la disposition de Bazaine au cours de sa détention. Terrasse d'où la vue est superbe. Le maréchal n'était pas trop à plaindre malgré tout.
Les amateurs visiteront le *musée de la Mer* qui abrite les produits provenant des

fouilles réalisées sur l'île ou des épaves de bateaux découvertes au large. Belles salles voûtées romaines restées intactes.

— *Le sentier botanique :* aménagé et fléché, il permet d'identifier les différentes espèces signalées au pied de chaque arbre. Vous apprendrez vite à distinguer le pin parasol du pin maritime ou du pin d'Alep si léger. Les chênes verts, chênes kermès, les eucalyptus et les arbousiers n'auront bientôt plus de secret pour vous. Vous découvrirez également les plantes les plus variées : clématites, immortelles, garances, garous, dites « herbes de belle-mère » car… toxiques, centaurées, etc.

● L'ILE SAINT-HONORAT

C'est un domaine privé qui appartient au monastère. On peut néanmoins s'y promener (sous-bois très agréable avec vue sur la mer partout présente). Pas de vraie plage, mais baignades possibles.

Un peu d'histoire

Du monastère, un des plus connus de la chrétienté, sortirent (comme d'une grande école, de nos jours) les saints les plus célèbres : saint Patrick, l'évangélisateur de l'Irlande, saint Hilaire, évêque d'Arles, saint Cézaire, saint Salvien et saint Vincent de Lérins. En 660, saint Aygulph introduisit la règle de saint Benoît. Le patrimoine temporel de l'abbaye était immense et s'étendait bien au-delà de la Provence. Mais avec les incursions répétées des Sarrasins, les attaques des Génois, puis des Espagnols, le rayonnement de l'abbaye ne pouvait que décroître. En 1788 le monastère fut sécularisé par le pape.

En 1791, la comédienne *Sainval*, élève de Voltaire et partenaire de Talma, acquit l'île et s'y établit. Selon les potins de l'époque, Fragonard, son vieil amant, serait venu la voir et aurait décoré de fresques galantes son boudoir qui n'était autre que l'ancienne salle du chapitre !

En 1859, l'évêque de Fréjus racheta l'île et dix ans plus tard l'abbé de Sénanque rétablissait la vie cistercienne à Saint-Honorat. De nos jours, les moines sont toujours là. Ils cultivent la lavande et la vigne et distillent une liqueur, la *lérina*.

Où dormir ?

— *Abbaye des Iles de Lérins :* île Saint-Honorat. Tél. : 93-48-68-98. Pour 100 F par jour, et à condition d'y venir pour méditer, les hommes seront accueillis au monastère des moines de Lérins, et les femmes au couvent des sœurs de Bethléem. Émotion assurée entre le coucher de soleil sur le fort en ruine et les cantiques de l'office religieux.

Où manger ?

— *Chez Frédéric :* île Saint-Honorat. Tél. : 93-48-66-88. Menu à 110 F, prix raisonnable vu le cadre. Spécialité : langouste grillée aux oignons. Ambiance sympa.

A voir

— *Le monastère-forteresse :* ouvert en saison. L'abbé Aldebert, devant les invasions permanentes, fut contraint en 1073 de construire cet édifice fortifié dont les murs baignent la mer sur trois côtés. Le bâtiment a belle allure. Vauban qui s'y connaissait s'exclama en le voyant : « C'est un vrai chef-d'œuvre à quoi on ne peut rien ajouter. »

A l'intérieur, au premier étage se trouve le *cloître* aux voûtes des XIVe et XVIe siècle. L'une des colonnes est une borne milliaire romaine. Au milieu, se trouve une grande citerne d'origine romaine. La galerie supérieure à colonnettes de marbre blanc offertes par les Génois permet d'accéder en 72 marches (les 72 règles de saint Benoît) à la *chapelle de la Sainte-Croix* qui abritait de précieuses reliques. Au dernier étage, terrasse où était installé l'abbé (il y a toujours eu des privilégiés), d'où il pouvait contempler à loisir, des heures durant, sans se lasser, l'Estérel, la baie de Cannes et la forteresse du Suquet, les Alpes enneigées et puis « la mer, toujours recommencée ».

— *Le monastère moderne :* on ne peut visiter que l'église et le musée. L'église date de la fin du XIXe siècle ; dans le croisillon gauche, émouvante chapelle des morts (du XIe siècle, seul vestige de l'ancienne église romane) ; quant au musée, il contient des fragments d'architecture romaine trouvés dans l'île ainsi que des documents relatifs à l'histoire du monastère.

— Enfin, possibilité de faire le *tour de l'île* par un joli sentier ombragé et de visiter les nombreuses chapelles, témoins du passé religieux de l'île. On remarquera aussi le four installé par Bonaparte pour faire rougir les boulets.

MOUGINS

C'est le jardin luxueux de Cannes (7 km), où l'on se repose loin de la foule du littoral. Il fait bon retrouver ici l'atmosphère d'un village provençal, bâti en colimaçon autour de son clocher de l'époque féodale. Autrefois, la colline sur laquelle est perché le village était couverte d'oliviers et de champs de roses ; aujourd'hui, c'est le fief de somptueuses résidences secondaires, avec toit provençal, jardin paysager et piscine, qui ont quelque peu dégradé le paysage.

Adresse utile

— *Syndicat d'initiative :* dans le superbe local contigu au lavoir, av. du Commandeur, en saison (d'avril à octobre). Tél. : 93-90-15-15. Hors saison, au rez-de-chaussée de la mairie, place du Commandant-Lamy. Tél. : 93-75-78-15.

Où dormir ?

— *Le Vaste Horizon :* bd Courteline. Tél. : 93-90-00-43. Ouvert toute l'année, cet hôtel, dont le prix des chambres oscille entre 80 et 300 F, est célèbre pour avoir accueilli Picasso, sa femme Dora Maar, Paul Éluard. Dès 1937, Picasso avait transformé sa chambre avec balcon en atelier, véritable capharnaüm dans lequel il ne fallait surtout rien toucher.
Le restaurant est fermé du 15 novembre au 15 décembre, le dimanche soir et le lundi. Menu à 80 F.
— *Les Liserons de Mougins :* 608, av. Saint-Martin. Tél. : 93-75-50-31. Fermé du 15 novembre au 15 décembre. Chambres confortables, récemment rénovées, de 154 à 250 F. Menus de 80 à 124 F.

Où manger ?

Mougins est une étape gastronomique réputée dont les plus beaux fleurons sont le *Moulin de Mougins*, où officie Vergé, l'*Amandier de Mougins*, ou le *Relais de Mougins*. Mougins serait le village de la région qui compte le plus de restaurants gastronomiques au mètre carré. On vous dit ça à titre d'information car les additions y sont élevées (minimum 350 F). Mais voici une bonne adresse très sympa et plus modeste :
— *Le Feu Follet :* place de la Mairie. Tél. : 93-90-15-78. Fermé en novembre, du 3 au 18 mars, dimanche soir et lundi hors saison. Ces bâches rayées de vert et de blanc répondent à celles du Relais de Mougins, en face sur la jolie place du village. Décor très frais, vert, serveuses vêtues en style provençal. Le menu à 75 F avec soupe de poisson ou salade, suivie d'une escalope de poisson et d'un pavé au chocolat ou d'une exquise tarte maison, est d'un excellent rapport qualité-prix pour l'endroit. Service attentif et bonne ambiance.

A voir

— *Le vieux village* restauré dont quelques pans de murailles subsistent. La place de la mairie, agrémentée d'un orme centenaire et d'une belle fontaine de la fin du siècle, est presque trop pittoresque. On se croirait dans un village de poupées. Dommage qu'il n'y ait pas de café sympa où boire un pastis. A côté du Syndicat d'initiative, superbe lavoir qui accueille les expositions. Près de la statue du commandant Lamy, enfant de Mougins, très belle vue sur l'arrière-pays grassois.
— *Notre-Dame-de-Vie :* à 2,5 km à l'est de Mougins, par la D 35 et la D 3, un ermitage typiquement provençal dans un très beau site. Picasso avait été séduit par l'endroit puisqu'il habita de 1961 à sa mort (en 1973) une propriété contiguë. Jacqueline, sa dernière épouse, y vécut jusqu'à sa mort en 1986. La vue sur Mougins et les paysages environnants est superbe. Une belle allée de cyprès conduit à l'ermitage. La chapelle, qui est l'église de l'ancien prieuré de l'abbaye de Lérins, est précédée d'un porche à trois arcades. Derrière elle, l'ermitage et son clocheton qui constitue la partie la plus ancienne de l'ensemble. Il date du XIIIᵉ siècle.

La chapelle est dénommée Notre-Dame-de-Vie, car elle était un « sanctuaire à répit ». On y amenait des enfants mort-nés qui ressuscitaient quelques instants, ce qui permettait de les baptiser. En 1730, l'évêque de Grasse interdit une telle pratique.

VALBONNE

On aime beaucoup ce village au plan remarquable, régulier et rectangulaire, bref, d'une grande unité architecturale.

Adresse utile

— *Office du tourisme :* bd Gambetta. Tél. : 93-42-04-16. Ouvert du mardi au samedi de 9 h à 12 h 30 et de 14 h 30 à 18 h 30.

Où dormir ? Où manger ?

— *L'Auberge Fleurie :* sur la route de Cannes. Tél. : 93-42-02-80. Fermée le mercredi et du 15 décembre au 1er février. En léger retrait de la route, gentille maison où le prix des chambres oscille entre 110,20 F et 162 F. Les chambres à l'arrière donnent sur un jardin. Petit déjeuner : 15 F. Le restaurant est très bien : dans un décor agréable (nappes à fleurs, grandes glaces, glycine au dehors), on vous servira avec le sourire un bon menu à 78 F composé d'une entrée (salade de saumon ou soupe de poisson), d'un plat et d'un excellent dessert. Difficile de vous conseiller : charlotte au café, délicieux pavé au chocolat... Cuisine inventive sans les excès de la nouvelle cuisine et prix doux. Le lirac rouge à 64 F est excellent.
— *L'Auberge Provençale :* place des Arcades. Tél. : 93-42-01-03. Ouverte toute l'année. Pour le charme d'une vieille demeure donnant sur la si belle place des Arcades. Prix très raisonnables. Chambres de 78 à 130 F. Bon menu, mais à 95 F, avec cailles aux raisins flambées ou pieds-paquets marseillais.

A voir

— *La place des Arcades :* ombragée d'ormes centenaires et entourée de maisons à arcades surbaissées, sous lesquelles passe la rue, elle a beaucoup de caractère.
— *L'église :* en bas du village, au bord de la rivière, précédée d'une terrasse ombragée. C'est l'église de l'ancienne abbaye. Au XVe siècle, l'église a été amputée de son cloître. Dommage !
— *La vieille fontaine* et l'*abreuvoir,* devant la mairie.

SOPHIA-ANTIPOLIS

Sophia-Antipolis : ce nom désigne un centre d'activités internationales de haut niveau technologique implanté dans la zone boisée, au sud-est de Valbonne. Les qualificatifs sont nombreux pour décrire ce complexe : « cité internationale de la sagesse, des sciences et des techniques », « surgénérateur de créativité scientifique », « réplique de Silicon Valley », etc.
L'homme à l'origine d'une telle réalisation, *Pierre Laffite,* persuadé de l'avenir de la télématique, fut frappé en voyant I.B.M. s'installer à La Gaude, au-dessus de Cagnes. Les Américains étaient séduits par la proximité d'un aéroport international et par la région, particulièrement attrayante, pour se fixer ici. Plus tard, Texas Instruments crée un centre de recherches à Villeneuve-Loubet... Le modèle américain des zones (Silicon Valley) où les petites sociétés de haute technologie poussent comme des champignons fait son chemin... Sous l'impulsion de Pierre Laffitte, de la DATAR et de la Chambre de commerce de Nice, on achète quelque 2 400 ha de bois afin d'y implanter des entreprises. Les laboratoires des grandes écoles s'y installent, le centre mondial de réservations d'Air France est fixé ici, Télésystèmes y crée la plus grande banque de données d'Europe.
Actuellement, environ 5 000 personnes travaillent à Sophia-Antipolis dans les domaines les plus performants, de la télécommunication à la biotechnologie. Un parc de sports et de loisirs a été dessiné. Et pour promouvoir le site à l'étranger, on ne se lasse pas de citer cette phrase du directeur d'une importante filiale de Dow Chemical : « Depuis que j'ai quitté Paris pour Valbonne, la productivité de ma boîte s'est accrue de 30 % ! »

Ici, un nouveau langage voit le jour : on ne parle plus de concurrents, mais de « partenaires » : Sophia-Antipolis se veut avant tout un centre d'innovation, de recherche et de formation, un lieu d'échange et de rencontre où la créativité est sans cesse stimulée. Un projet de pyramide qui dominera cet épicentre de la pensée doit bientôt voir le jour.

En projet encore, une *Fondation Daniel Templon*. Ici l'art d'avant-garde s'unira aux technologies du futur. Les grands noms de la création contemporaine seront réunis : Buren, Wahrol, Serra, Venet.

GRASSE

A 14 km de Cannes, la capitale de la parfumerie s'étage langoureusement sur les premiers contreforts des Alpes provençales. Une vieille ville pittoresque et de superbes balades dans l'arrière-pays. Un climat exceptionnel, très efficace contre l'asthme (on vient de loin pour les consultations du docteur Gau). Pour s'y rendre, cars réguliers depuis la gare de Cannes.

Adresse utile

— *Office du tourisme :* 3, place de la Foux. Tél. : 93-36-03-56. Routinier, peu enthousiaste. Vous n'obtiendrez guère plus que les traditionnels prospectus.

Où dormir ?

— *Pension Michèle :* 6, rue du Palais-de-Justice. Tél. : 93-36-06-37. Fermée du 25 octobre au 15 novembre. Dans le centre, dans une ruelle calme. Petit jardin. Bon accueil. Bien tenue et pas chère. Environ 100 F la chambre double. Salle de bains à l'extérieur. Possibilité de demi-pension.

— *Hôtel Napoléon :* 6, av. Thiers. Tél. : 93-36-05-87. Hôtel correct. Très central et prix modérés. Chambres doubles de 100 à 160 F. Resto.

— *Hôtel Panorama :* place du Cours. Tél. : 93-36-80-80. Central, récent et moderne. Télé couleur, téléphone, mini bar, balcon et bien sûr panorama. Doubles à 225 et 250 F.

A voir

— *La vieille ville :* à partir de la charmante *place des Aires,* un lacis de ruelles révélant de jolies demeures anciennes et de nobles hôtels particuliers. Notamment l'*hôtel Isnard* du XVIIIe siècle sur la place des Aires et la superbe maison médiévale, rue de l'Oratoire. Plan détaillé des curiosités à ne pas manquer à l'Office du tourisme.

— *La cathédrale :* elle date du XIIe siècle et fut restaurée au XVIIe siècle. A l'intérieur, quelques peintures intéressantes : Rubens, Fragonard et un triptyque de Louis Brea.

— *La villa-musée Fragonard :* à l'entrée de la ville, en venant de Cannes, près du parking du cours H.-Cresp. Tél. : 93-36-02-71. Ouverte du lundi au vendredi de 10 h à 12 h et de 14 h à 17 h. Fermée le samedi et deux dimanches par mois.

Fragonard, originaire de Grasse, vécut dans cette villa cossue pendant la Révolution française, les commandes de peintures des nobles ayant singulièrement baissé à Paris. Nombreuses toiles, esquisses, dessins et gravures dans un superbe cadre.

— *Musée d'art et d'histoire de la Provence :* rue Mirabeau. Tél. : 93-36-01-61. Mêmes horaires que le précédent. Dans une magnifique demeure du XVIIIe siècle, riches collections de faïences, meubles, costumes, outils, santons, etc.

— *Musée de la marine :* ouvert de 10 h à 12 h et de 14 h à 17 h. Fermé le samedi et le dimanche. Présente quelques souvenirs de l'amiral de Grasse qui participa à la guerre d'indépendance des États-Unis et des maquettes de navires.

— Possibilité de visiter les plus importantes *parfumeries* de Grasse et de vous initier aux techniques qui firent le renom de la ville, notamment les maisons *Fragonard* et *Molinard.* Tous renseignements à l'Office du tourisme.

Aux environs

— *Cabris :* à 6 km de Grasse, sur la route de Saint-Cézaire. Vieux village surplombant la région. Beaucoup d'artistes s'y sont implantés. Très touristique

bien entendu. Monter aux ruines du château pour le panorama de Nice aux contreforts de Toulon.
— *Opio* : à 7 km de Grasse, sur la route de Villeneuve-Loubet. Petit village spécialisé dans la culture des fleurs à parfum. Vieux moulin à huile. C'est sur la route d'Opio que le malheureux Coluche trouva la mort, et c'est toujours à Opio que le super photographe Lartigue finit ses jours.

SAINT-VALLIER-DE-THIEY

A 12 km de Grasse, une halte sympathique et une étape gastronomique réputée. Point de départ de nombreuses randonnées notamment au *Pas de la Faye* (vue superbe sur la mer et les massifs alentour). Vieille église de style roman provençal.

Où dormir ? Où manger ?

— *La Bonne Auberge* : place Frédéric-Mistral. Tél. : 93-42-60-08. Ouvert toute l'année. A côté de la mairie. Petit hôtel très correct. Style provençal bien sûr. Chambres aux environs de 120 F. Resto avec petite terrasse ombragée.
— *Le Relais Impérial* : place du Chevalier-Fabre. A l'entrée du village, en venant de Grasse. Tél. : 93-42-60-07. Ouvert toute l'année. Fort bien tenu. Doubles de 92 à 203 F. Salle à manger agréable. Menus à 61, 87 et 139 F. Gibier en saison (bon ragoût de chevreuil, daube de marcassin).
— *Hostellerie Le Prejoly* : en face du Relais Impérial, une adresse plus chic tout en restant à prix raisonnables. Tél. : 93-42-60-86. Fermée en décembre et en janvier. Auberge de charme avec un grand jardin calme. Sauna et solarium. Chambres (la plupart avec petite terrasse) de 150 à 270 F. Pour trois personnes à 320 F et pour quatre à 350 F. Grande étape gastronomique. Avant nous, Charles Bronson, William Holden, Charles Vanel, Bourvil, Claude François, Mireille Darc, etc., firent honneur à la table. Menus à 60, 70, 95 et 140 F. Carte étendue proposant terrine de rouget crème de basilic, gigot des Alpes en papillote, poussin farci à la crème de broccoli, magret de canard aux cerises, etc.

● *Camping*

— *Camping du parc des Arbouins* : sur la N 85, à 1,5 km vers Grasse. Beau camping 3 étoiles. Piscine.

GOLFE-JUAN

Trop souvent on ne fait qu'y passer, par la N 7 ou la route du bord de mer. Et pourtant Golfe-Juan avec sa belle petite plage, son port et la vue sur les îles de Lérins d'un côté et le cap d'Antibes de l'autre, mérite au moins un arrêt.

Golfe-Juan : une station renommée

Nombreuses sont les personnalités qui séjournèrent à Golfe-Juan. Le plus célèbre fut bien sûr *Napoléon Ier* qui débarqua ici le 1er mars 1815. Une colonne surmontée d'un buste rappelle cet événement ; elle est le point de départ de la fameuse « route Napoléon ». Plus tard, des hommes illustres comme *Chateaubriand* ou *Victor Hugo* vinrent en pèlerinage évoquer l'aventure de Napoléon. Ainsi le témoignage de *Victor Hugo* en 1839 : « Je me suis arrêté et j'ai contemplé cette mer qui vient mourir doucement au fond de la baie sur un lit de sable au pied des oliviers et des mûriers et qui a apporté là Napoléon. »
Plus tard, c'est *Juliette Adam*, femme de lettres renommée à l'époque, qui y fit construire une villa, « Bruyères », et lança ainsi la station. De nombreux écrivains et hommes politiques séjournèrent chez elle : *George Sand* (en 1868), *Gambetta*, *Thiers*, l'éditeur *Hetzel*, *Pierre Loti*, etc.

Adresses utiles

— *Office du tourisme* : 84, av. de la Liberté. Tél. : 93-63-73-12.
— *Gare S.N.C.F.* : tél. : 93-63-71-58.
— *Autocars* : pour Cannes et Nice tous les quarts d'heure. Pour Vallauris : toutes les demi-heures.

Où dormir ? Où manger ?

— *California :* av. de la Liberté. Tél. : 93-63-78-63. Ouvert toute l'année. Près du bord de mer. Simple. Chambres de 50 à 135 F pour une personne, de 60 à 165 F pour deux.

● *Plus chic*

— *Hôtel du Golfe :* bd de la Plage. Tél. : 93-63-71-22. Fermé du 20 octobre au 20 décembre. En bord de mer. Vue sur le golfe, parking, terrasse. Très confortable, avec télévision et téléphone. De 200 à 240 F pour deux.

— *De Crijarsky :* av. Juliette-Adam. Tél. : 93-63-84-44. Fermé du 10 octobre au 22 décembre. Chambres climatisées de 180 à 220 F pour deux. Très propres et confortables. Télévision dans les chambres. Jardin, parking. Pension complète : 260 F. Menus de 80 à 150 F.

— *Chez Claude :* 162, av. de la Liberté. Sur la N 7. Tél. : 93-63-71-30. Fermé du 10 décembre au 10 janvier. Petit hôtel simple mais tout à fait convenable. De 155 à 190 F. Demi-pension obligatoire en saison : de 148 à 180 F. Télévision et mini-bar dans les chambres. Très bon restaurant proposant une excellente cuisine régionale (soupe au pistou, omelette à la menthe) servie dans une salle à manger agréable, donnant sur un joli jardin-patio. Menus de 50 à 135 F corrects pour la côte.

— *M'Hôtel Lauvert :* impasse des Hameaux-de-Beausoleil par la N 7. Tél. : 93-63-46-06. Ouvert du 15 janvier au 15 octobre. 28 studios de 155 à 255 F, calmes et dotés de tout le confort. Piscine chauffée, tennis et jardin.

— *Chez Bruno :* sur le port. Tél. : 93-63-72-12. Dans un cadre agréable avec fontaine à aubes dans le jardin, vous dégusterez une bonne cuisine provençale. Menu à 65 F en semaine composé d'une soupe de poisson et de cannellonis. A la carte, excellents poissons : daurade (80 F), rougets du pays. Bon rapport qualité-prix pour l'endroit.

VALLAURIS

Vallauris est situé à 2 km au nord-ouest de Golfe-Juan, sur fond de collines. Célèbre grâce à Picasso qui y vécut quelque temps et donna un nouveau souffle à la poterie, activité traditionnelle de la ville. Il s'y tient désormais une biennale internationale de céramique d'art et quelque 200 maîtres potiers travaillent encore selon les techniques traditionnelles.

Adresse utile

— *Syndicat d'initiative :* av. des Martyr-de-la-Résistance. Tél. : 93-63-82-58.

Un peu d'histoire

Dès l'occupation romaine, on travaillait l'argile à Vallauris. En 1501, alors que la population avait été décimée par la peste, on fit venir, pour repeupler le village, 70 familles génoises parmi lesquelles se trouvaient des artisans potiers. Ces familles reconstruisirent Vallauris et le dotèrent de rues en damier dont on voit encore aujourd'hui le témoignage.

Picasso et Vallauris

En 1946, Picasso qui résidait à Golfe-Juan avec sa famille, fit la connaissance de Georges et Suzanne Ramié, propriétaires de la fabrique Madoura ; sur leur invitation, il vint les voir, s'intéressa vivement au travail des potiers et promit de revenir. Il revint effectivement et se passionna aussitôt pour la céramique. Certains jours, il réalisait jusqu'à 25 pièces. L'artiste s'installa alors à Vallauris dans une maison très simple, la Galloise. Cocteau, visitant la demeure, ironisa sur le « faste pauvre » de l'endroit, ce à quoi Picasso répondit : « Il faut pouvoir se payer le luxe pour le mépriser. » A partir de 1949, Picasso délaissa quelque peu la céramique pour la peinture, et en 1951 la municipalité de Vallauris proposa à l'artiste de décorer la chapelle désaffectée du prieuré de Vallauris. Picasso accepta et réalisa en 1952 une immense fresque, « Guerre et Paix », en un temps record. On alla même jusqu'à prétendre qu'un peintre en bâtiment n'aurait couvert pareille surface en si peu de temps...

Après tant de travail consacré à Vallauris, Picasso fut nommé citoyen d'honneur. En 1955, il quitta Vallauris pour Cannes puis Mougins mais il resta très attaché à Vallauris. Pour ses 90 ans, la municipalité organisa une fête populaire à laquelle il refusa de participer en disant : « Je veux bien assister à votre spectacle, mais je ne veux pas être votre spectacle. » Il regarda la fête de chez lui à la télévision...

A voir

— *La place Paul-Isnard* : elle est ornée de la statue de « l'Homme au mouton », bronze de Picasso. Belle église baroque au clocher romain.
— *Le château* : il s'agit de l'ancien prieuré de Lérins reconstruit au XVIe siècle. C'est un château carré flanqué de tours d'angle qui abrite deux musées.
— *Le musée national d'art moderne* : vous y admirerez « Guerre et Paix ». Ouvert de 10 h à 12 h et de 14 h à 18 h (17 h hors saison). Fermé mardi et jours fériés. La composition orne la crypte de la chapelle romaine. La Guerre est représentée par un corbillard ; les chevaux tirant le char piétinent les livres, symbole de la civilisation. Le guerrier porte un bouclier où figure une colombe de la paix et une lance en forme de balance, symbolisant la Justice. Sur la paroi opposée, l'humanité libérée laisse éclater sa joie : des enfants s'amusent, des femmes dansent... La composition du fond représente la fraternité des races.
— *Le musée municipal* : ouvert de 10 h à 12 h et de 14 h à 18 h. Fermé le mardi et certains jours fériés. Il renferme d'une part des expositions de céramiques, dans des salles voûtées, d'autre part la donation *Magnelli*, au deuxième étage, composée d'une quinzaine de toiles, de gouaches, etc.
— *Les rues de Vallauris* : elles alignent d'innombrables boutiques de céramiques ; quelques belles pièces (rares) mais aussi beaucoup d'horreurs. La meilleure galerie de céramiques reste encore la *galerie Madoura*, qui vend des copies des œuvres de Picasso. Elle est tenue par Alain Ramié, le fils des amis de Picasso.

JUAN-LES-PINS

Quand les milliardaires s'intéressent à une pinède et à une saison d'été...
La station est née en 1881, créée par la Société foncière de Cannes et du littoral. Une année voit le jour en 1882 lorsque le fils de la reine Victoria, le duc d'Albany, trouve le nom de Juan-les-Pins. La société foncière achète des grands terrains dans ce qui était une splendide forêt de pins. Mais la spéculation ne donne pas les résultats espérés : au début du siècle, on compte huit petits hôtels et deux villas. La guerre de 14 n'accéléra pas le mouvement. Il y eut bien un casino de planches, construit par un certain Godéon, mais c'est tout.
C'est alors qu'en 1921 un restaurateur niçois, *Baudoin*, séduit au cinéma par une scène tournée à Miami, a une idée géniale : lancer une saison d'été sur la Côte d'Azur (à l'époque, on n'y séjournait que l'hiver). Il trouve une belle plage de sable à Juan, achète le casino et quelques hectares. Il ouvre, fidèle à sa vocation, un restaurant et fait venir les Dolly Sisters. Carrément ! L'idée est astucieuse car les fillettes attirent deux milliardaires : *Bentley*, le fabricant d'automobiles, et *Frank Jay-Gould*, magnat du chemin de fer, alors en voyage de noces à Juan avec sa troisième femme. Ce dernier connaît bien la région et ses possibilités financières : il possède déjà l'hôtel Majestic à Cimiez, et le Palais de la Méditerranée. Aussitôt, il s'associe avec Baudoin pour lancer la saison d'été (en 1931) et achète des terrains. La plage connut un succès teinté de scandale. Pour la première fois, des jeunes femmes enlevèrent leur jupette et se baignèrent en maillot de bain collant. Une révolution !
Les années 50 vont accélérer le succès de Juan. Sydney Bechet s'y marie, Piaf, Gréco, Eddy Constantine fréquentent l'endroit. On y danse jusqu'au petit matin. Le festival de jazz de Juan-les-Pins qui établit ses quartiers dans la belle pinède ajoute à la renommée de l'endroit.

Où dormir ?

En principe, on ne vient pas à Juan pour y dormir : les boutiques sont ouvertes très tard, cafés et boîtes battent le rappel des noctambules et les rues du centre sont très animées jusqu'à une heure avancée (orchestres dans les cafés, etc.). Mais il faut bien se reposer quand même, alors...

● **Prix modérés**

— *Hôtel Trianon* : 14, av. de l'Estérel. Tél. : 93-61-18-11. Pas loin de la gare. Chambres pour deux, simples mais correctes, de 90 à 165 F.

— *Hôtel Parisiana* : 16, av. de l'Estérel. Tél. : 93-61-27-03. Ouvert du 1er avril au 31 septembre. Juste à côté du précédent. Jardin. Propre. Chambres simples de 60 à 130 F et doubles de 110 à 150 F.

— *Hôtel des Tamaris* : 37, rue Bricka. Tél. : 93-61-20-03. Fermé du 15 octobre au 15 janvier. Petit jardin. De 108 à 172 F pour deux.

● **Plus chic**

— *Hôtel de l'Estérel* : 21, rue des Iles. Tél. : 93-61-08-67. Fermé du 11 novembre au 15 décembre et en janvier. Charmante petite demeure avec un adorable jardin, dans une rue bien calme. Chambres confortables, bien exposées, de 137 à 277 F maximum pour deux. Le restaurant est réputé (voir « Où manger ? »).

— *Regency* : 2, av. de l'Amiral-Courbet. Tél. : 93-61-09-39. Fermé d'octobre à avril. Chambres tout confort avec téléphone, salle de bains ou douche et w.-c. privés, de 220 à 280 F. Agréable terrasse-jardin où l'on peut déjeuner. Bon restaurant. Menus à 45 et 60 F.

Où manger ?

— *Le Provence* : 1, av. du Maréchal-Joffre. Tél. : 93-61-02-66. Spécialités provençales et alsaciennes. Encore un restaurateur du Nord de la France qui n'a pu résister au doux soleil de Juan. Bon petit menu à 60 F, avec soupe de poisson, plat de viande ou choucroute. Bonne petite réserve maison à 22 F. Jardin et terrasse.

— *Restaurant du Midi* : 93, bd Poincaré. Tél. : 93-61-35-16. Un bon choix de menus, plus chers le dimanche. En semaine, 55, 70 et 90 F. Agréable jardin-cour fleuri. Accueil sympathique.

— *Le Cheap* : 21, rue Dautheville. Tél. : 93-61-05-66. Ouvert tard la nuit. Assez branché. Agréable terrasse ombragée. Bonnes grillades et pizzas à prix doux.

— *Lou Capitole* : 26 bis, av. Amiral-Courbet. Tél. : 93-61-22-44. Fermé le mercredi hors saison et de décembre à février. Bon rapport qualité-prix pour ses gentils menus à 61 et 74 F. Ce dernier propose vol-au-vent sauce financière, suivi de brochettes aux fruits de mer et du plat du jour. Vin du pays en pichet. Accueil sympathique.

● **Plus chic**

— *Auberge de l'Estérel* : 21, rue des Iles. Tél. : 93-61-86-55. Fermée du 15 novembre au 15 décembre, dimanche soir et lundi. En été, repas servi dans l'agréable jardin. Salle confortable, mais dont le décor ne correspond peut-être pas tout à fait à la qualité des plats proposés. Choisissez bien sûr le menu à 130 F, service compris, qui offre entre autres : daube de lotte ou pied de veau en gelée au vin de Bellet à l'estragon (avec petite salade de pommes de terre à la crème de ciboulette), filet de turbot en infusion de soja et d'huile vierge, julienne de légumes croquants ou fines escalopes de loup de mer gratinées au sabayon à l'essence de Noilly et de basilic. Pour terminer excellents fromages et surtout, surtout ne manquez pas les « trois chocolats sauce à la vanille », le meilleur dessert qu'on ait mangé sur la côte, et on pèse nos mots ! La carte change assez souvent, mais on espère qu'ils laisseront en permanence les trois chocolats... Cuisine inventive toujours renouvelée, à un prix abordable pour la région. Tous les critiques s'offusquent d'ailleurs que le Michelin ait « oublié » cet endroit. Allez-y avant que les prix ne grimpent trop vite.

Où boire un verre ?

— *Le Pam Pam* : bd Wilson. Ouvert très très tard dans la nuit. Orchestres le plus souvent brésiliens. Excellents cocktails exotiques (de 30 à 50 F). Mais difficile d'y trouver une place (en saison) après 21 h. C'est bondé.

— *Le Festival* : en face du précédent, et tout aussi fréquenté. Peut-être un peu moins chic.

Juan, d'abord un festival

Il se tient au cours de la deuxième quinzaine de juillet (réservations par courrier à la Maison du tourisme d'Antibes-Juan-les-Pins).

Appelé depuis toujours *festival de Jazz*, il tend néanmoins à ressembler plus à un kaléidoscope musical à tendance jazz. Les méchantes langues vont même jusqu'à parler d'auberge espagnole : tout le monde apporte sa musique, de la salsa à la pseudo-variété à la Georges Benson. L'an dernier, on a pu entendre, entre autres, Bernard Laviliers, Keith Jarett, Phil Colins, Ray Baretto, Bill Evans. Trouble Funk a fait l'événement avec sa « go-o » musique, ce rap tout à fait râpeux venu de Washington. On peut regretter toutefois que les entractes entre deux groupes deviennent de plus en plus longs (75 mn parfois, c'est vrai il faut monter tout le matériel)...

En tout cas, écouter du bon jazz dans la pinède avec l'Estérel pour toile de fond, c'est un grand moment.

LE CAP D'ANTIBES ─────────────

Splendide presqu'île qui sépare Antibes de Juan-les-Pins, où, disséminés sous les pins, se dressent de superbes villas ou de luxueux palaces.

Comment y aller ?

— Bus de la gare routière d'Antibes. Toutes les heures environ.

Le cap commence (côté Antibes) au petit *port de La Salis*. La plage de La Salis est une des plus agréables plages (gratuites) de la côte. Quand vous vous baignez, vous avez vue d'un côté sur la riche végétation du cap, les mimosas, les pins, de l'autre sur la masse grise des remparts d'Antibes et de son château, avec en arrière-plan la Baie des Anges et les Alpes...

Autant la plage de Juan une fois lancée connut très vite un grand succès, autant, curieusement, les spéculations financières sur le cap d'Antibes furent un échec. C'est ce qui explique le côté protégé de l'endroit. Plus tard, la municipalité d'Antibes et la loi sur la protection des caps évitèrent un emploi immodéré du béton.

A la fin du XIXe siècle, l'isolement et la beauté du site attirèrent de nombreux artistes : *Anatole France, Jules Verne* qui y écrivit « Vingt mille lieues sous les Mers », *Maupassant*, etc. Plus tard, des personnages célèbres s'y fixèrent comme le *duc de Windsor*, après son abdication, *Leopold II*, l'ex-roi d'Égypte *Farouk, Onassis* et *Niarchos*. De nos jours, la splendeur des villas laisse à penser que des personnages importants et fortunés y résident encore. On peut aussi voir des maisons de retraite ou des établissements de vacances pour les enfants et de vastes serres où poussent de nombreuses variétés de roses ou d'œillets.

Le plus étonnant au cap reste sans doute ces petits cabanons avec jardinets qui subsistent à côté des propriétés de milliardaires. De la plage de La Garoupe, empruntez l'agréable petit sentier qui longe la mer. Quelques personnes âgées, de la maison de retraite voisine, s'y promènent plusieurs fois par jour. Vous longerez d'immenses propriétés, bien cachées derrière les pins. Comme le dirait Mme Michu : « Ça sent l'argent ».

A voir

— *Le plateau de La Garoupe* dont le sommet est occupé par une chapelle, un phare et une table d'orientation. Vue splendide de Saint-Tropez aux Alpes italiennes. La *chapelle Notre-Dame-de-Bon-Port* abrite deux nefs, l'une du XIIIe siècle, l'autre du XVIe siècle, fermées par deux belles grilles en fer forgé. A l'intérieur de la chapelle, nombreux ex-voto marins et statue de Notre-Dame-de-Bon-Port, patronne des marins.

— *Le jardin Thuret* : parc de 7 ha qui possède quelque 140 espèces d'eucalyptus et de nombreuses variétés de plantes et arbres exotiques. Vous y passerez un moment agréable.

— *Le musée naval et napoléonien* : av. J.-F.-Kennedy. Tél. : 93-61-45-32. Ouvert de 10 h à 12 h et de 14 h à 17 h l'hiver, l'été de 10 h à 12 h et de 15 h à 19 h. Fermé en novembre. Entrée : 11 F. A la pointe du Cap d'Antibes, la *tour Grillon* surplombe les vestiges d'une ancienne batterie, face aux îles de Lérins. Elle abrite maintenant un musée qui contient d'intéressantes collections navales :

maquettes de vaisseaux, etc., et un fonds napoléonien se rapportant surtout au retour de l'île d'Elbe. Du sommet de la tour, vue sur l'extrémité boisée du cap (accès interdit, propriétés privées obligent), la pointe de la Croisette et les îles de Lérins.

ANTIBES

Peut-être notre ville préférée de la côte. D'abord, un site superbe, entre deux anses, avec des remparts plantés sur la mer, un port de plaisance de rêve, une vieille ville aux rues tortueuses et aux hautes maisons où court le lierre, un côté provençal presque authentique ; d'ailleurs Antibes vit aussi l'hiver (contrairement à Juan) et ne se contente pas d'exploiter ses ressources touristiques. On ne se lasse pas de longer les quais du port Vauban, de se promener sur les remparts ou dans le vieil Antibes... Place Nationale, à la terrasse d'un café, sous les platanes, on a du mal à réaliser que la mer est si proche. Mais les marins du port, attablés à côté de vous, vous le rappelleront.

Un peu d'histoire

Vers le IVe siècle avant Jésus-Christ, les Grecs s'installèrent à un endroit situé en face de Nice, qu'ils appelèrent *Antipolis* (la ville d'en face). Au XIVe siècle, située à la frontière franco-savoyarde, Antibes occupait une place stratégique dont l'importance n'échappait pas aux rois de France. Henri IV la dota de fortifications poursuivies sous Vauban (1707). Quand Napoléon débarqua en 1815 à Golfe-Juan, la place forte d'Antibes refusa de le recevoir et on emprisonna les 40 envoyés de Napoléon. Le colonel d'Ornano n'alla pas cependant jusqu'à attaquer l'usurpateur, ce qui aurait peut-être changé bien des choses. Louis XVIII décerna plus tard un brevet de fidélité à la bonne ville d'Antibes.

En 1894, les fortifications d'Antibes furent rasées en grande partie pour permettre l'expansion de la ville. Quel massacre ! Elles avaient permis jusque-là de résister à l'afflux d'étrangers qui s'installèrent donc à Cannes ou à Nice. Ce n'est qu'après 1920 que la ville commença à accueillir des touristes avec modération. Les artistes ne dédaignèrent pas l'endroit : Max Ernst, Picasso, Prévert, Sydney Bechet (« les Nuits d'Antibes »), Nicolas de Staël, etc.

Adresses utiles

— *Maison du tourisme :* 11, place de-Gaulle, 06600 Antibes. Tél. : 93-33-95-64. Bonne documentation. Ouverte toute l'année du lundi au vendredi de 9 h à 12 h et de 14 h à 18 h, le samedi matin de 9 h à 12 h. En juillet-août : du lundi au vendredi de 9 h à 20 h, le samedi de 9 h à 12 h et de 14 h à 19 h.

— *Gare S.N.C.F. :* av. Robert-Soleau, derrière le port Vauban, à la sortie d'Antibes direction Nice. Nombreux trains pour Cannes et Nice. Tél. : 93-33-63-51 et 93-99-50-50.

— Navette pour l'*aéroport de Nice :* place Guynemer, gare routière. Départ toutes les demi-heures de 7 h 30 à 20 h. Durée du trajet : 30 mn environ.

— *Gare routière :* de la place de-Gaulle, descendre la rue de la République. C'est tout de suite à droite. Bus très fréquents pour Juan, Cannes, Cagnes et Nice.

Où dormir ?

Liste des hôtels et des meublés à la Maison du tourisme.

● **Très bon marché**

— *Relais International de la Jeunesse :* bd de La Garoupe (c'est fléché), au cap d'Antibes. Tél. : 93-61-34-40. Complet en juillet-août. Évidemment, avec une telle situation, au milieu des pins et dans un des plus beaux coins de la côte ! Le problème c'est que c'est assez loin des gares. Bus pour Antibes néamoins. Règlement assez strict. Couvre-feu en principe à 23 h. Compter 35 F pour le lit et le petit déjeuner.

● **Assez bon marché**

— *Modern Hotel :* 1, rue Fourmilière, derrière la gare routière, rue perpendiculaire à la rue de la République. Tél. : 93-34-03-05. A la fois calme et central. Chambre simple avec lavabo : 78 F, pour deux : 103 F. Chambre double avec douche : 124 F. Simple mais correct.

— *La Méditerranée :* 6, av. du Maréchal-Reille. Tél. : 93-34-14-84. A changé récemment de propriétaire. Chambres doubles de 83 à 130 F. Jardin.

— *Le Nouvel Hôtel :* place Guynemer, tout à côté de la gare routière. Tél. : 93-34-44-07. De 70 à 90 F pour une personne, de 130 à 190 F pour deux. 5 chambres avec douches.

— *Le Ponteil :* 11, impasse J.-Mensier. Tél. : 93-34-67-92. Ouvert toute l'année. De 80 à 125 F pour une personne, de 100 à 180 F pour deux (voir aussi à Juan-les-Pins).

● *Plus chic*

— *La Belle Époque :* 10, av. du 24-Août. Tél. : 93-34-53-00. Central et très propret. Chambres à 140 F sans w.-c. Sinon pour deux compter de 140 à 260 F. Jardin. Bon restaurant avec menus à 45, 68 et 81 F. A ce dernier, beignets de scampi, suivis d'un gigot ou d'un tournedos à l'échalote, fromage ou dessert. Fermé lundi.

— *L'Auberge Provençale :* 61, place Nationale. Tél. : 93-34-13-24. Bien située sur cette jolie place ombragée de platanes. Fermée de la mi-novembre à la mi-décembre et 15 jours en mai. Chambres de 150 à 330 F. Confortable et impeccablement propre. 6 chambres seulement.

● *Vraiment plus chic*

— *Mas Djoliba :* 29, av. de Provence. Tél. : 93-34-02-48. Joli mas provençal au milieu d'un parc. Chambres de 205 à 380 F. Restaurant ouvert en saison (mai-octobre).

Où manger ?

● *Très bon marché*

— *Cafétéria la Salamandre :* 12, bd Aiguillon. Tél. : 93-34-43-27. Formule self mais grand choix de plats du jour à des prix raisonnables. Terrasse ensoleillée. Très propre.

● *De 50 à 100 F*

— *Le Caméo :* place Nationale. Tél. : 93-34-24-17. Très classique mais terrasse sur l'agréable place Nationale et sans surprise. Menu à 50 F avec entrée et plat du jour. Spécialités : sardines fraîches à l'espagnole, daurade grillée, friture du pays, etc.

— *Le Tire-Bouchon :* à côté du Caméo. Les nostalgiques de l'Alsace y savoureront une excellente choucroute à 50-60 F. Nappes à carreaux et service attentif.

— *La Marmite :* 20, rue James-Close. Menus à 54, 84 et 104 F. Belle salle voûtée. Pour 84 F, salade marmite suivie de côtes de mouton aux herbes de Provence et dessert.

— Rue James-Close (derrière la place Nationale), nombreux petits restos. Ne soyez pas rebuté par toutes ces cartes rédigées en anglais, allemand, etc. Les Antibois de souche y côtoient étrangers de toutes nationalités, que ce soit au *Pistou* (tél. : 93-34-73-51) pour son menu à 60 F, ou au *Village* (tél. : 93-34-19-66) pour ses menus à 55, 80 et 100 F. Excellentes moules à la provençale.

— *La Côte d'Or :* 16, rue Fersen. Tél. : 93-74-75-42. Menus à 59 et 97 F. Fermé le mercredi soir et le dimanche soir hors saison. A 59 F vous déjeunerez d'un filet de bar à la crème suivi d'une salade composée. Spécialités bourguignonnes également. Blanc cassis offert pour tous. 7 tables seulement, réservation indispensable.

— *Le Soufflet :* bd Aiguillon, derrière le port. Bon menu à 80 F avec salade mixte ou avocat, petite friture ou coquelet forestière, fromage ou dessert. Spécialités de pâtes et de pizzas. Ambiance agréable.

— *L'Éléphant Vert :* 11, rue du Migrainier. Tél. : 93-34-59-28. Fermé lundi et mardi. Petit resto « branché » dont le menu à 86 F propose une cuisine inventive et fraîche, à l'image du décor de l'endroit. Mais la salle est petite et quand nous avons voulu y dîner, avant même qu'il y ait une table occupée, tout était déjà réservé. Dommage, et ne faites pas comme nous, réservez !

— *Il Giardino :* 21, rue Thuret. Tél. : 93-34-56-58. Fermé le mercredi hors saison. Excellentes pâtes et pizzas dans un beau décor. Attention, longue file d'attente très souvent. Bonne ambiance.

● *Plus de 100 F*

— *L'Oursin :* 16, rue de la République. Tél. : 93-94-13-46. Fermé mardi soir et mercredi. Uniquement des poissons et des fruits de mer. Un must pour la fraîcheur des poissons, le décor bateau, les belles boiseries en acajou, la qualité de l'accueil et du service. Fréquenté par des habitués. Si vous ne prenez qu'un plat de poisson, avec un bon vin, vous ne dépasserez pas les 100 F (51 F la sole et 42 F la bouteille de sylvaner).

— *Le Clafoutis :* 18, rue Thuret. Tél. : 93-34-66-70. Excellent menu à 96 F avec mousseline chaude d'aubergines aux foies de volaille, canard aux airelles, fromage blanc et dessert (coulis de framboises). Décor et ambiance sympa, couleur clafoutis.

Bouâtes

— *La Siesta :* route du bord de mer (vers Nice). Tél. : 93-33-31-31. Accueille plusieurs milliers de personnes tous les soirs en été. 7 pistes de danse, dans un décor exotique. Consommations : 100-120 F. Très connue sur la côte.

A voir

● *La vieille ville*

— De la porte Marine, tournez à gauche pour gagner la promenade du front de mer, dénommée actuellement *avenue Amiral-de-Grasse.* Vous vous trouvez alors sur les seuls remparts qui, face à la mer, ont résisté depuis Vauban aux révolutions, guerres et à l'extension de la ville. Au début de cette avenue, une maison à terrasse au 2e étage de laquelle Nicolas de Staël se serait suicidé (certains prétendent qu'il se serait tué par accident alors qu'il s'était trop penché par la fenêtre). La vue de ces remparts, d'un côté sur le cap d'Antibes, de l'autre sur le littoral jusqu'à Nice et le Mercantour est magnifique. Au milieu de l'avenue, tournez à droite pour gagner la *vieille ville* et d'abord le *château Grimaldi.* Cette grande demeure, ancien *castrum* romain, maison épiscopale, puis résidence des Grimaldi, abrite aujourd'hui le musée Picasso.

— *Le musée Picasso.* Tél. : 93-33-67-67. Ouvert tous les jours sauf mardi et jours fériés, de 10 h à 12 h et de 14 h à 18 h en hiver, et de 10 h à 12 h et de 15 h à 19 h en été. Fermé en novembre. Entrée : 10 F. En 1946, Picasso passait l'été à Golfe-Juan avec sa compagne de l'époque, Françoise, quand il rencontra un certain Don de la Rouchère, sympathique professeur du lycée de Cannes qui s'occupait de la collection archéologique du musée d'Antibes. Alors qu'il osait à peine lui demander une toile pour le musée, Picasso lui apprit, entre deux phrases, qu'il cherchait à peindre de grandes surfaces. Aussitôt l'avisé conservateur sauta sur l'occasion et proposa à l'artiste ce que l'État français n'avait jamais tenté : de grandes surfaces dans son musée.

Quand Picasso visita le musée, qui sera son futur atelier, il découvrit par les fenêtres la vieille ville et ses toits de tuiles, le port, la baie et au loin les montagnes. Il n'hésita pas un instant et, d'août à décembre, travailla comme un « furieux », jour et nuit.

Toutes ses œuvres léguées au musée reflètent son humeur du moment et sont empreintes de joie et d'allégresse. Elles composent un véritable hymne à la vie plein de fantaisie. On y retrouve beaucoup de thèmes d'inspiration mythologique (centaures, nymphes et faunes) et méditerranéenne (pêcheurs, oursins, poissons) qui s'harmonisent admirablement avec la lumière de l'endroit et l'architecture dépouillée du château. Parmi toutes les œuvres, citons la célèbre « Joie de Vivre », la « Nature morte à la pastèque ». A voir aussi une importante collection de céramiques de Picasso.

Le musée possède également une collection d'art contemporain importante (*Léger, Hartung, Max Ernst),* école de Nice, nouvelle figuration ainsi qu'une salle *Nicolas de Staël* toute récente (2e étage).

Sur la terrasse, face à la mer, se découpent les sculptures de Germaine Richier, Arman, etc.

— *L'ancienne cathédrale :* tout à côté du château, l'église de l'Immaculée-Conception présente une floraison de styles divers sur des structures étonnamment anciennes (Ve siècle). Il est vrai que l'édifice, situé derrière les remparts, eut à subir les bombardements depuis la mer (Antibes, ville frontière, du temps où le comté de Nice n'appartenait pas à la France, était très convoitée) et un incendie sous Louis XV.

Belle façade classique, aux vantaux en bois sculpté de 1710. Seul le chevet est roman. A l'intérieur, dans une chapelle à droite, *retable du Rosaire* peint en 1515 par Louis Bréa. Les quinze petits tableaux qui entourent le panneau représentent les quinze mystères du Rosaire entourant la Vierge Marie.

— *Le marché :* cours Masséna, le plus sympa de la côte, sous son architecture à la Baltard. Tous les produits qui sentent bon la Provence sont là et les parlers savoureux et animés des marchandes ne font qu'ajouter à la couleur locale, ici tout à fait authentique. Sur la *place Audiberti* (voisine) se tient un marché à la brocante les jeudis et samedis.

Le long de la place, allez jeter un coup d'œil aux doux prix pratiqués chez *Yacht Broker International*, 21, rue Aubernon : bateaux coûtant la bagatelle de 180 000 $, 350 000 $, etc. Les plus chers ne sont bien sûr pas affichés ! Dans cette rue qui descend au port, bistrots fréquentés par les marins, assez sympa (*le Rouf*, le *Café de la Porte du Port*).

— *Les vieilles rues :* de part et d'autre du marché flânez dans les vieilles rues d'Antibes où résonnent encore des notes de Sydney Bechet. Rues de l'Horloge, du Révely, des Arceaux, du Bari... voies obscures, fraîchement silencieuses, bordées de petites maisons croquignolettes mais souvent retapées, ici une fontaine, là une traverse ombragée ou une placette. Rue du Bateau se tenait le Club du Bateau où s'illustrèrent Gréco, Annabel (Buffet). L'ombre de Prévert qui s'était installé ici n'est pas loin...

— *Le musée archéologique :* bastion Saint-André. Tél. : 93-34-48-01. Ouvert tous les jours, sauf mardi, de 10 h à 12 h et de 14 à 18 h en hiver ; de 10 h à 12 h et de 14 h à 19 h en été. Entrée : 6 F. Fermé en novembre.

Dans cet imposant vestige des fortifications de Vauban est retracée toute l'histoire d'Antipolis. « Musée même de l'homme d'Antibes, né de la terre et des eaux d'Antibes. » Belle collection de poteries (amphores, certains fragments datent du IVe siècle av. J.-C.), monnaies, bijoux. Pièces découvertes lors des travaux d'aménagement du port, en 1970, et objets provenant d'épaves.

— *Le port Vauban :* très grand port de plaisance dominé par l'imposant *fort Carré*, il est totalement « intégré » dans l'*anse Saint-Roch* et change agréablement des immenses marinas construites sur le littoral, monstrueuses baignoires artificielles. Ici le site est superbe, avec cette forteresse en arrière-plan et les vieux remparts. Dans le nouvel avant-port, des aménagements récents vont permettre de recevoir les plus grands et les plus beaux bâtiments de 50 à 150 m. L'ensemble devrait pouvoir accueillir quelque 2 000 bateaux.

Actuellement, près de la capitainerie, sont amarrés de somptueux yachts pour la plupart anglais ou arabes. Ceux qui ont des goûts plus modestes iront flâner sur les autres quais et surtout sur le vieux port abrité derrière d'anciennes fortifications (les tournages de films y sont fréquents).

— *Marineland :* à l'angle de la N 7 et de la route de Biot. Tél. : 93-33-49-49. Accès possible en train, descendre à la gare de Biot. Ouvert tous les jours. Deux ou trois spectacles à partir de 14 h 30 et nocturne à 21 h 30 en juillet-août. Show marin avec orgues, dauphins, otaries, phoques, etc. Musée marin et aquarium.

BIOT

A quelques kilomètres de la mer seulement s'élève sur un piton le pittoresque village de Biot (prononcer « Biotte »). Célèbre pour son artisanat traditionnel, son musée Léger, le vieux village, avec ses ruelles en pente et sa place à arcades, a beaucoup de charme.

Un peu d'histoire

Depuis longtemps, Biot est réputé pour ses poteries puisque les Romains déjà y exploitaient les argiles fines afin de fabriquer des jarres pour le transport du vin, de l'huile, etc.

A la fin du XIXe siècle, les containers en métal allaient cependant prendre la relève des jarres qui contenaient pourtant jusqu'à 300 litres. Il fallut attendre les années 50, l'essor des résidences secondaires et la mode des jarres décoratives pour jardin pour que Biot retrouve un nouvel essor.

Adresses utiles

— *Syndicat d'initiative :* place de la Chapelle. Tél. : 93-65-05-85. Ouvert tous les jours de 14 h 30 à 18 h. Samedi, dimanche et jours fériés de 10 h à 12 h et de 14 h 30 à 18 h.
— *Autobus :* lignes Antibes-Biot. Départs de Biot à 7 h 20, 9 h 30, 11 h, 13 h, 15 h, 16 h 30 et 18 h. Attention, la gare de Biot se trouve à 4 km du village même.

Où dormir ?

— *Hôtel des Arcades :* 16, place des Arcades. Tél. : 93-65-01-04. Ouvert toute l'année sur la jolie place bordée d'arcades. Le bâtiment date du XVIᵉ siècle. Le patron, sympa, y organise des expositions. Chambres meublées à l'ancienne donnant sur la mer et les collines. De 115 à 220 F pour deux.

● *Campings*

Nombreux campings tout autour de Biot qui, d'ailleurs, déparent quelque peu le paysage.
— *Les Prés :* chemin des Prés. Tél. : 93-33-29-26. A 2 km au sud par la D 4. Ombragé et herbeux. Réserver pour juillet-août. Ouvert du 15 mai au 25 septembre seulement.
— *Le Mistral :* 1784, route de la Mer. Tél. : 93-33-50-34. Ouvert du 1ᵉʳ avril au 30 septembre. A proximité de la mer. Correct.

● *Gîte rural*

— *M. et Mme R. Dalmasso :* 18, Chemin-Neuf. Tél. : 93-65-02-03. Ouvert toute l'année. Quatre gîtes dans une belle maison de maître. Réserver à l'avance.

Où manger ?

— *Café des Arcades :* 16, place des Arcades. Tél. : 93-65-01-04. Fermé en novembre et dimanche soir et lundi. Cuisine authentiquement provençale : aïoli, soupe au pistou, sardines farcies, etc. Clientèle sympa, murs décorés de lithos. Bonne ambiance. Compter bien 100 F tout de même.
— *Les Terraillers :* 11, route du Chemin-Neuf. Tél. : 93-65-01-59. Fermé du 30 octobre au 10 décembre et du mercredi. Dans une vieille demeure (ancienne poterie) du XVIᵉ siècle. La terrasse serait agréable, si la route ne passait pas juste devant. Belle salle voûtée toutefois. Prendre le premier menu, sinon c'est trop cher. Cuisine raffinée et accueil souriant.

● *Plus chic*

— *Auberge du Jarrier :* 30, passage de la Bourgade. Tél. : 93-65-11-68. Fermée lundi soir et mardi et du 15 novembre au 15 décembre. Une très bonne table de la côte à des prix encore abordables, ce qui est rare. Le chef est un ancien de l'Archestrate à Paris. Choisissez le menu à 150 F avec, par exemple, cassolette de morue, épaule d'agneau farcie à l'estragon et les galettes bressanes, fromages ou fromage blanc frais, assiette de sorbets et de fruits pochés au coulis de fraises. Réserver.

A voir

— *Le vieux village :* allez-y tôt le matin ou le soir après le départ des touristes. L'ensemble du village garde une certaine homogénéité malgré quelques restaurations. D'importants vestiges de l'enceinte du XVIᵉ siècle subsistent, *porte des Tines* et *porte des Migraniers.* La place des Arcades des XIVᵉ-XVᵉ siècles est particulièrement pittoresque.
— *L'église :* elle abritait, paraît-il, des fresques que l'évêque de Grasse ordonna d'effacer en 1700 pour cause d'« indécence »... On est d'abord surpris car il faut descendre pour y pénétrer. L'église abrite deux superbes retables, l'un attribué à Louis Bréa, le *retable du Rosaire,* l'autre attribué à Canavesio, le *Christ aux plaies* (en restauration récemment).
— *Le musée d'histoire locale :* place de la Chapelle, entrée par le Syndicat d'initiative. Tél. : 93-65-11-79 et 93-65-05-85. Ouvert de 14 h 30 à 18 h 30, les jeudis, samedis et dimanches. Entrée : 3 F. L'histoire de Biot y est évoquée à travers de nombreux documents. Les vieilles familles du village ont offert l'essentiel des pièces exposées (superbes costumes anciens) ; une jolie cuisine biotoise

du XIXe siècle a été reconstituée. Belle collection de fontaines en terre cuite vernissée.

— *La verrerie de Biot* : au pied du village, chemin des Combes, au bord de la D 4. Tél. : 93-65-03-00. Ouverture de 8 h à 19 h. C'est une véritable entreprise employant quelque 80 personnes. On y suit les différentes étapes de la fabrication du verre soufflé.

— *Le musée Fernand Léger* : à environ 2 km du village, à droite en venant de la mer. Ouvert de 10 h à 12 h et de 14 h à 18 h, sauf le mardi. Entrée : 20 F. Étudiants : 10 F.

On a gardé le meilleur pour la fin : c'est vraiment un musée superbe. D'abord pour son environnement : le musée, dû à l'initiative de Nadia Léger qui, seule, a supporté les frais de construction et d'organisation, est bâti à flanc de colline, au milieu des pins.

On y accède par une large allée et on est tout de suite séduit par la belle architecture, aux lignes sobres. Deux œuvres de Fernand Léger ont conditionné la structure de l'édifice : la mosaïque-céramique de la façade, de près de 500 m², et le vitrail de 50 m² en dalles de verre qui éclaire le hall d'entrée.

Dans le hall, citations d'amis de Léger, telle celle de Guillaume Apollinaire : « Quand je vois un tableau de Léger, je suis bien content. » Il est vrai que la vue de certaines toiles très simples rend presque joyeux.

Au rez-de-chaussée sont organisées, en principe, de grandes expositions (Braque). A l'étage sont exposés de nombreux tableaux qui permettent de suivre l'évolution de l'artiste : période impressionniste avec le *Jardin de ma mère* (1905), influence de Cézanne avec les *Toits de Paris* (1912) ou la *Femme en bleu* où, pour la première fois, le peintre utilisa des aplats de couleurs pures. Plus tard apparaissent des œuvres abstraites comme *Contrastes de formes*. Après la guerre de 14 où il est gazé, F. Léger traduit la civilisation mécanique qu'il a côtoyée dans des tableaux tels qu'*Éléments mécaniques*. En 1924, l'objet devient le sujet principal de ses œuvres, ce qui nous vaut l'étonnante *Joconde aux clés*.

Tout au fond, variation sur le célèbre poème d'Éluard : « J'écris ton nom Liberté. » Regardez-le de loin, l'effet est saisissant.

N.B. : des travaux d'agrandissement étaient prévus fin 86 et des modifications dans la disposition des œuvres sont à prévoir.

VILLENEUVE-LOUBET

Superbe village qui occupe, sur la rive gauche du Loup, une colline dominée par un château médiéval. Mais *Villeneuve-Plage,* l'agglomération du bord de mer, s'étire, quant à elle, le long de la N 7 et propose une succession ininterrompue de campings, motels et restaurants de tous ordres.

Où dormir ?

— *Motel des Baléares :* sur la N 7. Fermé du 15 au 30 novembre. Simple, mais correct. De 150 à 210 F.

— *Motel Palerme :* chemin de la Batterie. Tél. : 93-20-16-07. Pratique pour ceux qui voyagent à trois car cet établissement dispose de petits deux-pièces au prix d'un studio. Dommage qu'il n'y ait pas de cloison séparant la cuisine. Chaque studio possède sa terrasse, certains ont vue sur la mer. Pas tout à fait impeccable côté propreté. Prix hors saison (avant le 1er juin et après le 30 septembre), à se faire bien préciser. Compter hors saison 275 F pour trois, 315 F en saison. Pour deux de 120 F hors saison à 170 F en saison.

— *Motel Syracuse :* chemin de la Batterie. Tél. : 93-20-45-09. De l'autre côté de la route, face au motel Palerme. Plus près de la mer et de la plage, plus propre que le précédent. 215 F pour deux.

● *Campings*

— *L'Avenc :* par la N 7 puis, à gauche en venant d'Antibes, l'avenue des Baumes. Tél. : 93-73-29-90. Confortable et calme.

— *L'Hippodrome :* 1 et 2, av. des Rives, à 400 m de la plage. Tél. : 93-20-02-00. A côté du grand supermarché Casino, pratique pour les courses. Possibilité de louer des studios.

Où manger ?

● *A Marina-Baie des Anges*

— *La Tortue* : fermé lundi soir et mercredi soir hors saison. Spécialités de pâtes de 28 à 45 F (ravioli aux vongole), de pizzas de 23 à 40 F. Deux petits menus (55 et 85 F). Correct pour l'endroit.

— *La Flibuste* : menu à 77 F avec salade Flibuste (évidemment !) et daurade.

A voir

— *Musée de l'art culinaire* : ouvert de 14 h à 18 h. Fermé lundi, jours fériés et en novembre. Abrite dans sa maison natale les souvenirs du célèbre chef *Auguste Escoffier*, « cuisinier des rois et roi des cuisiniers », inventeur, entre autres, de la pêche Melba. Amusez-vous à lire de vieux menus de la fin du XIXe siècle. Ils mangeaient bien à cette époque.

— *Marina-Baie des Anges* : sur le bord de mer évidemment, d'ailleurs ça se voit de loin. Ici, la modestie ne les étouffe pas si l'on en juge par la pancarte à l'entrée « la plus belle marina du monde » ! Étonnant ensemble architectural au bord d'une grande marina. Ce complexe balnéaire luxueux (récemment un propriétaire s'est fait cambrioler pour 1,5 milliard de centimes de tableaux, dont un superbe Renoir) est constitué de plusieurs immeubles sinusoïdes, dont les terrasses-jardins descendent en cascade vers la mer. Ces constructions donnent au site de la Baie des Anges un aspect insolite et souvent décrié.

CAGNES-SUR-MER

Il faut distinguer les *Hauts-de-Cagnes,* la vieille ville, partie la plus pittoresque, de *Cagnes-Ville,* moderne, commerçante, assez banale, et de *Cros-de-Cagnes,* l'agglomération du bord de mer, autour de l'ancien village de pêcheurs, longée par la N 98 sur laquelle s'alignent restaurants, pizzeria, crêperies, snacks, plus ou moins bons... Donc, bien se faire préciser où l'on doit descendre. Plusieurs kilomètres traversés par l'autoroute et la N 7, vraiment pas agréables à parcourir, séparent le Cros-de-Cagnes des Hauts-de-Cagnes.

Adresses utiles

— *Syndicat d'initiative* : 6, bd du Maréchal-Juin. Tél. : 93-20-61-64, 93-73-66-66. Également : 20, av. des Oliviers, à Cros-de-Cagnes. Tél. : 93-07-67-08.

— *Gare S.N.C.F.* : 93-20-66-11.

— *Location de deux-roues* : 3, rue du Logis. Tél. : 93-22-55-85.

— *Poste* : avenue de l'Hôtel-des-Postes ! (dans le centre) et avenue des Oliviers à Cros-de-Cagnes.

— *Centre de loisirs et de la jeunesse* : bd de la Plage, à Cros-de-Cagnes. Tél. : 93-07-21-21. Ouvert juillet-août.

Où dormir ?

● *Bon marché*

— *Motel La Gelinotte* : 23, bd Kennedy. Tél. : 93-20-03-06. Bien situé, face à l'hippodrome et près de la mer. Studios confortables à prix raisonnables (160 à 175 F). Cuisine équipée.

— *La Pinède* : 32, bd de la Plage. Tél. : 93-20-16-05. Fermé en novembre. Face à la mer, avec jardin. Chambres doubles avec w.-c. privés à 120 F. Demi-pension.

— *Le Derby* : 26, av. Germaine, qui fait l'angle avec la N 7. Face à l'hippodrome. A 200 m de la mer. Grande terrasse ombragée. Parking privé. De 90 à 190 F pour deux.

● *Plus chic*

— *M'Hôtel Les Collettes* : av. des Collettes. Tél. : 93-20-80-66. Fermé en novembre. Agréable hôtel aux chambres joliment décorées avec vue dominante sur la mer. Piscine et tennis. De 215 à 300 F pour deux. Calme.

● *Campings*

— *Le Val de Cagnes* : à 4 km au nord de la ville, par le chemin des Salles.

Tél. : 93-73-36-53. Loin du bruit de l'agglomération, calme et confortable. Jolie vue sur les environs (camping en terrasses). Environ 40 F pour deux.
— *Camping Panoramer :* au nord de Cros-de-Cagnes. Tél. : 93-31-16-15. Assez cher mais très confortable et surtout bien situé (vue sur toute la Baie des Anges). Pour y accéder, chemin du Val-Fleuri puis chemin des Gros-Buaux. Complet en saison (juillet-août). Ombragé.
— *La Rivière :* chemin des Salles. Tél. : 93-20-62-27. A 4 km de la mer, mais au moins c'est calme et ombragé. Ouvert toute l'année. Prix raisonnables.

Où manger ?

— *Entre Cour et Jardin :* 102, montée de la Bourgade, dans le vieux Cagnes. Tél. : 93-20-72-27. Fermé le lundi. Agréable décor vert tendre, avec fauteuils en osier. Bon menu à 80 F proposant un gâteau de poisson au coulis, une truite aux amandes et un dessert.

Boîte

— *Le Feeling :* Hauts-de-Cagnes. Très branché, clientèle variée (yuppies, étudiants, etc.). De la terrasse, vue splendide. Compter 80 F pour une consommation.

Manifestations

— *Festival international de la peinture :* en juillet-août-septembre. Tél. : 93-20-87-24.
— *Foire des antiquaires :* du 14 au 22 juin.
— *Course des baignoires :* le premier dimanche de juillet.
— *Championnat de boules carrées* (!) : le dernier lundi du mois d'août.

A voir

● *La vieille ville*

Dédale de rues en pente, d'escaliers, de passages voûtés, où chaque maison retient l'attention. Ne manquez pas le *logis de la Goulette* du XIVe siècle, la *maison commune* du XVIIe siècle, avec sa pierre encastrée, et les nombreuses maisons datées du XVe au XVIIe siècle.
— *Le château-musée :* il domine la vieille ville de sa masse imposante couronnée d'une tour crénelée. Il a appartenu aux Grimaldi depuis 1310, date de sa construction, jusqu'à la Révolution. De nos jours cette forteresse à laquelle on accède par un bel escalier à double rampe abrite un *musée de l'olivier,* un *musée d'Art moderne méditerranéen* et la *donation Suzy Solidor.* Ouvert tous les jours, sauf le mardi (hors saison), de 10 h à 12 h et de 14 h à 17 h en hiver, et de 10 h à 12 h et de 14 h à 18 h en été. Entrée : 2 F, hors saison.
Autant la façade paraît austère, autant la cour intérieure, avec ses étages de galeries superposées que relie un escalier à balustre, donne une impression de légèreté. Au rez-de-chaussée, dans les salles voûtées, *musée de l'olivier,* l'arbre symbole de la Provence. Au 1er étage, réservé autrefois aux réceptions, *salle des fêtes* ornée d'un plafond peint en trompe-l'œil par Carlone et Benso au début du XVIIe siècle. La donation Suzy Solidor est constituée de 40 portraits de la chanteuse, réalisés par les peintres les plus célèbres du XXe siècle. Enfin, au 2e étage, toiles de grands peintres qui ont aimé la Côte d'Azur (Chagall, Dufy, Brayer, Foujita, Carzou, Cocteau, etc.).
Durant les mois d'été, le château accueille le *Festival international de la peinture.*
— *La chapelle Notre-Dame-de-la Protection :* ouverte en été de 14 h 30 à 18 h 30, en hiver de 14 h à 15 h. Fermée le mardi et le vendredi après-midi. De son porche, très belle vue sur la mer. On comprend que cette adorable chapelle ait inspiré Renoir. A l'intérieur, fresques de 1530. Dans la chapelle gauche, retable du XVIIe siècle.
— *L'église Saint-Pierre :* elle abrite deux nefs, l'une de style gothique archaïque, caractéristique avec ses voûtes à grosses nervures carrées, l'autre du XVIIe siècle. Curieusement on entre dans l'église par la tribune.
— *La maison de Renoir :* Les Collettes. Ouverte tous les jours, sauf le mardi, de 14 h à 17 h. Par l'autocar régulier Nice-Cannes, demandez l'arrêt du *Beal-Les Colettes.* En voiture, c'est fléché depuis la N 7. Le peintre, atteint de rhumatismes, vint sur les conseils de son médecin s'installer dans le Midi.

Après avoir successivement « essayé » Magagnosc, Le Cannet, Villefranche, Cap-d'Ail, Vence, la Turbie, Biot, Antibes et Nice, c'est à Cagnes qu'il décida de se fixer. La lumière le comblait.

« Ce qui le réjouissait particulièrement à Cagnes, c'est qu'on n'y avait pas le nez sur la montagne ». Il adorait la montagne, mais de loin...

Il me dit souvent qu'il ne connaissait rien de plus beau au monde que la vallée de la petite rivière, la Cagne, lorsque, à travers les roseaux qui donnent à ces lieux leur nom, on devine le Baou de Saint-Jeannet » (*Jean Renoir* « Pierre-Auguste Renoir, mon père » (Folio, Gallimard).

Il résida d'abord, à partir de 1903, à la maison de la Poste (l'actuelle mairie) avant d'acheter *Les Collettes* et ses oliviers millénaires et d'y faire construire une maison, où il passa les douze dernières années de sa vie. Dans la maison acquise par la ville de Cagnes en 1960, tout a été remis en l'état comme du temps de Renoir.

Au rez-de-chaussée, le salon, la salle à manger et les chambres des amis : Durand-Ruel, entre autres, le premier marchand de tableaux qui ait cru en Renoir.

C'est aux Collettes que Renoir peignit « les Grandes Baigneuses », qu'il considérait comme l'aboutissement de sa vie. Lorsque les enfants du peintre voulurent donner ce tableau au Louvre, les responsables du musée le refusèrent, trouvant les couleurs « criardes » ! Ce n'est qu'après qu'ils revinrent sur leur décision et l'acceptèrent...

A l'étage, l'émouvant atelier reconstitué, la chambre de Renoir, de Mme Renoir (de la terrasse vue sur le cap d'Antibes, le vieux village de Cagnes et la mer), des enfants Renoir (Claude, Jean et Pierre).

Promenez-vous dans le vaste jardin planté d'oliviers, dont le feuillage argenté atténue les durs rayons du soleil, d'orangers, de citronniers et de rosiers (les roses étaient les fleurs préférées du peintre), vous ne le regretterez pas.

● *Cros-de-Cagnes*

— Pour sa petite *église de pêcheurs* un peu perdue devant le trafic de la nationale et pour le *petit port* qui essaie d'oublier le vacarme de la circulation.

Balades à pied

Dès que vous vous éloignez des grands axes routiers qui traversent la ville, vous trouvez, à quelques kilomètres, d'agréables sentiers ou petites routes où il fait bon se promener. Deux suggestions :

● *Les Hautes Collettes*

Du Syndicat d'initiative, prendre l'allée des Bugadières, puis le chemin des Bugadiers, la passerelle du Pas, l'avenue Marcel-Pagnol et l'avenue Jean-Mermoz qui monte doucement sur le flanc de la colline des Collettes et débouche sur la crête. Vous arrivez au chemin Guillaumet et à une chapelle isolée au milieu d'exploitations horticoles, appelée *chapelle des Aviateurs*. Retour par le chemin des Collettes, la rue Fragonard, l'avenue des Tuilières et l'avenue Renoir. Durée de la promenade : 3 h.

● *Saint-Jean et Saint-Véran*

Du Syndicat d'initiative, allez rue du Chevalier-Martin, traverse Sainte-Luce, rue des Combes et route de France. Tout de suite à droite, dans une propriété privée, très belle croix de mission, datée de 1877. Plus loin, laissez à gauche la fermette où vécut en 1918 Modigliani. Continuez la route de France jusqu'au château de Villeneuve, et prenez à gauche le chemin du Puy qui suit la crête de la colline de Saint-Véran vers le sud. C'est l'ancien chemin communal d'Antibes à La Colle-sur-Loup. Il rejoint la N 7, après avoir traversé la belle forêt de pins. Il faut bien sûr vite laisser la N 7 pour emprunter la rue Michel-Ange, la rue Maurice-Rostand (on traverse le quartier Saint-Véran). Retour par la place Baulieu, l'avenue de Grasse, l'avenue de Villeneuve, l'avenue de la Gare.

SAINT-PAUL-DE-VENCE _____

On a du mal à imaginer que Saint-Paul, dans les années 30, n'était qu'un tout petit village perdu et perché comme tant d'autres qui gardent l'ancienne frontière du Var dont l'aubergiste accueillait quelques peintres désargentés. En 1955, le Michelin Vert décrivait l'endroit comme « intéressant ». Ce n'est que dix ans plus tard qu'il méritera la formule « vaut le détour ». Entre-temps hôtels et restaurants ont poussé comme des champignons et des circuits touristiques en car se sont multipliés pour le meilleur et pour le pire...

Adresse utile

— *Syndicat d'initiative :* rue Grande. Ouvert de 10 h à 12 h et de 14 h à 18 h. Fermé le mardi et le dimanche matin.

Où dormir ?

On préférera dormir à Vence, plus calme, où l'on trouve des hôtels meilleur marché. Voici toutefois quelques hôtels, mais assez chers ; en été, réserver longtemps à l'avance.
— *Les Orangers :* route de La Colle, D 7. Tél. : 93-32-80-95. Pour son calme, son agréable jardin et sa vue sur le vieux village. Pas de restaurant. Compter de 310 à 420 F pour deux.
— *Auberge Le Hameau :* 528, route de La Colle. Tél. : 93-32-80-24. Fermée du 31 octobre au 1er février. Beau jardin en terrasse. Très reposant. Chambres confortables et bien meublées. De 200 à 320 F.
— *La Colombe d'Or :* place du Général-de-Gaulle, 06570. Tél. : 93-32-80-02.
A partir de 600 F la chambre double et 200 F le repas. Réserver longtemps à l'avance.

● Le génial Paul Roux

Dans les années 1925, *Robinson,* une modeste auberge à l'entrée du village, attira des peintres de la côte en mal de campagne. Très vite le fils de l'aubergiste, la mère Roux, découvrit le talent de ces artistes inconnus jusqu'alors qui avaient pour nom Signac, Soutine, etc. Il reconvertit alors le petit établissement en hôtel, *la Colombe d'Or,* et lança l'endroit en invitant journalistes et personnalités. Quant aux peintres, ses amis, il les hébergeait gracieusement, ne demandant qu'une toile... Ils vinrent nombreux : Derain, Utrillo, Renoir, Vlaminck, Matisse, séduit par l'endroit qui lui rappelait San Gimignano en Italie. D'autres artistes et écrivains plus riches fréquentèrent aussi l'hôtel : Giono, Paul Morand, Maeterlinck, Kipling, Maurice Chevalier, Mistinguett. Plus tard, dans les années 40, les vedettes de cinéma, à leur tour, se rendent à la Colombe : Carné, Prévert, Kosma, Allégret, Clouzot. La Colombe d'Or assura le repas de mariage d'Yves Montand et Simone Signoret. Imaginez la pub ! Entre-temps Paul Roux rénova l'hôtel, utilisant des pierres d'un château des Pyrénées pour la façade et demandant à Léger de composer une céramique murale pour la terrasse. L'hôtel-restaurant abrite maintenant une étonnante collection d'œuvres d'art, et l'on vient ici autant pour le plaisir des yeux que pour la nourriture par ailleurs excellente.
Après la mort de Paul Roux, en 1953, ses descendants ont gardé l'endroit tel quel et l'on peut toujours y admirer de superbes toiles, mais ce n'est pas donné...

Où manger ?

— *Hostellerie les Remparts :* dans la rue principale. Tél. : 93-32-80-64. Jolie entrée décorée de vieux meubles. Demandez une table avec vue sur la campagne, superbe. Menu à 50 F très simple (salade, omelette aux herbes ou plat du jour), mais suffisant.

A voir

— *La rue Grande :* c'est la rue principale du village. Tout de suite à droite, Syndicat d'initiative. La rue est bordée de belles maisons blasonnées des XVIe et XVIIe siècles, trop souvent reconverties en boutiques d'artisanat, ateliers, magasins de souvenirs, pièges à touristes d'un goût douteux. Les vieilles et nobles maisons rappellent que Saint-Paul fut cité royale et petite ville prospère. Vous admirerez la *place de la Grande-Fontaine,* avec son élégante urne en pierre au milieu d'un bassin circulaire et son lavoir voûté. A l'extrémité du village, l'ancien hôpital fut reconverti en école. Vous arrivez ensuite à la *porte du Sud* ou *porte de Vence.* A côté, le cimetière, une émouvante chapelle et des cyprès. Effectuez le tour des remparts qui n'ont pas changé depuis François Ier et ont conservé leur chemin de ronde. Le tracé en « as de pic » des bastions est caractéristique du XVIe siècle. La vue sur la campagne qui rappelle la Toscane y est superbe. Bordant l'enceinte, superbes vieilles maisons rénovées, aux fenêtres à meneaux, où court le lierre.

— *L'église collégiale* : Saint-Paul fut longtemps la rivale de Vence ; aussi pour essayer de l'égaler quelque peu, la ville demanda que son église soit promue collégiale, sorte de sous-cathédrale ; la requête fut acceptée mais la Révolution abolit ce privilège. L'église remonte au XIIIᵉ siècle mais fut agrandie et restaurée à la fin du XVIIIᵉ siècle. Le clocher date de 1740. A gauche en entrant, près des fonts baptismaux, Vierge du XVᵉ siècle, un tableau, « Sainte Catherine d'Alexandrie », attribué au Tintoret. A droite, chapelle latérale ornée d'une riche décoration en stuc. Le devant de l'autel représente le martyre de saint Clément. Au-dessus, tableau d'un peintre italien du XVIIᵉ siècle : « Saint Charles Borromée offrant ses œuvres à la Vierge en présence de saint Clément ».

— *La Fondation Maeght :* ouverte l'été de 10 h à 12 h 30 et de 15 h à 19 h ; l'hiver, de 10 h à 12 h 30 et de 14 h 30 à 18 h. Tél. : 93-32-81-63. Notre musée préféré sur la côte. Nous ne sommes pas les seuls à l'aimer car chaque année quelque 200 000 personnes, dont 50 % d'étrangers, viennent visiter la Fondation, ce qui en fait le deuxième musée d'art moderne de France. *Aimé Maeght,* séduit par l'atelier de Miró à Palma de Majorque, fit réaliser le projet qu'il avait en tête avec, pour principe, le respect du paysage. Il ne s'agissait pas pour autant de « faire du provençal », heureusement. La Fondation a réussi une réelle osmose entre l'environnement, l'architecture et la sculpture. Les matériaux utilisés sont simples : béton brut et brique rose romaine. L'escarpement du sol (la Fondation est sur une colline) a été conservé grâce à des murettes. On est tout de suite frappé par les éléments blancs en béton qui rappellent des cornettes de religieuse : ce sont en fait des collecteurs d'eau de pluie qui alimente les bassins. Beaucoup d'artistes ont participé à la décoration : *Chagall* (en voisin) avec des mosaïques, *Miró* avec des céramiques, *Braque, Tal Coat, Pol Bury* avec ses fontaines. On pense à la formule de Braque « l'art et son bruit de source ».

La Fondation fut inaugurée en 1964. Elle possède une importante collection de peintures et sculptures des plus grands noms du XXᵉ siècle, allant de *Bonnard, Matisse, Léger* à *Tal Coat, Pol Bury, Riopelle, Tapies,* etc. Les éclairages ont été savamment conçus pour mieux mettre en valeur les œuvres. Chaque année ont lieu de grandes expositions telles que l'Hommage à Dubuffet, à Max Ernst, cet « illustre forgeron des rêves », ou l'exposition consacrée aux peintres illustrateurs du XXᵉ siècle.

La Fondation ne se contente pas d'abriter un musée. Elle est aussi un lieu vivant de confrontation où les artistes sont les bienvenus. Ils y disposent d'ateliers, d'une bibliothèque, etc. De plus, en été, les *concerts des nuits de la Fondation* s'y déroulent, ce qui permet aux jeunes créateurs de s'exprimer.

Enfin, la Fondation vit sans aide de l'État, grâce aux entrées et à la librairie, entre autres, ce qui lui assure une totale liberté.

— *La galerie Catherine Issert :* à Saint-Paul. Tél. : 93-32-96-92. Jeune peinture et figuration libre. Sympathique galerie.

VENCE

Vence rime avec Provence... C'est en effet de Provence qu'il s'agit ici ; le littoral se fait loin tout à coup et la vieille ville, avec ses maisons patinées par le temps et ses marchés où se donnent rendez-vous toutes les vraies herbes de Provence, évoque plus le « pays » que la côte. D'ailleurs, Vence est le point de départ de superbes excursions dans l'arrière-pays.

Comment y aller ?

Bus réguliers pour Vence et Saint-Paul depuis Cagnes-sur-Mer. De Nice, bus toutes les heures environ. Dernier départ à 19 h 30. De Vence, dernier départ à 18 h 30. Nice-Vence : 16 F. (Nice-Saint-Paul : 14,70 F).

Vence, station touristique

C'est véritablement après la guerre de 1914 que Vence vit sa population augmenter. La vieille ville dans ce paysage paradisiaque avait de quoi séduire. Gide, Paul Valéry, Soutine et Dufy y séjournèrent. Ce dernier s'installa en 1919 sur la route du Var, face à la vieille ville. Peu à peu on construisit des hôtels et maisons de repos (« une convalescence, avec la connivence du printemps, ici, quelle joie » dira Gide).

Après la pause de la Seconde Guerre mondiale, Vence se développe plus lentement que les villes du littoral, et c'est tant mieux. En 1955, Vence ne comptait que 6 000 habitants. On voyait encore des lavandières au lavoir, les moulins à huile fonctionnaient et d'autres artistes vinrent à Vence pour y retrouver ce côté authentique : Céline, Tzara, Cocteau, Matisse, Chagall qui s'y établit en 1949 (c'est à Vence qu'il réalisa le plafond de l'Opéra de Paris), Carzou, Dubuffet. Mais dès les années 60, les villas avec piscine et jardin paysager surgissent un peu partout ; les champs et les oliveraies disparaissent... La ville double en dix ans. On crée une rocade, des parkings, la vieille ville demeure heureusement presque intacte, mais l'urbanisme continue ses ravages un peu partout à l'extérieur, de grands immeubles qui « effacent les contours » sont construits. Chagall du coup émigre à Saint-Paul, les agences immobilières, elles, vont bien, merci.

Où dormir ?

● Prix modérés

— *La Closerie des Genêts :* 4, impasse Maurel. Tél. : 93-58-33-25. Ouvert toute l'année. Très calme et pourtant en plein centre. Agréable jardin. Chambres à partir de 90 F. Bon restaurant proposant des menus corrects à 75 et 90 F ; fermé le dimanche soir et le lundi sauf en juillet-août. Spécialités : émincé de gigot à la menthe fraîche, baudroie au safran.
— *Le Coq Hardi :* les Cayrons, à 2,5 km sur la route de Cagnes. Tél. : 93-58-11-27. Fermé en janvier et le mardi hors saison. Demi-pension obligatoire : 95 F. Pension : 150 F. Assez simple mais très propret. Restaurant servant une cuisine soignée. Menus à 49 et 65 F.
— *La Lubiane :* 10, av. Joffre. Tél. : 93-58-01-10. Fermé du 15 novembre au 15 janvier. Correct, jardin, chambres de 66 à 190 F. Un peu loin du centre.

● Plus chic

— *La Roseraie :* 14, av. A.-Giraud, route de Coursegourles. Tél. : 93-58-02-20. Fermé en janvier. Chambres confortables de 200 à 280 F. Jolie terrasse très fraîche où l'on mange à l'ombre des cèdres et des magnolias. Restaurant (fermé le mercredi) où vous goûterez aux spécialités du Sud-Ouest : confits, salmis de canard, boudin landais. En dessert, ne manquez pas le pavé au chocolat. Menus à 90 et 140 F. Bons petits vins : madiran, cahors, bergerac.
— *Park Hotel :* 50, av. Foch, route de Tourette. Tél. : 93-58-27-27. Fermé du 15 octobre au 15 mars. Un peu loin du centre, mais on aime tellement son jardin-terrasse qui profite d'ailleurs des arbres voisins. Chambres tout confort, bien décorées. De 174 à 254 F.

● Camping

— *La Bergerie :* sur la route de Grasse, à 3 km. Tél. : 93-58-09-36. Fermé du 6 novembre au 1er mars. Très calme et agréable. Site boisé et reposant. Jeux pour enfants.

Où manger ?

● Très bon marché

— *La Vieille Douve* (chez Mariano) : rue Henri-Isnard. Tél. : 93-58-10-02. Ouvert tous les jours sauf le dimanche. Simple mais authentique, à la fois pour la cuisine et la clientèle. Sympathique resto tout en longueur. De la baie vitrée, vue sur la chapelle du Rosaire. Menu à 50 F TTC avec entrée, plat du jour (bœuf bourguignon, daube provençale) et dessert. Qui dit mieux ?

● De 60 à 100 F

— *La Farigoule :* 15, rue Jean-Isnard. Tél. : 93-58-01-27. Fermé de la mi-novembre à la mi-décembre. Délicieuse cuisine provençale. Menu à 70 F : sardines à l'escabèche ou hors-d'œuvre, truite meunière, fromage ou dessert. Menu à 85 F proposant en plus du précédent, lapin à la farigoule, ou cane aux raisins ou daube à la provençale. Joli patio.
— *L'Oranger :* 3, place de la Rouette. Tél. : 93-58-75-91. Fermé le lundi. Belle salle voûtée du XVe siècle. Dîner aux chandelles. Menu à 50 F le midi et à 80 F le soir. Spécialités dauphinoises. Terrasse.
— *La Roseraie :* voir « Où dormir ? ».

A voir

De la *place du Grand-Jardin,* centre de la ville moderne, gagner la *place du Frêne* qui doit son nom au frêne planté au souvenir de la visite de François Ier et du pape

Paul III en 1538. C'est paraît-il une curiosité botanique : un tel arbre pousse rarement en altitude, même à 325 m. La place est bordée par les murailles imposantes du *château seigneurial*, flanqué d'une tour carrée. De la *place Thiers*, qui prolonge la place du Frêne, jolie vue sur les Baous et le vallon de la Lubiane.

● *La vieille ville*

Elle a gardé tout son caractère derrière son enceinte médiévale. Vous y entrez par l'adorable petite *place du Peyra*, avec sa fontaine en forme d'urne, datant de 1822. C'était le forum de la ville romaine. Ici se trouvait la grande pierre plate (*peyra* : pierre) où le condamné, après un jugement en plein air, s'agenouillait et se faisait trancher la tête.
Prendre la rue du marché et tourner à gauche, vers la place Clemenceau.
— *La place Clemenceau* a belle allure avec son hôtel de ville fraîchement repeint. Il fut construit en 1908 à la place de l'ancien évêché.
— *La cathédrale* : si la façade date de la fin du siècle dernier, la nef et les bas-côtés remontent au XIe siècle. Depuis, la cathédrale a été maintes fois agrandie et remaniée.
L'intérieur, aux dimensions modestes pour une cathédrale, renferme des retables en bois doré, à colonnes torses. Dans une chapelle de droite : tombe de saint Lambert ; sarcophage romain du Ve siècle, dit tombeau de saint Véran. Dans le baptistère : céramique de Chagall « Moïse sauvé des eaux ».
Mais la partie la plus étonnante est la *tribune* qu'on ne peut visiter qu'avec un guide : le mardi et le jeudi de 10 h à 11 h 30 et de 15 h à 16 h 30. Les stalles en chêne et poirier, restaurées au XIXe siècle, sont de Jacotin Bellot (un Grassois) qui y travailla cinq années durant, au XVe siècle. Elles se trouvaient dans le chœur.Admirez les miséricordes « traitées avec une fantaisie satirique et grivoise ».
— A côté de la place Clemenceau, la petite *place Surian* est pittoresque avec son minuscule marché du matin où fleurent bon les produits de la Provence. Par une venelle on arrive à la *porte de Signadour*. Tournez à gauche, vous atteindrez la *porte de l'Orient*, et continuez par le bd Paul-André qui offre des vues superbes sur les Baous. Par la rue du Portail-Lévis, sur laquelle s'alignent de belles façades anciennes, vous retrouverez la place du Peyra.

● *Et encore*

— *La chapelle des Pénitents-Blancs* : place F.-Mistral, tellement jolie par ses dimensions et surtout son clocheton à l'italienne et son dôme de tuiles polychromes vernissées. Elle abrite des expositions de peinture. André Siegfried disait, à propos de cette chapelle : « On ne sait si elle évoque la Provence, l'Italie ou l'Orient. »
— *La chapelle Matisse* ou *du Rosaire* : sur la route de Saint-Jeannet. Visite de 10 h à 11 h 30 et de 14 h 30 à 17 h 30 les mardis et jeudis. De 1943 à 1948, Matisse, fatigué, vint s'y reposer. Il fut si bien choyé par les sœurs du Rosaire qu'il décida, s'il se rétablissait, de décorer l'oratoire qui devait être reconstruit.
La chapelle du Rosaire domine le vallon de la Lubiane, face à Vence. Si, de la route, l'édifice semble quelconque, du jardin, la belle façade blanche se découpe admirablement sur fond de montagne.
Matisse a réalisé toute la décoration intérieure de cette chapelle, de la porte du confessionnal aux chasubles du prêtre ; il s'en dégage une unité parfaite.
A l'intérieur, tout y est blanc sauf les vitraux, hauts et serrés, où tranchent le bleu pur, le jaune citron et le vert vif. Cela donne une impression de gaieté qui a fait dire à Aragon : « C'est si gai qu'on pourrait en faire une salle de bal. »
Sur les murs de céramique blanche, Matisse a tracé en noir de grands dessins représentant le Chemin de croix, saint Dominique, la Vierge et l'Enfant.
— *Le musée Carzou* : dans l'ancien château des Villeneuve, autrefois seigneurs de Vence. Le musée, inauguré en 1986, donne un panorama complet de l'œuvre de l'artiste. Au sous-sol, dans deux grandes salles voûtées, édifiées sur les fondements des remparts romains, sculptures et céramiques, maquettes de costumes et décors de théâtre. Au rez-de-chaussée, bibliothèque où l'on peut consulter des livres consacrés à Carzou. Enfin au premier étage, dans cinq salons en enfilade, avec plafonds et trumeaux d'époque, peintures, aquarelles et dessins de l'artiste.

LES GORGES DU LOUP

Un des parcours obligés du parfait touriste sur la Côte d'Azur. On n'est pas loin du rivage et on a là des paysages de montagne ou presque. Donc beaucoup de monde en saison.

De Vence prendre la D 2210, vers Tourette-sur-Loup. La route est bordée de luxueux villages cachés derrière de longues haies parfaitement taillées.

● *TOURETTE-SUR-LOUP*

Le village de Tourette est l'un des plus beaux de la région. Dépêchez-vous d'y acheter une maison ! Situé dans un éperon rocheux, entouré de ravins, il aligne fièrement son rempart de maisons, patinées par le soleil, dont on a dit « qu'elles semblaient se raidir pour ne point choir dans le vide ». Et c'est vrai ! Il est dominé par une montagne appelée le *Puy de Tourette*, qu'un bon marcheur atteint en deux heures. Du haut de ses 1 267 m, vue évidemment splendide. La ville, rebâtie au XVe siècle, doit son nom aux trois tours de sa vieille enceinte.

Où dormir ? Où manger ?

— *La Grive Dorée* : route de Grasse. Tél. : 93-59-30-05. Fermé du 1er novembre au 31 janvier. A la sortie du village, hôtel sans prétention mais confortable et propret, chambres avec vue sur la campagne et la mer. Chambres avec cabinet de toilette de 110 à 130 F, avec douche et w.-c. de 195 à 240 F. Demi-pension de 148 à 190 F par personne. Agréable restaurant avec ses grandes baies vitrées panoramiques, ses fougères aux murs, ses nappes à carreaux bruns et blancs et ses fleurs. Menus à 75 et 135 F. Spécialités : canard aux olives, coq au vin, lapin à la dijonnaise.

— *Auberge des Belles Terrasses* : à 1 km sur la route de Vence. Tél. : 93-59-30-03. Ouverte toute l'année. Vue sur la campagne. Confortable, très correct et prix doux : de 140 à 160 F. Bon petit restaurant avec menus de 55 à 80 F, honnêtes. Possibilité de forfaits. Pension : 190 F par personne.

— *Restaurant Le Chanteclerc* : route de Vence. Tél. : 93-59-30-05. Fermé début juin, décembre (avant Noël), le soir sauf juillet-août, et le lundi. Cuisine lyonnaise avec menus de 77 F (sauf le dimanche) à 150 F. Spécialités : ris de veau aux morilles, pintadeau de la Drôme et gratin dauphinois. Excellents desserts. Terrasse panoramique. Il est prudent de réserver.

— Dans la vieille ville, nombreux petits restaurants tels le *Petit Manoir* (tél. : 93-24-19-19) qui offre dans son menu à 70 F une tranche de gâteau lorrain avec salade à l'huile de noix, suivie d'un émincé de veau en piccato ou d'un filet de flétan à la provençale. Au *Médiéval*, menu à 55 F simple mais correct.

● *Camping*

— *La Camassade* : à 0,5 km par la D 2210 puis à gauche sur 1,5 km environ. Tél. : 93-59-31-54. Piscine et cadre très reposant, ombragé, assez super. Il est conseiller de réserver.

A voir

— *L'église* : sur la Grand-Place ombragée d'ormeaux. Construite vers 1400, elle abrite quelques tableaux des écoles de Brea et Vinci et, derrière le maître-autel, un autel de IIIe siècle dédié à Mercure.

— *La chapelle Saint-Jean* : décorée par Ralph Soupault en 1959 ; au bord du chemin dominant le village.

— *Le vieux village* : superbe ensemble médiéval très bien conservé. On y pénètre par une porte surmontée d'un beffroi et on peut suivre la grande rue qui ramène à la place de l'autre côté. Beaucoup d'ateliers d'artisanat (meubles de bois peint, peinture sur soie) qui semblent quand même d'un meilleur goût que ceux de Saint-Paul.

De Tourette à Gourdon

Après Tourette la route domine la vallée du Loup. On arrive à *Pont-du-Loup* qui marque réellement l'entrée du défilé. Possibilité de visiter une fabrique de fruits confits. Du viaduc de chemin de fer qui existait jusqu'en 1944, il ne reste que trois voûtes : il a été miné à la Libération.

A *Saut-du-Loup*, prendre la D 6 qui longe les gorges du Loup, entaille creusée par le torrent dans le terrain calcaire. Les excavations arrondies sont appelées ici marmites. A environ 1,5 km un sentier à gauche mène à l'*ermitage Saint-Arnoux*, au bord de l'eau. La maison de l'ermite est maintenant propriété privée. La chapelle était autrefois un lieu de pèlerinage, les eaux passant dans le réservoir sous l'édifice ayant des vertus miraculeuses. Après avoir traversé le torrent sur le pont de l'Abîme, on arrive à la cascade dite du *Saut du Loup*, plus spectaculaire au début du printemps qu'en été.

Du *pont de Bramafan*, plus loin, on peut aller à *Courmes*, petit village. Les marcheurs peuvent grimper en 2 h au sommet du *puy de Tourette*, loin des touristes des gorges.

Mais pour continuer la promenade dans les gorges, du pont de Bramafan on prend la D 3, direction Gourdon. Plus la route monte, plus les échappées sur la vallée sont belles. Peu à peu la végétation se raréfie. On n'est plus loin du *plan de Caussols*.

Les amateurs de « panoramas » s'arrêteront à l'emplacement aménagé. On est à 700 m d'altitude et l'on voit bien l'entaille réalisée par le torrent.

● *GOURDON*

On passera vite sur cet « archétype du village perché en nid d'aigle ». C'est très beau bien sûr, mais il faut aimer aussi les boutiques de souvenirs, miel, nougats, vin de noix, sculptures en bois d'olivier, etc., et la foule du mois d'août... A voir quand même : le *château* du XIIIᵉ siècle, remanié au XVIIᵉ, avec sa collection d'armes anciennes, son curieux fauteuil à sel, sa prison (table de torture), etc. Des jardins en terrasses dessinés par Le Nôtre, vous découvrirez une vue superbe sur la côte. Ces terrasses sont transformées en jardin botanique consacré à la flore alpine. Ne manquez pas le pittoresque *sentier du Paradis* qui descend à Pont-du-Loup en 1 h 30-2 h. Autrefois, le facteur était obligé de « faire » ce parcours tous les jours...

De Gourdon, la D 12 grimpe sur le *plateau de Caussols* offrant un paysage désolé ; véritable cause calcaire, percé de grottes, crevassé, buriné, qui évoque les Causses des Cévennes. Les spéléologues ici s'en donnent à cœur joie. On est à mille lieues du monde sophistiqué de la côte. Une petite route là-haut permet d'aller encore plus loin vers la « plaine de rochers ». Époustouflant décor de pierre où poussent quelques genêts et chardons. Le site lunaire rappelle le désert de Syrie. Des rochers, véritables sculptures, ajoutent à l'étrangeté de l'endroit. Les cinéastes voulant économiser des tournages en Castille n'hésitent pas à venir ici. En plus, l'air y est sec, le ciel très limpide, on ne voit de la brume que 60 jours par an. Un observatoire y a d'ailleurs été installé. Des restes de bergeries se mêlent aux pierres. Un sentier de grande randonnée, le GR 4, traverse le plateau de Caussols du nord au sud.

● *LE BAR-SUR-LOUP*

De la D 3 qui mène au Pré-du-Lac, prendre à gauche la D 2210 vers Le Bar-sur-Loup. Le bourg conserve de vieilles ruelles bordées de hautes maisons anciennes, serrées les unes contre les autres. Il est dominé par le *château* des comtes de Grasse dont le plus illustre descendant fut l'amiral de Grasse qui participa à la guerre de l'indépendance américaine. Il naquit au Bar-sur-Loup en 1722. Sur la place, fontaine avec mascaron. Les passionnés d'archéologie industrielle iront voir à l'est, sur le Loup, les bâtiments d'une ancienne papeterie du XIXᵉ siècle.

L'*église*, dans laquelle on pénètre par une splendide porte sculptée gothique, représentant saint Jacques le Majeur, due à l'auteur des stalles de la cathédrale de Vence, comprend une nef du XIIIᵉ siècle et un chœur refait au XVIIᵉ siècle. Derrière le maître-autel, retable de saint Jacques le Majeur, en 14 panneaux, attribué à Louis Bréa (toujours le même !). Mais la peinture la plus curieuse est la *Danse macabre*, sous la tribune, qui date du XVᵉ siècle. Le tableau rappellerait une légende : le comte du Bar ayant donné un bal pendant le carême, les invités moururent subitement au cours de la danse. Affolé, le comte invoqua saint Arnoux et promit, s'il était épargné, de lui édifier une chapelle. Le seigneur tint parole ; on peut voir encore l'*ermitage de Saint-Arnoux* (voir après Pont-du-Loup).

La danse macabre fut peinte pour rappeler ce châtiment de Dieu : la mort, symbolisée en archer, lance des flèches sur les danseurs. Les âmes sont pesées sur la balance que tient saint Michel, aux pieds du Christ (en haut dans l'angle). Un des plateaux porte une âme et l'autre le Livre de la Vie. En bas, un démon essaie de faire pencher de son côté le plateau portant l'âme.

De la place de l'église, vue en enfilade sur les gorges du Loup.

Où dormir ? Où manger ?

— *Hôtel de la Thébaïde :* 54, chemin de la Santoline. Tél. : 93-42-41-19. Ouvert toute l'année. Petit hôtel simple mais bien tenu. De 113 à 210 F la pension. Demi-pension obligatoire de 90 à 158 F.

— *Camping des Gorges du Loup :* 965, chemin des Vergers. Tél. : 93-42-45-06. Pour y aller, prendre au nord-est la D 2210 sur 1 km, puis encore 1 km par le chemin des Vergers à droite. Ouvert d'avril à septembre. Réserver en juillet-août. Camping vraiment super. Vue sur la vallée et les montagnes : emplacements en terrasses. Très calme. Piscine.

— *Restaurant l'Amiral :* 8, place Francis-Paulet. Tél. : 93-42-44-09. Fermé en octobre et le mercredi. Superbe demeure du XVIIIe siècle qui n'est autre que la maison de l'amiral de Grasse. Cuisine familiale et fraîcheur assurées. Excellent menu à 70 F en semaine avec entrée suivie d'un plat du jour, fromages et desserts maison. Les dimanches et fêtes : menu à 110 F. Spécialités : raviolis, lasagnes, sauté d'agneau, paupiettes provençales. Accueil chaleureux. Une bonne adresse.

Pour continuer le circuit des gorges du Loup, revenir sur la D 2085 puis, après Pons et Le Collet, prendre à gauche la D 7 qui retrouve la vallée du Loup. Après un superbe point de vue et un passage en corniche, on descend au fond de la vallée et on traverse le Loup. On arrive alors à La Colle-sur-Loup.

● *LA COLLE-SUR-LOUP*

Le village est né lors de la décision de François Ier de renforcer la défense de Saint-Paul-de-Vence. De nombreuses maisons furent alors détruites et les familles chassées s'établirent dans des hameaux plus bas et sur les coteaux voisins, les *colles*, d'où le nom du village ; le bourg, bien pourvu en eau, ne connut pas l'exode rural des autres villages. Longtemps, on y cultiva le blé et la vigne. Plus tard vint la vague des plantes parfumées et l'on produisait au début du siècle quelque 500 tonnes de roses par an. Ce ne fut pas la dernière reconversion du pays car l'activité du village se tourna vers les cultures fruitières et maraîchères. Enfin, le prix du mètre carré augmentant, certains maraîchers vendirent leur terrain pour permettre la construction de résidences secondaires, trop nombreuses hélas.

Où dormir ?

— *Camping Les Pinèdes :* à 1,5 km à l'ouest, sur la route de Grasse. Tél. : 93-32-98-94. Ouvert toute l'année. Site agréable et reposant. Il est prudent de réserver en saison.

● *Plus chic*

— *Hôtel Marc-Hély :* 535, route de Cagnes (à 800 m du village). Tél. : 93-22-64-10. Ouvert de février à octobre. Hôtel confortable dans un jardin. Chambres avec terrasse et vue sur Saint-Paul, de 190 à 315 F.

Après La Colle, la route vous amène à Saint-Paul puis à Vence.

LES CLUES DE HAUTE-PROVENCE ⸺⸺⸺⸺⸺⸺⸺

De Vence à Coursegoules

On quitte Vence au nord par la D 2. Très vite la route s'élève dans la montagne, le panorama devient grandiose. Puis un paysage surprenant, austère, qui rappelle les Causses, apparaît. Plus on monte, plus la vue s'élargit : avant le col de Vence, vous découvrez la côte, de l'Estérel au cap Ferrat ; le contraste entre la montagne, désertique, et le littoral tout proche est saisissant.
Pour les marcheurs, un sentier permet d'atteindre Saint-Jeannet en 4 h. Un autre, plus loin, avant la maison jaune, vous ramène à Vence en 2 h par Les Salles, et un troisième rejoint Coursegoules par la Combe Moutonne, en 2 h 30.
Sur le col, snack-bar restaurant ouvert l'été, petit ranch, permettant des promenades à cheval très agréables dans un tel paysage. La route ensuite, au milieu d'un paysage désertique de toute beauté, domine la Cagne. Pour *Coursegoules* prendre à droite.

● COURSEGOULES

De la D 2, le vieux village de Coursegoules juché sur une arête au flanc de la chaîne du Cheiron est superbe.

Au XVIIe siècle, Coursegoules, ville royale, comptait 1 000 habitants. En 1900, il y avait encore un notaire, un médecin et un juge de paix. Depuis, la terre ingrate, les voies de communication difficiles ont provoqué l'exode...

Actuellement de vieilles maisons retapées sont reconverties en résidences secondaires. L'endroit a de quoi séduire : ici on est loin de la foule de la côte et le vieux village, doté d'une belle architecture collective, garde beaucoup de caractère : passages voûtés, vestiges défensifs, montées en escalier, moulin à grain. L'église, souvent fermée, abrite un retable attribué à Brea. Il est dédié à saint Jean-Baptiste.

Promenez-vous aussi sur le sentier qui contourne le vallon de la Cagne. Vous parviendrez alors au milieu des cyprès à la belle *chapelle Saint-Michel,* restaurée, où se rassemblait une communauté de moines rattachée à l'abbaye de Lérins. Si vous êtes courageux, vous pourrez continuer plus loin pour atteindre un col au-dessus de Boyon et un sommet de 1 400 m. Vue magnifique assurée par beau temps.

Où dormir ?

— *Camping Saint-Antoine.* Tél. : 93-59-11-71. Ouvert du 15 juin au 15 septembre. Confort suffisant dans un site superbe.

De Coursegoules à Thorenc

Reprendre la D 2 ; le paysage redevient bientôt verdoyant et on aboutit à la haute vallée du Loup.

● GRÉOLIÈRES

Le village, perché sur un contrefort du Cheiron, est dominé par les ruines de l'ancien village (les Hautes-Gréolières).

Un bon *restaurant* près de l'église, devant un petit parking. On a oublié son nom, mais c'est au 1er étage. Cuisine régionale très copieuse et à un prix défiant toute concurrence. Grande salle avec cheminée et télévision

Pour digérer, promenez-vous dans les ruelles du vieux village. Sur la façade de l'église, remaniée au XIIe siècle et agrandie au XVIe, on distingue la porte murée par laquelle pénétrait le seigneur. A l'intérieur, *retable de Saint-Étienne,* peint en 1480, par un religieux de l'école de Brea et croix processionnelle plaquée or et argent.

Face à l'église se dressent les ruines du château.

Adresse utile

— *Syndicat d'initiative :* 93-59-95-16.

Où dormir dans les environs ?

— *Domaine du Foulon :* à 4 km au sud par la route de Gourdon. Tél. : 93-59-95-02. Fermé du 15 novembre au 15 décembre, le lundi soir et le mardi. En contrebas de la route, belle demeure, dans un parc avec vue sur la vallée. Chambres de 115 à 150 F. Pension : 200 F. Grande salle de restaurant, mais il semblerait que priorité soit accordée aux touristes en groupe.

● GRÉOLIÈRES-LES-NEIGES

La station de sports d'hiver la plus méridionale. On y accède facilement par la D 802.

— *Syndicat d'initiative :* 93-59-95-16.

● THORENC

Prononcer *Toran.* Agréable station d'été dans un paysage alpestre. Si vous voulez fuir les bruits de la ville, ici vous serez comblé.

Où dormir ? Où manger ?

Deux petits hôtels-restaurants très bien, face à face :
— *Hôtel des Voyageurs :* 93-60-00-18. Fermé du 15 octobre au 1er février et le

jeudi. Chambres très propres de 79 à 191 F. Demi-pension de 185 à 200 F. Bon restaurant. Menu à 62 F comprenant crudités assorties, tripes à la niçoise ou tête de veau sauce ravigote, ou plat de viande (lapereau sauté chasseur, par exemple), fromage et dessert. La réserve du patron à 27 F est correcte. Terrasse agréable. Vue sur le village.
— *Hôtel des Merisiers :* 93-00-00-23. Ouvert toute l'année. Prix voisins du précédent. Menus à 60 et 80 F, service non compris. Celui à 80 F vous propose une daube de bœuf aux raviolis ou un filet de daurade au basilic.

De Coursegoules à Bouyon

Revenir sur la D 2 et au carrefour des Quatre-Chemins prendre la route du *col de Bleine* (1 440 m). La descente s'effectue au milieu des sapins. Continuer vers *Le Mas* et *Pont-d'Aiglun*. La *clue d'Aiglun* est particulièrement spectaculaire par ses dimensions : quelques mètres de largeur seulement mais de 200 à 400 m de hauteur. Arrêtez-vous plus loin au *pont du Riolan* pour voir le torrent dévaler entre les énormes rochers.
La route traverse ensuite *Roquestéron*. A la sortie du village, prendre à droite la D 1, vers Bouyon. La route s'engage dans la *clue de la Bouisse*. Après Conségudes, on peut voir à gauche la *clue de la Péguière*. La route en corniche au-dessus de l'Estéron est très belle et offre des vues splendides.

● **Bézaudun-les-Alpes :** bourgade encore plus isolée et plus émouvante que Coursegoules : remarquer l'unité des toits et la couleur ocre des maisons. Dans le village, une rue centrale recouverte de cailloux, quelques passages voûtés, tout en haut, une tour rectangulaire avec fenêtres géminées. Petite église toute simple qu'il faut traverser pour parvenir au cimetière qui la jouxte.
— *Hôtel les Lavandes :* 93-09-01-08. Ouvert de juin à septembre. Tout simple, juste 8 chambres, mais bien pour les randonneurs. Restaurant très honnête.
— *Randonnée :* gagner Saint-Jeannet par les bois de chênes et de noisetiers. Pour les amoureux de la solitude. Le sentier traverse la montagne du Chiers.

LA ROUTE DES CRÊTES ⸻⸻⸻⸻⸻⸻⸻⸻⸻

Ainsi nommée parce qu'elle relie des villages perchés au-dessus des vallées de l'Estéron et du Var.

● *BOUYON*

Ce village frontière, véritable belvédère au carrefour du Var et de l'Estéron, offre de superbes points de vue et de nombreuses possibilités d'excursions. Il fut à moitié détruit en 1884 par un tremblement de terre. Bouyon, assez facilement accessible de Nice, a moins souffert de l'exode rural que son chef-lieu Coursegoules. Un car quotidien le relie à Nice.

Où dormir ? Où manger ?

— *Hôtel Beau Site :* sur la place de la Mairie. Tél. : 93-59-07-08. Ouvert toute l'année. Chambres doubles à 115 F et pension à 135 F. Très bon rapport qualité-prix. Cuisine soignée.

Manifestation

Procession des Limaces, qui remonte au XVIe siècle, le deuxième dimanche suivant la Fête-Dieu.

● *LE BROC*

(En provençal *broco* signifie bouture d'olive, principale ressource de cet arrière-pays.)
Encore un superbe village perché, sentinelle avancée jusqu'en 1860, lorsque le bourg jouait le rôle de poste frontière. Au XVIIe siècle, d'ailleurs, Le Broc comptait autant d'habitants que Vence : il y avait un hôpital, une douane, et les évêques venaient s'y reposer.
Aujourd'hui il reste la jolie place à arcades avec une fontaine de 1812, qui fait penser à un film de Pagnol : les platanes, le café, les bancs où s'assoient les vieux, tout y est. Dans une rue voisine, deux maisons se rejoignent à l'étage, formant un pont. L'église abrite une peinture de *Canavesi* et un chemin de croix moderne.

Voir aussi la *chapelle Sainte-Marguerite* et son petit cimetière, situés au milieu d'une forêt de chênes.

Où manger ?

— *Restaurant l'Estragon :* 93-29-08-91. Sur le bord de la route, à gauche, en allant vers Carros. Fermé du 15 décembre au 1er février et le vendredi. Terrasse agréable avec vue sur le Var et les montagnes. Bon rapport qualité-prix du menu à 58 F (le midi), boisson comprise.

La route qui mène à Carros offre des points de vue splendides sur la vallée du Var dont les rives sont bordées de nombreuses serres, et sur les villages perchés.

● CARROS

Carros signifie rocher, rocher surplombant le Var de 300 m sur lequel est planté le village. Le château des XIIIe et XIVe siècles, en cours de restauration, a belle allure avec ses quatre tourelles d'angle. Le vieux village aux rues en escalier à pierres disjointes a conservé son caractère authentique. Allez sur la plate-forme, légèrement en contrebas du vieux village. La vue sur le Var et son embouchure, les villages perchés et les Alpes est spectaculaire. Avec l'endiguement du Var et la création d'une zone industrielle de Nice, un nouveau Carros s'est créé, en bas, face au pont de la Manda, un Carros neuf sans intérêt.

Où dormir ? Où manger ?

— *Lou Castelet :* Plan de Carros. Tél. : 93-29-16-66. Fermé en novembre et le lundi. Chambres bien tenues et confortables de 100 à 250 F. Piscine et tennis, parc ombragé. Demi-pension de 140 à 160 F. Bonne cuisine régionale. Menu à 70 F très correct. Spécialité : grillade à la braise.

La route en corniche domine encore le Var avant d'arriver à Gattières.

● GATTIÈRES

Un village comme on les aime, avec ses placettes, ses rues en escalier, ses fontaines ou ses maisons à arcades, assoupi dans une douce quiétude. Quelques belles devantures de boutiques, comme la boulangerie. Beaucoup de rues aux noms italiens. Pour visiter l'église, s'adresser au presbytère.

Comment y aller ?

— Départ en bus de la gare routière de Nice, à 7 h 40 tous les jours (sauf dimanche), 8 h 30 (sauf mardi et vendredi), 17 h 25 et 18 h 20 tous les jours. Tarif : 12,60 F.
— Retour Gattières-Nice : départs à 6 h 45, 7 h, 13 h 30 (sauf mardi et vendredi) et 16 h 55 tous les jours.
— Dimanche et jours fériés : départs de Nice à 7 h 40 et 18 h 20. Départ de Gattières à 6 h 45 (!) et 16 h 50.

Où dormir ? Où manger ?

— *Le Beau Site :* route de Vence. Tél. : 93-08-60-06. Fermé en janvier et le lundi hors saison. Le nom de l'hôtel résume tout : vue sur le Var et jusqu'à la mer. Jardin agréable. Chambres (9 seulement) de 110 à 175 F. Au restaurant, cuisine inventive par un chef qui a travaillé, entre autres, chez Rostang. Vous ne serez pas déçu par l'assiette de pêcheur au homard ou le millefeuille de rognons d'agneau. Menus de 80 à 150 F.
— *L'auberge de Gattières :* dans le village, place du Pré. Tél. : 93-08-60-05. Fermée le mercredi. A changé de propriétaire récemment ; l'adresse était autrefois réputée. Un peu cher quand même : menus de 110 à 205 F. Accueil aimable.

● SAINT-JEANNET

De la route qui mène à Vence, vue sur l'imposant *Baou* (rocher) *de Saint-Jeannet.* Une petite route à droite conduit à Saint-Jeannet. Deux cars quotidiens relient Nice à Saint-Jeannet. On est étonné d'être ici à la fois si près de la côte et dans un bourg au caractère rural très marqué. Ce gros village est tassé au pied de son célèbre rocher qui a inspiré de nombreux peintres : Segonzac, Carzou, Chagall et Poussin. On peut monter au Baou par un sentier (ascension en 1 h). Au sommet, table d'orientation.

Derrière l'église de Saint-Jeannet, par la ruelle sur le Four, panorama jusqu'à la mer. Dommage quand même qu'on ait tant bâti : un nombre incroyable de mas provençaux construits sur des modèles voisins, avec piscine, etc. Quelques serres aussi. L'église fortifiée au clocher-tour carré et aux murs fortifiés est toute simple. Sur la place de l'église, plaque rappelant la mémoire de *Joseph Rosalin de Kan Cher* (1785-1843), précurseur du félibrige.

Remarquez les noms attachants des rues (comme cette rue du Passé) et promenez-vous au milieu de ces ruelles, égayées par une fontaine ou ce superbe lavoir : ici fut tournée la publicité de la Mère Denis ! Sur une maison, à l'angle de la rue de la Mairie et de la rue du Château, vous lirez cette inscription émouvante : « A notre regretté maire Clary-Louis qui nous a si généreusement dotés de l'éclairage électrique. La population de Saint-Jeannet reconnaissante — 1902. »

Saint-Jeannet fut longtemps célèbre pour son vin : la vigne était la culture de base et poussait sur les terrasses caillouteuses très bien exposées. On compta jusqu'à 4 000 parcelles cultivées

Les artistes, quant à eux, n'ont pas dédaigné ce village. *Ribemont-Desaignes*, un des fondateurs du mouvement dada et du surréalisme, y possédait une maison. *Kosma* (la musique des « Feuilles mortes ») et *Tzara* y ont séjourné, et bien d'autres. Il est vrai qu'ici on se sent un peu à l'écart de la foule de la côte.

Où dormir ? Où manger ?

— *Hôtel-restaurant Sainte-Barbe :* à l'entrée du village à droite, juste avant la place. Tél. : 93-24-94-38. Fermé en février et le mardi. Un petit hôtel tout simple dont certaines chambres avec balcon ont une vue jusqu'à la mer. Et apparemment, ici on ne paie pas la vue trop cher. Chambres de 95 à 115 F. Pension de 165 à 185 F. Restaurant simple où vont les gens du coin. Menus de 55 à 85 F. On peut se contenter d'y prendre un verre.

— *Restaurant Le Chante-Grill :* rue Nationale. Tél. : 93-24-90-63. Fermé en novembre et le soir. Réservation conseillée. Un des meilleurs rapports qualité-prix de la côte. Menu à 85 F comprenant trois entrées (!), gigot d'agneau, fromage et dessert. Sur la carte il est précisé qu'ici, on ne propose qu'une cuisine de marché et que tout produit surgelé est banni !

● Camping

— *Camping Les Cent Chênes :* 93-24-90-58. Ouvert du 1er avril au 31 octobre. Un « trois étoiles » doté de toutes les commodités, mais prix en conséquence. Tennis, mais pas de piscine.

LA VALLÉE DE LA VÉSUBIE

Une des plus belles vallées de l'arrière-pays que l'on peut atteindre soit par la N 202 (Nice-Digne), rapide (on quitte la N 202 à Plan-du-Var), soit par la D 19 et l'arrière-pays niçois. On arrive alors par Levens.

Rappelez-vous la scène de la cascade dans « la Nuit américaine » de Truffaut : elle a été tournée dans la vallée de la Vésubie.

De Plan-du-Var à la Madone d'Utelle

La D 2565 s'enfonce dans la vallée aux gorges profondes et sinueuses qui s'élargit par endroits.

A *Saint-Jean-la-Rivière*, prendre à gauche la route qui monte à Utelle, tout en lacet. La vue devient vite féerique et l'on est étonné de voir partout les petits murets qui soutenaient des terrasses cultivées, les *restanques*.

● UTELLE

A 800 m d'altitude, Utelle fut autrefois une bourgade importante qui commandait toute la vallée, à l'époque où les transports ne se faisaient que par mulets. Le village, à l'écart des voies de communication, a gardé tout son cachet, avec ses fortifications, ses maisons médiévales, ses rues en escalier et même ses cadrans solaires.

Où dormir ? Où manger ?

— *Hôtel-restaurant Le Bellevue :* à la sortie du village, route de la Madone.

Tél. : 93-03-17-19. Fermé le mercredi. Très simple mais très bien. Chambres propres et confortables ; le papier peint n'est pas toujours du meilleur goût, mais la vue, elle, est splendide. Prix doux : de 100 à 160 F. Pension de 170 à 190 F. Quant à la cuisine... délicieuse et copieuse. Menus de 50 à 90 F. Pour 75 F, vous aurez, lisez bien, hors-d'œuvre avec charcuterie du pays, ravioli, excellents et abondants (si vous mangez tout, vous serez rassasié), gigot d'agneau avec deux légumes, salade, fromage et dessert. Réservez une table avec vue dans la salle à manger rustique. Service un peu lent toutefois, surtout le week-end ; évidemment tout le monde se précipite à cette bonne adresse.

A voir

— *L'église-Saint-Véran :* elle est précédée d'un porche gothique et les vantaux sculptés de la porte retracent la légende de saint Véran. Curieusement, les chapiteaux romans et préromans voisinent avec des voûtes décorées en stuc, de style baroque. Au fond du chœur, retable du XVIIe siècle en bois sculpté : les scènes de la Passion.
— *La chapelle des Pénitents-Blancs :* près de l'église, elle abrite une Descente de Croix en bois sculpté et doré du XVIIe siècle.
— *La Madone d'Utelle :* à environ 6 km d'Utelle, sanctuaire qui attire depuis l'an 850 beaucoup de visiteurs et de pèlerins. Panorama inoubliable : vue sur la vallée du Var et son embouchure, le littoral et le cap d'Antibes, d'un côté, de l'autre sur les Alpes enneigées.
— *Pèlerinages :* le 15 août et le 8 septembre.

De Saint-Jean-la-Rivière à Levens

La route (D 19) grimpe jusqu'au belvédère dénommé *Saut des Français,* un endroit très beau, à 300 m au-dessus de la rivière. Ici des soldats républicains furent précipités dans le vide, en 1793, par les Niçois en rébellion, armés par les Sardes, des « barbets ». Peu après, vous arrivez à *Duranus,* au milieu des vergers. Dans le village, remarquez le lavoir encastré dans la roche.
Un sentier monte au *col Saint-Michel* (953 m) et au sommet de *Rocca Seira* (1 504 m).
Avant Levens, la route en corniche qui domine les gorges est spectaculaire.

● *LEVENS*

Ce beau village perché sur un socle constitue un ensemble médiéval de caractère. Levens fut une seigneurie des Riquier au XIIIe siècle, puis des Grimaldi. En 1621, la population se rebelle contre le joug seigneurial et acquiert son indépendance. Le château est détruit et sur son emplacement on fixe une pierre, le *boutau.* Lors de la fête patronale, on se rend en farandole *(le brandi)* à cet endroit et chacun pose le pied sur le boutau, symbole de l'oppression détruite.
Promenez-vous dans le bourg pour admirer ses vieilles ruelles, passages voûtés, porches anciens. Vous remarquerez au passage la maison familiale de Masséna. Mais il faut surtout monter tout en haut du village pour découvrir une vue splendide sur le confluent de la Vésubie et du Var, et sur la crête du Férion.

Où dormir ? Où manger ?

— *Les Grands Prés :* à environ 1 km à gauche, sur la route de Tourrettes-Levens, quartier des Prés. Tél. : 93-79-70-35. Petit hôtel simple mais très correct, jolie façade avec petits carreaux et volets blancs ; derrière, une vaste pelouse. Chambres à 140 F. Pension complète à 175 F. Très calme et reposant. Grande salle de restaurant d'où l'on voit le cuisinier à ses fourneaux ; menu à 75 F d'un bon rapport qualité-prix. Accueil sympa.
— *La Vigneraie :* à 1,5 km au sud-est. Tél. : 93-79-70-46. Fermé de la fin octobre à la mi-janvier. Cadre provençal. Chambres confortables de 80 à 150 F. Pension de 150 à 190 F. Jardin reposant. Menus à 55 et 90 F. Cuisine sans originalité mais honnête, à prix doux.

● *Plus chic*

— *Le Malausséna :* dans le village. Tél. : 93-79-70-06. Fermé en novembre. Chambres très confortables de 140 à 210 F. Le restaurant est réputé : une cuisine très soignée à prix raisonnables. Menus de 75 à 150 F. Hors saison, téléphonez, le soir, car parfois ils ne servent pas. On s'est fait piéger.

Randonnées pédestres

— *Le mont Férion* : accessible au départ du carrefour Saint-Roch, en 3 h environ (1 413 m).
— *La chapelle* (1 258 m) : on peut y parvenir des Grands Prés (à 1 km) vers Tourrettes en 2 h. Une superbe allée de cèdres conduit à cette jolie chapelle.

De Saint-Jean-la-Rivière à Saint-Martin-Vésubie

● *Le Suquet :* ici trois petites rivières se jettent dans la Vésubie.
— Une auberge correcte : l'*Auberge du Bon Puits*. Tél. : 93-03-17-65. Fermée du 1er décembre au 28 février et le mardi hors saison. Chambres de 180 à 210 F. Demi-pension de 180 à 200 F. Pension de 210 à 230 F. Bon restaurant proposant une cuisine familiale soignée. Salle à manger immense. Menus de 60 à 100 F. Excellent rapport qualité-prix.
— *Camping des Merveilles :* à 200 m de la Vésubie, vue sur la montagne. Bien aménagé. Ouvert du 15 juin au 15 septembre. Pour juillet-août, réservation indispensable.

● *Lantosque :* pour aller dans ce village perché prendre à l'embranchement à gauche. Le bourg, frappé à plusieurs reprises par le destin (tremblements de terre en 1494, 1564, 1566, 1644), a gardé un certain cachet : vieilles demeures de maître, ruelles en escalier, etc. Il surplombe la Vésubie.
— *Hôtel de l'Ancienne Gendarmerie :* sur la route principale de la vallée. Tél. : 93-03-00-65. Ouvert de janvier à octobre inclus. Belle bâtisse à la façade fleurie de géraniums. Côté jardin, l'établissement domine la rivière. Demandez bien sûr les chambres donnant sur le jardin, de 200 à 325 F, soleil garanti, vue sur le vieux village et la montagne. Certaines chambres sont décorées de mobilier scandinave. Excellent accueil et calme assuré, une très bonne adresse. Un peu cher toutefois. Restaurant fermé le lundi. Menus à 110 et 160 F. Spécialités : truite et poissons de mer.

● *ROQUEBILLIÈRE*

La commune comprend le vieux village, le nouveau village et Berthemont-les-Bains. Le vieux village, sur la rive gauche de la Vésubie, aligne ses hautes maisons serrées les unes contre les autres. Un glissement de terrain en 1926 qui fit 17 morts obligea à bâtir désormais sur la rive droite de la rivière. L'*église Saint-Michel-de-Gast* est particulièrement remarquable. Plusieurs fois détruite, elle prit sa forme définitive en 1533, après l'intervention des chevaliers de Malte. Les styles roman (le clocher) et gothique (nefs) se côtoient. A l'intérieur, retable de Saint-Antoine du XVIe siècle. Remarquez sur le bénitier en pierre volcanique les croix de Malte. Pour visiter, demandez la clé à M. Gatti, menuisier, qui habite au quartier de la Bourgade.

Où dormir ? Où manger ?

— *Auberge Le Mas Provençal :* 93-03-45-28. Fermée du 1er au 15 juin, du 1er au 15 octobre et le mercredi. Assez simple mais suffisant. Demi-pension obligatoire : 145 F. Pension : 172 F. Bonne cuisine d'un excellent rapport qualité-prix. Menu à 55 F.
— *Hôtel Saint-Sébastien :* dans le vieux village. Tél. : 93-03-45-38. Fermé du 15 novembre au 15 décembre. Piscine, tennis pour les sportifs. Établissement bien tenu. Chambres agréables de 209 à 316 F ; jardin, vue sur les montagnes. Au restaurant, menus de 70 à 150 F.

● *Camping*

— *Camping Les Templiers :* à 500 m du vieux village, prendre la D 69 et le chemin à gauche au bord de la Vésubie. Tél. : 93-03-20-28. Ouvert de mai à octobre. Site très agréable, réservation indispensable pour juillet-août. Vue sur la montagne. Hyper calme.

Excursions à partir de Roquebillière

— *Le vallon de la Gordolasque :* de la route de Saint-Martin, prendre à droite la route sinueuse qui remonte le vallon de la Gordolasque. On arrive d'abord à *Belvédère*, pittoresque village qui n'a pas volé son nom : la vue sur les vallées de la Gordolasque et de la Vésubie est splendide. Pour les randonneurs un sentier monte aux *granges du Colonel* et à la *cime de Rans* (2 160 m). De là, possibilité de rejoindre la vallée de la Roya par le vallon de Cayros.

La petite route continue ensuite au milieu des cascades et des rochers spectaculaires. On arrive à la *cascade du Ray*, puis à la *cascade de l'Estrech*. Là, nombreux sentiers superbes, menant à la *Madone de Fenestre*, à la *vallée des Merveilles* ou au *lac Long*. Les randonneurs seront contents.

— *Berthemont-les-Bains :* à 4 km à droite de la route de Saint-Martin, petite station thermale très fraîche dans un vallon ombragé de châtaigniers, connue déjà du temps des Romains. Allez voir la *grotte Saint-Julien* et sa piscine romaine où vingt personnes pouvaient se baigner. On peut aller en 1 h 30 environ de Berthemont à Saint-Martin-Vésubie par un joli sentier à travers les châtaigneraies.

● *SAINT-MARTIN-VÉSUBIE*

Joli village de montagne, situé au confluent du Boréon et de la Madone de Fenestre qui se rejoignent pour former la Vésubie. C'est un centre d'alpinisme et le point de départ de nombreuses randonnées, dans un décor dit alpestre. La région est qualifiée de « Suisse niçoise ». L'air y est pur et tonique ; d'ailleurs, station verte de vacances, Saint-Martin est la patrie des frères Hugo, géants de 2,30 m qui pesaient 200 kg.

Adresses utiles

— *Syndicat d'initiative :* place Félix-Faure. Tél. : 93-03-21-28. Ouvert en hiver de 15 h à 18 h le mercredi, le samedi de 10 h à 12 h et de 15 h à 18 h. Pendant les vacances scolaires mêmes horaires que le samedi. En juin et septembre, ouvert tous les jours de 10 h à 12 h et de 15 h à 18 h, sauf le dimanche. En juillet-août, ouvert tous les jours de 9 h à 12 h et de 15 h à 18 h. Compétent.

— *Bureau des guides :* rue Gagnoli. Tél. : 93-03-26-60, 93-03-44-30 et 93-03-41-08. Organisation de courses et randonnées en montagne, sorties collectives ou privées, safari-photo, etc.

— *École française de vol libre :* J.-J. Davillier, la Colmiane. Tél. : 93-02-83-50.

Comment y aller ?

— *Cars TRAM :* départs de la gare routière, promenade du Paillon, à Nice. Tél. : 93-85-61-81 et 93-85-92-22. En été : départs à 9 h et 17 h en semaine et à 8 h, 9 h et 18 h les dimanches et jours fériés. En hiver, un départ seulement les dimanches et jours fériés à 9 h. Durée du trajet : 1 h 50.

Retour de Saint-Martin : en été, départs à 7 h et 17 h, et à 7 h, 16 h et 18 h les dimanches et jours fériés. En hiver, départs à 7 h et 15 h, et à 17 h seulement les dimanches et jours fériés.

Où dormir ?

● *A Saint-Martin-Vésubie*

— *La Bonne Auberge :* allées de Verdun. A gauche en sortant de Saint-Martin vers la Colmiane. Tél. : 93-03-20-49. Fermée du 11 novembre au 27 décembre. Hôtel confortable et bien tenu dans cette belle maison en pierre. Chambre de 80 à 215 F pour deux. Les footballeurs de l'O.G.C. de Nice viennent paraît-il s'y reposer, c'est un signe. Pension pour une personne à partir de 180 F. Menus à 70 et 90 F.

— *Hôtel Edward's Parc et la Châtaigneraie :* allées de Verdun. Tél. : 93-03-21-22. Un peu plus loin à droite. Ouvert du 21 juin au 17 septembre seulement. Pension de 190 à 245 F. Pour les amateurs de verdure et de calme.

● *Au Boréon* (8 km, altitude 1 500 m)

— *La Chaumière du Cavalet :* 93-03-21-46. Ouverte de Pâques à octobre. Au bord d'un lac, face à la forêt, à la limite du Mercantour. Le rêve... Chambres très simples. Pension à 175 F maximum (haute saison). Au restaurant, menus de 60 à 125 F. Spécialités : gigot, truite au bleu, jambon de pays et la tarte aux myrtilles.

— *Foyer de fond :* gîte d'étape du Boréon. Tél. : 93-03-26-91. Ouvert toute l'année. Demi-pension : 135 F. Petits dortoirs de 3, 4 ou 5 personnes.

● *A la Madone de Fenestre* (12 km)

— *Refuge du C.A.F. :* gîte et couvert. Tél. : 93-02-83-19 et 93-03-20-73.
Ouvert du 15 juin au 14 octobre.
— *La Trappa :* place du Marché. Tél. : 93-03-21-50. Fermé le lundi soir et le
mardi. Excellent rapport qualité-prix pour les menus à 40, 48 et 76 F. Au menu à
40 F : deux entrées plantureuses (charcuterie, ravioli), gigot et dessert. Vin de la
maison à 21 F.

● *Campings*

— *Le Champouns :* route de Venanson à 1,5 km. Tél. : 93-03-23-72. Propose
aussi des appartements à louer et des dortoirs. Ouvert toute l'année. Là, vous
pourrez dormir comme un loir, calme garanti. Vue sur la vallée.
— *La Ferme Saint-Joseph :* à 1 km par la D 2565. Ouvert toute l'année. Cadre
de verdure bien sûr, avec vue sur la montagne. Arbres fruitiers. Près des
tennis.

A voir

Une plaque rappelle que Saint-Martin fut la deuxième ville de France à avoir
l'éclairage public !
— *La rue Droite :* étroite et en pente, elle traverse le village avec une gargouille
centrale, comme à Briançon. Elle est bordée de maisons de type alpin à hauts
balcons. Au n° 25, la maison à arcades des comtes de Gubernatis.
— *La chapelle des Pénitents-Blancs* ou *Sainte-Croix :* le clocher est surmonté
d'un dôme de métal blanc qui lui donne un air oriental. A l'intérieur, les murs
latéraux sont ornés de huits grands tableaux du XVIIIᵉ siècle illustrant la Passion
et la mort de Jésus. En fait, chaque personnage est le portrait d'un notable de
l'époque. Beau maître-autel en bois sculpté, doré avec Descente de la Croix ; sur
la façade, trois bas-reliefs de Parini de 1848 : une Pietà au centre, sainte Hélène
découvrant la Vraie Croix à gauche et à droite l'empereur Constantin le Grand.
— *L'église :* elle abrite la célèbre statue de Notre-Dame de Fenestre, vierge
assise en bois polychrome du XIVᵉ siècle. Le 2 juillet, la Vierge est transportée en
procession à la chapelle de la Madone de Fenestre où elle reste jusqu'en septembre. Sur la gauche, deux panneaux de retables attribués à Louis Bréa. Devant
l'église, terrasse avec vue sur la vallée de Boréon.

Randonnées pédestres à partir de Saint-Martin

— *Chemin de Berthemont :* des allées de Verdun prendre le chemin qui monte à
l'école, continuer tout droit et, à la bifurcation, tourner à droite. On traverse le
torrent de la Madone. Ensuite, promenade à flanc de coteau sur 8 km au milieu
des châtaigneraies et des prairies.
— *Venanson :* pour atteindre ce village qui domine la vallée de Saint-Martin et
distant de 4 km, prendre la route qui part à gauche après le pont au bout des
allées de Verdun. Sur la place de Venanson, vue sur Saint-Martin et son cadre de
montagnes.
— *Le sentier de la Palu :* sur le chemin de Berthemont, au bout d'un kilomètre
part à gauche un sentier qui traverse le vallon du Toron, une forêt de pins, puis le
vallon de Peyra-de-Villars, avant d'aboutir à la Baisse de la Palu (2 093 m) puis à
la cime du Palu (2 132 m). Vous serez récompensé de vos efforts : la vue est
magnifique.

Aux environs

— *Le Boréon :* petite station de montagne (1 500 m) à 8 km de Saint-Martin ;
chalets, refuge, petit lac de retenue, belle cascade. Ici les écolos seront contents,
tout est tellement vert...
Le Boréon est le point de départ de nombreuses excursions à pied dans la forêt,
vers les sommets du parc de Mercantour. Un exemple parmi d'autres : la *cime du
Mercantour*. Monter par un sentier au lac de Cerise (2 h). Pendant 5 mn, grimper
vers le col de Cerise et, à droite, une terrasse permet d'atteindre le lac du Mercantour. Parfois on rencontre un troupeau de chamois, ce qui ajoute au côté
sauvage de l'endroit.
Du Boréon une route mène aux vacheries du Boréon (2,5 km). De là un sentier
conduit au refuge de la Maïris et au pas des Roubines en 3 h environ (2 130 m).
Les courageux peuvent continuer jusqu'à la Madone de Fenestre.

— *La Madone de Fenestre :* on quitte Saint-Martin par la D 94 qui remonte le vallon de la Madone de Fenestre par des côtes assez rudes, en terrain nu, puis traverse une belle forêt de sapins et de mélèzes. Au bout de 13 km, on parvient à la Madone de Fenestre, dans un cirque sauvage, presque austère, endroit favori des alpinistes. Derrière le mont Gélas (3 143 m), couvert de névés, l'Italie.
La chapelle est un lieu de pèlerinage. Pendant l'été elle abrite la statue de Notre-Dame-de-Fenestre.

LA VALLÉE DE LA TINÉE

Du pont de la Mescla à Auron

Au pont de la Mescla, en venant de Nice, prendre sur la droite la D 2205 qui longe les gorges de la Tinée.

● LA TOUR

Sur la droite, à environ 3 km, une petite route sinueuse monte au hameau de La Tour. Ce village qui possède une jolie place pavée avec maisons sur galeries à arcades et fontaine, conserve un caractère plus provençal que montagnard.
— *L'église* à clocher carré lombard à pointe de diamant abrite deux beaux bénitiers ainsi que des retables de style Renaissance (s'adresser à la mairie : 93-02-91-32.
Il faut également visiter la *chapelle des Pénitents-Blancs* (téléphoner à la mairie qui possède des peintures murales de 1491, dues à Bevesi et Nadale. Les Vices et les Vertus sont représentés : les Vices enchaînés par le cou se dirigent vers la bouche de l'enfer...
— Sur la *mairie* du XIXe siècle, peintures en trompe-l'œil à l'italienne.
— Les courageux grimperont par un joli sentier à la *chapelle Saint-Jean,* et pourront même continuer jusqu'au *col de Gratteloup* (1 411 m).

Après avoir retrouvé la D 2205, on peut tourner à droite, à la sortie de *Pont-de-Clans,* direction Clans.

● CLANS

Encore une bourgade isolée où l'on se sent loin de tout... Le village perché s'étend sur plusieurs plateaux et est entouré d'une belle forêt qui, longtemps, constitua sa principale ressource.

Où dormir ? Où manger ?

— *Auberge Saint-Jean :* 93-02-90-21. Auberge rurale, 3 chambres seulement, simples mais très bon marché : de 70 à 90 F. Pension : 170 F. Au restaurant, spécialités de la région. Menus de 60 à 110 F, d'un bon rapport qualité-prix.

A voir

— Sur la place de l'église, bel ensemble de maisons médiévales et vieux lavoir ; l'*église,* ancienne collégiale, a été restaurée et transformée dès 1200. Derrière l'autel ont été mises au jour des fresques qui passent pour être les plus anciennes du comté de Nice. Le thème de la chasse y est illustré, ce qui est rare dans une église.
— *La chapelle Saint-Antoine :* à 500 m du village, avec son clocher-mur et son petit porche, très simple, mérite une visite (s'adresser à l'épicerie du village). Elle abrite des fresques amusantes qui illustrent la vie du saint, avec les Vertus et les Vices.

Randonnées pédestres

— *Cayre Cros* (2 088 m) : vous y parviendrez après avoir grimpé au mont Casteo (1 159 m) puis à la pointe de Serenton (1 839 m).
— *Le mont Tournairet* (2 085 m) : un sentier qui remonte le vallon de Clans passe près de la chapelle Sainte-Anne et atteint le col de Monigas. De là, chemin pour le mont Tournairet ou possibilité de gagner les granges de la Brasque par le col du Fort.

Reprendre la route de la vallée. Possibilité, à droite, d'aller au hameau de Marie, 3 km avant l'embranchement de la route de Valdeblore.

● MARIE

Ce village situé sur un plateau au-dessus de la vallée, au milieu des oliviers, a beaucoup de charme. On est frappé par son caractère montagnard, les volets cloutés et les toits de lauzes de certaines maisons.

Marie, qui comptait 238 habitants il y a un siècle, voit sa population réduite aujourd'hui à 60 ! Et pourtant c'est si beau !

Remarquez le lavoir entouré de piliers à ogive, le moulin à huile restauré, le four à pain, et flânez dans les ruelles étroites et en escalier.

Où dormir ? Où manger ?

— *Le Marie-Lou* : 93-02-03-01. Fermé du 15 janvier au 28 février. Petite auberge rurale de 5 chambres, très propres. Pension : 160 F. Restaurant proposant une bonne cuisine régionale. Menus de 60 à 100 F.

Randonnée

— *Le mont Tournairet* (2 085 m) : vous pouvez atteindre le sommet en prenant un sentier qui remonte le vallon d'Oglione avant de rejoindre le G.R. 5.

● SAINT-SAUVEUR-SUR-TINÉE

C'est le centre commercial de la vallée, sur la route des stations de sports d'hiver. Nombreuses possibilités d'excursions. Jolie église médiévale, avec clocher carré de 1333. A l'intérieur, retable de Notre-Dame, de Guillaume Planeta (1483).

Dans le village, on est frappé par le côté sévère des maisons hautes ; remarquez les linteaux gravés.

Où dormir ?

— *Camping municipal* : au bord de la rivière. Tél. : 93-02-03-20. Ouvert du 15 juin au 15 septembre. Correct.

Aux environs

● *Roure* : à 4 km (après avoir pris la route à gauche qui mène à Beuil). Perché sur un promontoire dominant Saint-Sauveur et la vallée de la Violène, Roure est l'exemple même du vieux village montagnard avec ses toits de bardeaux (planchettes de bois) ou de lauzes. Belles maisons et granges des XVIIe et XVIIIe siècles, à auvents. Dans l'église, retable de l'Assomption attribué à François Brea.

— *Hôtel Le Robur* : 93-02-03-57. Chambres de 90 à 180 F et pension de 190 à 220 F. Simple mais convenable. Restaurant un peu cher.

● *Isola* : à 14 km de Saint-Sauveur, par la route des *gorges de Valabres*. Bourg alpin, au milieu des châtaigneraies, au confluent de la Tinée et du torrent de Chastillon, en face de deux profondes entailles de rochers. De l'une d'elles tombe la superbe *cascade de la Louch*. A l'entrée du bourg d'Isola, clocher roman carré de l'ancienne église Saint-Pierre.

Dans le village, belles maisons anciennes de schiste avec toits en bardeaux. Sur la place de l'église, une jolie fontaine.

● ISOLA 2000

Station de sports d'hiver à 1 h 30 de Nice, « garantie neige et soleil » disent les prospectus, très fréquentée en tout cas, même si elle a un côté complexe commercial assez marqué : longue galerie marchande, autour de laquelle tout s'organise : hôtels, restos, boutiques, etc. Deux saisons, hiver et été. Possibilité de pratiquer de nombreux sports : tennis, natation, vélo tout-terrain, équitation, escalade, etc.

Adresses utiles

— *Office du tourisme* : 93-23-15-15.

— *Isola Locations* : pour louer un appartement, téléphonez au 93-23-14-07 et à l'Office du tourisme. Ouvert en hiver de 9 h à 19 h, sauf le samedi : de 9 h à 20 h. En été, ouvert de 9 h à 12 h et de 13 h 30 à 18 h 30.

— *École de ski français* : 50 moniteurs permanents. Tél. : 93-23-11-78.

Comment y aller ?

Bus depuis Nice. Réservations obligatoires : à Nice, tél. : 93-23-15-15.

— Départs gare routière : 9 h, 16 h (sauf vendredi et dimanche), 13 h 15 (le week-end), 17 h 20 (le vendredi), « skibus » à 7 h 30 les mercredis, samedis et dimanches (forfait bus plus remontées pour ce dernier).

Où dormir ?

Grosse différence entre les tarifs basse saison et les tarifs haute saison (vacances de Noël, février, vacances de Pâques).
— *Hôtel Duos :* le seul hôtel propriété privée. Tél. : 93-23-12-20. De 105 à 225 F pour une personne, suivant l'exposition et la saison. Petit déjeuner : 22 F.

Les pistes

Isola est la plus haute station des Alpes du Sud et fait partie des stations les plus enneigées de France (à 50 km à vol d'oiseau de la mer !). Cela est dû à son altitude et à son microclimat qui rend la neige abondante et d'une bonne qualité poudreuse. On compte quelque 115 km de pistes. Le soir, la station est assez animée, beaucoup plus de vie qu'à Auron en tout cas.

Randonnées à pied

Isola 2000 est au centre du Parc national du Mercantour, c'est donc le point de départ idéal de nombreuses excursions. Autrefois, les environs d'Isola étaient territoire italien et chasse privée du roi Victor Emmanuel II, ce qui explique les nombreux et bons sentiers existants. De plus, une trentaine de lacs ceinturent la station, offrant d'agréables buts de promenades.
Se procurer la carte au 1/50 000 Didier Richard du Dr Paschetta, en vente à la station.

Quelques suggestions :
— *Le Pas du Loup :* rejoindre le téléski du Belvédère (à gauche de la chapelle), le longer jusqu'à une petite route (250 m environ après la chapelle). La suivre jusqu'au réservoir d'eau. Traverser un replat pour prendre ensuite un chemin en face, à gauche d'un ruisseau qui descend de la montagne. Un peu plus loin, il s'élargit (surtout ne pas traverser le torrent principal). En continuant, on arrive presque au *lac de Terre Rouge,* qui doit son nom à la couleur des roches qui l'entourent. En fait, 200 m avant le lac, prendre à gauche un chemin qui passe près d'un petit lac superbe. Traverser à flanc pour rejoindre la grande *combe du Malinvern.* De là, on grimpe pour atteindre la brèche du Pas du Loup où se trouve une borne frontière. Compter 3 h aller-retour.
— *Le col de la Lombarde :* suivre le téléski du Belvédère sur environ 80 m. Sous la chapelle prendre à gauche une petite route en terre qui passe devant la douane. Continuer jusqu'au premier virage. Là, s'engager sur la petite route herbeuse qui part dans le virage et qui monte jusqu'au col (2 350 m). Du col, un petit sentier à gauche grimpe au sommet (2 474 m). Prévoir 3 h aller-retour.

● *SAINT-ÉTIENNE-DE-TINÉE*

Ce gros village situé dans un amphithéâtre de montagne, est un agréable lieu de séjour l'été et un centre d'excursions. Un incendie détruisit la partie ouest du village en 1929. Jusqu'au début du XXe siècle, le bourg était un centre actif de production des draps de la Haute-Tinée.

Adresse utile

— *Syndicat d'initiative :* rue des Communes-de-France. Tél. : 93-02-41-96. Ouvert de 9 h à 12 h et de 14 h à 18 h en juillet-août.

Où dormir ? Où manger ?

— *La Pinatelle :* 8, bd d'Auron. Tél. : 93-02-40-36. Fermé du 15 avril au 15 mai et du 15 octobre au 5 décembre. 14 chambres de 90 à 120 F pour deux, mais pension obligatoire en saison : 160 F. Une bonne adresse. Ambiance familiale, agréable jardin. Menus à 60 et 90 F. Accueil sympathique.
— Nombreux *gîtes ruraux.* Voir au Syndicat d'initiative.

● *Campings*

— *Achiardy :* bd Rouery. Tél. : 93-02-41-43. Ouvert du 1er janvier au 30 avril et du 1er juin au 31 décembre. Très bien aménagé.

— *Le Riou :* route de Nabinas-Auron. Tél. : 93-23-01-75. Ouvert toute l'année.

A voir

— *L'église Saint-Étienne :* elle a été restaurée au XIXe siècle. Joli clocher roman lombard, tour à quatre étages. A l'intérieur, maître-autel de 1669 en bois doré d'influence espagnole.

— *La chapelle des Trinitaires :* elle abrite des fresques datées de 1685 qui représentent Notre-Dame-du-Bon-Remède ou la Madone des combats navals. Sur la voûte est illustrée la bataille de Lépante (de nombreux Niçois y participèrent). Les Trinitaires étaient chargés de racheter les chrétiens captifs des Barbaresques.

— *La chapelle Saint-Sébastien :* à l'entrée du village. Fresques remarquables de la fin du XVe siècle, de Baleisoni.

— *La chapelle des Pénitents-Noirs* ou *chapelle Saint-Michel :* elle a été aménagée en musée d'art religieux. Retable du XVIe siècle.

Pour la visite des chapelles en été, s'adresser au Syndicat d'initiative.

Excursion

Prendre le sentier qui longe la rivière de l'Ardon, passe devant la chapelle Sainte-Anne puis atteint le *col de Pal* (2 208 m). On peut encore, au lieu-dit La Vacherie, emprunter un autre chemin qui mène au *col de Bouchiet,* puis à Auron.

● *AURON*

Très bien situé sur un plateau ensoleillé, au centre d'un cirque de montagne, cet ancien hameau est devenu une station de sports d'hiver très réputée. En 1977 et 1979, les championnats du monde y ont élu domicile. Mais la station garde un côté familial (peu de monde dans les rues à 20 h), moins « tapageur » qu'à Isola 2000.

Comment y aller ?

En bus, départ de Nice (gare routière) à 9 h, lundi, mardi, mercredi ; jeudi et samedi départ à 16 h, vendredi 17 h 20 et dimanche à 13 h 15. Durée : 1 h 45. Réservation indispensable. Tél. : 93-85-82-60.

— Possibilité de prendre aussi ces bus à la gare S.N.C.F. ou à l'aéroport.

Adresses utiles

— *Office du tourisme :* immeuble la Ruade. Tél. : 93-23-02-66. Ouvert toute l'année.

— *École de ski français :* 93-23-02-53.

Où dormir ?

— *L'Edelweiss :* 10, place d'Auron, à 10 m des remontées mécaniques. Tél. : 93-23-01-18. Ouvert toute l'année. Chambres de 137 à 172 F pour deux (c'est le moins cher pour tout l). Demi-pension à partir de 120 F par jour. Tous les soirs, menu enfant à 34 F. Sinon, menus à 49 et 77 F. Correct.

— *Las Donnas :* Grande Place. Tél. : 93-23-00-03. Ouvert du 10 juillet au 7 septembre et de la fin décembre à la fin avril. Chambres de 155 à 250 F avec vue sur les montagnes. Très reposant.

— *Saint-Erige :* bd Georges-Pompidou. Tél. : 93-23-00-32. Chambres petites mais confortables. Un côté un peu vieillot. Même catégorie que Las Donnas. Restaurant très correct. Vaste salle à manger où figurent en bonne place les trophées de chasse. Accueil souriant.

● *Plus chic*

— *Le Savoie :* bd Georges-Pompidou. Tél. : 93-23-02-51. Ouvert en juillet-août et du 20 décembre à la mi-avril. Le confort d'un trois étoiles avec vue sur les montagnes, terrasse panoramique pour la bronzette, bar sympa. De 240 à 340 F pour deux.

Où manger ?

— *L'Ourson :* c'est, dit-on, le meilleur restaurant de la station. Sous le cinéma.

Tél. : 93-23-02-26. Spécialités : raclette, fondue bourguignonne et fondue savoyarde.
— *Le Blainon* : 93-23-00-79. Bon rapport qualité-prix. Piano-bar à partir de 17 h 30.

● *Sur les pistes*

— *Le Mickeou* : dans le domaine du Demandols. Tél. : 93-02-43-96. Chalet avec terrasse, solarium, exposition plein sud.

A voir

— *La chapelle Saint-Érige* : ce simple bâtiment à clocher roman abrite depuis 1451 un ensemble de fresques religieuses exceptionnel. Elles retracent la vie de saint Érige, évêque de Gap au VIe siècle, de sainte Madeleine et de saint Denis. Demandez les clés à l'Office du tourisme.
— *Le téléphérique de Las Donnas* : de 9 h à 17 h 30, fermé en mai, juin, octobre et novembre. On parvient à une altitude de 2 256 m, panorama très vaste sur la haute Tinée et les Alpes.
— *Les pistes* : 120 km de pistes balisées (plus qu'à Isola). La station jouit d'un bon ensoleillement avec cet inconvénient de ne pas offrir toujours une neige d'excellente qualité. Auron convient plus aux skieurs chevronnés.

A faire

— En été, escalade, randonnée, poney... Entre toutes les activités sportives proposées vous n'aurez que l'embarras du choix.

LE TRAIN DES PIGNES

Un must ! Il faut à tout prix le prendre au moins une fois. Ce tortillard folklorique qui relie Nice à Digne traverse des paysages fabuleux, longe des gorges impressionnantes, franchit rivières, torrents, montagnes et s'arrête dans des villages très reculés, très tranquilles, où il fait bon vivre.
Plusieurs versions pour expliquer le nom de Pignes ; on dit que le train était tellement lent que les voyageurs avaient le temps de descendre ramasser des pommes de pin, des *pignes*. D'autres racontent que les voyageurs devaient rallumer le feu de la machine à bout de souffle avec ces pignes... Il semble, en fait, qu'on versait dans la chaudière quelques pommes de pin avant de partir.
Les travaux commencèrent en 1892 mais la ligne ne fut inaugurée qu'en 1912. Il fallut en effet des dizaines d'ouvrages d'art et de tunnels pour venir à bout d'une nature si rebelle. Le tunnel de la Colle-Saint-Michel ne fait pas moins de 3,5 km !
Les amateurs de randonnées se procureront le guide « 75 randonnées pédestres avec le train des Pignes » de Raoul Revelli, en vente dans toutes les bonnes librairies de Nice et dans certaines gares.

Le parcours du train des Pignes

Du pont de la Mescla à Saint-André-des-Alpes, la voie ferrée suit la nationale et s'engage entre les rives souvent étroites du Var moyen. En saison, cinq trains assurent la liaison Nice-Digne (quatre, hors saison). Voir « Adresse utiles » à Nice.

● **VILLARS-SUR-VAR**

A 1 h de train de Nice et encore beaucoup moins en voiture s'il n'y a pas d'embouteillages, on se sent déjà bien loin de la côte. Ici on pense plutôt à la vigne que l'on cultive depuis le Moyen Age. C'est le seul vin du haut pays qui ait droit à l'appellation côtes-de-provence. Les amoureux de la nature et les amateurs de marche viennent l'été faire une cure de bon air et de repos.
Les vieilles rues du village sont inaccessibles aux voitures, il fait bon s'y promener au frais avant d'aller visiter l'église. Celle-ci, bien restaurée, avec des fresques en trompe-l'œil, possède à gauche du chœur un beau retable de l'Annonciation, de l'école niçoise (XVIe s.).
Une agréable allée bordée de colonnes mène à une plate-forme d'où l'on découvre une vue superbe sur la vallée du Var.

● **TOUËT-SUR-VAR**

Étonnant village plaqué contre la paroi verticale de la montagne où les rues enchevêtrées grimpent à l'assaut du rocher. On a d'ailleurs surnommé l'endroit le

« village tibétain ». Dans le sol de l'allée centrale court un torrent sur lequel a été bâtie l'église. Beau point de vue derrière la place. Les hautes maisons anciennes ont presque toutes un grenier ouvert (le soleilloir) bien exposé au midi, destiné, entre autres, au séchage des figues. Le quartier moderne s'étend en dessous dans la vallée.

Où dormir ? Où manger ?

— *L'Auberge des Chasseurs :* sur le bord de la route, à droite en venant de Nice. Tél. : 93-05-71-11. Fermée en février et le mardi. Petite maison adorable avec ses balcons en bois et sa treille qui court sur la façade. Face à la vallée. Chambres agréables et propres de 70 à 120 F. Pension : 150 F. Excellent restaurant proposant une cuisine très raffinée à prix doux. Menus de 55 à 98 F. Spécialités du pays (charcuterie, etc.).

Randonnées

— *Le mont Rourebel* (1 210 m) : comptez 2 h 45-3 h. Un sentier traverse le Var et monte à droite puis à gauche pour atteindre le col de Rourebel puis le sommet.

— *Thiéry :* village isolé dans un cirque sauvage que l'on atteint en 2 h par un bien joli petit chemin.

● *PUGET-THÉNIERS*

Agréable bourg qui sent bon la Provence, au confluent du Var et de la Roudoule. Ici, on se sent à la fois dans le Midi et à la montagne.

Ce vieux village, sur la rive droite de la Roudoule, était au XIIIe siècle le quartier des Templiers. Les maisons sont très anciennes, avec granges-auvents, insignes de maîtrise sur les linteaux. Rue Gisclette, ancien ghetto juif, subsistent les anneaux qui portaient les chaînes barrant chaque soir l'accès de la rue.

De la place A.-Conil, au pied de la vieille ville, on traverse la Roudoule pour aller à l'église (remarquez quelques boutiques vieillottes comme celle nommée *Au Pied Mignon*), construite au XIIIe siècle par les Templiers et remaniée au XVIIe siècle. Le clocher carré du XVIIe est surmonté d'un joli campanile.

Au bord de la nationale, sur une place plantée d'ormes, statue de Maillol, l'« Action enchaînée », symbolisant la vie de *Blanqui*, qui est né à Puget-Théniers et qui passa 36 ans de sa vie en prison.

A partir de Puget-Théniers, on peut remonter les gorges de la Roudoule, au nord, par la D 16. On peut aussi, de cette route, au bout de 2,5 km, monter au village de *Puget-Théran*, tout en hauteur, et à celui d'*Auvare*, complètement perdu au pied des contreforts du dôme de Barrot. De ces deux villages pittoresques, partent de nombreux sentiers pédestres.

Où dormir ? Où manger ?

— *Auberge du Vieux Chêne :* 1, place A.-Conil. Tél. : 93-05-00-14. Ouverte toute l'année. Belle maison rose aux volets verts, au bord de la Roudoule. Chambres assez grandes avec télévision, de 160 à 250 F pour deux. Grande salle à manger, où l'on vous sert une cuisine familiale. Grillades au feu de bois. Spécialités : aïoli, fondue savoyarde. Menus à 60, 80, et 120 F. Possibilité de discuter un forfait à la semaine.

● *Camping*

— *Camping municipal.* Tél. : 93-05-04-11. Ouvert du 1er mai au 30 octobre. Au bord de l'eau. Confortable.

● *ENTREVAUX*

Étonnante place forte militaire, dominée par une citadelle haut perchée, la ville occupa longtemps un lieu stratégique, puisqu'elle était située à la frontière des États de la Maison de Savoie. Vauban améliora ses fortifications de 1692 à 1706. La ville, peut-être trop éloignée des grands centres touristiques de la côte, n'a pas subi de restauration trop agressive ; au contraire les façades fissurées, un certain laisser-aller font mieux sentir l'effritement du passé...

Promenez-vous dans la vieille ville. On y pénètre par un vieux pont-levis et on se laisse dériver dans les vieilles rues sombres aux hautes maisons pittoresques. Belle esplanade de la place de la Mairie. L'église, ancienne cathédrale, est curieusement intégrée dans les fortifications. Un de ses côtés fait office de rempart.

L'intérieur est un chef-d'œuvre de décoration baroque et classique. Le maître-autel, somptueux, est un des plus beaux de la région. Superbes stalles, en noyer sculpté.

Par un chemin fortifié, superbe, on monte en une demi-heure à la *citadelle* d'où l'on jouit d'une très belle vue sur la ville et la vallée du Var.

● *ANNOT*

On aime beaucoup ce village mi-provençal, mi-alpin, empreint de fraîcheur, qui offre de nombreuses possibilités de randonnées dans un très beau cadre de montagnes. La vallée, l'été, fleure bon la lavande ou le tilleul. En plus on y trouve de bons hôtels et restaurants, très bien et pas chers.

Annot est célèbre pour les rochers qui l'entourent, qualifiés de *grès d'Annot*, aux formes curieuses dues à l'érosion, véritable chaos intéressant à découvrir au cours d'une promenade. A l'entrée du village, remarquez les maisons construites dans le rocher. Quant au vieux village, il a beaucoup de caractère : rues tortueuses, passages voûtés, pierres disjointes, linteaux de portes armoriés, maisons des XVIᵉ et XVIIᵉ siècles, etc. Montez à l'église par la Grand-Rue qui s'ouvre sous une porte fortifiée. Les trottoirs, piliers, dallages sont en... grès d'Annot. L'église romane, flanquée d'un bas-côté du XVᵉ siècle, a une abside surélevée en tour de défense crénelée et un joli clocher Renaissance.

Un peu d'histoire

A la fin du XIVᵉ siècle, lorsque le comté de Nice ne fit plus partie de la Provence, l'importance d'Annot s'accrut. Comme la ville était proche de la frontière, une garnison s'y établit. Annot devint alors un centre d'échanges entre la Provence, le comté de Nice et le Piémont. Un marché hebdomadaire et une foire franche furent institués qui attiraient beaucoup de monde, comme aujourd'hui.

Au XVIIIᵉ siècle, l'industrie lainière se développa, mais Annot possédait aussi des fabriques de tuiles, de chapeaux, des distilleries d'essence de lavande. Trois moulins à huile dans la région produisaient quelque 30 000 kg d'huile de noix. Le déclin du noyer commença dans les années 1870 et en 1890 la fabrication d'huile avait cessé.

Aujourd'hui, l'altitude (705 m), la situation et un microclimat contribuent à l'essor de cette petite station touristique assez animée l'été. C'est d'ailleurs une station verte de vacances dotée de nombreux équipements : courts de tennis, piscine solaire, centre équestre, etc. La place principale, ombragée de platanes, est typiquement provençale.

Adresse utile

— *Syndicat d'initiative :* à côté de la mairie. Tél. : 92-83-21-44. Très compétent et dynamique. Location de gîtes ruraux, stages sportifs, etc. Ouvert de 10 h à 12 h, de 15 h à 18 h et le dimanche matin.

Où dormir ? Où manger ?

— *Hôtel de l'Avenue :* avenue de la Gare. Tél. : 92-83-22-07. Ouvert de la fin mars au début novembre. Chambres mignonnettes avec salle de bains et w.-c. à 126 F. Excellent rapport qualité-prix-accueil pour le restaurant, cuisine familiale soignée. Menu à 51 F avec hors-d'œuvre, côte de porc ou viande garnie et dessert. Celui à 60 F vous donne droit à deux entrées. Mais les gourmets prendront le menu à 90 F avec terrine de foies de volaille aux pistaches, suivie d'une deuxième entrée, d'un plat du jour (caille farcie), fromage et dessert. Portions copieuses et accueil souriant. Une bonne adresse.

— *Hôtel du Parc :* donne sur la vaste place des Platanes, dans une belle demeure ancienne. Prix hors saison, pour une personne, à partir de 47 F ! Pour deux : 54,50 F. Plusieurs bons menus à 49 F (omelette aux fines herbes et côte de porc), 57,40 F et 77 F (cuisses de grenouilles et civet de porcelet maison).

● *Campings*

— *Camping la Rivière :* sur le bord de la rivière, dans un cadre verdoyant. Sur la D 902, direction Allos-La Foux. 6,80 F la tente et 6,80 F par personne. Douche chaude : 3 F.

— *Camping à la ferme :* au Fugeret, à 5 km au nord par la D 908.

Promenades

— *La Chambre du Roi* ou *chaos de grès d'Annot*. Prendre le sentier balisé derrière la gare, qui grimpe jusqu'à 1 000 m. On atteint un défilé à l'entrée duquel se creuse à droite la caverne dite Chambre du Roi. On peut soit revenir directement, soit continuer ; on arrive alors au *Balcon,* en corniche au bord de la montagne : vue splendide ; puis on atteint les *Portettes,* arcs naturels de grès, les sous-bois pleins de fraîcheur des *Espaluns* et la chapelle *Notre-Dame-de-Vers-la-Ville* (compter 2 h 30-3 h). Promenade superbe.

— *Argenton :* prendre le chemin qui part de l'église et grimpe jusqu'à 1 315 m. Le sentier est balisé en jaune et rouge. Compter 3 h.

— *Le Baou de Parou :* le chemin part de l'église et tourne après le viaduc à gauche. Le Baou de Parou est un énorme rocher qui domine Annot.

— *Les bords de la Vaire :* traverser la rivière, à partir de la place des Platanes, et suivre à droite la rivière par un chemin qui mène à la jolie *chapelle de Verimande,* construite par les Templiers.

Excursions en voiture

Annot constitue un bon point de départ pour de superbes excursions en voiture. Il faut, par exemple, prendre la jolie route qui longe la Vaire, traverse *Le Fugeret* (voir son vieux pont et sa fontaine), offre une vue superbe sur le vieux village de *Méailles* qui surplombe les rochers et monte à *La Colle Saint-Michel,* station de ski de fond, pour redescendre à *Thorame-Haute,* station de la ligne Nice-Digne, dans un site austère mais d'une grande beauté.

— *Hôtel-restaurant de la Gare :* à Thorame-Haute. Tél. : 92-89-02-54. Ouvert du 1er mars au 30 octobre. Vue sur la vallée, jardin. Chambres de 50 à 200 F. Menus à 42 et 52 F.

Si l'on veut continuer sur *Saint-André-des-Alpes,* la route longe la vallée du Verdon.

Mais on peut rejoindre Saint-André par une route plus rapide, la N 202. On passe ainsi à *Vergons* (où l'on mange très bien, au *Relais de Vergons*) ; remarquer à la sortie du village, à droite, la petite chapelle juchée sur un rocher, que l'on voit de loin.

Puis on arrive au *barrage de Castillon* et à Saint-André.

LES GORGES DE DALUIS ET DU CIANS _____

Étonnant et spectaculaire parcours qui nous fait découvrir deux impressionnantes gorges reliées par la route de Valberg. Les amateurs de spectacles grandioses seront comblés.

Le circuit des gorges de Daluis part de la N 202, à mi-chemin environ entre Annot et Entrevaux. A partir de Daluis, la route, sinueuse, remonte en corniche la rive droite du Var. La voie est tellement étroite que les voitures qui descendent passent dans de nombreux tunnels creusés dans le rocher tandis que celles qui montent à Guillaumes continuent à suivre la corniche, offrant de saisissantes vues plongeantes. Pays d'autant plus spectaculaire que les gorges sont taillées dans les schistes rouges, roches aux formes étranges, tachées de vert, au milieu desquelles courent des cascades.

On arrive à *Guillaumes,* dominé par les ruines d'un château fort.

— *Syndicat d'initiative :* 92-05-50-13.

— Bon restaurant pour souffler un peu : *Les Chaudrons,* dans la rue principale. Tél. : 93-05-50-01. Fermé le mercredi soir et le jeudi. Menu à 43 F avec terrine maison suivie d'un civet de porc à l'ancienne ; pour 90 F, entrée du jour, truite meunière bien fraîche, rognons de veau sautés à la moutarde et dessert. Fait aussi hôtel : pension à 160 F (chambre avec salle de bains) ou 123 F (chambre avec lavabo).

● *VALBERG*

De Guillaumes, prendre la D 28 bordée de sapins qui monte à Valberg, à 1 670 m d'altitude ; station estivale et de sports d'hiver, au milieu des prairies, à moins de 2 h de Nice.

Adresses utiles

— *Office du tourisme :* 93-02-52-77 et 93-02-52-54 (liste de meublés, etc.).
— *Bureau des guides :* 93-02-52-34.

A voir. A faire

Valberg est l'égale de ses rivales, Auron et Isola 2000. On y skie jusqu'en avril.

— Allez voir la jolie *chapelle Notre-Dame-des-Neiges,* d'apparence toute simple, dont l'intérieur est décoré de peintures modernes assez jolies.

— Excursion : *Croix de Valberg*. On part du col du Sapet et on monte par un bon sentier ; en haut, panorama superbe sur les montagnes (45 mn aller-retour).

● **BEUIL**

La route continue ensuite sur Beuil (1 480 m), véritable nid d'aigle accroché à une colline. C'est une station estivale et de sports d'hiver très reposante.

Adresse utile

— *Syndicat d'initiative :* 93-02-30-05.

Où dormir ? Où manger ?

— *Hôtel L'Escapade :* 93-02-31-27. Ouvert en juillet, août, septembre et de décembre à avril. Fermé le mardi et le mercredi. Vue superbe de certaines chambres. Prix raisonnables : de 140 à 160 F. Au restaurant, menu à 60 F.

— *Le Bellevue :* 93-02-30-04. Simple mais avec vue sur les montagnes. Chambres de 90 à 125 F. Fermé hors saison. Menu correct à 58 F, boisson comprise.

A voir

Dans le village, adorable placette, bordée d'une église et d'une jolie chapelle, aux couleurs de l'Italie. *L'église* du XVIIIe siècle a gardé un clocher roman du XVe siècle. Sur la façade, jolie statue dans une niche, à gauche. L'intérieur est richement décoré : superbe tableau récemment rénové : *l'Adoration des mages,* école de Véronèse ; colonnes torses noires, angelots sculptés, etc.

● **LES GORGES DU CIANS**

Encore un paysage grandiose : la route, assez mauvaise, est creusée dans la roche qui la surplombe ; d'un côté les rochers rouges, de l'autre la forêt de sapins. De nombreuses et grandes cascades jaillissent de la montagne. Parfois les rochers se rejoignent, formant une voûte ; les passages les plus étroits sont dénommés *petite clue* ou *grande clue.* La route rejoint la nationale près de Touët-sur-Var.

● **SAINT-ANDRÉ-DES-ALPES**

Ce village de montagne est resté très authentique. Les devantures de certaines boutiques n'ont pas changé depuis des lustres et c'est tant mieux. Le café du Commerce, bien sympa avec sa vieille vitrine, et la boulangerie, avec ses pans de bois qu'on ferme le soir, évoqueront aux plus anciens les villages de leur enfance. En plus, on trouve ici de bons restaurants aux prix imbattables. On est loin des excès de la côte.

Adresse utile

— *Syndicat d'initiative :* à la mairie (ouvert du 1er juillet au 1er octobre). Tél. : 92-89-02-04. Également, rue principale (du 1er septembre au 30 juin). Tél. : 92-89-02-46.

Où dormir ? Où manger ?

— *Grand Hôtel du Parc :* place de l'Église. Tél. : 92-89-00-03. Ouvert du 1er février au 15 novembre. Adresse sympathique, proposant des chambres très correctes de 70 à 160 F. Jardin, derrière. Restaurant dans une grande salle, décorée d'une belle cheminée où brûle un feu de bois hors saison, de têtes de biche et sanglier sur les murs, et de plats en cuivre étincelant. Les nappes à carreaux rouges et blancs ajoutent encore au côté rustique. Étonnant menu à 46 F avec, tenez-vous bien, entrées, comprenant : jambon de pays, fromage de tête, saucisson, lentilles à la vinaigrette et taboulé, suivies d'une épaule d'agneau garnie de frites (elles débordent de l'assiette) et d'une savoureuse tarte aux myrtilles. Un autre menu à 69 F.

— *Camping municipal Les Iscles :* à 1 km par la N 202, direction Annot et à gauche. Tout près du Verdon. Ouvert de mai à septembre. Bien situé, au calme. Ombragé.

● *DIGNE*

Très agréable ville de cure, dans un écrin de montagnes.

Adresse utile

— *Office du tourisme :* le Rond-Point. Tél. : 93-31-42-73.

Où dormir ?

● *Bon marché*

— *Hôtel du Petit Saint-Jean :* 2, cours Arès. Tél. : 92-31-30-04. De 58 à 121,50 F (avec bains ou douche) la double. Hôtel ancien et bien tenu. Mobilier de style dans les chambres à partir de 112 F. Ameublement simple sinon. Salle à manger bien décorée. Nous vous laissons découvrir la gamme des cinq menus, de 47,50 à 100 F.

● *Prix modérés*

— *Hôtel Central :* 26, bd Gassendi. Tél. : 92-31-31-91. Ouvert toute l'année. De 90 F la double avec bidet et lavabo à 220 F avec douche et w.-c. Poutres apparentes et meubles de style. Certaines chambres ont un petit balcon. Toutes sont équipées du téléphone et de la radio. Quelques livres sont à votre disposition, près de la réception, ainsi qu'un joli petit salon de lecture en entresol.

● *Camping*

— *Camping municipal :* à 1,5 km sur la route de Barcelonnette. Tél. : 92-31-04-87. Au bord d'une rivière. Ouvert de mars à octobre. Tennis. Correct.

Où manger ?

● *Bon marché*

— *Le Tivoli :* à l'entrée de Digne, en venant de Sisteron. Menu à 55 F, avec terrine sarthoise ou melon, ou tomates au basilic, puis émincé de bœuf bernoise ou sauté de veau niçoise. Fromage ou dessert. Pour 65 F, le menu est un peu plus varié et pourra vous tenter.
Sept chambres, qui devraient avoir été rénovées en 1987, dont les prix vont de 68 à 98 F la double. Le patron indique que les prix devraient rester stables. Dans ces conditions, pourquoi ne pas y dormir ?

● *Prix modérés*

— *Restaurant de l'hôtel de Bourgogne :* av. de Verdun. Tél. : 92-31-00-19. Menu à 75 F, avec salade gourmande ou terrine de volaille, puis meunière de mostelle avec feuilleté primeur ou poulet poché au coulis de poireaux. Fromage ou dessert. Cuisine très soignée, servie dans une salle à manger simple, aux tables bien dressées.

● *Plus chic*

— *Restaurant de l'hôtel Mistre :* 65, bd Gassendi. Tél. : 92-31-00-16. Fermé le samedi sauf en juillet-août. Salle à manger originale au décor luxueux. Ce restaurant est tenu par la même famille depuis trois générations. Le premier menu, à 118 F, vous laissera le choix en entrée entre la terrine de volaille aux pistaches, quelques hors-d'œuvre, le pâté de truite aux fines herbes, la mousse de champignons, le melon de Provence glacé au vin de pêche. Ensuite, vous pourrez opter pour une tranche de mérou gratiné, du gigot d'agneau ou des pieds et paquets. Desserts.

A voir

— Le beau panorama, à l'arrivée, avec le village fortifié sur fond de barrière rocheuse.
— Le point de vue, depuis le jardin public après le pont sur la Durance.
— La *vieille ville* et la *cathédrale*, une des plus belles églises romanes de Provence. Pour mémoire, Victor Hugo avait situé à Digne la scène des « Misérables » où Jean Valjean vole de l'argenterie à l'évêque après avoir été accueilli par ce dernier. Le saint homme le sauve de la police et lui en donne davantage.

EXCURSIONS A PARTIR DE DIGNE

DE DIGNE A RIEZ

Jolie route et beaux panoramas vers Châteauredon puis vers Riez.

A l'embranchement où la route tourne à droite vers Riez, vous pouvez continuer dans la *clue de Chabrière*. Paysage magnifique, impressionnant et sauvage. Le fait que le circuit comporte un aller-retour n'enlève rien à son intérêt, car les vues, différentes dans les deux sens, sont toujours de toute beauté.

Où dormir ? Où manger ?

— *Hôtel-restaurant Les Lavandes :* près de Châteauredon. Tél. : 93-35-52-80. Ouvert du 1er juin au 19 septembre. 6 chambres à 83 F la double avec cabinet de toilette, 110 F avec douche, 134 F la triple. Deux menus, avec choix important de plats, à 39,50 et 57 F.
— *Le Relais de Chabrières :* dans le hameau de Chabrières. Tél. : 92-31-06-69. Fermé du 3 décembre au 1er février. De 106 F la double avec lavabo à 141 F avec douche. 183 F la triple avec douche. Salle de bains à chaque étage. Jolie salle à manger. Menu à 52 F, avec terrine de légumes en gelée ou jambon cru, puis truite ou demi-coquelet, légumes, fromage ou dessert. Pour 65 F, le choix est plus étoffé. Il existe deux autres menus à 85 et 150 F.
— *Camping La Célestine :* sur la route de Riez.
— *Camping à la ferme* et *gîte rural :* à 7 km d'Estoublon, en prenant une route à gauche, dans le village.

Très beau panorama en haut de la montée qui mène à Riez. Puis la route traverse des champs de lavande.

● RIEZ

Ancienne ville romaine (dont il subsiste des colonnes), agréable avec son château, son église fortifiée, son lavoir, sa place ombragée.

Où manger ?

— *Restaurant Les Abeilles :* restaurant Jaubert. Tél. : 92-74-51-29. Agréable tant à l'intérieur qu'en terrasse. Les Abeilles ont butiné des plats originaux (polenta à la tomate, la saucisse et l'œuf, aïoli provençal, rôti de porc aux grisets) et bien préparés. Prix doux s'échelonnant entre 30 et 70 F. Bon vin rouge en pichet.

DE DIGNE A SISTERON

● CHÂTEAU-ARNOUX

Village dans un joli site au bord de la Durance, dominé par la tour de son pittoresque château.

Adresse utile

— *Office du tourisme :* 1, rue Maurel. Tél. : 92-64-02-64.

Où dormir ? Où manger ?

— *Relais Alpes-Côte d'Azur :* sur la route venant de Sisteron, à l'entrée de Château-Arnoux. De 69 à 99 F la double. Les chambres sont grandes et simples. Salle de restaurant agréable et bien décorée, à l'ancienne. Menu à 50,75 F avec buffet de hors-d'œuvre, carré de porc rôti, viande froide mayonnaise, fromage ou dessert. Le menu à 75 F vous propose un plat supplémentaire (truite ou timbale aux fruits de mer), fromage et dessert.
— *Hôtel du Lac :* à l'entrée de Château-Arnoux. Tél. : 92-64-04-32. De 108 à 140 F la double, avec douche et w.-c., selon l'orientation (côté route ou Durance). Jolies chambres simples avec sol carrelé. Menu à 51 F avec une grande variété de plats. Le patron devant changer avant la mise sous presse, vous nous écrirez s'il y a un changement de tarif !
— *La Taverne Jarlandine :* au centre du village. Chambres de 78 F la simple à 94 F la double. Petit déjeuner : 14,50 F. Le patron prévoit une augmentation des prix. Certaines chambres sont en réfection ; demandez donc celles avec moquette aux murs, elles sont plus agréables. Menu simple à 41,50 F. Pour 65 F,

menu copieux avec médaillon de sanglier ou terrine de langoustines, puis entre-côte maître d'hôtel ou brochette de bœuf grillée, ou sauté de veau marengo, salade, fromage et dessert. Intérieur joliment décoré, style rustique, avec bahut ancien, lustre en ferronnerie. Le patron fait un effort visible pour attirer la clientèle.

● *Camping*

— *Camping Les Salettes :* au lac, à 1 km. Tél. : 92-64-02-40. Calme, vue superbe. Piscine. Prix raisonnables. Réserver en été.

● *SISTERON*

Un enchevêtrement de toits, un dédale de ruelles au pied d'une citadelle, face au rocher de la Baume. C'est la porte de la Provence.

Où dormir ? Où manger ?

● *Bon marché*

— *Hôtel de la Poste :* 7, rue Droite. Tél. : 92-61-00-27. 65 F la double avec cabinet de toilette, 115 F avec douche. Petit déjeuner : 15 F. L'entrée a un petit côté vieillot charmant, nous vous laissons découvrir les chambres.

● *Prix modérés*

— *Hôtel-restaurant de la Citadelle :* 126, rue Saunerie. Tél. : 92-61-13-52. 160 F la double avec w.-c. Petit déjeuner : 15,50 F. Très bien aménagé. Demandez les chambres avec vue. Le restaurant propose deux menus à 53 et 75 F, avec charcuterie et crudités, ou soupe de poisson, puis entrecôte maître d'hôtel ou escalope panée, fromage et dessert. Vous pourrez manger en terrasse, avec une vue superbe sur la rivière ou sur la montagne et l'église, moyennant un supplément de 10 % sur le service.
— *Hôtel-restaurant Tivoli :* 21, place du Tivoli. Tél. : 92-61-15-16. Fermé du 15 décembre au 1er février. De 73,50 F la double avec cabinet de toilette à 147 F avec douche et 185 F avec bains. Petit déjeuner : 14,50 F. Les chambres sont spacieuses et bien aménagées. Menu à 55 F, avec assiette de charcuterie ou de crudités, puis pieds et paquets ou plat du jour, dessert. Deux autres menus à 81 et 112 F. Une terrasse donne sur la place.

A voir

— Le site en général, notamment depuis la place devant l'hôtel-restaurant des Chênes, ou la citadelle.
— *L'église Notre-Dame,* ancienne cathédrale du XIIe siècle, de style roman.
— *La vieille ville :* entre Durance et falaise.
— *La citadelle :* masse impressionnante perchée sur le roc, et qui tient le défilé de la Durance,

DE DIGNE A MANOSQUE

● **FORCALQUIER**

Bâtie sur le versant d'une colline, la ville occupe un site assez joli.

Où dormir ?

— *Le Grand Hôtel :* 10, bd Latourette. Tél. : 92-75-00-35. De 81 F la double avec cabinet de toilette à 140 F avec salle de bains et w.-c. Chambres simples et vastes. L'hôtel comprend un salon de télévision, un parking privé et un jardin derrière. De celui-ci, vue panoramique. Accueil très souriant.

● *Plus chic*

— *Hostellerie des Deux Lions :* 11, place du Bourguet. Tél. : 92-75-25-30. Chambres de 130 F la double à 175 F. Petit déjeuner : 20 F. Très belles et vastes chambres, ameublement rustique de très bon goût. Hôtel de grand confort présentant un excellent rapport qualité-prix. Petit déjeuner très complet et fin. Le salon au premier étage mérite qu'on s'y arrête un instant.

Où manger ?

— *Restaurant Le Commerce :* place du Bourguet. Tél. : 92-75-00-08. Belle salle au premier étage, avec nappes en dentelle et buffet très bien présenté. Le chef vous propose une cuisine légère et copieuse avec notamment, en entrée, les mosaïques d'omelettes aux trois sauces, la mousse de volaille au parfum de genièvre, puis l'entrecôte grillée ou les côtes d'agneau aux trois légumes. Panaché de fromages et desserts maison. Menus à 70, 100 et 150 F. Au snack, formule intéressante à 50 F, ou 30 F si vous ne prenez que le plat du jour.

● *Plus chic*

— *Hostellerie des Deux Lions :* voir « Où dormir ? ». Fermée le jeudi hors saison, du 15 novembre au 15 décembre et 15 jours en janvier. Cadre somptueux et tables dressées avec soin. Personnel stylé. Cuisine fine et inventive, comme en témoigne un menu renouvelé chaque jour, très abordable, à 72 F. On vous offrira, en plus, une excellente tapenade pour vous mettre en appétit ainsi que des mignardises pour clore un très bon repas.

A voir

— *L'église Notre-Dame :* ancienne cathédrale des XIIe-XIVe siècles, assez austère.
— *Le couvent des Cordeliers :* une des premières fondations franciscaines en Provence.
— *Le cimetière :* au nord de la ville. Très original avec ses haies d'ifs taillés et creusés en arcades.
— *Les fontaines :* place du Bourguet, place Saint-Michel.

● *MANOSQUE*

C'est la ville de Giono. La campagne alentour a contribué à inspirer ses œuvres.

Adresse utile

— *Office du tourisme :* place du Docteur-P.-Joubert. Tél. : 92-72-16-00.

Où dormir ?

● *Bon marché*

— *Chez Artel :* 8, place de l'Hôtel-de-Ville. Tél. : 92-72-13-94. De 54 F la double à 96 F la triple, avec lavabo et eau chaude et froide. L'hôtel est ancien, le mobilier, lui, date de 1960.

● *Prix modérés*

— *Hôtel Peyrache :* 37, rue Jean-Jacques-Rousseau. Tél. : 92-72-07-43. 18 chambres de 95 à 150 F, avec salle de bains, w.-c. et téléphone. Petit déjeuner : 15 F. Ameublement moderne. Les photos des chambres sont exposées en bas, près de l'interphone, auquel il faut sonner pour se faire ouvrir.
— *Le François Ier :* 18, rue Guilhempierre. Tél. : 92-72-07-99. Ouvert toute l'année. De 80 à 110 F avec douche, 133 F avec douche et w.-c., 155 F avec bains et w.-c., 160 F la triple, 190 F la quadruple. Petit déjeuner : 16 F. Ameublement moderne et chambres confortables.

● *Plus chic*

— *Le Provence :* route de la Durance. Tél. : 92-72-39-38. Fermé en novembre. 13 chambres. 180-190 F la double avec salle de bains, w.-c., téléphone, télévision, minibar, parking privé et piscine. Ameublement moderne. Restaurant (voir « Où manger ? »).

Où manger ?

● *Prix modérés*

— *L'Aubette :* av. Saint-Lazare. Salle bien aménagée et soignée, à l'ancienne. Ce restaurant annonce un menu à 49 F net. Compter 100 F à la carte, avec salade ou anchoïade, filet de bœuf ou gigot, fromage ou dessert.
— *Le Provence :* voir « Où dormir ? ». Menu à 65 F : buffet de crudités, plat du jour, fromage et dessert. Le menu à 90 F comporte deux plats et offre un choix appétissant. Il existe un menu à 125 F. Pour les enfants de moins de 7 ans, menu à 35 F.

— *Chez André :* 21 bis, place des Terreaux. Tél. : 92-72-03-09. Fermé en juin et le lundi. Salle rustico-moderne aux tables bien dressées. Un effort méritoire : le menu à 34 F (service non compris), avec crudités ou pâté, daube provençale, flan ou fruit ou glace. Menu à 53 F (service non compris), avec terrine ou hors-d'œuvre variés, puis bavette grillée aux échalotes ou tête de veau sauce gribiche, fromage ou dessert.

— *Le Bois d'Asson :* à la sortie de Manosque, en direction d'Oraison et de Forcalquier, sur la D 13, Sainte-Maime. Tél. : 92-79-51-20. La salle à manger est fraîche, tant par la température qui y règne que par la décoration. Vous vous croirez dans un jardin. Il est d'ailleurs possible de manger en terrasse, qui donne sur un beau jardin. Menu à 95 F, avec salade du marché ou melon au muscat de Beaumes-de-Venise, puis filet de porc aux pruneaux ou fricassée de volaille à l'estragon, chariot de desserts pour finir. Il existe également un menu à 130 F.

A voir

— *La porte Saunerie :* elle garde l'entrée de la vieille ville.
— *L'église Notre-Dame-de-Romigier :* d'origine romane, avec un portail Renaissance.
— *La vieille ville* et le charme de ses maisons anciennes.

NICE

« Nice n'est pas un port comme Marseille, il n'y a pas de transit. C'est un bout du monde et le temps s'y est un peu arrêté. La ville est marquée par sa splendeur passée, c'était avant la guerre, c'était encore le luxe, c'était encore la Côte d'Azur dont rêvait Fitzgerald, les villas de Cimiez, les casinos, les grands hôtels aujourd'hui transformés en meublés ou en garages. Nice est une ville précaire. »

Patrick Modiano

Adresses utiles

— *Office du tourisme :* av. Thiers. Tél. : 93-87-07-07. A gauche, en sortant de la gare. Ouvert tous les jours de 8 h à 19 h. Dimanche et fêtes de 8 h à 12 h et de 14 h à 19 h. Importante documentation. Également 5, av. Gustave-V, sur les jardins Albert-Ier. Tél. : 93-87-60-60. Ouvert de 8 h 45 à 12 h 30 et de 14 h à 18 h. Nice-Parking, près de l'aéroport. Tél. : 93-83-32-64. En juillet, août, septembre, ouvert de 8 h 30 à 20 h, tous les jours.

— *Centre d'informations jeunesse :* esplanade des Victoires. Tél. : 93-80-93-93. Ouvert du lundi au vendredi de 8 h 45 à 18 h 45. Petites annonces, infos sur les stages, etc. Locaux en matériel bien léger qui contraste avec le béton d'Acropolis à côté !

— *Gare S.N.C.F. :* av. Thiers. Tél. : 93-87-50-50 (informations) et 93-88-89-93 (réservations). Nombreux trains (le Métrazur) desservant toutes les gares du littoral de Saint-Raphaël à Menton. La ligne Nice-Tende avec plusieurs trains par jour est super. Douches de 8 h à 12 h et de 14 h à 19 h 45, en sous-sol : 12,40 F.

— *Chemins de fer de Provence :* 33, av. Malausséna. Tél. : 93-84-89-71. Ligne pittoresque desservant les gares de Nice à Digne. Cinq trains quotidiens l'été, quatre l'hiver.

— *Gare routière :* promenade du Paillon, près de la place Saint-François du vieux Nice. Tél. : 93-85-61-81. Renseignements dans le hall. On prend ses billets dans les bus. Consigne à bagages (fermée le dimanche).

— *Transports urbains de Nice.* Informations abonnements : tél. : 93-62-08-08. Demandez leur plan et la liste des points de vente des tickets. Station centrale : 10, av. Félix-Faure. Quand on attend à un arrêt, on peut voir sur un écran où le bus se trouve au même moment. Ça aide à patienter, paraît-il. Possibilité d'acheter une carte « touristique » valable 7 jours ou une carte « 1 jour » vous permettant de prendre le bus autant de fois que vous le désirez.

— *Air Inter :* réservations au 93-31-55-55.

— *Aventures sans Frontières :* 37, rue Pairolière. Tél. : 93-62-40-03. Une association dynamique et très sympa proposant de nombreuses activités et excursions hors des sentiers battus, qui vous permettront de découvrir l'arrière-pays niçois : raids pédestres (le Mentonnais, la vallée de la Roya, les Grès d'Annot, la

Haute-Vésubie, etc.), ski de randonnée, cyclotourisme, stages d'escalade, yoga (à Saint-Jeannet), descentes de clues, etc.
— *S.N.C.M.* (Société nationale maritime Corse-Méditerranée) : 3, av. Gustave-V. Tél. : 93-88-60-63. Renseignements et réservations pour les traversées Nice-Corse.
— *Nicea Location Rent* : 12, rue de Belgique, en face de la gare, un peu en contrebas. Tél. : 93-82-42-71. Location de deux-roues de 9 h à 19 h. Organisme sérieux.
— *Météo* : 93-83-17-24.
— *Météo montagne* : 93-71-01-21. *Météo plaisance* : 93-83-91-12.
— *Manifestation* : festival du jazz dans les arènes de Cimiez, début juillet.

Un peu d'histoire

Les hommes s'installèrent à Nice il y a très, très longtemps : il y a quelque 400 000 ans en effet, au lieu-dit *Terra Amata*, ils inventèrent le feu... Plus près de nous, vers le IVᵉ siècle av. J.-C., les Grecs de Marseille y établissent un comptoir qu'ils nomment *Nikaia* (victoire). Plus tard, les Romains fondent *Cemenelum* (Cimiez), sur une hauteur voisine, chef-lieu de la province des dlpes-Maritimes. C'est une importante agglomération avec son amphithéâtre, ses thermes et même son réseau de chauffage central à air chaud... comme quoi on n'a rien inventé ! En l'an 300 on connaissait peu, en Occident, de capitales aussi civilisées.
1388 est une date capitale dans l'histoire de Nice. La ville et l'arrière-pays refusent de reconnaître le comte de Provence, Louis d'Anjou, et se donnent à la Savoie. *Amédée VII*, comte de Savoie, qui a profité des troubles qui divisent le pays, fait une entrée triomphale dans la ville. De provençale, Nice devient donc savoyarde et tisse des liens plus étroits avec l'Italie. Une province, le *comté de Nice*, est créée. A l'exception de quelques interruptions, Nice appartiendra à la maison de Savoie (qui deviendra royaume de Sardaigne) jusqu'en 1860.
Pendant trois siècles, Nice est la principale place forte de la région.

● *Le développement de Nice*

En 1748 débutent les travaux de creusement du port de Lympia qui sera à la base du développement commercial de Nice et, en 1750, on ouvre la place Garibaldi et on construit la première terrasse en bordure de mer. Bonaparte y séjourne deux fois. La première, en 1794, il envisagea même de se marier à la fille de son hôte qui habitait au 6 de la rue... Bonaparte. Le traité de Paris en 1814, après la chute de l'Empire, rend Nice au royaume de Sardaigne (maison de Savoie).

● *Le XIXᵉ siècle : naissance du tourisme*

Sous la restauration sarde, la concurrence du port de Gênes, rattaché au royaume de Piémont-Sardaigne, est très rude.
Par contre, les étrangers, des Anglais surtout, viennent de plus en plus nombreux séjourner à Nice. Un Britannique, le révérend Lewis Way, fait construire « lou camin deï Angles », première ébauche de la Promenade des Anglais.

● *Le rattachement à la France et la Belle Époque*

Suite à la guerre d'Italie, le traité du 24 mars 1860 et le plébiscite des 15 et 16 avril consacrent la réunion du comté de Nice à la France. Grâce au développement du tourisme, la ville va connaître un essor spectaculaire. En 1890, environ 22 000 personnes sont venues passer l'hiver à Nice ; en 1910, on en dénombre 150 000.
Ces hôtes qui restent quelques mois attirent les placements de capitaux dans l'hôtellerie et l'immobilier. Ainsi la Foncière Lyonnaise, filiale du Crédit Lyonnais, est à l'origine du développement du quartier de Cimiez. La reine Victoria en sera l'hôte le plus célèbre, mais la famille impériale russe, la reine du Portugal et d'autres têtes couronnées ne dédaignent pas l'endroit. Le renom de Nice est exceptionnel et éclipse celui des villes de Cannes, Monaco, Menton qui se développeront surtout dans le courant du XXᵉ siècle.
La croissance urbaine demande une importante main-d'œuvre ouvrière et les Italiens venus en grand nombre ne sont pas de trop. Ils peuplent des quartiers entiers tels que Riquier, la Madeleine, etc.
Peu à peu cependant, Nice perd son charme et ses coutumes provinciales et devient moins fortunée. La Promenade des Anglais prend son visage actuel dans les années 30 : un front ininterrompu d'immeubles face à la mer.

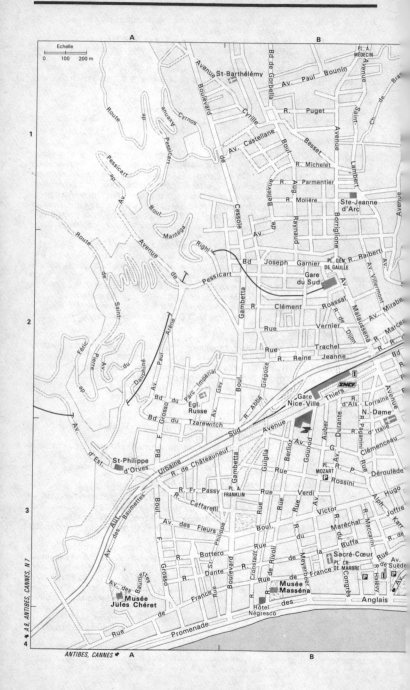

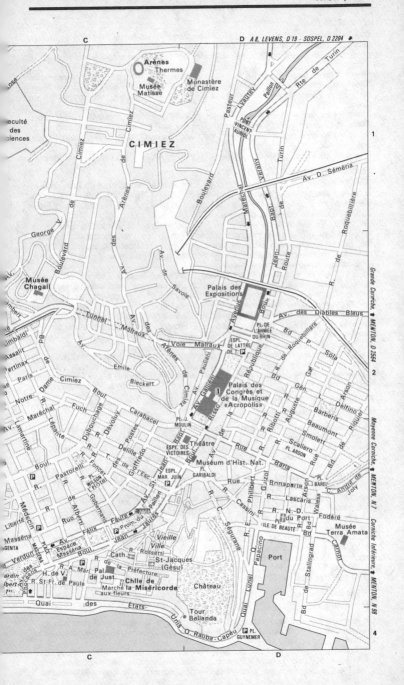

L'école de Nice

Dans les années 50-60, Nice est entrée dans l'histoire de l'art contemporain grâce à l'école de Nice qui regroupait des noms aujourd'hui très connus tels qu'*Arman, Raysse* et *Klein*, le chef de file du nouveau réalisme, tous trois niçois.

On ne peut évoquer l'art niçois sans nommer *Ben*, bien sûr, célèbre pour ses happening et ses tableaux-graffiti. Il s'est d'ailleurs installé sur l'une des collines de Nice, à Saint-Pancrace, après avoir vécu en Turquie, en Égypte et en Grèce.

Parmi les autres peintres niçois auxquels César viendra se joindre, citons encore *Malaval, Chubac* ; puis, à la fin des années 60, naît le mouvement supports/surfaces, où la peinture est théorisée : c'est l'époque de *Claude Viallat, Cane, Pagès, Saytour*, etc.

Plus près de nous, *Castellas, Olivier, Thupinier, Nivès, Mas* ont su s'imposer.

Le carnaval de Nice

Au XIIIe siècle déjà, le carnaval de Nice était réputé, les comtes de Provence et ducs de Savoie prenant part aux festivités niçoises. L'Église tenta de canaliser les débordements de la fête mais en vain. Tout au plus put-elle interdire à ses bons abbés de danser ou de se déguiser.

En 1539, les syndics de la ville de Nice nommèrent des « abbés des fous » chargés d'organiser et de réglementer les fêtes du carnaval : les bals de carnaval sur quatre places bien définies correspondaient à quatre classes sociales : noblesse, marchands, artisans ouvriers et pêcheurs. Pour aller d'un bal à l'autre, il fallait être déguisé convenablement.

Au XVIIIe siècle, en raison de l'étroitesse de la vieille ville et de l'accroissement de la population, la rue fut délaissée au profit des salons privés. Il faut attendre le Second Empire pour assister à de splendides batailles de confetti et de toutes sortes de projectiles. Mais c'est le Comité des Fêtes, créé en 1873, qui redonna au carnaval ses lettres de noblesse. En fait, la ville de Nice était surtout soucieuse de retenir la clientèle étrangère hibernante, inquiète depuis les événements de la Commune... C'est ainsi que se déroula, en 1873, le premier défilé de chars, accompagné de mascarades et cavalcades.

Carnaval eut quand même l'élégance de s'abstenir pendant la Grande Guerre et la Seconde Guerre mondiale.

Sa Majesté Carnaval trône chaque année sous un dais, sur la place Masséna. Le soir du mardi gras, on la brûle quai des États-Unis après tout un cérémonial.

Où dormir ?

● *Très bon marché*

— *Auberge de jeunesse* : route forestière du Mont-Alban. Tél. : 93-89-23-64. A 45 mn à pied de la gare. Préférer le bus 5 de la gare ou le bus 14 du bd Jean-Jaurès. Ouverte toute l'année, et permanence de 7 h à 10 h et de 18 h à 22 h 30. L'été, couvre-feu à 1 h du matin. 60 lits seulement, 37,50 F le lit, le petit déjeuner et la douche.

— *Relais international de la jeunesse* : avenue Scudéri, Cimiez. Tél. : 93-81-27-63. Ouvert toute l'année. Au milieu d'un parc superbe, dans un quartier reposant. Bus 15 de la place Masséna, ou le 22. 36 F avec le petit déjeuner. 140 places.

— *Les Collinettes* : 3, av. Robert-Schumann. Tél. : 93-97-06-64. Ouvert toute l'année, pour les filles seulement.

— *M.J.C. Gorbella* : 10, bd Comte-de-Falicon. Tél. : 93-84-24-37. Bus 1, 18 et 20. Hébergement pour groupes avec réservation ou individuels. 80 lits, mais pas toujours disponibles loin de là. Téléphoner avant.

— *M.J.C. Magnan* : 31, rue Louis-de-Coppet. Tél. : 93-86-28-75. Bus 3, 9, 10, 12 et 22. Pas plus de 60 places. Bar.

● *Bon marché*

Près de la gare

Un nombre incroyable d'hôtels « 1 étoile » près de la gare. Ils ne sont pas toujours très nets mais fréquentés par de nombreux routards de toutes nationalités et vraiment pas chers.

— *La Belle Meunière* : 21, av. Durante. Tél. : 93-88-66-15. Fermé de novembre à février. A 100 m de la gare. Charmante petite maison décorée de pâtisseries en stuc. Petit jardin reposant, cour et parking. Chambre avec cabinet de toilette :

61,30 F ; avec douche, pour deux personnes : 120,20 F ; pour trois personnes : 186 F ; pour quatre : 193 F. Petit déjeuner pris dehors : 13 F. Ambiance sympa.

— *Hôtel Orsay :* 20, rue d'Alsace-Lorraine. Tél. : 93-88-45-02. Ouvert toute l'année. Dans une rue calme. 32 chambres dont 10 avec salle de bains. Confortable et propre. Chambres avec cabinet de toilette de 56 à 132 F. Avec douche et w.-c. privés : 127 F pour une personne, 139 F pour deux. Petit déjeuner : 12 F.

— *Hôtel Central :* 10, rue de Suisse, au 2e étage. Tél. : 93-88-85-08. 12 chambres dont certaines donnent sur le petit square derrière l'église Notre-Dame. Pas terrible mais pas cher : chambres côté cour de 65 à 90 F, côté rue de 66 à 92 F. Accès à la douche : 12 F. Petit déjeuner : 10 F.

— *Hôtel Select Serraie :* au 1er étage du 10, rue de Suisse. Il faut rester au moins une semaine pour avoir une chambre avec cuisine : de 76 à 85 F. Accès à la salle de bains : 10 F. A l'arrière, chambre à deux lits à 94 F.

— *Hôtel du Centre :* 2, rue de Suisse. Tél. : 93-88-83-85. Toujours sur la même bonne rue de Suisse en allant vers l'avenue Jean-Médecin. Plus confortable que les précédents. Ouvert toute l'année. 24 chambres. Pour deux personnes compter de 79 à 88,50 F (sans salle de bains). Avec bains et w.-c., 160 F. Intéressant car il pratique des prix hors saison ou longue durée.

— *Hôtel Novelty :* 26, rue d'Angleterre, au 1er étage. Tél. : 93-87-51-73. Ouvert toute l'année. 29 chambres dont quelques-unes avec cuisinette. Petit déjeuner : 10 F. Accueil sympa.

— *Idéal Bristol :* 22, rue Paganini. Tél. : 93-88-60-72. 32 chambres. Ouvert toute l'année. Terrasse au 5e étage, « permettant bain de soleil ou pique-nique » (sic). Salon T.V. Chambre pour une personne : 71,50 F. Pour deux, avec douche sur le palier : 83,50 F. Avec douche et w.-c. : de 96 à 145 F.

— *Hôtel Le Petit Louvre :* 10, rue Emma Tiranty. Tél. : 93-80-15-54. Pas loin du Nice-Étoile, plus éloigné de la gare. Propret et calme. Chambres simples : 69,50 F. Avec douche : 102 F. Chambres doubles de 102 à 150 F avec douche et w.-c. Agréable.

Dans le Vieux-Nice

— *Hôtel Saint-François :* 3, rue Saint-François. Tél. : 93-85-88-69. Vraiment très simple. Pour une personne de 50 à 60 F, pour deux de 80 à 90 F et pour trois de 110 à 120 F. Patron sympa. Dans un bien vieil immeuble (escalier raide).

— *Hôtel de Tende :* 7, place Saint-François. Tél. : 93-80-27-17. Très modeste, mais jolie vue sur l'adorable place avec son marché aux poissons. Juste à côté de la gare routière.

— *Hôtel Picardy :* 10, bd Jean-Jaurès. Tél. : 93-85-75-51. Chambres de 70 à 93 F pour une personne et de 93 à 115 F pour deux.

● **Plus chic**

Près du quartier piétonnier

— *Les Cigognes :* 16, rue Maccarani. Tél. : 93-88-65-02. Très confortable hôtel deux étoiles, donnant sur un petit square. Propreté irréprochable. Chambres de 240 à 255 F pour deux. Téléphone et télévision.

— *Nouvel Hôtel :* 19 bis, bd Victor-Hugo. Tél. : 93-84-86-85. Fermé en octobre-novembre. Un peu vieillot mais on aime tellement son architecture Belle Époque. Chambres de 98 à 201 F.

— *Hôtel de Mulhouse :* 9, rue Chauvain. Tél. : 93-92-36-69. Refait récemment. Préférez les chambres sur cour. De 130 F pour une personne à 235 F pour deux. Agréable salle à manger pour le petit déjeuner avec vue sur les toits du 6e étage. Ils gardent vos bagages dans la journée si vous le leur demandez gentiment.

— *Hôtel Rivoli :* 47, rue Pastorelli. Tél. : 93-62-17-84. Grand hôtel confortable. Très propre. Chambres de 100 à 300 F. Air climatisé.

— *Hôtel Alfa :* 30, rue Masséna. Tél. : 93-87-88-63. Dans la zone piétonne. Chambres de 170 à 300 F. Air climatisé. Libre accès aux clients en voiture avec bagages. A 100 m de la mer.

— *Hôtel de l'Avenue :* 47 bis, av. J.-Médecin. Tél. : 93-88-48-73. 55 chambres avec télévision couleur et circuit vidéo permanent. Séchoir à cheveux dans la salle de bains.

Près de la gare

— *Elxcelsior :* 19, av. Durante. Tél. : 93-88-18-05. Agréable hôtel avec jardin. Confortable. De 115 à 250 F.

— *Hôtel de Bruxelles* : 15-17, rue de Belgique. Tél. : 93-88-47-61. Grand hôtel standard, mais bien situé. Pas très cher. Prix maximum pour deux : 220 F. Triple : 261 F.

— *Hôtel Frank-Zurich* : 31, rue Paganini. Tél. : 93-88-36-77. Grand hôtel de 76 chambres banales mais fonctionnelles. Calme. Chambres simples de 80 à 165 F. Petit déjeuner simple : 13,50 F. Petit déjeuner maison : 15 F.

Un peu à l'extérieur

— *Relais Rimiez* : 128, av. de Rimiez. Tél. : 93-81-18-65. Fermé du 15 octobre au 5 décembre. Calme et confortable. Terrasses privées sur les hauteurs de Nice. Vue superbe. Très agréable. Chambres simples de 140 à 200 F. De certaines chambres du rez-de-chaussée on se croirait à la campagne. Pour deux, de 200 à 220 F.

● **Vraiment plus chic**

— *Atlantic* : 12, bd Victor-Hugo. Tél. : 93-88-40-15. Les fans de Truffaut découvriront avec nostalgie cet hôtel, par ailleurs fort bien situé, qui servit de décor à *La Nuit américaine*. Très confortable. Restaurant et gril. Chambres pour deux de 340 à 490 F.

— *Windsor* : 11, rue Dalpozzo. Tél. : 93-88-59-35. Très bon rapport qualité-prix-décor pour cet hôtel de 60 chambres allant de 230 à 280 F. Piscine dans un jardin ombragé au cœur de la ville ; belles pièces de collection, immenses fresques dans les chambres. Admirez les meubles chinois du hall d'entrée. Très confortable.

— *Malmaison* : 48, bd Victor-Hugo. Très confortable et reposant. Chambres insonorisées et ensoleilléees donnant sur un parc ombragé, de 280 à 440 F. Restaurant.

— *Hôtel Azur États-Unis* : 9, quai des États-Unis. Tél. : 93-85-74-19. Entièrement rénové, ce petit hôtel offre quelques chambres donnant sur la baie des Anges, un spectacle dont on ne se lasse pas. Situé à proximité immédiate du Vieux-Nice. Compter environ 300 F pour deux.

Où manger ?

A Nice, il y en a pour toutes les bourses : de la pizza achetée rue Pairolière ou rue Neuve, au repas à La Poularde ou au Chantecler dans les 300 à 500 F, en passant par les innombrables restos qui proposent un menu à 50 F tout compris.

● **Spécial petits budgets**

Les pans bagnats, pizzas, pissaladières, socca porchetta, etc., que l'on achète dans le Vieux-Nice sont délicieux et vraiment pas chers.

● *Très bon marché*

Près de la gare

— *La Braise* : 23, rue d'Angleterre. Tél. : 93-88-89-99. Pour ses pizzas délicieuses, ses viandes excellentes et son décor agréable. Compter 60 F environ.

— *Chez Nora* : à l'angle de la rue d'Italie et de la rue de Russie, derrière l'église Notre-Dame. Menu à 50 F avec hors-d'œuvre, demi-avocat ou melon glacé, filet de sole bonne femme ou truite ou rouget meunière ou pavé au poivre vert, mousse au chocolat ou pâtisserie. Mais il y a mieux : le menu du jour à 35 F avec entrée, plat du jour et dessert. La différence avec le premier ? Moins de choix dans les différents plats. Qui dit mieux ?

Dans le Vieux-Nice

— *La Reine Mère* : 5, place Saint-François. « Pour manger royalement à des prix démocratiques », telle est la devise de l'établissement. Tout près de la gare routière. Menu à 50 F, boisson comprise, avec tourte maison, filet de poisson ou plat du jour, fromage ou dessert. Servi jusqu'à 23 h.

— *Cave Ricord* : 2, rue Neuve. Tél. : 93-85-30-87. Au premier abord ce restaurant paraît un peu touristique mais, en fait, les Niçois y vont toujours. On achète de la socca à un comptoir dehors et on vient s'installer à l'intérieur et boire un verre. La pissaladière et le pan bagnat sont excellents. Décor typique, enseignes amusantes. Compter 8 F pour une grosse part de socca, spécialité niçoise à base de farine de pois chiches.

— *Le Grand Café de Turin* : 5, place Garibaldi. Tél. : 93-62-29-52. Délicieuses huîtres (pas chères) et décor qui date de Garibaldi ou presque. Bonne ambiance.

— *Chez Acchiardo* : 38, rue Droite. Tél. : 93-85-51-16. Fermé le mardi soir et le mercredi. On mange sur de grandes tables à la bonne franquette. Très populaire. Plusieurs plats du jour très bon marché comme les tripes à la niçoise à 25 F. Il faut aussi goûter la daube, la soupe au pistou. Vraiment une bonne ambiance.

— *La Trappa* : à l'angle de la rue Montela et de la rue Jules-Gelly. Existe depuis la fin du XIXe siècle. Menu à 55 F correct avec salade niçoise, escalope ou tripes niçoises et dessert.

— *Le Vieux- Nice* : rue Benito-Benico. Décor classique pour un bon menu le midi à 45 F avec sangria, salade mixte, steak ou plat du jour.

— *Le Nissa Socca* : 5, rue Sainte-Réparate. Tél. : 93-80-18-35. Fermé le dimanche soir et le lundi. Beaucoup de monde le soir, c'est bon signe. Il faut dire que la cuisine y est excellente. C'est l'endroit idéal pour goûter les spécialités niçoises : socca, bien sûr, mais aussi beignets d'aubergines, pâtes fraîches, polenta alla cacciatora, etc. Y aller tôt car les clients affluent. Excellent rapport qualité-prix.

— Presque en face, le resto les *Pâtes Fraîches* est sympathique lui aussi.

— *L'Écurie* : rue du Marché. Pizzas cuites au feu de bois qui attirent beaucoup de monde. Quatre salles.

Un peu plus loin du centre

— *Restaurant de l'École hôtelière* : 144, rue de France. Tél. : 93-86-28-35. Fermé samedi, dimanche et vacances scolaires, bien sûr. Uniquement à déjeuner. Réservation obligatoire et nécessité d'arriver avant 12 h 30. Menu unique et généreux très bon marché.

● *Plus chic*

Dans le Vieux-Nice

— *Atmosphère* : 36, cours Saleya. Tél. : 93-80-52-50. Fermé le dimanche soir hors saison. Enfin un restaurant qui change des innombrables pizzerias-restaurants pseudo-rustiques qui pèchent par un manque de fantaisie total. Ici l'imagination règne : dans l'ambiance d'abord. Le néon « Atmosphère » à l'entrée laisserait augurer d'un décor froid. Il n'en est rien. De petites tables recouvertes de belles nappes couleur saumon sont harmonieusement disposées sous le plafond en trompe-l'œil, faux ciel bleu clair, agrémenté de petites lampes à perles rétro. La cuisine, elle aussi, est imaginative. Les deux frères cuisiniers ont fait leurs classes dans de nombreux établissements renommés, dont Maximin, avant de se lancer. Une cuisine évolutive sans les excès de la nouvelle cuisine, une carte qui se renouvelle souvent et des produits tout frais. Nous avons aimé à la carte le bavarois d'artichauts vinaigrette, le pavé de foie fin aux cèpes, le pavé de saumon au beurre blanc et le cuissot de canard aux noix. En dessert, on hésite entre le gratin de poires ou la mousse glacée à l'anis. Excellent menu à 99 F. Pour le vin, prenez une réserve « Atmosphère ». Quelle bonne idée d'avoir choisi ce nom pour enseigne ! Atmosphère ? Atmosphère ?

— *Cousins-Cousines* : à l'angle des rues Jules-Gelly et Barillerie. Tél. : 93-92-47-57 (réservations de 10 h à 15 h et à partir de 18 h 30). Agréable décor campagnard (vaisselier en bois, crépi blanc) et accueil sympathique. La cuisine est raffinée. Spécialités : pie de lotte aux moules, mousseline de mostelle à l'oseille et laitue braisée, roulades de sole, pannequet aux pommes et savoureuse charlotte à l'orange. Comptez quand même dans les 170 F.

— *La Meranda* : 4, rue de la Terrasse. Fermé samedi soir, dimanche, lundi, août et février. Il y en a qui prennent des vacances. Ils ont raison. Toujours pas de téléphone à cette adresse réputée de Nice. Toujours plein et ça se comprend car vous y dégusterez une cuisine niçoise des plus authentiques selon le marché du jour : tripes niçoises, sardines farcies, saucisses aux haricots frais, daube provençale, etc. Environ 130 F à la carte.

— *La Diva* : 4, rue de l'Opéra. Tél. : 93-85-96-15. Fermé le lundi. Dans une rue qui va de l'Opéra à la place Masséna, un agréable restaurant où le rapport qualité-prix-accueil est excellent. Il faut déguster les excellentes variétés de pâtes, tels les agnelotti au gorgonzola, le misto de tortellini constitué de quatre sortes de tortellini. Mais vous pouvez également choisir le menu à 75 F qui propose, entre autres, un excellent délice des trois poissons et sa mousseline, un filet de daurade au basilic, une salade de saison, et un dessert comme le fraisier ou la tarte aux pommes. Le décor est reposant (plafond en miroir, treillis sur les murs, nappes roses très fraîches) et le service délicieusement prévenant. Mais rançon de la qualité, tout est plein vers 20 h 30. Allez-y tôt ou tard...

Dans le centre

— *Au Bon Coin Breton* : 5, rue Blacas. Tél. : 93-85-17-01. Fermé le dimanche soir et le lundi. Cadre banal, mais service parfait. La cuisine bourgeoise est tout à fait correcte. Choisissez le menu à 98 F, très copieux, avec médaillons de purée de foie gras d'oie, darne de saumon à l'oseille, fromage et dessert. Attention aux suppléments ajoutés à certains plats du menu.

— *Lou Balico* : 20, av. Saint-Jean-Baptiste. Tél. : 93-85-93-71. Fermé le dimanche midi. Bonne cuisine rustique servie dans une jolie salle à manger tapissée de mauve. Spécialités : petits farcis, tourte de blettes, daube à l'ancienne. Menus à 90 et 110 F, service non compris.

— *Grand Café de Lyon* : 33, av. Jean-Médecin. Tél. : 93-88-13-17. Il faut y aller pour son décor années 50-60 qui n'a pas changé. Tout y est : les banquettes de moleskine rouge, les néons qui courent sur le plafond, les piliers en glace, tout jusqu'au porte-parapluies et... aux serveurs adorables, très 1950. Prenez le plat du jour, toujours bien. Avec une demi de côtes-de-provence, un dessert et un café, vous en aurez pour moins de 100 F avec en prime de la nostalgie plein la tête.

Bouâte

— *Findlater's* : 6, rue Lépante. Tél. : 93-85-09-54. Fermé le lundi. Comptez 40 à 50 F pour une entrée et une consommation. C'est plutôt un bar-vidéo club ; musique rock. Assez branché. Ici se produisent la plupart des groupes de la côte.

A voir

● **La vieille ville**

Elle est délimitée par le château, le boulevard Jean-Jaurès et le cours Saleya. Si au début les premiers habitants s'installèrent sur la colline du château, dès la fin du XIIIe siècle la population descendit vers l'ouest. Au XVIe siècle avec les travaux de fortification, plus personne n'habita la ville haute. Au XVIIIe siècle enfin, les Pré-aux-Oies (François-de-Paule) et la place Victor (Garibaldi) furent construites.

Il faut flâner dans le Vieux-Nice aux rues vivantes (près du bd Jean-Jaurès) ou presque désertes, labyrinthe hors du temps de passages et ruelles qui fleurent bon l'Italie. N'hésitez pas à y passer de longues heures, à remarquer les nombreuses plaques sur les façades, à pénétrer dans les sombres églises et surtout à parcourir les rues marchandes où les boudins en guirlande côtoient les tee-shirts accrochés, où les poulets qui tournent à la broche regardent les sacs à main, toujours suspendus dans la boutique voisine. Arrêtez-vous un instant devant les vitrines vieillottes, telle la boutique, fondée en 1902, située rue du Collet, à l'angle de la rue Centrale. Y sont présentées des blouses ringardes, des chemises américaines, culottes 100 % coton peigné, que nos grand-mères n'oseraient plus porter tellement elles sont d'un autre temps.

Dans un coin, à côté des culottes et des combinaisons (pour femmes), un écriteau : « Demandez nos sous-vêtements masculins à l'intérieur » ! La boutique *Miloni*, un peu plus loin, avec ses porte-jarretelles incroyables, n'est pas mal non plus. Picasso, qui adorait musarder dans la vieille ville qui lui rappelait le Barrio Chino de Barcelone, préférait acheter ses caleçons chez *Clérissy*, 24, rue Pairolière (tél. : 93-62-30-60). C'est vrai, on a vérifié ! *Rue du Pont-Vieux*, ne manquez pas une vieille pharmacie, avec de belles boiseries et une superbe collection de bocaux, fondée en 1767.

— *Le château* : nom donné à une colline aménagée en promenade. Il ne reste que quelques vestiges de la citadelle rasée en 1706. Plusieurs accès possibles. Les paresseux disposant de quelque monnaie prendront l'ascenseur à l'extrémité du quai des États-Unis. Les sportifs grimperont par le sentier qui part de la pittoresque rue Rossetti, ou emprunteront à partir de la rue Pairolière, près de la place Saint-François et de la rue Dufour, la montée Monica-Rondelluy, et les rêveurs monteront à partir de la rue Catherine-Ségurane. La pente est douce, vue superbe sur le vieux port et le mont Boron. Le parc du château est ouvert de 7 h à 19 h toute la journée. Assez peu de monde. Les bruits de la ville s'atténuent progressivement parmi les chênes verts. Sur l'emplacement de l'ancien donjon (altitude : 92 m), vue géniale sur la baie des Anges, la vieille ville au premier plan avec ses toits de tuiles et ses clochers, et au loin le cap d'Antibes. On peut voir à l'est, l'esplanade, les vestiges de l'ancienne cathédrale.

— *Le cimetière :* descendez d'abord vers la vieille ville, mais suivez ensuite l'allée François-Aragon. Essayez d'y aller un dimanche matin quand sonnent les cloches de toutes les églises. Très forte impression de calme et de blancheur : les graviers et un grand nombre de tombes en marbre blanc sous le ciel très bleu y contribuent. Un endroit d'une grande sérénité. Vue magnifique sur les montagnes environnantes.

Immédiatement devant vous en arrivant, se dresse le monument dédié aux victimes de l'incendie du théâtre municipal qui se trouvait à l'emplacement de l'actuel opéra. Mais ce qui frappe surtout c'est la débauche de monuments, de statues qui surplombent les tombes. On pense aux cimetières italiens où la douleur s'exprime de mille et une façons souvent très ostentatoires. Le monument le plus important est celui dédié à la famille *François Grosso*. On le voit de très loin, même de la place Masséna. Le père, le chapeau à la main, y est sculpté avec sa femme et les têtes émouvantes de ses deux bambins.

A droite, en montant, vous verrez le tombeau-monument, gardé par deux lions, de *Robert Hudson,* premier baron d'Hamshead, comte de Lancaster : une femme voilée se prend le front dans la main d'un geste désespéré. Parmi les autres célébrités : la famille *Jellinek Mercedes.* Une plaque rappelle qu'en 1902 Émile Jellinek donna le prénom de sa fille Mercedes aux produits de la Daimler Motorengesellschaft. Non loin, on reste perplexe devant le monument de la famille Gastaud où une main essaie de soulever un couvercle du cercueil. Au milieu de cette petite terrasse surélevée, avec vue sur la baie de Nice, monument à la gloire de *Gambetta,* offert par la ville de Nice. La petite chapelle du cimetière avec sa coupole de tuiles vernissées polychromes est adorable. *Gaston Leroux,* l'auteur du célèbre « Fantomas », repose près de la porte d'entrée.

Pour finir avec cet endroit pourtant si paisible et si beau, allez sur la tombe de *Garibaldi,* « le plus illustre Niçois » : c'est sur une petite allée à gauche, après le monument aux morts dans l'incendie du théâtre.

— A côté, le *cimetière juif.* Tombes anciennes.

— *La chapelle Saint-Martin-Saint-Augustin :* rue Sincaire, presque au pied du château en redescendant vers la rue Catherine-Ségurane. Superbe ensemble baroque, où Luther aurait dit la messe en 1510. La plus ancienne paroisse de Nice.

Dans le chœur, pietà de 1489 de Ludovic Brea. A droite en entrant, vous verrez un boulet de canon tiré par Aladin Barbarousse, le 15 août 1543, tandis qu'à gauche vous pourrez lire la photocopie de l'acte de baptême de Garibaldi, daté an 1807, jour 19 du mois de juillet.

— *La place Garibaldi :* elle fut construite dans la seconde moitié du XVIIIᵉ siècle et a belle allure avec ses grandes maisons ocre à arcades. Au centre, statue de Garibaldi entourée de jets d'eau et de massifs de verdure. Au sud-ouest de la place, *chapelle du Saint-Sépulcre* ou *des Pénitents-Bleus,* à la façade néoclassique et au porche triangulaire.

— *Le port :* de la place Garibaldi, prendre la rue Cassini. Avec la *place de l'Ile-de-Beauté* au milieu de laquelle se dresse l'*église Notre-Dame-du-Port,* les deux quais Emmanuel-II et Papacino constituent un très bel ensemble architectural ; c'est un agréable endroit pour se promener et admirer les façades ocre (début XIXᵉ s.).

— *Place Saint-François :* de la rue Pairolière, très commerçante, on atteint cette adorable petite place avec ses arcades et ses murs jaunes où se tient chaque matin un pittoresque marché aux poissons. Belle façade restaurée du XVIIIᵉ siècle de l'ancienne maison communale, aujourd'hui Bourse du Travail, de style baroque. De là, prendre la rue Droite, qui ne l'est pas vraiment, et qui était comme dans toutes les villes médiévales le chemin le plus court pour aller d'un rempart à l'autre. Au n° 15, *boulangerie Espuno :* grande variété de pains, dont le pain à la bouillabaisse, très local.

— *Le palais Lascaris :* 15, rue Droite. Tél. : 93-62-05-54. Fermé le lundi. Ouvert de 9 h 30 à 12 h et de 14 h 30 à 18 h. Visites commentées à 10 h et 15 h les mercredis, jeudis et samedis. Entrée gratuite.

Ce palais noble fut édifié en 1648 par Jean-Baptiste de Castellar et il resta dans la famille jusqu'à la Révolution. Il appartint ensuite à divers propriétaires dont une société qui n'hésita pas à le diviser en appartements. En 1922, la Ville de Nice le racheta.

Le palais construit dans le style des grands palais génois, fut influencé par les traditions locales. Au rez-de-chaussée, à droite en entrant, pharmacie abritant une belle collection de vases et de chevrettes du XVIIIe siècle. Les boiseries avec de nombreux tiroirs comme on aimerait en avoir chez soi sont superbes.

Par un escalier monumental, orné de fresques du XVIIe et de niches du XVIIIe, on accède au deuxième étage dit *étage noble* : salons d'apparat avec plafonds décorés, tapisseries flamandes. Boiseries du XVIIIe. Dans l'antichambre, séparée de la chambre d'apparat par une cloison de bois ajourée, clavecin italien de 1578 sur lequel figurent des peintures très décoratives avec, pour thème, les patineurs.

Au troisième étage, vous découvrirez un véritable musée des Arts et Traditions populaires. Des petites pièces ont été aménagées pour montrer l'évolution de nombreuses activités traditionnelles, telles la préparation du pain, du beurre. Un intérieur domestique d'autrefois a été reconstitué et tous les éléments qui en font partie sont référencés. Tout cela est présenté de façon très claire.

— *L'église Saint-Jacques* : après avoir traversé la rue Rossetti aux belles façades pastel, continuez à suivre la rue Droite. Sur la gauche vous trouverez l'église Saint-Jacques, ancienne église des jésuites, inspirée du *Gesù* de Rome. A l'intérieur, tout reflète l'éclat du baroque : chapiteaux sculptés, marbre polychrome des pilastres, etc. Une seule nef couverte de fresques représentant la vie de saint Jacques. Remarquez la chaire d'où dépasse un bras tenant un crucifix.

— Retournez sur vos pas et descendez la fraîche rue Rossetti, vous croiserez la *rue Benoît-Benico* qui fut autrefois le ghetto de Nice. Se prolongeant jusqu'à la mer, la rue s'appelait *rue Giudaria* (traduisez rue aux juifs). Une loi de 1430 ordonna qu'une rue sûre et close soit réservée aux juifs de la ville. Au coucher du soleil, chaque extrémité de la rue était fermée par des grilles. On n'avait pas prévu qu'il serait possible de s'en échapper grâce aux caves des immeubles. Au XVIIIe siècle, le roi de Sardaigne décréta que les juifs devaient porter l'étoile jaune. Cette disposition fut maintenue jusqu'à la Révolution ! En descendant toujours la rue Rossetti, vous arrivez à l'agréable *place Rossetti* et ses cafés. Sur la façade de la Gitane, à droite une plaque : « Ici Antonia, la marchande de journaux, et Jalliez, le normalien, héros de La Douceur de la Vie commencèrent leurs amours sur cette place.» Il s'agit, vous l'avez reconnu, du tome 18 des *Enfants de Bonne Volonté* de Jules Romains où celui-ci décrit admirablement le vieux Nice.

— Quant à la *cathédrale Sainte-Réparate* du XVIIe siècle, dont vous avez déjà aperçu le dôme caractéristique, à lanterne, et qui brille de ses tuiles vernissées à bandes d'émeraude, elle offre une façade classique restaurée, flanquée d'un clocher ajouté au XVIIIe siècle. A l'intérieur, maître-autel, balustrade et chaire en marbres armoriés. Dans la quatrième chapelle à gauche, belle statue en bois polychrome du XVIIe siècle de Notre-Dame de l'Assomption. Nombreuses reliques dont le squelette de saint Alexandre, qu'on invoque pour faire tomber la pluie. Dommage qu'un incendie, fin 86, y ait détruit de nombreuses œuvres d'art.

— *La chapelle Saint-Giaume* : on la nomme aussi *chapelle de l'Annonciation* mais les Niçois l'appellent *Sainte-Rita*. Cette sainte italienne, dont le prénom vient du latin *margarita* (perle), est l'objet d'un véritable culte de la part des Niçois. Dans la première chapelle à gauche, vous la découvrirez sous des brassées de fleurs, entourée de nombreux cierges allumés. L'intérieur est décoré à la mode des églises baroques d'Italie : profusion de stucs, de marbres et richesses des retables.

— *La rue de la Préfecture* : elle est parallèle au cours Saleya. Au *no 23* logea et mourut, en 1840, *Paganini*, chez le comte de Cessole. Le musicien scandalisait ses voisins en imitant, avec son violon, les miaulements des chats. Le considérant comme possédé du diable, l'évêque de Sainte-Réparate lui refusa une sépulture chrétienne. On parla même de jeter sa dépouille dans le Paillon. Le comte de Cessole transporta le corps à Villefranche puis aux îles de Lérins. Deux ans plus tard, il fut autorisé à le transporter au cimetière de Gênes. Ensuite, nouveau transfert dans la propriété de Paganini, près de Parme, avant d'être définitivement enterré au nouveau cimetière de Parme en 1896. Quel long et dernier voyage !

Rue de la Préfecture toujours, au *no 17*, entrez pour voir les peintures de l'escalier. Au *no 22*, sculptures aux étages, il faut monter bien sûr. Au *no 18*, maison de la famille Capello, fenêtres à colonnettes.

— *Le cours Saleya* : on aime beaucoup cette promenade élégante de l'Ancien Régime, bordée au sud d'une double rangée de maisons basses à un étage. Pour construire le marché, il fallut, hélas, abattre en 1900 des ormes splendides.

Il faut y aller bien sûr pour son célèbre marché, très coloré, avec ses bâches aux larges rayures, mais aussi pour les boutiques (comme celle de Rita Bonheur), cafés et restos qui l'animent. Le lundi matin, marché à la brocante intéressant : vieux disques, livres, jouets de toutes sortes, argenterie 1930, etc. L'endroit a été bien restauré ; les sorties de parking sont dissimulées derrières de jolies peintures en trompe-l'œil. Au fond de la place qui juxtapose le cours Saleya, grand palais de la *préfecture*, avec sa façade du XVIIIe siècle qui alterne colonnes doriques et corinthiennes. C'était l'ancienne résidence des gouverneurs du comté. Mais c'est surtout la *chapelle de la Miséricorde* ou des *Pénitents-Noirs* qui retient l'attention : chef-d'œuvre du baroque, elle fut construite en 1736. A l'intérieur (visite dans le cadre des circuits-conférences), on est surpris par la virtuosité architecturale et le luxe de l'endroit. L'association des stucs et des ors est parfaite. Dans la sacristie, *retable de la Vierge de Miséricorde* de Jean Miralhet (1420) et une autre Vierge de Miséricorde attribuée à Louis Brea et dans laquelle l'influence de la Renaissance italienne est très nette.

— Le *Palais du Sénat*, bel édifice de style gênois agrandi au XVIIIe, s'élève à l'extrémité du cours Saleya. A côté, *chapelle de la Trinité*, devenue des *Pénitents-Rouges*.

— *La rue Saint-François-de-Paul* : à l'autre extrémité du cours Saleya. Au *n° 2*, Bonaparte installa ses quartiers en 1796. Au *n° 8* habitèrent Robespierre et de nombreux conventionnels.

— *L'Opéra* offre une façade typique de l'architecture Belle Époque, avec sa superbe marquise. Il se trouve à l'emplacement de l'ancien théâtre municipal qui avait brûlé en 1881. En face, l'*église Saint-François-de-Paule*, très sobre, presque austère. A l'intérieur, dans la première chapelle à droite, la *Communion de saint Benoît* attribuée à Van Loo qui était... niçois.

A côté de l'église, *Auer*, le plus réputé fabricant niçois de fruits confits, tout gorgés de soleil. La boutique très rétro, avec moulures, lustres, ne vous fera pas résister à l'envie d'y entrer.

Et puis n'oubliez pas d'acheter de l'huile d'olive au 14, rue Saint-François-de-Paule, chez *Alziari* ; elle est vendue dans des bidons d'aluminium avec de jolies étiquettes.

● *Le front de mer*

— *La place Masséna* : c'est le centre de Nice. Superbe ensemble architectural avec ses immeubles sur arcades, aux façades rouge ligure, construit à partir de 1815. Belle fontaine dans la partie sud, décorée de bronzes qui représentent les planètes.

Grâce à la démolition de l'ancien casino municipal, remplacé par des jardins, avec jets d'eau, les perspectives sont très ouvertes et le *jardin Albert-Ier* se prolonge par une large promenade bien aménagée. Au nord de la promenade s'ouvre l'*avenue Jean-Médecin*, très vivante, bordée de nombreux magasins.

A l'ouest, c'est la zone piétonne qui ressemble aux zones piétonnes de tant d'autres villes, les touristes en plus.

— *Le jardin Albert-Ier*, entre la place Masséna et la mer, se trouve au-dessus de l'embouchure du Paillon. Belles plantations de palmiers et d'arbres exotiques. Théâtre de verdure où ont lieu de nombreux concerts.

— *La promenade des Anglais* : c'est la célèbre façade de Nice qui part du jardin Albert-Ier et s'étire vers l'ouest sur plusieurs kilomètres ; malgré la circulation intense, cette longue avenue de bord de mer a grande allure. Les jeunes sur leurs patins à roulettes font bon ménage avec les moins jeunes qui s'y promènent doucement. La plage en contrebas n'est faite que de gros galets qui ne découragent nullement les amateurs de bronzette.

Le long de la promenade, quelques beaux immeubles, dont le *palais de la Méditerranée*, casino inauguré en 1929, un des chefs-d'œuvre de l'art déco en France. Il fut sauvé de la démolition au dernier moment. Plus loin le célèbre et splendide *hôtel Negresco*, très représentatif de l'architecture Belle Époque ; en continuant vers l'ouest vous découvrirez quelques belles villas du début du siècle miraculeusement épargnées, telle celle du n° 139, très style « nouille » (1910).

● *Cimiez*

La visite des ruines romaines est décrite après celle du musée archéologique (voir « Musées »).

— *Le monastère* : au XVIe siècle, les franciscains s'installent à Cimiez dans l'ancien prieuré bénédictin, qu'ils restaurent et agrandissent.

Sur le parvis de l'église, colonne torse surmontée d'une croix tréflée, où est sculpté le séraphin qui apparut crucifié à saint François d'Assise.

La façade de l'église, de style dit troubadour (1850), est précédée d'un porche du XVIIe siècle. A l'intérieur, trois œuvres importantes de l'école niçoise : *Vierge de Pitié*, de Louis Brea, dans la première chapelle à droite ; *Crucifixion* toujours de Louis Brea, où le fond doré a fait place à un paysage (troisième chapelle à gauche) ; enfin, *Déposition*, attribuée à Antoine Brea.

Au fond, grand retable en bois sculpté baroque.

Au sud de l'église, les bâtiments conventuels sont émouvants de simplicité. Petit cloître et grand cloître dont les voûtes sont ornées d'étonnantes peintures ésotériques. Le grand cloître s'ouvre par une grille sur le jardin, en terrasse au-dessus du Paillon, planté de citronniers et de parterres fleuris. Jolie vue sur la vallée, l'ancienne abbaye de Saint-Pons, la colline du château et la mer.

— Ne manquez pas non plus le *cimetière de Cimiez*. Sépultures de vieilles familles niçoises et d'artistes : Roger Martin du Gard, Dufy, Matisse (celui-ci est inhumé à l'extérieur de l'enceinte du cimetière, dans une oliveraie qui lui appartenait).

— *Cimiez aujourd'hui*

Cimiez est devenu un vaste et luxueux quartier résidentiel, construit dans la deuxième partie du XIXe siècle. Le large *boulevard de Cimiez* (1881) en est l'axe principal. La *statue de la reine Victoria* devant l'ancien hôtel Régina nous rappelle que la souveraine y passa quelques hivers.

Matisse, lui, vécut vingt ans à Nice. Il séjourna d'abord à l'hôtel *Beau Rivage* sur le bord de mer, qui lui rend hommage par un trompe-l'œil sur sa façade, dû à Fabio Rieti. Il s'installa ensuite aussi à l'hôtel Régina où il mourut en 1954.

De nombreux palaces de Cimiez nous rappellent les fastes d'une autre époque : le *palace Regina* avec sa véranda, ses loggias, son bow-window du 3e étage, le *Winter Palace*, l'*Alhambra* et, tout en bas, l'immense *Majestic* et l'*Hermitage*. Les belles demeures ne sont pas en reste : *El Paradisio*, transformé en conservatoire de musique, au milieu de beaux jardins, le *château de Valrose*, aujourd'hui université de Nice, ou le *manoir de Belgrano*.

Aujourd'hui de nombreux petits immeubles luxueux ont remplacé les villas ou envahi leurs parcs mais le quartier a préservé son côté très cossu.

Les musées

— Musée Masséna : 65, rue de France (juste à côté du Negresco). Tél. : 93-88-11-34. Bus n°s 3, 7, 8, 9, 10, 12, 14, 22. Ouvert du 1er octobre au 30 avril de 10 h à 12 h et de 14 h à 17 h. Fermé le lundi et courant novembre. Entrée gratuite. Jardins.

La villa Masséna, construite vers 1900 sur le modèle des villas italiennes du Premier Empire, était destinée au petit-fils du maréchal Masséna, Victor. Son fils en fit don à la ville après la guerre de 1914-1918 à la condition que la villa soit transformée en un musée consacré à l'histoire locale ; le musée fut inauguré en 1921.

Au rez-de-chaussée, très bel ensemble de salons de style Premier Empire où ont lieu les réceptions données par la Ville de Nice. Dans la galerie, quatre torchères de Thomyre. Les portes, toutes en bois sculpté et doré, proviennent d'un château piémontais ayant appartenu à Lucien Bonaparte.

Dans l'escalier, on aime bien les toiles représentant les membres des familles Masséna d'Essling et Ney d'Elchinger qui habitèrent ici de 1903 à 1914. Toute une époque !

Au 1er étage : à droite, remarquables retables des primitifs niçois, la plupart provenant de l'église de Lucéram. Vierge en pierre de la vallée de la Roya (XVe s.). Nombreux documents et objets retraçant l'histoire de Nice du XVIe siècle à 1870. On a adoré la liste des « jeunes filles » de la Ville de Nice admises à offrir des fleurs à Sa Majesté l'impératrice Eugénie le 11 septembre 1860 et le compliment prononcé par Mlle Malausséna, fille aînée du maire de Nice, au nom de ses compagnes. On peut lire aussi les résultats du plébiscite (rattachement de Nice à la France). Non : 11.

Le deuxième étage est consacré surtout à la vie traditionnelle de la région. La reconstitution d'une cuisine de la Haute Tinée est particulièrement intéressante. Belle collection d'armures, d'armes, de céramiques provençales et de bijoux.

— *Musée des Beaux-Arts Jules Chéret* : 33, av. des Baumettes. Tél. : 93-44-50-72. Bus n°s 38, 40. Du 1er octobre au 30 avril, ouvert de 10 h à 12 h et de 14 h à 17 h. Du 1er mai au 30 septembre, ouvert de 10 h à 12 h et de 14 h à 19 h. Fermé le lundi et deux semaines en novembre. Entrée gratuite.

Ce musée est installé dans l'ancienne et somptueuse villa construite à partir de 1878 par la princesse Kotschoubey. C'est un des derniers témoignages des fastes de la Belle Époque.

En montant à l'étage, vous admirerez l'escalier d'honneur et le hall d'étage consacrés à Jules Chéret (1836-1932). *Le Déjeuner sur l'herbe,* aux agréables couleurs pastel, très bien éclairé, est notre tableau préféré. Dans la salle des impressionnistes, au 1er étage, on remarque surtout les Sisley : *Allée des Peupliers, Rue à Louveciennes,* et le deuxième état des *Baigneuses* de Renoir (1901-1903). Salle Dufy, le tableau *les Musiciens mexicains* est particulièrement représentatif. De tous les modernes, c'est Dufy qui a été le plus imprégné par l'atmosphère de Nice dont il nous restitue admirablement l'élégante désinvolture. C'est d'ailleurs Nice qui a reçu la donation de son œuvre. Enfin, la salle dédiée au peintre symboliste Gustav-Adolf Mossa, qui, par bien des aspects rappelle un peu Klimt, est étonnante. On aime bien *la Marchande d'amour* et *la Sirène repue.* Toujours au 1er étage, nombreuses œuvres de Van Dongen (ne manquez pas le célèbre *Tango de l'archange*), céramiques de Picasso, etc.

Au rez-de-chaussée : salle des Van Loo, sculptures de Carpeaux. Écoles étrangères du XVIIe siècle.

— *Musée d'art naïf :* av. Val-Marie, château Sainte-Hélène. Tél. : 93-71-78-33. Autobus nos 8, 9 ou 10. Correspondance no 34. Ouvert de 10 h à 12 h et de 14 h à 18 h (17 h du 1er octobre au 31 mai). Fermé le mardi et certains jours fériés. Fermeture annuelle en novembre.

Le château de Sainte-Hélène fut construit à la demande du fondateur du casino de Monte-Carlo en 1882. Le dernier occupant de cette belle demeure fut le parfumeur Coty.

Le dernier-né des musées niçois entouré d'un beau parc fut créé grâce à la donation *Anatole Jakovsky,* critique d'art et défenseur de la peinture naïve.

Quelque 600 toiles (la moitié est exposée) retracent l'histoire de la peinture naïve du XVIIIe siècle à nos jours. Ce n'est en effet qu'au lendemain de la Révolution que cette expression artistique se développa. Les Yougoslaves, maîtres du genre, sont très bien représentés. Les Français, Suisses, Belges, Italiens, Américains (O'Brady, *le Moulin de Sannois*) et les pays d'Amérique latine ne sont pas en reste.

— *Museum d'histoire naturelle* ou *musée Barla :* 60 bis, bd Rosso. Tél. : 93-55-15-24. Ouvert tous les jours de 9 h à 12 h et de 14 h à 18 h. Fermé le mardi et jours fériés. 7 000 moulages de champignons, séries d'animaux marins fossilisés, expositions de minéraux de la région (calcaires de Saint-Jeannet, grès d'Annot, etc.).

— *Musée du prieuré du Vieux-Logis :* 59, av. St-Barthélemy. Tél. : 93-84-44-74. Ouvert de 15 h à 17 h les mercredis, jeudis, samedis et le premier dimanche de chaque mois. Autobus nos 4, 7, 18. Le musée fut créé par le père Lemerre, passionné d'objets et de meubles du XIVe, XVe et XVIe siècle, qui constitua une superbe collection. Le bon père l'installa dans une ancienne ferme transformée en prieuré. Les objets de la vie quotidienne (pendules, réveils, pots, etc.) sont particulièrement intéressants. Belle pietà du XVe siècle.

— *Musée naval :* tour Bellanda, parc du château. Tél. : 93-80-47-61. Du 1er octobre au 31 mai, ouvert de 10 h à 12 h et de 14 h à 17 h, et du 1er juin au 30 septembre de 10 h à 12 h et de 14 h à 19 h. Entrée gratuite. Pour les passionnés de maquettes de bateau et tout ce qui touche à la marine et la navigation de plaisance, y compris l'histoire maritime de Nice. Exposition dans la tour qu'occupa Berlioz en 1844 et où il composa l'ouverture du *Roi Lear.*

— *Musée Terra Amata :* 25, bd Carnot. Tél. : 93-55-59-93. Bus nos 1, 2, 7, 9, 10, 14. Arrêt ligne Villefranche-Menton. En voiture, prendre la première rue à gauche (dans un tournant) en venant de Nice sur la Basse Corniche. Du 1er octobre au 30 avril, ouvert de 10 h à 12 h et de 14 h à 18 h. Le reste de l'année, de 10 h à 12 h et de 14 h à 19 h. Fermeture annuelle : du 15 au 30 septembre. Entrée gratuite.

Peut-être le musée le plus intéressant de Nice, qui présente sur les lieux mêmes de sa découverte un habitat préhistorique datant de l'Acheuléen ancien (environ 400 000 ans).

Avec ses foyers aménagés, qui font partie des plus anciens actuellement connus dans le monde, le site de Terra Amata nous a laissé un grand nombre de témoignages de la vie des Archanthropiens, qui s'arrêtèrent souvent ici, dans cette crique abritée au pied du mont Boron. Les fouilles ont été réalisées en 1966, alors qu'on allait construire un immeuble d'habitation. Le musée est particulièrement bien conçu. Tout y est très clair. Au rez-de-chaussée, dans la grande salle, un moulage de sol présente une reconstitution fidèle du sol d'habitat préhistorique, avec un foyer aménagé protégé des vents dominants par une murette de pierres et de galets. Sur le sol, quantité d'outils sur galets, d'ossements d'éléphants, de cerfs, etc., d'éclats de taille.

Au premier étage, vous verrez une hutte de branchages, grandeur nature, animée par des personnages dus au sculpteur Claude Clément. Puis cinq salles présentent successivement la description minutieuse du site, les ossements des animaux chassés par les hommes de Terra Amata, l'environnement et l'habitat (crique exposée au sud), l'outillage (la technique de débitage la plus souvent utilisée consistait à obtenir, à partir d'un même plan de frappe, une série d'éclats) et les méthodes de datation absolue ou relative. Tout ceci est très bien expliqué. On ressort du musée tout impressionné ; il y a 400 000 ans, des gens vivaient ici même et pas si mal que ça...

— *Musée Matisse* : 16, av des Arènes-de-Cimiez. Tél. : 93-81-59-57. Autobus nos 15, 17, 20, 22. Du 1er octobre au 30 avril, ouvert de 10 h à 12 h et de 14 h à 17 h. Du 1er au 30 septembre, ouvert de 10 h à 12 h et de 14 h 30 à 18 h 30. Fermé le dimanche matin, le lundi et certains jours fériés. Fermeture annuelle en novembre. Entrée libre.

Une belle demeure du XVIIe siècle, inspirée des villas génoises, abrite le musée Matisse et le musée archéologique. Derrière la façade peinte en trompe-l'œil, le musée Matisse a été constitué grâce à la donation de la famille de l'artiste qui s'était installé à Cimiez. Ouvert en 1963, il n'est pas très grand : une trentaine de toiles seulement, qui permettent de suivre l'évolution du peintre : les œuvres du début (1890), très sombres, ne laisseraient jamais deviner la suite... *Fenêtre à Tahiti*, *Nature morte aux Grenades* (de 1947, superbe, c'est notre tableau préféré). Il est vrai qu'entre-temps Matisse avait découvert la lumière « laiteuse » de la Méditerranée, ainsi que d'autres peintres tels que Signac.

Matisse fut sûrement un des plus grands peintres français du XIXe siècle. Picasso lui-même le considérait comme son seul rival et il fut profondément affecté lorsqu'il apprit que Matisse, au cours d'une interview, avait dit de lui : « Il n'a pas de palette ! » Picasso possédait de nombreuses toiles de Matisse ; à Cannes et à Mougins la *Nature morte aux oranges* trônait sur un chevalet au milieu de la pièce : « Le plus beau tableau que je connaisse », disait Picasso. Chaque année, le maître de Cimiez lui envoyait une caisse d'oranges que Picasso disposait devant son tableau. Il était formellement interdit d'y toucher : « Ce sont les oranges de Matisse. »

A voir aussi un grand nombre de sculptures, des illustrations de livres, les esquisses pour la chapelle du Rosaire de Vence, des gouaches découpées et des objets personnels ayant appartenu à Matisse. Le musée archéologique devant bientôt déménager, la belle villa rouge des arènes sera alors entièrement consacrée à Matisse. Chic !

— *Musée archéologique* : mêmes adresse et horaires que le musée Matisse. Entrée libre également.

Vous y verrez les produits des fouilles réalisées à Cimiez et dans les environs. Tous les objets trouvés : céramiques, bijoux, monnaies, etc. illustrent la vie de la région dans l'Antiquité. Il faut ensuite se promener dans le site des ruines romaines lié au musée, entrée payante mais pas chère. A voir : les thermes au nord, avec piscine d'été en marbre, le frigidarium, salle de bains froids, les thermes de l'ouest, uniquement pour les femmes, et le baptistère. Quant aux arènes, (où ont lieu des concerts du festival de jazz, en juillet), pas très grandes, elles accueillaient quand même presque 4 000 spectateurs (spectacles en été). D'ailleurs rappelons que Cenemelum (Cimiez), siège du procurateur de la province impériale des Alpes-Maritimes, était une petite ville de 20 000 habitants vers la fin du IIe siècle apr. J.-C. Le musée devrait bientôt déménager. Dites-nous si c'est fait.

— *Musée Marc Chagall* : av. du Dr-Ménard, Cimiez. Tél. : 93-81-75-75. Entrée : 15 F. Dimanche : 8 F. Ouvert de 10 h à 19 h du 1er juillet au 30 septembre. De 10 h à 12 h 30 et de 14 h à 17 h 30 le reste de l'année. Fermé le mardi. Autobus no 15. Un musée vraiment superbe où l'on resterait volontiers un bon moment. Le site d'abord est très agréable et reposant ! Parc planté d'oliviers, de cyprès et de chênes verts. L'architecture, ensuite, est réussie. Le musée a été spécialement conçu par l'architecte A. Hermant pour recevoir les œuvres de Chagall. Grâce aux décrochements muraux et aux grandes baies vitrées, la lumière joue avec les toiles très colorées et les met admirablement en valeur. On ne peut être insensible aux dix-sept tableaux qui constituent le *Message biblique*. Douze toiles, très bien disposées, représentent l'histoire de Noé, d'Abraham, de Jacob et Moïse, la Création de l'homme et le Paradis terrestre, tandis que dans une salle attenante cinq toiles à dominante rouge illustrent le Cantique des cantiques.

A voir aussi la tapisserie du hall de l'entrée, des sculptures, gravures et lithographies et la mosaïque extérieure.

Au total, c'est la plus importante collection permanente consacrée à Chagall. La plupart des œuvres ont d'ailleurs fait l'objet de donations de la part de Chagall.

Enfin, une sympathique cafétéria dans le parc, ouverte en saison, termine agréablement la visite.

A voir encore

— *La cathédrale orthodoxe russe* : bd. Tzarevitch. En été, visite de 9 h à 12 h et de 14 h 30 à 18 h. En hiver : de 9 h 30 à 12 h et de 14 h 30 à 17 h. Entrée : 8 F. Offices le samedi à 18 h l'été et à 17 h 30 l'hiver ; le dimanche à 10 h toute l'année.

Un endroit assez inattendu, dans ce Nice moderne. Très reposant, très calme. C'est la plus grande église russe dans le monde hors Union soviétique. C'est vrai que l'édifice du siècle est imposant par ses dimensions et ses cinq coupoles. On le doit à la richesse du tsar Nicolas II. A l'intérieur, en forme de croix grecque, fresques, boiseries d'une grande richesse et somptueuse icônes dont Notre-Dame-de-Kazan, à droite du chœur.

— *L'église Sainte-Jeanne-d'Arc* : à l'angle de l'av. Saint-Lambert et de la rue Charles-Péguy. A voir pour son architecture des années 30.

— *L'isba du parc de Valrose* : tout au nord de Nice. Dans un paysage méditerranéen, une isba, tout ce qu'il y a de plus authentique.

— *La maison de Ben* : 103, route de Saint-Pancrace, sur l'une des collines de Nice. Grande maison blanche où l'artiste, né à Naples de père suisse et de mère irlandaise, s'est installé après avoir parcouru pas mal de pays. Sa maison est évidemment un « prétexte à célébrer son ego ». Les objets les plus hétéroclites y ont droit de cité.

— *Acropolis* : esplanade Kennedy et de-Lattre-de-Tassigny. Gigantesque palais des congrès ouvert en 1984. Les 54 000 m² de surface utile peuvent recevoir 4 500 congressistes par jour. L'ensemble est un peu mastoc tout de même. Doté de toutes les techniques les plus sophistiquées d'accueil et de communication (informatique et régie centrale reliée au réseau câblé de la ville), le palais abrite également un *auditorium* (dit Apollon), d'une excellente qualité acoustique, pouvant recevoir 2 500 spectateurs, et une *cinémathèque* (une carte qui coûte 30 F, renouvelable, permet de voir trois films). Très bons programmes. Dans cet espace se déroulent, outre les nombreux congrès, diverses manifestations et des expositions temporaires.

Et l'architecture dans tout ça ? Des pans immenses de béton et de verre fumé sur les côtés. Pas beaucoup de recul sur le bd Rosso, mais on aime bien l'accumulation de guitares d'Arman, dite *Music Power*, à l'entrée.

— *Villa Arson* : 20, rue Stephen-Liégeard, sur la colline de Cessole. Tél. : 93-51-30-00. Fermée le mardi. Dans cette splendide demeure patricienne niçoise du XVIIᵉ siècle, où Talleyrand vint se reposer après le congrès de Vienne, est installée l'École nationale d'art décoratif. C'est aussi un centre international pour l'enseignement de l'art contemporain, un lieu de recherche et de création. Les expositions telles « la Peinture italienne d'aujourd'hui » y sont d'une grande qualité.

— Les extraordinaires maisons-pâtisseries comme le *château du mont Boron*, dit de « l'Anglais », construit en 1858 pour Robert Smith, colonel de l'armée des Indes. Son orientalisme est assez surprenant.

AUTOUR DE NICE : LES PEILLONS ET LES VILLAGES PERCHÉS

On quitte Nice par le bd J.-B.-Véroni et la route de Turin. A Pont de Peille, la D 21 remonte la rivière du Paillon. Après Saint-Thècle la D 121, à droite, mène à Peillon.

● *PEILLON*

Peut-être le plus beau village de la Côte d'Azur. On y parvient par une route étroite et sinueuse, entre les oliviers, les genêts et les pins. La vue sur le village, qui semble figé depuis des siècles tant la restauration est parfaite, est saisissante : le bourg est là, ramassé en rond entre ses hautes maisons-remparts sur une falaise à pic. Peillon constitue en outre une excellente étape gastronomique, un des meilleurs hôtels de la côte vous y attend (mais ce n'est pas donné...).

Où dormir ?

● *Assez chic*

— *Auberge de la Madone* : 93-79-91-17. Ouvert du 15 décembre au 15 octobre. Chambres confortables avec balcon et vue sur la vallée et Peillon. Décor provençal. Terrasses joliment fleuries et agrémentées d'oliviers et de mimosas. Chambres de 190 à 340 F. Très bon restaurant proposant une cuisine authentiquement provençale et d'une grande fraîcheur. On peut déjeuner sur la terrasse, sous les oliviers. Excellent accueil. Menus à 100 et 150 F en semaine et 130 et 160 F dimanches et fêtes. Spécialités : bouillabaisse en gelée, carré d'agneau aux petits légumes, jambon aux figues, lapin grand-mère, etc. Les vins sont quand même un peu chers.
— *La Braisière* : juste en contrebas de l'Auberge de la Madone. Tél. : 93-91-91-06. Restaurant fermé le lundi hors saison. 6 chambres seulement mais la demi-pension est obligatoire. Menus de 75 à 80 F. Vue sur la vallée.

A voir

— A l'entrée du village, belle *fontaine* datant de 1800.
— Ensuite, partez à la découverte de ce village si bien préservé, qui a su éviter la bimbeloterie à touristes et le pseudo-artisanat. C'est un bonheur que de flâner dans ses ruelles en pente, ses escaliers, d'admirer les façades austères des maisons restaurées, les passages voûtés et les arcades qui enjambent les rues ; au sommet, l'église a remplacé le château.
— Pour les randonneurs, un sentier qui suit le tracé d'une ancienne voie romaine relie Peillon à Peille en 2 h.

● *PEILLE*

Retournez sur la D 21 ; bientôt on aperçoit le village de Peille à flanc de montagne, sur la droite. A La Grave (cimenterie), prenez la D 53, route en lacet qui conduit à Peille, village perché dans un site désolé et sauvage, dominé par les ruines d'un château féodal.

Comment y aller ?

De Nice, départs en bus à 14 h 15 et 18 h 30, tous les jours. Tarif : 24 F. Départs de Peille à 7 h (en semaine), 8 h (dimanche et jours fériés) et 17 h tous les jours.

Un peu d'histoire

Peille connut des jours agités. Au Moyen Age, c'était une commune libre administrée par des conseils élus, chef-lieu de baillage. Refusant de payer des taxes à l'évêque de Nice, les habitants furent excommuniés par deux fois !

Où dormir ? Où manger ?

— *Auberge du Seuillet* : à 2 km sur la route de Peille à La Turbie, au pied du col de la Madone. Tél. : 93-41-17-39. Fermée en juillet et le mercredi. Agréablement située, avec jardin et vue sur les collines. Restaurant uniquement le midi et il vaut mieux prévenir. Menus très corrects à 70 et 110 F.
— *Le Belvédère* : 93-79-90-45. Petit hôtel (5 chambres) simple mais sympa. Fermé en décembre et le lundi. Demi-pension obligatoire : de 140 à 150 F. Au resto, menus de 55 à 120 F. Bien tenu.

A voir

Il est agréable de se balader dans le vieux village. Belles maisons gothiques, aux linteaux sculptés, ruelles en cascades, passages voûtés ; la maison à l'angle de la place Mont-Agel était le siège du consulat des comtes de Provence. De la place, à arcades, décorée d'une jolie gontaine fothique, passez sous l'arcade de droite et montez, par la *ruelle Lascaris* puis la *rue Mary-Gorden*, à la plate-forme où se trouve le monument aux morts. Vous découvrirez alors une vue superbe sur les olivaies et les jardins étagés de Peille, avec au loin une échappée sur Nice.

Excursions à pied

— *Le mont Baudon* : au nord-est, que l'on atteint en 2 h. Montez par le collet Saint-Bernard, le long d'une pinède. Au sommet, jolie vue.
— *Peillon* : par une ancienne voie romaine, aujourd'hui chemin muletier.
— *Le col de la Madone* : 1 h.

Manifestations

— *La fête des baguettes* : le premier dimanche de septembre, au cours de laquelle les « jeunes filles » offrent une baguette décorée à leur galant. La fête commémore un événement du Moyen Age : la ville manquait d'eau, on fit appel aux dons d'un sourcier, berger de son état ; il accepta à condition d'avoir la fille du seigneur... Ce qui lui fut promis.
— *La fête du poum fleuri* (pomme fleurie) : le 1er janvier.

● *L'ESCARÈNE*

Retournez sur la D 21 qui longe les gorges du Paillon avant de parvenir à L'Escarène, ancien relais routier sur la route de Nice à Turin, au confluent des torrents du Braus et du Lucéram qui forment le Paillon de l'Escarène. Du pont, vue pittoresque sur le vieux village. La grande église, à la jolie façade baroque, abrite un orgue (1791) dû aux frères Grindo, facteurs d'orgues niçois très réputés. L'intérieur est décoré dans le goût baroque italien. Belle place ombragée de platanes.

Comment y aller ?

Service de cars réguliers depuis Nice. En semaine, bus à 7 h 35, 8 h, 9 h, 12 h, 17 h 30 et 18 h. Les bus *Peirani* sont moins chers. Dimanche, départ à 9 h.

Où dormir ? Où manger ?

— *Hostellerie Castellino* : 93-79-50-11. Fermée en octobre et le lundi. Excellent rapport qualité-prix pour cet hôtel-restaurant calme avec vue sur la vallée et le jardin. Chambres de 85 à 135 F, simples mais correctes, et délicieuse cuisine du Sud-Ouest. Menu à 45 F. Qui dit mieux ?

DE L'ESCARÈNE À CONTES

Prenez ensuite la direction de Contes mais, si vous disposez d'un peu de temps, tournez d'abord à droite vers *Berres-des-Alpes*, situé à 675 m d'altitude au sommet d'une montagne couverte de châtaigniers, qui offre une jolie vue sur les Préalpes. Le château appartint à la marquise de Cabris, sœur de Mirabeau.
Vous redescendrez par la même route pour aller à Contes, bâti sur un éperon. Les quartiers neufs en bas gâchent un peu le paysage.

● *CONTES*

L'église de la fin du XVIe siècle, en haut du village, abrite un retable de sainte Madeleine, attribué à François Brea. Devant l'église, fontaine Renaissance à deux étages (1587). De la terrasse voisine, vue sur la vallée. Une curieuse légende court sur le village : en 1508, devant subir un véritable assaut des chenilles, les habitants en appelèrent à l'évêque de Nice, qui les fit traduire en jugement ; verdict : les petites bêtes furent sommées de s'exiler et on afficha la sentence. Le jour dit, les chenilles, en procession, émigrèrent toutes vers le quartier qui leur était désigné !

Adresse utile

— *Syndicat d'initiative* : pl. A.-Ollivier. Tél. : 93-79-00-64.

Comment y aller ?

De la gare routière de Nice, bus en semaine, poste 25, environ toutes les heures. Dernier départ à 19 h 45. Tarif : 9,80 F. Dimanche, départs à 9 h, 10 h, 12 h 15, 14 h, 15 h, 16 h, 18 h 05 et 19 h. En semaine, dernier départ de Contes à 20 h 15.

Où dormir ? Où manger ?

— *Auberge du Cellier* : à gauche sur la D 15 qui ramène à Nice. Tél. : 93-79-00-64. Fermée du 15 au 24 août et du 20 décembre au 4 janvier. 5 chambres seulement, bien tenues, et souvent prises. De 100 à 140 F. Le restaurant (fermé le samedi et le dimanche soir) est d'un excellent rapport qualité-prix. Très bon menu à 70 F, boisson comprise.
Dommage que l'hôtel soit en bord de route et pas loin d'une station-service.
— *Camping à la ferme* : chez M. Gambiez, à Sclos-de-Contes. Tél. : 93-79-04-03. 6 emplacements sur un terrain en partie boisé. Produits fermiers.

Excursions

A Contes, les amateurs de villages perchés seront contents : ils peuvent se diriger soit vers Coaraze par la D 15, plus dans l'arrière-pays, soit vers Châteauneuf-de-Contes, au prix d'une route très sinueuse.

● COARAZE

Un beau village médiéval restauré avec goût, dans un cadre de montagne, bien ensoleillé. On se croirait en Toscane. Il fait bon se promener, quand le soleil est trop fort, dans ses rues en calades, ses passages voûtés, calmes et paisibles, décorés d'une jarre de fleurs, ses placettes ornées de fontaines. Beaucoup d'artisans d'art, un peu trop même. Du jardin en terrasses, au milieu des cyprès, vue sur la vallée et la cime de Rocca-Seira.
Par le curieux cimetière, face à la vallée, on monte à l'église, décorée dans le style baroque. Sur la place du village, plusieurs cadrans solaires en céramique, dont l'un peint par Cocteau.

Comment y aller ?

De Nice : bus à 10 h 30, tous les jours. Poste 25. Tarif : 12,50 F. Bus à 17 h 30 le samedi, et à 18 h 05 les lundis, mardis, mercredis, jeudis et vendredis.

Où dormir ? Où manger ?

— *Auberge du Soleil* : 93-79-08-11. Ouverte toute l'année. Une excellente adresse que cette demeure du XIXe siècle, joliment restaurée, aux chambres agréables et refaites à neuf, avec salle de bains et w.-c., de 130 à 280 F. Prix en fait raisonnables, vu l'endroit. Salon dans les caves voûtées et salle à manger avec cheminée. Mais bien sûr vous pourrez déjeuner sur la terrasse, au grand air, bien exposée, face à un paysage idyllique. Bonne cuisine. Le menu à 72 F avec fromage et dessert est très correct. Spécialité : gibelotte de lapin.

Manifestations

— *Le festin de la Sainte-Catherine* : le premier dimanche de septembre, au cours duquel les habitants apportent chacun un plat (gâteaux, ravioli, etc.) qu'on se partage dans la bonne humeur.
— *La fête de l'olivier* : le 15 août.
— *La fête de la châtaigne* : en octobre.

Excursions à pied

— *Le mont Férion* (1 410 m), que l'on atteint en 2 h 30.
— *L'Escarène* : par la Baisse de la Croix et Berre-les-Alpes, en 3 h.
— *La cime de Rocca-Seira* (1 500 m) : prendre le sentier, à la sortie du village, qui monte vers le nord au *col Saint-Michel* (950 m), dominé par les ruines du *château de Rocca-Sparviera*. De là, on peut gravir la *cime de l'Autaret* (1 300 m) et la Rocca-Seira en 2 h.

• CHÂTEAUNEUF-DE-CONTES

Il ne faut pas craindre les épingles à cheveux pour monter de Contes à ce village perché sur une crête au milieu des oliviers et des vergers. Beau clocher en tuiles vernissées polychromes.

2 km plus loin, un sentier à gauche mène aux ruines du *vieux village* médiéval. Au Moyen Age, afin de lutter contre les agressions de toutes sortes (déjà à cette époque), les habitants s'étaient réfugiés sur cette butte. Du sommet, belle vue sur l'arrière-pays niçois.

De Châteauneuf, redescendez sur Contes et prenez la D 15, à droite, qui vous ramènera à Nice.

LA BASSE CORNICHE

• VILLEFRANCHE-SUR-MER

Après avoir quitté la grande agglomération de Nice, comment ne pas apprécier le charme de Villefranche, située dans un cadre unique : une rade spectaculaire, un petit port protégé, loin de la route, avec vue sur le cap Ferrat, si bien préservé... Les Niçois, qui le savent bien, n'hésitent pas à midi ou le soir à venir savourer quelques moments de calme. Et les amoureux des vieilles pierres ne se lassent pas de flâner dans le vieux Villefranche.

Adresses utiles

— *Syndicat d'initiative :* jardin François-Binon, au bord de la Basse Corniche, 06230. Tél. : 93-01-73-68. Ouvert de 8 h 30 à 12 h et de 14 h 30 à 19 h 15 en été, de 9 h à 12 h et de 14 h 30 à 18 h en hiver. Bonne documentation et compétent.

— *Poste :* av. Albert-Ier et Sadi-Carnot.

— Nombreux *services d'autobus* pour Nice, Monte-Carlo et Menton (tous les quarts d'heure).

Un peu d'histoire

La ville fut fondée au XIVe siècle par Charles II d'Anjou qui lui accorda la franchise de commerce. En 1388, Villefranche se donna à la Savoie, en même temps que Nice, et devint le port des comtes et ducs de Savoie.

Charles Quint, allié au duc de Savoie, vint à Villefranche pour y rencontrer François Ier. La galère impériale était reliée au quai par une passerelle en bois. Lorsque la sœur de Charles Quint et reine de France vint le voir, la passerelle craqua et tout le monde, Charles Quint, la reine, le duc de Savoie et les dames d'honneur, en fut quitte pour un bon bain...

En 1557, le duc de Savoie renforça Villefranche comme port et forteresse. Il bâtit la citadelle et creusa le port de la Darse.

Mais après la construction du port de Nice, Villefranche était condamnée à décliner ; on loua alors la rade à la flotte russe ; Napoléon III, après le rattachement du comté à la France, fit de Villefranche le cinquième port militaire de France. Avant que la France ne quitte l'O.T.A.N., Villefranche était, depuis 1945, une base navale américaine.

Où dormir ?

— *Pension Patricia :* chemin des Pépinières, pont Saint-Jean. Tél. : 93-01-06-70. Juste à l'embranchement de la route pour le cap Ferrat, à la sortie de Villefranche. Vue superbe sur la rade de Villefranche. Simple mais prix très doux.

— *Hôtel de la Darse :* port de plaisance de la Darse. Tél. : 93-01-72-54. Ouvert toute l'année. Vue géniale sur la mer, la rade et le cap Ferrat. Agréable terrasse ; chambres à 165 F donnant sur le port. Petit restaurant simple mais correct. Menu à 80 F comportant deux plats.

• Plus chic

— *Hôtel La Flore :* av. Princesse-Grace-de-Monaco. Tél. : 93-56-80-29. Fermé en novembre. A droite à l'entrée de Villefranche, en venant de Nice par la Basse Corniche. Vue exceptionnelle sur la rade et le cap, agréable jardin ombragé où des jeux ont été aménagés pour les enfants. Piscine. Chambres confortables de

167 à 281 F. Restaurant proposant une cuisine soignée de 60 à 120 F. Menus copieux d'un excellent rapport qualité-prix.

Où manger ?

— *Le Nautic :* 1, quai Courbet. Tél. : 93-01-94-45. Fermé le lundi. Un des nombreux restaurants sur le port, très agréable. Bon rapport qualité-prix pour le menu à 68 F. Spécialités : moules marinière, raie aux câpres, etc. N'y allez pas trop tard si vous voulez avoir une place sur la terrasse. Accueil sympa.
— *L'Oasis :* 4, place de la République. Tél. : 93-01-70-69. Sur une charmante petite place, tranquille, avec un pin planté au beau milieu. Bon menu à 60 F avec deux entrées. Grande terrasse.
— *La Grignotière :* 3, rue du Poilu. Dans le vieux Villefranche. Pour 75 F : salade grande ferme avec lardons et œufs pochés, cappelletti sauce roquefort, filet de mérou à la crème d'estragon.

A voir

— *La vieille ville :* partez du joli port de pêche, aux façades colorées, pour découvrir la *rue du Poilu,* l'artère principale, et l'étonnante rue Obscure, complètement voûtée qui servait d'abri lors des bombardements. Flânez dans les vieilles ruelles et escaliers, sur les placettes d'où vous découvrirez toujours avec ravissement de superbes échappées sur la mer. L'église, de la fin XVIIᵉ siècle, abrite des retables du XVIIIᵉ et un christ gisant très réaliste, en bois de figuier, réalisé par un galérien.
— *Le port :* pour ses anciennes demeures italiennes rouge et ocre et ses cafés et restaurants d'où la vue sur la rade et la presqu'île du cap Ferrat est très belle.
— *La chapelle Saint-Pierre :* ouverte de juillet à septembre de 9 h 30 à 12 h et de 14 h 30 à 19 h. D'octobre à novembre, de 9 h 30 à 12 h et de 14 h à 17 h ; de décembre à mars, de 9 h 30 à 12 h et de 16 h à 17 h ; de mars à juin, de 9 h 30 à 12 h et de 14 h à 18 h. Fermée le vendredi et du 15 novembre au 15 décembre. (Ouf !)
Cocteau, qui résida à Villefranche entre les deux guerres, y écrivit *Orphée.* Il s'intéressa à la petite chapelle romane désaffectée qui s'élevait sur le port. Elle servait alors de remise pour les pêcheurs. Après six années de tractation, la chapelle fut rendue au culte et, en 1957, l'artiste la décora de fresques surprenantes et symboliques. Remarquez les candélabres en forme de visage humain, et surmontés de « fouanes », fourches provençales servant à la pêche nocturne. Les fresques sont d'inspiration religieuse (vie de saint Pierre) ou profane (hommage aux demoiselles de Villefranche).
— *La citadelle :* élevée par le duc de Savoie à la fin du XVIᵉ siècle, elle fut épargnée lors des destructions ordonnées par Louis XIV. Elle est entourée d'énormes fossés creusés dans le roc, où l'on passe en voiture, ce qui est assez spectaculaire.

● LE CAP FERRAT

Un des plus beaux endroits de la côte, sans doute parce qu'il est protégé. Il n'y a pas de secret. Le béton n'a pas fait trop de ravages ici et la presqu'île, couverte d'une belle pinède où se cachent de luxueuses villas, est un havre de paix. Là encore les riches ont bon goût ; l'endroit est fréquenté par de nombreuses célébrités, de Jean-Paul Belmondo à Raymond Barre. Ils eurent des prédécesseurs illustres tels que Nietzsche, le roi des Belges, Léopold II, Otto Preminger, Somerset Maugham et Cocteau.

Comment y aller ?

— Départs de la gare routière de Nice environ toutes les demi-heures, du poste 15. Dernier bus à 19 h 15. De Saint-Jean, dernier retour sur Nice à 19 h 45.
Dimanches et jours fériés, bus de Nice uniquement à 7 h, 8 h 15, 9 h 15, 10 h 15, 12 h 15, 14 h, 15 h 15, 16 h 25, 17 h 45 et 19 h 45. Dernier retour à 19 h 45.

Où dormir ? Où manger ?

Paradoxalement, dans cet endroit où l'on trouve les villas parmi les plus chères de la Côte d'Azur, il existe des hôtels agréables à des prix abordables.

— *La Costière :* av. Albert-Ier. Tél. : 93-01-30-04. Fermé du 15 octobre au 15 décembre. Splendide vue sur le cap Ferrat et le golfe. Cadre reposant. Chambres simples et correctes. Pension obligatoire : 230 F par personne.

— *La Bastide :* av. Albert-Ier. Tél. : 93-01-33-86. Fermé de la Toussaint au 15 décembre. 10 chambres de 85 à 120 F. Petit déjeuner : 20 F. Calme. Bon restaurant mais un peu cher. La pension, en revanche, va de 210 à 250 F.

● *Plus chic*

— *Le Clair Logis :* av. Centrale, au centre de la presqu'île. Tél. : 93-01-31-01. Fermé du 15 novembre au 15 décembre. Un paradis de calme dans un grand jardin clos. Prix doux pour un cadre aussi agréable : de 185 à 290 F. Petit déjeuner : 29 F. Une très bonne adresse.

— *Le Sloop :* sur le nouveau port. Tél. : 93-01-48-63. Agréable terrasse et bon accueil. Cuisine très raffinée, le chef est un ancien du Chantecler. Spécialités : noisettes d'agneau panées aux pignons, jarret de veau en gelée de fenouil. Bon menu à 95 F d'un excellent rapport qualité-prix.

A voir

— *Fondation Ephrussi de Rothschild, musée Ile-de-France :* ouvert tous les jours, sauf lundi, de 14 h à 18 h du 1er septembre au 30 juin, de 15 h à 19 h du 1er juillet au 31 août. Fermé en novembre. Jardins ouverts de 9 h à 18 h. Le musée, installé dans l'ancienne villa Ile-de-France, léguée en 1934 par la baronne Ephrussi de Rothschild à l'Académie des Beaux-Arts, occupe un site unique. La demeure est entourée d'un parc de 7 ha, d'où les vues en dégradé sur la mer et la côte sont splendides.

Ce palazzo vénitien-mauresque, entouré de magnolias et de bougainvillées, a été spécialement conçu pour recevoir les collections particulières de la baronne. C'était l'époque où les Rothschild déléguaient dans toute l'Europe des experts chargés de rapporter des objets précieux. Le musée a conservé, selon le vœu de sa donatrice, le caractère d'une maison habitée. On entre dans un patio couvert sur lequel s'ouvrent plusieurs appartements abritant des œuvres d'art de diverses périodes : superbe mobilier Louis XV et Louis XVI (certains meubles ont appartenu à Marie-Antoinette), tapisseries de Beauvais ou d'Aubusson, plafonds décorés de peintures de Tiepolo, porcelaines de Sèvres et de Saxe, nombreuses toiles de maîtres : Boucher, Fragonard, Lancret, Monet, Sisley, Renoir ; salon d'Extrême-Orient (paravents chinois anciens en laque de Coromandel), tapis. Vraiment un ensemble unique.

Vous pourrez également vous promener dans le magnifique parc de la Fondation : jardin à la française avec reproduction du petit temple de l'Amour du Trianon, jardin espagnol, avec ses papyrus et ses grenadiers, jardin florentin et son éphèbe de marbre, jardins japonais, exotique et anglais, etc.

Pour la petite histoire, la propriétaire des lieux n'y séjourna que quelques jours. Béatrice de Rothschild préférait résider dans une de ses deux propriétés monégasques, ou encore dans la suite de l'Hôtel de Paris à Monte-Carlo, qu'elle louait à l'année... en toute simplicité.

— *Le phare :* ouvert de 9 h 30 à 12 h et de 14 h à 17 h en saison (16 h hors saison). Les courageux grimperont les 164 marches pour découvrir un magnifique panorama sur la Riviera, de l'Italie à l'Estérel.

— *Saint-Jean-Cap-Ferrat :* cet ancien village de pêcheurs s'est converti en station balnéaire et hivernale bien agréable. Il reste quelques vieilles maisons autour du port et de la petite église. La salle des mariages de la mairie est décorée d'une peinture de Jean Cocteau qui aimait beaucoup l'endroit.

Promenades à pied

— *Le sentier de la pointe Saint-Hospice :* il offre de belles vues sur Beaulieu, Èze, Monaco, puis il contourne la pointe Saint-Hospice et la pointe du Colombier avant de rejoindre l'avenue Jean-Mermoz. Les curieux essaieront de deviner derrière les jardins en bordure du sentier les somptueuses villas bien dissimulées.

— *Promenade Maurice-Rouvier :* elle permet de gagner Beaulieu à pied et en longeant la mer.

A voir encore

Promenez-vous au hasard des calmes avenues du Cap, à pied ou en voiture ; vous remarquerez la longueur des haies bien taillées qui entourent les villas, dont certaines rivalisent d'architecture nouvelle. A côté des noms évocateurs de ces belles demeures, tels que Bella Vista, la Désirade, la Créole, Chante-Vent, sont accrochés de petits écriteaux « chien méchant » ou munis des sigles de société de surveillance. En passant à pied, on entend le bruit mou et rassurant des balles de tennis ou les plongeons dans les piscines. Certaines demeures sont de véritables palais avec colonnes, balustres, vasques (et entrée de service !), d'où les échappées sur la mer entre les pins font rêver...

● *BEAULIEU*

C'est une station estivale et hivernale, assez cossue — les palaces y sont nombreux — très abritée par la ceinture de montagnes qui l'entoure. Avec Menton, Beaulieu détiendrait le record de la ville la plus chaude de France. Ici on cultive des bananes ! L'origine du nom de la station viendrait d'une exclamation de Bonaparte qui, découvrant l'endroit, s'écria : « Qual bel luogo » (il n'était pas très inventif !).

De nombreuses personnalités résidèrent à Beaulieu, à commencer par Gustave Eiffel qui, à 91 ans, vantait le climat de la station. Le directeur du « New York Herald Tribune », Gordon Bennett, aimait beaucoup Beaulieu et proposa d'y construire à ses frais un port de plaisance, ce qui lui fut refusé ! On attendit 1968 pour créer l'énorme marina. La *baie des Fourmis*, bordée de palmiers et de jardins impeccablement entretenus, sur laquelle donne le casino, a un côté rétro charmant.

Où dormir ?

— *Hôtel de France* : 1, montée des Orangers. Tél. : 93-01-00-92. Fermé de novembre à février. 185 F pour deux. Simple mais correct. Restaurant.

— *Select Hotel* : 1, montée des Myrtes. Tél. : 93-01-05-42. Fermé d'octobre à décembre. De 89 à 140 F pour deux.

● *Plus chic*

— *Le Havre Bleu* : 29, bd du Maréchal-Joffre. Tél. : 93-01-01-40. Fermé d'octobre à février. Très convenable. 200 F à deux. Pas de restaurant.

— *Comté de Nice* : 25, bd Marinoni. Tél. : 93-01-19-70. Fermé du 31 octobre au 10 décembre. Près de la gare et de la marina. Accueil sympathique. Le confort d'un trois étoiles pour moins de 300 F à deux. Petit déjeuner : 18 F. Pas de restaurant.

Où manger ?

— *Key Largo* : sur le port de plaisance. Tél. : 93-01-41-41. Sympathique brasserie où plane l'ombre de Laureen Baccall et d'Humphrey Bogart. Leurs photos décorent l'établissement et la carte. Excellentes pizzas à prix doux (30 F), et les plats du jour quand il y en a d'un bon rapport qualité-prix. Peut-être aurez-vous la chance de tomber sur la mini-bouillabaisse à 60 F. Autres spécialités : la marmite du pêcheur (50 F), les moules sauce piquante (40 F). Mais vous pourrez aussi vous contenter des pâtes (de 32 à 40 F), délicieuses. Service attentif.

— *L'African Queen* : à côté du précédent, très fréquenté l'été. Tél. : 93-01-10-85. Spécialités : filet de daurade, soufflé au saumon fumé, salade de ratatouille froide ou jambon de canard ; pizzes et grillades sont également excellentes. Un peu plus cher que le Key Largo.

— *La Pignatelle* : 10, rue Quincaut. Tél. : 93-01-03-37. Entre la gare et la plage. Jardinet fleuri (mais c'est souvent plein) et petite salle rustique. Cuisine très simple à prix modérés. Excellente soupe de poisson.

A voir. A faire

— *La villa Kerylos* : ouverte de 15 h à 19 h en juillet-août et de 14 h à 18 h le reste de l'année. Fermée le lundi et en novembre.

Séduit par le climat hellénique, l'archéologue Théodore Reinach fit construire, à la pointe de la baie des Fourmis, la villa Kerylos, reconstitution exacte d'une villa de la Grèce antique. Tous les détails ont été empruntés à des documents archéologiques. Cédée à l'Académie des inscriptions et belles lettres, elle est devenue musée. Seuls les matériaux nobles ont été utilisés : la pierre, le marbre, le bois, l'ivoire et le bronze.

La villa renferme des mosaïques, des fresques et une collection d'objets du VIe au 1er siècle avant J.-C. Le parc reproduit le jardin idéal aux yeux d'un notable grec : fleurs méditerranéennes, lauriers-roses, oliviers et palmiers. Vue superbe sur le cap Ferrat, la baie des Fourmis et Cap-d'Ail.

— *La promenade Maurice-Rouvier :* qui permet, en longeant le rivage, de gagner Saint-Jean-Cap-Ferrat. Magnifiques points de vue.

— *Le sentier du plateau Saint-Michel :* pour les bons mollets car ça grimpe... Prendre le sentier qui part du boulevard Édouard-VII, sous la Moyenne Corniche. Vous arriverez, au bout de vos efforts, à la table d'orientation du plateau Saint-Michel. Compter 1 h 30 aller-retour.

MONACO

Deux parties bien distinctes composent la principauté : *Monaco*, la vieille ville, juchée sur son impressionnant rocher, impeccablement proprette, où des hordes de touristes viennent assister à la relève de la garde. Innombrables boutiques de souvenirs, groupes de touristes en rangs serrés qui rêvent dans ce décor d'opérette aux amours-ouragans de Stéphanie ou à la belle et triste idylle qu'ont connue Grace Kelly et le prince Rainier.

Monte-Carlo ensuite, surnommé Manhattan (vous comprendrez vite pourquoi !), avec sa clientèle internationale, ses palaces Belle Époque, son célèbre casino et ses appartements qui se vendent la bagatelle de 35 000 F le mètre carré. Vous aimerez ou pas !

Un peu d'histoire

Un rocher abrupt facile à défendre, un petit port bien abrité dans une anse naturelle, il n'en fallait pas plus pour susciter des convoitises. Les Phéniciens occupaient l'endroit et y auraient élevé un temple à *Melkart*, dieu de Tyr, que les Grecs assimileront à Héraclès, qualifié ici de Mono-ikos (dieu unique).

Après avoir connu les invasions des Goths, Lombards et Sarrasins, Monaco appartint aux Génois. La ville était alors dominée par deux partis politiques : les *guelfes,* alliés au pape et au comte de Provence, et les *gibelins,* partisans de l'empereur germanique, de souche plus modeste. En 1308, un Grimaldi achète aux Génois la seigneurie de Monaco et, depuis, le nom et les armes des Grimaldi ont toujours été portés par les héritiers. Charles Ier de Grimaldi acquiert aussi Menton en 1346 et Roquebrune en 1355.

Être seigneur à Monaco ne fut pas toujours facile : ainsi, en 1505, *Jean II* fut tué par son frère *Lucien,* mais il y a quand même une justice : Lucien fut assassiné à son tour par son neveu. Elle est belle la famille ! Et puis en 1604, *Honoré Ier* fut jeté à la mer par ses sujets.

En six siècles, Monaco va osciller entre Gênes, la Savoie, l'Espagne, la France. En 1848, Menton et Roquebrune se déclarent villes libres, la principauté est réduite à Monaco. Où trouver d'autres ressources ?

Finalement, le prince autorise l'ouverture d'une maison de jeux, bien modeste au demeurant, qui périclite. Il faut attendre l'arrivée de *François Blanc,* directeur avisé du casino de Bad Homburg, pour lancer Monaco, grâce à ses énormes capitaux. La *Société des Bains de Mer* est créée en 1861, le P.L.M. prolonge le chemin de fer jusqu'à Monaco ; on construit le splendide *Hôtel de Paris,* longtemps le premier hôtel d'Europe. En 1872, le casino reçoit 160 000 visiteurs. François Blanc, lui, ne jouera pas une seule fois et mourra richissime... C'est à lui que l'on doit le proverbe : « Rouge manque, Noir passe, Blanc gagne. »

Quant au prince de Monaco, il avait fortement contribué à attirer des grosses fortunes en supprimant les impôts.

À la fin du siècle, le théâtre connaît aussi une renommée internationale. Les artistes y touchent les cachets les plus élevés du monde. En 1911, Diaghilev y monte les fameux Ballets Russes et continuera ensuite à donner ses premières à Monte-Carlo.

Un coup dur allait être porté en 1933 : l'autorisation des jeux en France et en Italie... c'était la fin d'un monopole à l'origine de la fortune de la ville. Heureusement des sociétés étrangères attirées par les privilèges fiscaux continuèrent d'affluer, trop nombreuses pour l'espace restreint de la principauté. Après la Seconde Guerre mondiale, les gratte-ciel s'élevèrent un peu partout pour accueillir tout le monde et l'on gagna du terrain sur la mer, la superficie de la principauté passant de 150 à 195 ha. Les critiques ont été nombreuses devant ce nouveau Manhattan. Du prince Rainier, à l'origine de cet urbanisme acharné, les méchantes langues dirent qu'il avait une brique dans le ventre. Mais n'avait-il pas d'ailleurs épousé la jolie fille d'un briquetier... ?

Monaco aujourd'hui

On a tendance à associer Monaco à Caroline et Stéphanie, à son rallye automobile ou encore à son équipe de football. Mais Monaco n'est pas seulement cela.

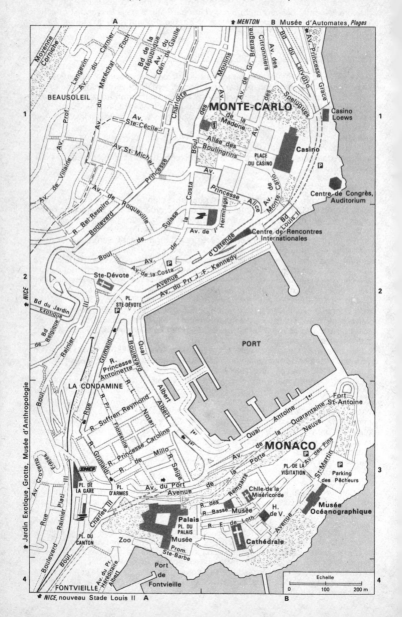

Dans la principauté où vivent 27 000 habitants, 210 000 salariés travaillent dans le secteur privé (produits manufacturés, transformation de biens alimentaires) et on compte quelque 2 000 fonctionnaires, policiers, et membres de professions libérales. Il faut ajouter que chaque jour 15 000 frontaliers viennent travailler ici (Français et Italiens). Heureusement pour la principauté que de nombreuses et diverses activités participent à sa prospérité car le casino qui rapportait 95 % des recettes de l'État en 1890 n'en rapporte plus que 4 % !

La monarchie héréditaire et constitutionnelle fonctionne avec un Conseil national, renouvelé tous les 5 ans, et un Conseil communal élu pour 4 ans. Seuls les 5 000 Monégasques votent. Ils ne paient pas d'impôts et sont exempts du service militaire.

Le tourisme roi

La principauté reçoit chaque année plusieurs millions de touristes. Pour mieux les accueillir, la Société des Bains de Mer s'est lancée dans un vaste programme de rénovation de son parc hôtelier. Ainsi le splendide Hôtel de Paris et le non moins luxueux Hermitage ont-ils été complètement rénovés. La principauté bénéficie d'ailleurs d'un taux d'occupation des hôtels très élevé (70 %). Monaco est aussi un endroit privilégié pour le tourisme d'affaires et rivalise avec ses voisines, Nice et Cannes, le nouveau palais des congrès, sous l'Hôtel de Paris, accueillant quelque cent congrès par an.

Pour obtenir un tel résultat, la sécurité devient un objectif prioritaire et l'on dit que le palais de justice n'a que des affaires de divorce à se mettre sous la dent, la délinquance étant pratiquement inexistante !

Adresses utiles

— *Office du tourisme :* 2 A, bd des Moulins, à Monte-Carlo. Tél. : 93-30-87-01.

— *Gare S.N.C.F. :* plan A3. Nombreux trains vers Nice ou Menton.

Où dormir ?

Voici quelques adresses mais on vous conseille plutôt de dormir dans les environs, plus sympa et moins cher : Menton, Roquebrune, Cap-d'Ail...

● *Très bon marché*

A Monte-Carlo

— *Hôtel de l'Étoile :* 4, rue des Oliviers. Tél. : 93-30-73-92. Fermé en décembre. 11 chambres seulement. Attention, c'est bon marché et donc souvent complet. N'hésitez pas à réserver longtemps à l'avance. En été, demi-pension obligatoire (135 F). Sinon, de 75 à 80 F pour une chambre simple et de 90 à 98 F pour deux. Petit déjeuner : 20 F.

— *Hôtel de la Poste :* 5, rue des Oliviers. Tél. : 93-30-70-56. Là aussi réservez en saison. De 60 à 71 F pour une chambre simple et de 76 à 84 F pour deux. Qui dit mieux ? Bien sûr, il ne faut pas s'attendre à trop de confort. Petit déjeuner : 18,50 F.

A Monaco

— *Hôtel de France :* 6, rue de La Turbie (près de la gare). Tél. : 93-30-24-64. Sans douche. Il faut compter de 86 à 110 F pour deux. Avec douche ou salle de bains, les prix montent tout de suite de 132 à 195 F. Petit déjeuner : 22 F. Correct quand même.

— *Hôtel Cosmopolite :* 4, rue de La Turbie (juste à côté du précédent). Tél. : 93-30-16-95. Moins cher que l'hôtel de France et tout aussi bien. Chambres très propres. De 94 à 97 F pour deux sans douche, de 156 à 160 F avec douche.

● *Plus chic*

— *Hôtel Le Siècle :* 10, av. Prince-Pierre. Tél. : 93-30-25-56. Juste à côté de la gare. Fermé en novembre. Hôtel un peu vieillot mais agréable. Pour deux, sans douche, de 135 à 142 F, avec douche ou salle de bains, de 230 à 269 F. Bon restaurant qui propose un plat du jour à 38 F.

— *Hôtel Terminus :* 9, av. Prince-Pierre. Tél. : 93-30-20-70. Climatisé. Hôtel récent, banal mais fonctionnel. De 250 à 300 F pour deux.

Où manger ?

Beaucoup de pizzerias ou de petits restos à Monaco proposant des menus abordables. Un bon resto-pizzeria tout près de la gare :

— *Les Deux Guitares :* rue de la Colle. Tél. : 93-30-16-30. Fermé le mardi. Prenez la pizza du chef (34 F), excellente et copieuse, et laissez-vous tenter par la charlotte au chocolat. Menu à 60 F avec charcuterie ou salade mixte, bavette grillée ou plat du jour, dessert, servi jusqu'à 22 h.

A voir

La principauté comprend *Monaco-ville* et son rocher, *Monte-Carlo,* le quartier de *la Condamine* qui relie les deux, et *Fontvieille,* à l'ouest.

● *La vieille ville*

Monaco, capitale de la principauté, est construite sur un rocher de 300 m de large, s'avançant de 800 m sur la mer. Le site est bien sûr superbe. Si vous êtes en voiture, vous devrez vous garer dans un des parkings du rocher assez spectaculaires, mais l'accès par la rampe Major est beaucoup plus agréable.
Partir de la jolie *place d'Armes,* avec ses arcades et son marché coloré. Dehors, poissons, fleurs et fruits. A l'intérieur, pâtisseries, charcuteries, boucheries et une sorte de bar où l'on peut manger un sandwich. De la place d'Armes, on voit très bien l'enceinte du château, bâti à la fin du XVIe siècle, à la pointe ouest du rocher.
La **rampe Major**, qui date de 1714, permet d'accéder à la place du Palais, après avoir franchi trois portes des XVIe et XVIIe siècles.
— *La place du Palais :* impeccablement propre et archi-bondée les heures de pointe, c'est-à-dire quelques minutes avant la relève de la garde. Nous, on n'a jamais trouvé ça folichon... De la place, vue superbe d'un côté sur le port, Monte-Carlo et l'Italie, de l'autre sous une promenade ombragée de pins, sur Fontvieille, la côte vers le cap d'Ail. Des boulets et canons offerts par Louis XIV au prince de Monaco ornent la place. Face au palais, caserne des carabiniers, de style génois.
— *Le palais :* peu de vestiges de la forteresse du XIIIe siècle, si ce n'est la tour de Serravale, isolée, et une partie de l'enceinte agrandie sous Vauban qui s'encastre dans le rocher. Visite uniquement du 1er juillet au 15 octobre de 9 h 30 à 18 h 30. Entrée : 20 F. Enfants : 10 F.
Vous pénétrez dans une superbe *cour d'honneur,* pavée de galets blancs et de couleur, entourée de galeries à arcades. Puis un bel escalier conduit à la *galerie d'Hercule* ornée de fresques du XVIIe siècle. Vous verrez aussi la *salle du Trône,* où fut célébré le mariage civil du prince Rainier et de Grace Kelly, ainsi qu'une série de salons somptueux, décorés de tapis, meubles d'époque, tableaux de maître (Rigaud, Van Loo, Largillière, etc.). Mais l'accès aux appartements privés est interdit et les fans de Stéphanie seront déçus.
— *Le musée des Souvenirs napoléoniens et des Archives du Palais :* ouvert tous les jours, sauf le lundi, de 10 h 30 à 12 h 30 et de 14 h à 17 h ; hors saison, de 10 h à 18 h 30. Installé dans une aile du palais, ce musée fut créé par le prince Rainier. La famille de Monaco est, paraît-il, apparentée aux Bonaparte. Vous y découvrirez beaucoup d'objets ayant appartenu à Napoléon.
— *Le musée de Cire, historial des princes de Monaco :* dans des salles voûtées du XIVe siècle, 40 personnages en cire, grandeur nature, retracent l'histoire de la famille Grimaldi.
— *Les vieilles rues :* beaucoup trop pimpantes à notre goût avec des façades trop souvent ravalées. Et puis, pléthore de boutiques. Cela donne une impression de toc et de décor d'opérette. La cathédrale de style néoroman (elle date de la fin du XIXe siècle) en pierre blanche de La Turbie n'a rien d'extraordinaire. En plus, pour la construire, on a dû démolir l'ancienne église Saint-Nicolas du XIIIe siècle. Il faut tout de même y entrer pour admirer le *retable de saint Nicolas,* un des chefs-d'œuvre de Louis Brea, à l'entrée gauche du déambulatoire, et la Pietà du curé Teste, au-dessus de la porte de la sacristie. Dans le déambulatoire se trouvent les tombeaux des princes dont celui de Grace de Monaco, avec cette simple inscription : « Gratia Patricia Principis Rainier III. » Pas de gerbes mais d'émouvants petits bouquets de pâquerettes offerts par les citoyens monégasques.
— *Les jardins Saint-Martin :* face à la mer, tournant le dos à la cathédrale, ils sont très reposants et constituent une halte agréable au milieu d'une étonnante végétation tropicale.
— *Le musée océanographique :* ouvert toute l'année de 9 h 30 à 19 h, sans interruption. Entrée : 40 F. Étudiants et enfants : 20 F. Militaires français et hommes « de troupe » : 4 F ! L'armée a du bon ! Projections gratuites de films dans la salle de conférences. C'est le prince Albert Ier, fondateur de l'Institut

océanographique de Paris, qui créa le musée, inauguré en 1911, destiné à abriter les collections récoltées au cours de ses explorations. L'édifice en lui-même, construit en surplomb au-dessus de la mer, a fière allure.

Au sous-sol, splendide aquarium : dans 80 bassins, nombreux spécimens de la faune et la flore sous-marines.

Au rez-de-chaussée, dans la salle d'océanographie, squelettes de baleine de 20 m de long, de dauphin, orque, lamantin, etc.

Au 1er étage, souvenirs des croisières d'Albert Ier. Salle d'océanographie appliquée : quelques milliers d'espèces de coquillages, perles, nacres, etc.

Pour finir, au 2e étage, terrasse d'où la vue est superbe.

● *La Condamine*

Le quartier de la Condamine s'étage en amphithéâtre au-dessus du port, sous la muraille rocheuse qui domine la principauté. Dommage quand même qu'on ait tant construit ici.

— *Le port,* dont l'aménagement date de 1901, abrite de splendides yachts ; on a tous vu en mémoire l'arrivée de Grace Kelly en bateau, pour la première fois à Monaco. (Mais si, rappelez-vous, les actualités à « la Dernière Séance ».) A côté, piscine olympique. Sur le port, quelques snacks abordables.

— *L'église Sainte-Dévote :* d'après la tradition sainte Dévote, après avoir été martyrisée en Corse vers 305, fut abandonnée dans une barque qui échoua à Monaco. Au XIe siècle, les reliques de la sainte furent dérobées, et emportées en bateau. Mais les malfrats furent rattrapés et leur embarcation brûlée. Depuis, chaque année, le soir du 26 janvier, on brûle une barque devant l'église ; le lendemain, les reliques de la sainte sont portées en procession jusqu'à la place du Palais.

L'église est bâtie sur l'emplacement d'une chapelle du XIe siècle ; à l'intérieur, autel en marbre du XVIIIe siècle.

● *Monte-Carlo*

— *Le casino :* on l'a décrit à l'époque comme « la cathédrale d'enfer qui dresse les deux cornes de ses tours mauresques sur cet Éden de perversité »... Sans être aussi critique, on peut trouver sa décoration assez étonnante. Il se compose de plusieurs corps d'édifice, dont le plus ancien, face à la mer, est dû à Charles Garnier, l'architecte de l'Opéra de Paris.

N'hésitez pas à entrer dans le hall central. Devant vous, le théâtre ; sur la gauche, les salles de jeux. Regardez les plafonds d'une richesse inouïe. Beaucoup de monde se presse devant les machines à sous, dans un vacarme étourdissant. Les enjeux sont pourtant bien modestes comparés à ceux des autres salles. Que de fortunes envolées... comme celle de la belle Otero, favorite du kaiser, qui perdit en une nuit ce qu'elle avait gagné au cours d'une tournée triomphale aux U.S.A.

De la terrasse du casino, vue splendide jusqu'à la pointe de Bordighera. En-contrebas s'étend un vaste centre des congrès, hyper moderne. Plus loin, à l'est du casino, se succèdent les plages artificielles, les piscines et palaces de Monte-Carlo.

Il est agréable de flâner dans les *jardins du Casino.* Remarquez la superbe façade de l'*Hôtel de Paris,* décorée de belles statues et d'une splendide marquise. Ce palace a reçu les hôtes les plus prestigieux, tels que Sarah Bernhardt qui tenta même de s'y suicider, le grand-duc Michel de Russie qui louait plusieurs étages et vidait soixante magnums de champagne par nuit, ou Churchill, venu avec sa perruche Toby qui s'envola, laissant le grand homme au bord du désespoir. Seule une fine champagne de 1810 le consola...

— *Le musée national* (poupées, automates) : av. Princesse-Grace. Ouvert de 10 h à 12 h et de 14 h 30 à 18 h 30. Le musée, installé dans une jolie demeure sur fond de roseraie, construite par Charles Garnier, abrite une exceptionnelle collection d'automates du XIXe siècle et de poupées, très bien présentés.

Également une crèche napolitaine du XVIIIe siècle qui réunit 250 personnages.

A voir encore

— *Le jardin exotique :* ouvert de 9 h à 19 h, et 9 h à 17 h 30 hors saison. Tarif global permettant de visiter aussi les grottes de l'Observatoire et le musée d'Anthropologie préhistorique en saison. Près de la Moyenne Corniche. Superbe vue sur la principauté. Les plantes tropicales les plus fragiles ont pu être acclimatées sur cette pente de rochers exposée au soleil et bien abritée. Exceptionnelle collection de cactées, euphorbes, figuiers de Barbarie, etc.

— *Les grottes de l'Observatoire* : elles s'ouvrent dans le jardin, en contrebas. On parcourt un circuit à travers une succession de salles ornées de stalactites et de stalagmites.
— *Le musée d'Anthropologie préhistorique* : il abrite des ossements d'hommes et d'animaux préhistoriques trouvés dans des grottes près de Menton et Monaco.

LA MOYENNE CORNICHE

La Moyenne Corniche (panneaux indicateurs devant Notre-Dame-du-Port à Nice), tracée à flanc de montagne, offre des vues superbes et permet surtout de visiter le splendide village d'Èze.

● ÈZE

« Les ruines d'Èze, plantées sur un cône de rochers avec un pittoresque village en pain de sucre arrêtent forcément le regard. C'est le plus beau point de vue de la route, le plus complet, le mieux composé. » Cette citation de George Sand décrit à merveille ce splendide village nid d'aigle ; c'est la ville de France la plus perchée au-dessus de la mer (427 m).
Dommage que les incendies de l'an passé y aient causé tant de ravages. Même quelques maisons à l'entrée du village ont été détruites.
Le nom d'Èze viendrait d'*Isis*, la déesse égyptienne à laquelle les Phéniciens auraient dédié un temple.

Où dormir ?

● A Èze-Village

— *Auberge des Deux Corniches* : tél. : 93-41-19-54. Fermée du 15 octobre au 15 décembre. Demi-pension seulement : 150 F par personne. Confortable et cuisine soignée.
— *Le Golf Hotel* : place de la Colette. Tél. : 93-41-18-50. Fermé de novembre à janvier. Sur le bord de la Moyenne Corniche, reconnaissable à sa façade rose. Certaines chambres ont vue sur la mer. De 88 à 140 F pour une personne, de 140 à 255 F pour deux.
— *Hermitage du Col d'Èze* : à 2,5 km par la D 46 et la Grande Corniche. Tél. : 93-41-00-68. Fermé du 15 novembre au 1er mars. Vue superbe. Chambres tout confort de 130 à 200 F. Le restaurant propose une cuisine soignée : menus de 65 à 135 F. Fermé dimanche soir et lundi.

● A Èze-sur-Mer

— *Le Soleil* : Basse Corniche. Tél. : 93-01-51-46. Fermé du 15 novembre au 15 décembre. Petite maison de 11 chambres confortables, aux prix raisonnables : de 160 à 230 F. Près de la plage. Accueil familial. Restaurant très correct.

Où manger ?

— *Au Nid d'Aigle* : en haut du vieux village. Le domaine des plaisirs simples, telle est l'enseigne de ce restaurant qui propose un menu à 58 F avec salade niçoise, poulet Côte d'Azur et tarte au citron, et un autre à 76 F (sans le service) avec salade marinière suivie d'une pintade aux raisins et d'un dessert. Pour digérer, grimpez vite en haut du jardin exotique ; le paysage de ciel, mer et montagne qui s'offrira à vous récompensera vos efforts.
— *Le Troubadour* : en montant dans le vieux village. Menu à 80 F (service compris) avec soupe au pistou, salmis de canette et navets ou escalope de truite saumonée, fromage et dessert du jour. Cadre rustique. Accueil souriant.

A voir

— *Les vieilles rues* : on pénètre dans le vieux village par une belle double porte fortifiée et on découvre alors un entassement de maisons médiévales, très restaurées, véritable lacis de ruelles étroites, pentues et escarpées, parfois voûtées ou coupées d'escaliers. Beaucoup de fleurs et des jardinets égaient ces vieilles pierres. En montant, vous remarquerez l'homogénéité des toits de tuiles et l'architecture circulaire du village.
Dommage toutefois que tant de demeures aient été converties en boutiques d'artisanat ou de souvenirs.

— *L'église* : reconstruite au XVIIIᵉ siècle, elle présente une belle façade classique et un clocher carré à deux étages. A l'intérieur, on a aimé les chaises vertes de jardin et la chaire d'où apparaît un bras tendu tenant un crucifix. De l'autre côté de la place de l'église, le cimetière avec vue sur la montagne ; certaines tombes sont creusées dans le rocher.

— *La chapelle des Pénitents-Blancs* : elle abrite une Crucifixion de l'école de Brea et une Adoration des mages de l'école italienne. Remarquez la Madone des Forêts, statue du XIVᵉ siècle, ainsi appelée parce que l'enfant qu'elle porte tient une pomme de pin dans la main.

— *Le jardin exotique* : ouvert en hiver de 9 h à 12 h et de 14 h à 18 h 30. En été, de 8 h à 20 h. Entrée : 5 F. Belle collection de plantes grasses, mais il faut y aller surtout pour la vue des ruines du château. Le panorama sur la Riviera y est vertigineux et, s'il fait très beau, vous verrez la Corse.

— *Le sentier Frédéric-Nietzsche* : il relie Èze-sur-Mer à Eze-Village, au milieu des oliviers et des pins. Il est ainsi dénommé car le philosophe y conçut la troisième partie d'« Ainsi Parlait Zarathoustra ». Nietzsche lui-même écrit : « Cette partie fut composée pendant une montée des plus pénibles de la gare au merveilleux village maure d'Èze, bâti au milieu des rochers. »

LA GRANDE CORNICHE

La Grande Corniche suit en partie le tracé de l'ancienne *via Julia Augusta*. Les vues y sont spectaculaires.

● *LA TURBIE*

La petite ville est célèbre pour son *Trophée des Alpes*, chef-d'œuvre de l'art romain. Mais elle offre aussi un panorama inoubliable sur la Riviera. C'est d'ailleurs de La Turbie que le duc de Savoie faisait surveiller Monaco. Dommage toutefois que même là-haut les maisonnettes poussent comme des champignons.

Comment y aller ?

— Bus de Nice à 7 h, 11 h 15, 14 h 15, 17 h 30, 18 h 30, en semaine. Dimanche : bus à 8 h, 11 h 15, 14 h 15, 17 h 30 et 18 h 30. Tarif : 15,90 F.
— De Menton, bus à 14 h 25.

Où dormir ? Où manger ?

— *Hôtel de France* : 12, av. du Général-de-Gaulle. Tél. : 93-41-09-54. Fermé d'octobre à décembre. Chambres simples mais proprettes avec leur papier peint fleuri. De 140 à 170 F pour deux avec salle de bains ou douche et w.-c. Restaurant proposant un menu à 65 F avec crudités, truite meunière ou côte de porc.

— *Hôtel Le Napoléon* : av. de la Victoire. Tél. : 93-41-00-54. Il ne manque pas d'allure avec sa façade rose fraîchement repeinte et ses volets verts. Irréprochablement propre, et chambres très confortables. 220 F pour une chambre double. Grande salle de restaurant. Menus à 85 et 109 F avec tagliatelles aux fruits de mer suivies d'un médaillon de sole sauce moutarde et d'un dessert. Cuisine raffinée.

A voir

— *La vieille ville* : on y pénètre par la rue Comte-de-Cessole, l'ancienne via Julia Augusta, qui monte vers le Trophée. Dans la pierre d'angle d'une tour sont gravés des vers de la « Divine Comédie » de Dante qui évoquent le village. Promenez-vous dans les vieilles rues, passages, voûtes, ruelles étroites où le médiéval, le classique et le baroque se côtoient. Nombreuses maisons anciennes bien restaurées : remarquez *rue Dominique-Durandy* la maison à fenêtre géminée, et celle à l'angle de la *rue de l'Empereur-Auguste* et de la *rue Droite*. Il subsiste aussi des vestiges de l'enceinte médiévale.

— *Le Trophée des Alpes* : c'est le plus beau monument romain de la région. Il commémore la victoire d'Auguste sur les peuplades insoumises qui occupaient les Alpes à la mort de César, entravant les communications entre Rome et la Gaule. Le Sénat décida d'élever un temple au plus haut point de la route créée pendant les opérations, lieu stratégique sur la voie Aurélienne. Le Trophée est à l'origine du nom de la ville : *tropea Augusti* qui, par déformations successives, donnera Turbie.

Le monument fut utilisé comme forteresse et carrière de pierre et servit, entre autres, à l'édification de l'église Saint-Michel-Archange.

Il fallut attendre l'aide généreuse de l'Américain Edward Tuck pour restaurer le monument. Cependant, le Trophée qui mesurait 50 m de hauteur n'atteint plus que 35 m et une grande partie a été laissée à l'état de ruine.

Un *musée* retrace l'histoire du Trophée et renferme une maquette de l'édifice reconstitué.

— *Les terrasses :* immense panorama sur toute la Riviera, en particulier sur Monaco et les gratte-ciel de Monte-Carlo qu'on surplombe de 400 m.

● *ROQUEBRUNE*

Le vieux village perché au-dessus de la Grande Corniche est dominé par une étonnante forteresse carolingienne, la seule à peu près intacte en France. Les vieilles rues du village, lourdes de passé, montent au château féodal. Elles constituent un bel ensemble bien restauré : hautes maisons, placettes tranquilles (quand elles ne sont pas la proie des touristes), jolies fontaines, passages sous voûtes, etc. Les inévitables boutiques de bimbeloterie les ont hélas envahies.

La *rue Moncollet*, taillée dans le rocher, est particulièrement étonnante avec ses longs passages voûtés et ses escaliers. Belles demeures moyenâgeuses aux fenêtres munies de barreaux. La *place des Deux-Frères* doit son nom aux deux blocs de rochers qui l'encadrent. A l'extrémité de l'impasse du Four, le *four seigneurial* où les habitants de Roquebrune apportaient le pain à cuire. Allez-y tôt, le matin, avant l'arrivée des cars de touristes.

A voir

— *Le château :* ouvert du 30 septembre au 1er avril de 10 h à 12 h et de 14 h à 17 h. En saison, de 9 h à 12 h et de 14 h à 18 h (19 h en juillet-août). Fermé le vendredi.

A l'intérieur du donjon, au 1er étage, salle des cérémonies et, en contrebas, le magasin aux vivres creusé dans le roc. La prison du 2e étage ne servit qu'au temps des Grimaldi (vers 1400). Avant, le cachot se trouvait sous le donjon et ne faisait que 2 m² !

Au 3e étage, les appartements seigneuriaux : la salle d'armes où le seigneur recevait, la salle commune où il vivait, meublée très simplement, la cuisine avec sa hotte de cheminée en bois d'olivier et son four à pain.

Du 4e étage, très belle vue sur les toits du village, au premier plan, le cap Martin, Monaco, etc.

— *L'église Sainte-Marguerite :* c'est une ancienne chapelle du XIIIe siècle, agrandie au XVIe et remaniée au XVIIe. A l'intérieur, deux tableaux intéressants : la Crucifixion et la Déploration du Christ dus à Marc-Antoine Otto, habitant de Roquebrune au XVIIe siècle.

— *L'olivier millénaire :* chemin de Saint-Roch, 200 m après la sortie du village. Ce serait le plus vieux du monde. Sa circonférence atteint dix mètres. Hanotaux qui habitait Roquebrune le fit admirer par ses invités : Clemenceau, Poincaré, Briand. Il affirmait que l'arbre devait avoir 4 000 ans.

Manifestations

Roquebrune est célèbre pour ses cortèges traditionnels qui rythment chaque année la vie du village.

— *La procession de la Passion :* tous les ans, a lieu, le 5 août, une procession rassemblant plus d'une centaine d'acteurs et représentant les Scènes de la Passion. Elle honore le vœu prononcé en 1467 alors qu'une épidémie de peste avait éclaté à Monaco et à Vintimille, gagnant vite toute la région. Le neuvième jour de prière, la peste arrêta ses ravages. Pour remercier le ciel, les habitants promirent de représenter chaque année les Scènes de la Passion. La procession attire évidemment un grand nombre de touristes et pèlerins.

— *La procession du Christ mort :* créée par la confrérie des Pénitents-Blancs, elle a lieu dans la nuit du Vendredi saint. Une soixantaine de personnages racontent la mise au tombeau en traversant le village.

— *La procession des Limaces :* le jeudi de l'octave de la Fête-Dieu. Toutes les rues sont alors illuminées par des coquilles d'escargot remplies d'huile d'olive et transformées ainsi en lampes à huile. La procession existe, paraît-il, depuis l'an 1315.

MENTON

Ici on est au bout de la France et l'on se sent presque au bout du monde : un climat incroyable qui vous fait parfois déjeuner dehors en décembre ou cueillir des citrons, un ciel irréprochablement bleu et des montagnes qui tombent dans la mer. La vieille ville et son cimetière, les places ombragées de platanes où le pastis est plus léger qu'ailleurs, le marché débordant de couleurs, tout cela a beaucoup de charme.

Un peu d'histoire

La présence humaine à Menton est attestée dès les temps préhistoriques par les découvertes réalisées lors de nombreuses fouilles.

En 1346, Charles Grimaldi, seigneur de Monaco, achète la ville puis, dix ans plus tard, Roquebrune. Mais, dès 1466, éclate la première révolte de Menton : la ville se donne au duc de Savoie. Deux ans plus tard, c'est le duc de Milan, Sforza, qui s'en empare. Lambert Grimaldi reprend Menton en 1477.

En 1524, le traité de Burgos place la seigneurie sous protectorat espagnol, Grimaldi ayant embrassé la cause de Charles Quint. Le traité de Péronne de 1641 voit Menton passer sous protectorat français, Honoré II Grimaldi a en effet tourné casaque !

Ces revirements d'alliance n'empêchent pas la ville de se développer, au contraire : de nouvelles rues sont percées, les hôtels particuliers des nobles

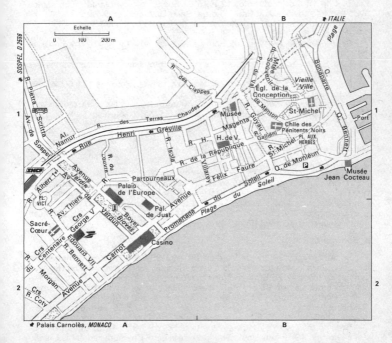

MENTON

familles locales (de Brea, Massa, de Monléon) édifiés. La belle église Saint-Michel est construite de 1640 à 1653.

Avec la Révolution, l'ancienne principauté est rattachée en 1793 au département des Alpes-Maritimes ; on devine la suite : le traité de Paris (1814) rendra la ville aux Grimaldi.

En 1848, Menton et son acolyte Roquebrune se proclament « villes libres »... sous la protection du gouvernement sarde.

Après un vote massif en faveur de leur rattachement à la France en 1860, le prince Charles III de Monaco vend les deux villes à Napoléon III.

La ville devient un centre de séjour réputé et accueille les hôtes les plus prestigieux, entre autres Gustave V de Suède, la reine Astrid de Belgique, le roi de Wurtemberg, etc.

Adresses utiles

— *Syndicat d'initiative :* palais de l'Europe, 8, av. Boyer. Tél. : 93-57-57-00. Délivre plan de la ville et liste d'hôtels (quand elle est sortie !).
— *Gare routière :* route de Sospel. Tél. : 93-35-93-60. Rapides Côte-d'Azur. Tél. : 93-35-93-60.
— *Gare S.N.C.F. :* proche de la gare routière. Tél. : 93-87-50-50.

Transports

Menton est reliée à toutes les villes de la côte par de nombreux trains et bus (rapides Côte-d'Azur).

Par ailleurs, de nombreux bus desservent le proche arrière-pays.
— *Pour Sospel :* départs à 9 h 30, 14 h et 18 h. De Sospel, retours à 6 h 45, 12 h 45, 16 h 30. Durée du trajet : 50 mn. Attention, les départs de Menton à 14 h et de Sospel à 12 h 45 n'ont lieu que les mardis, mercredis, jeudis et samedis.

Les bus de 18 h de Menton et 12 h 45 de Sospel assurent la correspondance avec les trains desservant Breil, Saorge, Saint-Dalmas, Tende, etc.
— *Pour Vintimille :* sept départs par jour (moins le dimanche). Prix : 4 F.
— *Pour San Remo :* 9 F. Durée du trajet : 1 h.
— *Pour l'Annonciade :* quatre départs à 8 h 40, 11 h 45, 14 h 45 et 18 h 45.
— *Pour Sainte-Agnès :* un à trois bus par jour hors saison ; en saison trois bus par jour sauf le vendredi.
— *Pour La Turbie :* départ à 14 h 25 ; arrivée à 15 h 15. Retour à 17 h 20, arrivée à Menton à 17 h 50.
— *Promenades en mer :* du 1er mars au 30 octobre, tous les jours. Quai Napoléon, vieux port. Tél. : 93-35-58-81, 93-35-51-72. Départs à 14 h 30 pour Monaco, retour à 16 h.

Où dormir ?

● *Très bon marché*

— *Auberge de jeunesse :* plateau Saint-Michel, route des Ciappes à Castellar que l'on prend juste à côté de l'hôtel de ville. Tél. : 93-35-93-14. Ouverte toute l'année. Ça grimpe pour y aller. De la gare routière bus à 8 h 50, 11 h, 14 h, 16 h 50. Retour : 9 h 05, 11 h 05, 11 h 15, 14 h 15, 17 h 05. Comptez 38 F avec petit déjeuner et douche. Dîner à prix intéressant : 30 F.

● *Bon marché*

— *Hôtel Claridge :* 39, av. de Verdun. Tél. : 93-35-72-53. Fermé de novembre à janvier. Jolie façade rose et volets verts. Simple mais correct. Chambres avec cabinet de toilette : 70,50 F pour une personne, 89 F pour deux. Avec douche, chambres doubles de 99 à 130 F. Avec douche et w.-c. : 141 F ; pour trois : 176 F. Petit déjeuner : 13,50 F. Restaurant avec menu à 65 F.
— *Hôtel de Belgique :* 1, av. de la Gare. Tél. : 93-35-72-66. Fermé d'octobre à janvier. Quelconque. 60 F pour une personne, de 120 à 140 F pour deux.
— *Pension Beauregard :* 10, rue Albert-Ier. Tél. : 93-35-74-08. Ouvert de janvier à octobre. 100 F pour deux. Tout près de la gare. Chambres agréables, jardin où l'on prend le petit déjeuner (13 F). Accueil plutôt sympa.

● *Plus chic*

— *Hôtel du Pin Doré :* 16, av. Félix-Faure et promenade du Soleil (double entrée). Tél. : 93-28-31-00. Très bien situé : sur la mer mais légèrement en retrait, grâce à un jardin. Piscine d'été. Chambres confortables. Accueil sympathique. Parking gratuit. Comptez de 240 à 280 F pour deux.

— *L'Aiglon :* 7, av. de la Madone. Tél. : 93-57-55-55. Fermé du 1er novembre au 15 décembre. Agréable grâce à son parc et sa piscine. Calme. De 110 à 165 F pour une personne et de 180 à 300 F pour deux. Bon accueil.

— *Le Globe :* 21, av. de Verdun. Tél. : 93-35-73-03. Fermé du 10 novembre au 27 décembre. 24 chambres de 150 à 190 F pour deux. Le restaurant propose une cuisine soignée. Menus de 68 à 140 F. Demi-pension de 202 à 281 F.

● *Dans les environs*

— *Auberge des Santons :* colline de l'Annonciade, à 2,5 km au nord. Tél. : 93-35-94-10. Fermée du 15 novembre au 15 décembre, dimanche soir et lundi. 10 chambres simples mais bien agréables dans cet endroit si tranquille au pied d'un monastère, avec vue superbe. Demi-pension obligatoire : de 130 à 210 F. Menus au restaurant de 85 à 250 F. Goûtez à l'assiette du pêcheur.

● *Campings*

— *Camping municipal :* plateau Saint-Michel. Tél. : 93-35-81-23. 170 emplacements. Ouvert de mars à novembre. Vue superbe.

— *Camping Saint-Maurice :* 49, route du Val-de-Gorbio. Tél. : 93-35-79-84. Ouvert toute l'année. Quelque 50 places. Bien situé.

— *Camping Fleur de Mai :* 67, route de Gorbio. Tél. : 93-57-22-36.

Où manger ?

Menton ne constitue pas une véritable étape gastronomique.

— *Le Terminus :* place de la Gare. Tél. : Tél. 93-35-77-00. Belle terrasse et petit menu à 37,50 F avec entrée et plat du jour.

— *Le Namouna :* sur le vieux port. Menus à 95, 74 et 57 F, dit touristique. C'est ce dernier que nous vous conseillons : hors-d'œuvre ou soupe de poisson, escalope milanaise ou lotte au poivre vert (supplément 5 F), dessert. Menu enfant : 34,50 F. Pas génial, mais on mange dehors, avec vue sur le port et l'Italie.

● *Plus chic*

— *L'Orchidée :* 2, rue Masséna. Tél. : 93-35-90-17. Dans une petite rue calme près de la gare, agréable restaurant où l'on trouve un peu de fraîcheur. Chaises et tables de jardin avec nappes. Bon menu à 70 F : terrine de foies de volaille et salade de mesclun, faux-filet au poivre aux petits farcis, marquise au chocolat ou bavarois à la mangue.

— *Chez Germaine :* 46, promenade du Maréchal-Leclerc. Tél. : 93-35-66-90. Peut-être le meilleur restaurant de Menton sur le plan qualité-prix-accueil. Bons menus à 90 et 115 F. Spécialités : marmite du pêcheur, terrine de sole et rouget à la bisque de homard. Mais attention, c'est souvent complet. Il est prudent de réserver.

— *L'Artisan Gourmand :* 25, rue Marin. Tél. : 93-35-74-21. Excellent restaurant végétarien. Bons vins. Fermé en décembre. Goûtez l'omelette forestière (sans œufs) ou les poireaux au miel. Environ 135 F à la carte.

● *Une bonne adresse*

— *La boulangerie du Midi :* rue Saint-Michel, pour ses pizzas excellentes, cuites au feu de bois, et sa célèbre fougasse à la mentonnaise, pâte aux amandes et aux pignons recouverte de sucre.

A voir

● *La vieille ville*

— Pour l'apprécier avec suffisamment de recul, allez d'abord sur la jetée qui longe le petit port. Soutenu par des arcades, le vieux Menton sur fond de montagne, dominé par les cyprès du cimetière, offre une belle unité architecturale.

— Prenez ensuite la *rue des Logettes,* à droite de la rue Saint-Michel qui vous mènera sur la petite *place des Logettes,* très calme. Continuez par l'étroite *rue Longue,* ancienne rue principale de la vieille ville. Au nº 45, maison Pretti, superbe escalier à l'intérieur ; au *n° 123,* ancienne résidence des princes de Monaco ; par les portes ouvertes des maisons vous apercevrez des escaliers très raides qui montent au premier étage.

— Par les rampes du Chanoine-Ortmans ou du Chanoine-Gouget, vous arrivez sur le beau *parvis Saint-Michel* ; sur le sol, mosaïque de petits galets blancs et noirs aux armes des Grimaldi. Avec ses deux églises baroques, sa vue sur la mer, c'est un des plus ravissants décors à l'italienne que l'on puisse voir en France. C'est d'ailleurs ici qu'ont lieu les inoubliables concerts du Festival de musique de Chambre en août.

— *L'église Saint-Michel* offre une façade baroque, colorée, à deux étages, et deux clochers à terrasses. A l'intérieur, décoration dans le goût italien, inspirée de l'église de l'Annunziata de Gênes ; retable d'Antoine Manchello (1565) dans le chœur, représentant saint Michel, saint Pierre et saint Jean-Baptiste ; sur les voûtes, les fresques racontent la vie de saint Michel. Les chapelles latérales sont des chapelles funéraires de notables de la ville ou de Monaco. Au fond du chœur, superbe buffet d'orgues du XVIIe siècle.

— La *chapelle des Pénitents-Blancs* ou *de la Conception,* au fond de la place, dresse sa belle façade Renaissance et ses guirlandes de fleurs en stuc ; voûtes ornées.

Continuez à monter : *rue Mattoni* d'abord, avec ses passages couverts, *rue de la Côte* ensuite, plus raide, qui rattrape la *rue du Vieux-Château.* Une impression de calme et de fraîcheur se dégage de ces très vieilles maisons où sèche le linge, et devant lesquelles s'étirent des chats paresseux.

— Vous parviendrez après au *vieux cimetière* de Menton ouvert de 7 h à 18 h en hiver et de 7 h à 19 h en été. Il est établi à l'emplacement de l'ancien château fort et comporte quatre terrasses, consacrées chacune à une religion différente, d'où vous découvrirez une vue magnifique : d'un côté, la France, de l'autre, l'Italie, les montagnes plongeant dans la mer d'un bleu éclatant. Les cyprès ajoutent à la sérénité de l'endroit. La lecture des inscriptions sur les tombes vous éclairera sur la vocation de Menton à la fin du siècle dernier : une cité où bon nombre de riches étrangers venaient chercher le soleil et souvent la guérison d'une tuberculose. On ne reculait pas devant les distances : ainsi cette tombe d'Evelyn, femme de William Rosamond de Toronto (Canada I) morte à l'âge de 19 ans. A côté, tombe de Veronica Christine, fille du général Genkin Jones, morte à 15 ans, et plus loin, après des inscriptions russes, Henri Taylor, de Dundee, qui mourut à Menton en 1888 à 25 ans. Vous vous trouvez à présent tout à la proue du cimetière, surplombant la vieille ville que domine le clocher de l'église Saint-Michel.

— Redescendez au hasard de l'enchevêtrement de ruelles tortueuses de la vieille ville. De l'ancienne enceinte fortifiée, il ne subsiste que deux portes : la *porte Saint-Julien* et la *tour hexagonale.*

— Vous retrouvez la *rue Saint-Michel* et ses orangers ; tout de suite à gauche, la charmante *place aux Herbes* avec ses terrasses de café, ses platanes et sa colonnade qui rythme des échappées sur la mer. A côté, le marché couvert, sa place et son marché aux fleurs. Ambiance assurée le matin.

— A signaler encore la *rue de Brea,* ouverte en 1618, plus bas que l'église Saint-Michel. *Au n° 3* logea l'inévitable Bonaparte en 1796. Il en aura visité des maisons ? Au *n° 2* naquit le futur général Brea, fusillé en 1848 par les insurgés parisiens.

A voir encore

— *La promenade du Soleil :* elle s'étend en bordure de mer et mérite bien son nom. Les retraités la colonisent, passant leur journée à se réchauffer au soleil de banc en banc. Menton est la ville de la Côte d'Azur où la proportion de retraités est la plus élevée (quelque 30 % de la population).

— *Le palais Carnolès :* avenue de la Madone à l'ouest de la ville. Ouvert de 10 h à 12 h et de 15 h à 18 h du 15 juin au 15 septembre. Tél. : 93-35-49-71. Fermé lundi, mardi et fêtes légales. Ce fut la résidence d'été (1715) d'Antoine Ier, prince de Monaco, avant de devenir casino puis propriété privée en 1960. Depuis, il a été transformé en *musée.* La demeure est entourée d'agréables jardins. Le musée abrite à l'étage la collection Wakefield Mori, léguée en 1959. Primitifs niçois (Vierge à l'Enfant de Louis Brea), écoles européennes des XVIIe et XVIIIe siècles. Enfin, école de Paris (1890-1940) avec Derain, R. Dufy, Vlaminck, etc. Au rez-de-chaussée, quelques tableaux modernes ou contemporains : Gleizes, Paul Delvaux, Gromaire, Tal Coat, dont certains premiers prix de la Biennale internationale d'art de Menton (Desnoyers, Gleizes, etc.).

— *Les jardins Biovès :* palmiers, citronniers, fleurs et fontaines au centre de la ville ; belle perspective sur les montagnes environnantes. Monument du rattachement à la France.

— *Le Palais de l'Europe* et sa façade rétro : siège actuel du Syndicat d'initiative, c'était autrefois le casino (1909). Cadre de nombreuses manifestations culturelles, il abrite notamment la Biennale internationale d'art.

— *L'hôtel de ville* (1860) et la *salle des mariages de Jean Cocteau :* visite de 9 h à 12 h et de 13 h 30 à 17 h (fermée samedi, dimanche et jours fériés).

La salle des mariages a été décorée par Cocteau en 1957-1958. Assez croquignolette et intime. Au fond, le pêcheur et son œil poisson (comme à Villefranche) est coiffé de l'ancien bonnet des pêcheurs de Menton ; en revanche, la fille face à lui porte le chapeau niçois. Sur les murs, histoire d'Orphée et noce de village.

— *Musée Jean Cocteau :* bastion du Vieux-Port (XIIIe s.). Tél. : 93-57-72-30. Ouvert de 10 h à 12 h et de 15 h à 18 h. Fermé lundi, mardi et fêtes.

A l'extérieur, trois mosaïques de galets d'après des dessins de Cocteau. A l'intérieur, le sol est recouvert d'une grande mosaïque, *la Salamandre,* exécutée en galets gris et blancs. Belle tapisserie et pastels.

A l'étage, les *Innamorati* (variation sur les amoureux), peinture inspirée par les amours des pêcheurs de Menton, et étonnante série des *Animaux fantastiques.*

— *Le quai Napoléon-III :* il protège le vieux port par une digue de 600 m. Vue superbe sur Menton et les montagnes.

● *GARAVAN*

Tout près de la frontière, les collines de Menton y forment un arc face à la mer, à l'abri des vents du nord, où la température est la plus clémente de la Côte d'Azur. De nombreux étrangers, « poitrinaires » fortunés, s'y étaient installés à la fin du XIXe siècle et avaient construit de somptueuses villas au milieu des oliviers. Beaucoup sont laissées un peu à l'abandon, prêtant à la nostalgie...

— *Le jardin botanique exotique :* av. Saint-Jacques, à Garavan. Tél. : 93-35-86-72. Visite de 10 h à 12 h et de 14 h à 17 h (16 h hors saison). Entrée : 10 F. Fermé le mardi. Le jardin entoure la villa Val Rahmeh acquise par l'État (museum d'Histoire naturelle) en 1966. Il fut tracé dès 1905 puis agrandi. Tonnelles, bassins à nénuphars et fontaines agrémentent ce jardin qui présente sur 11 ha un grand nombre de plantes exotiques rassemblées par thèmes. Assez super, surtout avec la vue sur la baie de Garavan. Dommage que l'entretien laisse à désirer. Une belle allée de palmiers vous conduit à la villa où l'on vend des fruits cueillis ici même.

— *Le jardin du Pian :* juste à côté. Très agréable avec sa belle plantation d'oliviers centenaires. Nocturnes en plein air l'été.

— De l'avenue Blasco-Ibañez, qui part de l'avenue du Bord-de-Mer, prenez à droite la rue Webb-Ellis, puis plus loin à droite le chemin Wallaya et montez à la villa *Isola Bella* où Katherine Mansfield vécut neuf mois en 1920. Si vous reprenez l'avenue Blasco-Ibañez, vous atteindrez la villa *Fontana Rosa* où habita Vincente Blasco Ibañez de 1922 à sa mort en 1928. Le romancier espagnol y écrivit « Mare Nostrum ». Tout hélas, ou presque, est envahi par les herbes, mais il faut voir les mosaïques qui recouvrent aquarium, bassins et bancs.

— *Le domaine des Colombières :* ouvert de 9 h à 12 h et de 15 h à 20 h. Fermé d'octobre à décembre. Ici Ferdinand Bac, peintre et essayiste, a créé autour de sa villa un jardin où se mêlent tous les styles des jardins de la Méditerranée. On passe des allées romantiques aux allées rectilignes bordées de cyprès ou aux chemins tortueux d'une olivaie. Panorama magnifique sur les environs. Voir aussi l'incroyable piscine, dont les fresques sont de Ferdinand Bac. Dans le domaine, mausolée de l'artiste. A la fin de la visite, possibilité de se désaltérer dans la villa transformée en hôtel, très paisible. Six chambres à 400 F avec petit déjeuner.

AUTOUR DE MENTON

Voir à la rubrique « Transports » les services de cars qui mènent à ces villages.

● *SAINTE-AGNÈS*

Prenez au nord la D 22, par l'avenue des Alliés. Le village, situé au pied d'une haute falaise avec laquelle il se confond, occupe un site exceptionnel. C'est

l'archétype du vieux village pittoresque, avec ses rues enchevêtrées et pavées, ses vieux porches, ses passages voûtés. Hélas, les boutiques de pseudo-artisanat (tissage, bijoux fantaisie, etc.) sont trop nombreuses. La rue Longue, pavée de galets, conduit à un belvédère d'où l'on découvre une vue superbe sur la Riviera. Par beau temps on aperçoit la Corse.
Les marcheurs pourront descendre au collet de Saint-Sébastien où se trouve une chapelle. De là, des sentiers permettent de gagner Menton ou Gorbio.

Où dormir ? Où manger ?

— *Le Saint-Yves* : 93-35-91-45. Bon hôtel simple, dans un cadre très reposant, avec vue sur un paysage de rêve. Sept chambres seulement.
— *Le Logis Sarrasin* : 93-35-86-89. Fermé du 15 novembre au 15 décembre. Auberge familiale renommée, d'un bon rapport qualité-prix-accueil. Les portions y sont copieuses. Un peu trop de touristes toutefois.

● GORBIO

Après avoir longé les murs du palais de Carnolès, prenez à droite la rue A.-Reglion et la D 23 qui remonte le torrent de Gorbio, bordée de somptueuses villas au milieu des oliviers. Gorbio, perché dans un site sauvage, est célèbre pour sa *procession aux limaces* à la Fête-Dieu. Comme à Roquebrune, on remplit les coquilles d'escargots (*limassa* en provençal) avec de l'huile dans laquelle on trempe une mèche ; on dispose des milliers de coquilles lumineuses le long des rues, sur les rebords des fenêtres.
Les ruelles pavées de galets, reliées par des arcades, sont marquées par l'usure du temps. Remarquez l'orme de 1713 aux proportions impressionnantes et la vieille fontaine à l'entrée du village.
— *Promenades à pied* : des sentiers conduisent à Roquebrune et à Sainte-Agnès, offrant de jolis points de vue.

● CASTELLAR

Deux routes permettent de gagner Castellar depuis Menton : soit la D 24 par la promenade du val de Menton, soit la route des Ciappes. Elles se rejoignent au lieu-dit *La Pinède*.
Le village perché est le point de départ de nombreuses promenades balisées par le G.R. 52. De la terrasse de l'hôtel des Alpes, vue sur la côte. Des rues parallèles sont reliées entre elles par des passages voûtés. L'ancien *palais des Lascaris* est traversé par la rue de la République. Émouvante chapelle au cimetière, en contre-bas.
— *Randonnées* : le *Restaud* (1 145 m), comptez 1 h 45 d'ascension ; le *Grammont* (1 380 m), en 3 h ; les *ruines du vieux Castellar*, en 1 h.

● LE CAP MARTIN

Un site miraculeusement préservé, annexe de luxe de Menton, où les somptueuses propriétés disparaissent sous les pins, les oliviers centenaires et les mimosas. Des hôtes célèbres contribuèrent à la notoriété de l'endroit, à commencer par l'impératrice d'Autriche Élisabeth, dite Sissi, qui s'installa au Grand Hôtel du Cap Martin peu après sa construction. Il n'y avait alors aucune villa et le grand plaisir de l'impératrice consistait à gambader dans la campagne et à se perdre dans les sentiers muletiers. L'impératrice Eugénie l'imita et l'accompagna dans ses promenades. Le bon air dut lui réussir puisqu'elle vécut jusqu'à l'âge de 94 ans. Autres touristes célèbres : Churchill et Le Corbusier, enterré au cimetière de Roquebrune.
La côte orientale du cap est longée par une belle route de corniche qui offre des points de vue superbes sur Menton et l'Italie.
Enfin, un ancien chemin des douaniers nommé *promenade Le Corbusier* relie le cap Martin à Monte-Carlo-Beach en 1 h 30. On longe d'abord de belles propriétés puis la voie ferrée, en surplomb sur la mer. Vues magnifiques tout au long du sentier.

SOSPEL

Agréable petite ville bien située, dans un bassin verdoyant sur fond de montagnes au carrefour de nombreuses voies de communication. Outre le charme de la vieille ville et de son cours ombragé, Sospel offre de nombreuses possibilités de randonnées à pied.

Comment y aller ?

Voir à Menton la rubrique « Transports ».

— *Train* depuis Nice, ligne Nice-Tende-Cuneo.

Où dormir ?

— *Auberge Provençale* : route de Menton, à environ 1,5 km du centre. Tél. : 93-04-00-31. Fermée du 11 au 30 novembre. Vue superbe sur la montagne. Terrasse agréable. Endroit très reposant. Chambres de 71 à 235 F.

— *Hôtel des Étrangers* : 7, bd de Verdun. Tél. : 93-04-00-09. Tenu par M. Domerego, un enfant du pays qui connaît sa région par cœur. Il a d'ailleurs écrit de nombreux ouvrages sur sa terre natale. 35 chambres confortables, surplombant la rivière, de 85 à 200 F. Petites terrasses avec vue sur la montagne. Piscine. Derrière l'hôtel, gîte d'étape pour les randonneurs (35 F la nuit). Bon restaurant (voir ci-dessous).

● Campings

— *Le Mas Fleuri* : à 2 km par la D 2566, route du col de Turini. Prendre ensuite à gauche. Terrain herbeux, belle vue, douches chaudes, piscine. 10 F l'emplacement, 7 F pour la voiture.

— *Domaine Sainte-Madeleine* : à 4,5 km au nord, toujours sur la route du col de Turini. Plus grand que le précédent ; piscine. 9,30 F l'emplacement, 6,50 F pour la voiture.

Où manger ?

— *Hôtel des Étrangers* : voir plus haut. Vous ne résisterez pas à l'excellent menu à 60 F qui propose terrine du chef, deux plats et pâtisserie. Terrasse agréable. Spécialités régionales : brochettes d'agneau aux herbes, truite aux amandes.

— *L'Escargot d'Or* : 3, bd de Verdun. Tél. : 93-04-00-43. A côté de l'hôtel des Étrangers. Bons menus à 56 et 75 F (net) avec fricassée de cuisses de grenouilles, daube à la provençale, fromage et dessert. Menu enfant : 30 F. Terrasse agréable sur la rivière.

A voir

● La rive gauche

Après avoir traversé l'adorable *vieux pont* du XIe siècle, seul pont à péage des Alpes-Maritimes où l'on acquittait les droits de passage, vous découvrez la *place Saint-Nicolas* à la belle ordonnance, avec ses maisons à arcades et l'ancien palais communal ; ici se réunissait le Conseil ordinaire et extraordinaire de Sospel. Sur la place, fontaine du XVe siècle. Prenez ensuite la *rue de la République* bordée de vieilles maisons, toutes semblables, avec de vastes caves communiquant entre elles. Dans ce quartier, les auberges et remises étaient nombreuses : ici résidaient les commerçants, avant de franchir le pont à péage. Ledit pont, très endommagé en 1944, a été reconstruit après la guerre.

● La rive droite

— *La place de la cathédrale* : bel ensemble architectural avec ses maisons à arcades et son *église Saint-Michel*, ancienne cathédrale du XVIIe siècle. Remarquez le clocher roman à bandes lombardes. A l'intérieur, dans une chapelle à gauche du chœur, un des chefs-d'œuvre de François Brea : le retable de la *Vierge Immaculée*, peint sur bois au XVe siècle, qui provient de la chapelle des Pénitents-Noirs. A droite de l'église, le *palais Ricci* où logea le pape Pie VII en 1808, sur ordre de Napoléon.

— *La rue Longue* : bordée de vieilles demeures, elle mène à la chapelle des Pénitents-Blancs.

— Perdez-vous dans les vieilles rues tortueuses, étroites, encore lourdes de passé : *rue Saint-Pierre* avec ses arcades et sa petite fontaine, *placette des Pastoris*, etc. Retournez sur l'agréable cours qui longe la rivière et admirez les maisons à balcons de la rive droite. Belle façade peinte en trompe-l'œil avec volets verts, balustre et linge aux fenêtres.

Randonnées

— *Le calvaire :* prendre à l'ouest la D 2204 puis la D 2566, direction le Moulinet, passer sous la voie ferrée. Ensuite, sentier à gauche qui longe le torrent de Lavine. Après 10 mn de marche on arrive au calvaire d'où l'on domine le bassin de Sospel. Compter 1 h 30 aller-retour.
— *Le mont Agaisen :* à 1,2 km sur la route qui remonte la rive gauche de la Bévéra, prendre à droite et monter sur la chapelle Saint-Joseph et les Serres de Bérins. Au premier embranchement après Bérins, revenir vers le sud pour arriver au mont Agaisen (740 m). 600 m après avoir quitté le sommet, prendre à gauche directement vers Sospel. Comptez 2 à 3 h de marche.
— *Le Merlanson :* on quitte Sospel par l'hôtel de la Gare. Prendre le sentier qui longe la rive droite du Merlanson, après être passé sous la voie ferrée. Après Erch, on remonte le vallon de Valescure que l'on abandonne tout de suite pour le sentier à gauche qui conduit au col de Castillon. Du col, on peut revenir à Sospel par la D 2566. C'est une promenade de 3 h aller-retour.
— *Le Mangiabo :* suivre le G.R. 52 que l'on prend au niveau des écoles de Sospel. On remonte jusqu'à Cimelinière puis on arrive au Mangiabo (1 820 m). Il faut alors continuer 200 m au nord du Mangiabo pour tourner à droite et revenir sur ses pas en contournant le Mangiabo au nord. A la cime du Ters, tourner à gauche et prendre le sentier jusqu'au col de Brouis. Retour par la D 2204. Compter 6 h de marche.
— *Les clues de la Bévéra :* partir par la D 2204 et le golf. Longer la rive gauche de la Bévéra pour arriver à *Olivetta* après 2 h de marche. Continuer par la route jusqu'à San Michele. Retour par la route normale.

LA FORÊT DE TURINI _____

Très belle forêt étonnante par sa fraîcheur, à une trentaine de kilomètres du littoral.

● DE SOSPEL AU COL DE TURINI

A la sortie de Sospel, la route bordée d'oliviers suit la vallée de la Bévéra qui devient de plus en plus encaissée ; la rivière prend des allures de torrent, de belles cascades sur la gauche descendent de la montagne. On longe les *gorges du Piaou*, très sauvages.
Arrêtez-vous à la chapelle « percée » *Notre-Dame-de-la-Memour ;* on y accède par un petit sentier à gauche qui passe sur un pont au-dessus de la route. Un escalier monumental conduit à la façade Renaissance de la chapelle, d'où la vue sur les gorges est superbe. Il est étonnant de voir même ici des restes de terrasses cultivées jadis, soutenues par de petits murs (les *restanques*).
La route traverse plus loin le joli village du *Moulinet,* avec ses maisons roses, sa place ombragée de platanes. On atteint le col de Turini, après de nombreuses épingles à cheveux, en pleine forêt.
Le col de Turini, situé au carrefour de plusieurs routes, offre de nombreuses possibilités d'excursions.

Où dormir ? Où manger ?

— *Les Trois Vallées :* 93-91-57-21. Chambres avec terrasse. Vue sur la forêt. Menu à 65 F proposant un jambon de pays, une truite meunière ou le plat du jour et une crème caramel.
— *Les Chamois :* 93-91-57-42. Fermé en novembre. Chambres à 100 F. Très bien tenu. Pension : 170 F.
— *Le Ranch :* 93-91-57-23. Fermé en mai. Plus simple que le précédent, mais correct. Demi-pension : 130 F. Bon menu à 55 F.

● *L'AUTION*

La D 68 monte à la *Baisse de Tueis* où se trouve le monument à la mémoire des Français morts en 1793 et en 1945. Très belle vue. Au fur et à mesure que la route s'élève dans la montagne, les panoramas deviennent de plus en plus spectaculaires.

Prendre ensuite à gauche la piste qui monte à la *pointe des Trois Communes* (2 082 m), point culminant de l'Aution, surmontée d'un fort en ruine. Vue superbe sur le Mercantour.

Pour changer, revenir par le *camp de Cabanes Vieilles*, la route est encore très belle.

● *DU COL DE TURINI A LUCÉRAM*

La route (D 256) descend en traversant la forêt de Turini. On peut se restaurer à l'*Auberge de la Source* (sur la droite) qui propose un menu à 60 F avec jambon de pays, lapin chasseur et dessert.

A *Peïra-Cava*, station de sports d'hiver et d'été, montez à la cime (à gauche en arrivant) de Peïra-Cava, d'où l'on découvre une vue splendide sur la vallée de la Bévéra et le Mercantour, d'une part, les montagnes et la vallée de la Vésubie d'autre part. Par très beau temps, on aperçoit la Corse. Il est vrai que Peïra-Cava occupe une situation assez extraordinaire, sur une arête étroite, entre les vallées de la Vésubie et de la Bévéra.

1,5 km après Peïra-Cava, on laisse la D 256 pour prendre la D 21 qui descend en de nombreux lacets sur Lucéram. Vues splendides assurées.

● *LUCÉRAM*

C'est le type même du village perché et fortifié de l'arrière-pays niçois, avec ses hautes maisons accrochées au rocher, comme empilées les unes sur les autres. C'est également un bon point de départ d'excursions.

Comment y aller ?

— *Bus* à la gare routière de Nice. En semaine, départs à 8 h, 9 h, 17 h 30 et 18 h. Dimanche et jours fériés, départ à 9 h.

A voir

La cité occupait jadis une position stratégique sur la route du sel ; elle obtint de nombreux privilèges : en 1272, on lui reconnut une indépendance administrative.

— *Le vieux village* : il possède toutes les caractéristiques d'une place fortifiée médiévale : belles maisons gothiques restaurées, fours à pain, ruelles tortueuses et étroites, dédale d'escaliers, arcades, etc. Pour gagner de la place, on n'hésitait pas à construire au-dessus de la rue de petits bâtiments reliant les maisons, appelés *pontis*.

— *L'église Sainte-Marguerite* : remaniée au XVIIIᵉ siècle en style rococo italien, elle abrite bien des richesses derrière sa façade rose et blanche. Elle possède, en effet, un ensemble unique de retables de l'école niçoise des XVᵉ et XVIᵉ siècles : *retable de sainte Marguerite*, de Brea (1500), en dix compartiments, *retable de saint Antoine*, de Canavesio, sur glacis d'or travaillé au poinçon, *saint Pierre et saint Paul* (1500), *saint Bernard* (1500) et *saint Laurent*.

Remarquez le confessionnal qui communique avec la chaire par une trappe... très pratique ! Enfin, le *trésor* comprend une statuette en argent repoussé de 1500, *sainte Marguerite au Dragon*, ainsi que de belles pièces d'orfèvrerie. A voir aussi la statue de *sainte Rosalie*. Vous vous demandez peut-être pourquoi la patronne de Palerme s'est retrouvée là ? Tout simplement parce que son culte fut introduit au XVIIᵉ siècle, lors de l'arrivée de la famille des Barralis qui quittait alors la Sicile.

De la place de l'église, très pittoresque avec sa fontaine et son lavoir, jolie vue sur Lucéram, les collines de l'arrière-pays et la côte.

Fête

— *Le Noël des Bergers* : tous les ans, des bergers descendent de la montagne et entrent dans l'église avec leurs moutons. Le curé dit la messe, puis les bergers font « l'offerte » de fruits (figues sèches) et de pain.

LA VALLÉE DE LA ROYA

● *BREIL-SUR-ROYA*

Petite ville à égale distance de la mer et de la haute montagne, Breil-sur-Roya s'allonge entre la rive gauche de la Roya et le pied d'un piton couronné par une tour. Quelques industries dont une manufacture de chaussures, l'élevage et la culture de l'olivier en font une cité vivante.

Comment y aller ?

— Train depuis Nice, ligne Nice-Tende.

Où dormir ? Où manger ?

— *Relais de Salines :* route de Tende. Tél. : 93-04-43-66. Ouvert de mars à octobre. Au bord du torrent, parc, vue sur les montagnes. Très bonne adresse. Excellent râble de lapin farci.
— *Hôtel de la Roya :* place Biancheri. Tél. : 93-04-45-46. Ouvert toute l'année. Donne sur la Roya. Au 1er étage, restaurant. Menu à 55 F avec crudités, daube provençale et dessert.

● *Camping*

— *Camping municipal :* 93-04-21-29. Ouvert du 15 juin au 15 septembre. En bord de rivière. Piscine.

A voir

— *Le vieux village :* places à arcades (telle la place de Briançon), façades colorées ou en trompe-l'œil, passages couverts, tout ici fleure bon l'Italie. Vous découvrirez également des vestiges des remparts, comme la *porte Saint-Antoine.*
— *L'église Santa Maria in Albis,* imposante par ses dimensions. Joli clocher à trois étages. Récemment restaurée, elle abrite le plus beau buffet d'orgue de la région, en bois sculpté et doré, et un retable de saint Pierre datant de 1500.

Randonnées

— *La Madone-des-Grâces :* sur la rive droite de la Roya, derrière la gare, prendre le chemin de Saint-Antoine qui mène, au milieu des oliveraies, à la chapelle de Notre-Dame-du-Mont. Continuer ensuite jusqu'à la chapelle de la Madone-des-Grâces. On peut soit revenir directement sur Breil (en tout il faut compter 2 h) soit, par un sentier, aller jusqu'au col de Brouis.
— *Sainte-Anne :* après 2 km sur la D 224, direction col de Brouis, prendre à droite la route qui mène à Gavas, La Tour, la Maglia et la chapelle Sainte-Anne. Compter 4 h.

De Breil, la route suit la vallée qui, après le hameau de Giandole, se resserre de plus en plus, formant des gorges spectaculaires. On découvre ensuite une vue splendide sur le village de Saorge, accroché à la montagne.

● *SAORGE*

Par sa position géographique, Saorge joua longtemps un rôle stratégique. Village fortifié verrouillant la haute vallée de la Roya, il constituait une barrière infranchissable qui ne céda à Masséna qu'en 1794. Il en reste un bourg médiéval exceptionnel, très homogène, aux hautes maisons des XVe, XVIe et XVIIe siècles, aux toits de lauzes, qui s'étagent en gradins, aux rues étroites, parfois obscures et en escalier. Saorge est classé à juste titre parmi les monuments historiques.

Où dormir ? Où manger ?

— *Auberge de la Roya :* au bord de la nationale. Tél. : 93-04-50-19. Ouverte toute l'année. Simple mais bien tenue. Chambres pour deux de 90 à 109 F. Restaurant fréquenté par les habitués, proposant un menu à 55 F avec crudités, suivies d'un plat du jour (côte de veau) et d'un dessert et un menu à 85 F avec entrée, truite, plat de résistance et dessert.

● *Camping*

A Fontan, *camping municipal.* Tél. : 93-04-50-01. Ouvert du 15 juin au 15 septembre.

A voir

— *L'église Saint-Sauveur*, du XVe siècle, remaniée au XVIIIe, abrite une belle Vierge à l'Enfant de 1708, des fonts baptismaux du XVe siècle.
— *L'église de la Madone del Poggio* ne se visite que sur demande à la mairie. Remarquez son clocher lombard à sept étages.

Randonnées

— *La chapelle Sainte-Anne*, à 2 km à l'est.
— *La chapelle Sainte-Croix*, à 2 km, mais plus au nord.
— *Les ruines de la forteresse A Malamorte* sur l'autre versant, à 5 km.

Après Fontan, la route s'enfonce dans de nouvelles gorges. On entre dans l'un des plus beaux défilés des Alpes. Les panneaux : « laisser 100 m entre chaque voiture en raison des chutes de pierre » sont significatifs !

● *SAINT-DALMAS-DE-TENDE*

C'est une agréable station estivale qui connut une grande activité dans les années 30 lorsqu'elle était gare frontière de la ligne de chemin de fer Nice-Coni. A gauche, à la sortie du village, ne manquez pas la gare avec ses balustres ; elle est vraiment gigantesque et tout en pierre !
Saint-Dalmas est un point de départ d'excursions dans la vallée des Merveilles.

Où dormir ? Où manger ?

— *Hôtel Terminus* : route de la vallée des Merveilles, près de la gare. Tél. : 93-04-60-10. Fermé du 3 novembre à la mi-février et le vendredi. Chambres de 70 à 170 F. Agréable jardin devant l'hôtel. Salle à manger immense où vous ferez un repas plantureux pour un prix raisonnable. Dommage que l'éclairage au néon soit un peu agressif. Sur les murs, belles casseroles de cuivre, assiettes anciennes et coupes de championnat. Jolis bouquets de fleurs. Cuisine familiale.

De Saint-Dalmas, prendre la D 43, à gauche à la sortie du village, vers La Brigue.

● *LA BRIGUE*

La cité ne fut rattachée à la France qu'en 1947. Bien située dans le vallon de la Levense, elle garde un caractère médiéval très marqué et est dominée par les ruines du château et de la tour des Lascaris. Le vieux village avec ses maisons de schiste vert de la Roya est agréable à découvrir : linteaux armoriés de portes du XIIIe au XVIe siècle, maisons sur arcades, peintures en trompe-l'œil. De la place du village, vue sur le mont Bego.

Où dormir ? Où manger ?

— *Hôtel des Fleurs des Alpes* : place Saint-Martin. Tél. : 93-04-61-05. Petit hôtel tout simple ouvert de mars à novembre. Chambres doubles de 100 à 150 F. Restaurant (fermé le mercredi hors saison) proposant un menu à 55 F très correct.

● *Plus chic*

— *Hôtel Mirval* : 3, rue Saint-Vincent-Ferrier. Tél. : 93-04-63-71. Ouvert d'avril à novembre. Agréable établissement avec jardin, vue sur les montagnes, très calme. Chambres doubles de 130 à 200 F. Restaurant avec menus à 65 et 90 F.

A voir

— *L'église Saint-Martin* : elle possède un clocher lombard avec tour d'observation. Sur la façade nord, on remarque des meurtrières : l'église faisait aussi fonction de forteresse. A l'intérieur, bel ensemble de peintures primitives : *Crucifixion* de l'école de Brea, *retable de sainte Marthe*, de la Renaissance italienne, *retable de saint Elme*, martyr de 303 (le bourreau lui enlève les intestins, carrément !). Dans le bas-côté gauche, *Notre-Dame-des-Neiges* par Fuseri (1507).
— *La place du Rattachement* : étonnante avec ses maisons construites de part et d'autre du riu sec, qui ont toutes un rez-de-chaussée avec galerie à arcades.

Randonnées

— *La route de l'Amitié* qui remonte le vallon du riu sec.
— *Le mont Saccarel* (2 200 m) qui marque la frontière avec l'Italie. Vue magnifique.

Les environs

— *Le sanctuaire Notre-Dame-des-Fontaines :* il faut demander la clé dans l'un des hôtels du village. Prendre la D 43, puis à droite la D 143. On passe devant le pont du Coq, à double dos-d'âne, puis plus loin sur la droite devant un ancien four à chaux en brique. La chapelle, bâtie dans une gorge sauvage au-dessus de sept sources intermittentes, est particulièrement émouvante par les fresques très riches et très bien conservées qu'elle abrite.
Les fresques du chœur, les plus anciennes, dues à Jean Balaison, représentent la Vierge et les Évangélistes.
Les autres peintures sont de Jean Canavesio et datent de 1492. Elles retracent les événements importants de l'Évangile, traités avec une vigueur et un surréalisme parfois saisissants (comme ces morts qui ressuscitent au milieu des pâturages) dans une somptueuse palette de couleurs. Remarquez à gauche le Judas perdu, d'un réalisme effrayant : du ventre du traître, ouvert, débordent le foie et les intestins... Son visage est hallucinant.

LA VALLÉE DES MERVEILLES ─────────────────

C'est un ensemble de lacs de haute montagne et de vallons, à l'ouest de Saint-Dalmas, un paysage grandiose, sauvage et mystérieux, célèbre pour ses gravures préhistoriques exceptionnelles. Un univers déchiqueté de roches, de blocs éclatés, aux teintes roses et grises, de lacs miroitants. Il faut prévoir au moins une journée pour une visite du massif. Deux journées avec une nuit passée au refuge sont bien sûr préférables.

Comment y aller ?

— *Location de jeeps :* au départ de Saint-Dalmas : M. Lancioli (tél. : 93-04-62-32) ; M. Ronchetti (tél. : 93-04-65-70) ; M. Berutti (tél. : 93-04-60-07). Au départ de Tende : M. Bresso (tél. : 93-04-60-31) et M. Belière (tél. : 93-04-63-99). Comptez environ 250 F par personne pour une journée. Attention, on n'accède à la vallée des Merveilles à pied que de juillet à octobre.
— Si vous y allez avec votre propre voiture, voir plus bas.
— *Prévoir un bon équipement :* chaussures de marche, lainages et imperméable. Cartes I.G.N. 3741 ouest et 3841 ouest.
— Il existe un *Bureau des guides* au Syndicat d'Initiative de Tende, qui propose différents circuits.
— Pour plus de renseignements : *Parc national de la Vallée des Merveilles*, 23, rue d'Italie, 06000 Nice. Tél. : 93-87-86-10.

Où dormir ?

En plus des refuges, où il vaut mieux réserver par écrit, quelques bons hôtels à Castérino :
— *Auberge Marie-Madeleine :* 93-04-65-93. Fermée du 4 octobre au 15 avril. Style chalet, simple mais sympathique. Demi-pension à partir de 160 F environ par personne. Menus à 58 et 78 F.
— *Auberge des Mélèzes :* 93-04-64-95. Fermée du 2 novembre au 30 mars. Chambres un peu petites mais impeccablement propres. 190 F la demi-pension (avec salle de bains). Moins cher si on se contente d'une chambre avec cabinet de toilette. Excellent menu à 71 F avec charcuterie, truite (très fraîche), fromage ou tarte maison.

Randonnées

Voici quelques suggestions. D'abord, en voiture, remonter le vallon de la Minière par la D 91, jusqu'au *lac des Mesches*, dans un cirque sauvage, où se rejoignent deux torrents. Laisser la voiture, prendre à gauche le sentier en lacet qui dépasse le *lac de la Minière* et franchit le *col de l'Enfer*. En 3 h, on arrive au *refuge des Merveilles*.

De là, de nombreuses excursions sont possibles : on peut monter au sommet du *mont Bégo* (2 873 m) en 2 h, au *Grand Capelet* (2 935 m) en 2-3 h ou à la *cime du Diable* (2 686 m) en 2 h.

Au nord du refuge s'ouvre la *vallée des Merveilles,* encaissée entre les abrupts du mont Bégo et du Rocher des Merveilles. On y a relevé des dizaines de milliers de *gravures préhistoriques* (mais également dans le vallon de Fontanalbe et au col du Sablion). Elles ont été attribuées aux peuplades ligures de l'âge du bronze ou du début de l'âge du fer (vers 1800 av. J.-C.). La plupart représentent des animaux à cornes, bœuf ou taureau, des charrues et faucilles attestant une origine pastorale et agricole. On peut voir aussi des figures humaines parmi lesquelles on a tenté d'identifier le sorcier, le dieu ou le chef de tribu. On pense en fait qu'un culte très ancien était pratiqué autour du mont Bégo, où des initiations avaient lieu.

A l'extrémité de la vallée, on franchit le *col de Valmasque* pour descendre vers le *lac du Basto,* puis le *lac Noir* et le *lac Vert* jusqu'au *refuge de Valmasque* (jusqu'au lac du Basto on est sur le G.R. 52), dans un paysage alpin idyllique.

Suivre alors le vallon de Valmasque jusqu'à la *vacherie de Valmasque* d'où un sentier à gauche monte vers la crête frontière. On peut aussi continuer jusqu'au hameau de *Castérino.*

— En voiture, de Saint-Dalmas, il est d'ailleurs possible d'aller jusqu'à *Sainte-Madeleine* en remontant le vallon de Castérino.

De là, il faut aller à pied au *refuge de Fontonalbe* puis au *lac Vert de Fontonalbe.*

TENDE

Comme à Saorge, on est frappé par l'aspect architectural du village bâti en amphithéâtre au-dessus de la Roya. Les hautes maisons aux toits de lauzes qui semblent se superposer, suspendues entre ciel et terre, ont grand caractère. Tende n'est française, tout comme La Brigue, que depuis 1947.

Au Moyen Age, la cité jouait un rôle primordial puisqu'elle commandait l'accès au Piémont. En 1691, les Français, dans leur lutte contre la maison de Savoie, détruisirent la forteresse du château des Lascaris dont il ne reste qu'un pan de mur qui domine le village et semble défier les lois de l'équilibre. A côté, un curieux cimetière en étages, unique, surplombe la ville : entre les tombes s'intercale un clocher ou une cheminée.

Prenez le temps de flâner dans les pittoresques ruelles ; remarquez les toits qui débordent largement pour se protéger des importantes chutes de neige, les balcons à étages qui donnent au village un caractère alpin, les linteaux de porte en schiste vert, avec des sculptures rappelant les divers métiers, la maison de la Curie (du XVe siècle).

L'église offre une belle façade Renaissance et un splendide portail sculpté. Sur les côtés, des colonnes sont posées sur des lions couchés, ce qui est rare pour une église.

De nombreuses excursions à pied sont possibles à partir de Tende. Un exemple :

— *Le vallon du Refrei :* prendre la route du vallon du Refrei sur 4 km jusqu'aux Granges de la Pré. De là, partent plusieurs sentiers.

Où dormir ? Où manger ?

— *Hôtel du Centre :* 12, place de la République. Tél. : 93-04-62-19. Fermé du 15 février au 15 mars. Chambres doubles de 80 à 115 F. Simple mais suffisant.

● *Plus chic*

— *Hôtel Résidence Impérial :* tél. : 93-04-62-08. Confortable. Chambres doubles avec salle de bains à 160 F. Pour quatre personnes, deux pièces avec kitchenette et salle de bains : 215 F. Pension complète très intéressante et forfaits possibles.

● *Camping*

— *Camping municipal :* tél. : 93-04-60-90. Ouvert du 1er mai au 31 octobre. Très simple.

LES GUIDES BLEUS
Une collection prestigieuse et indispensable pour toute découverte en profondeur.
LES GUIDES BLEUS A TRAVERS LE MONDE
• L'œuvre d'une équipe constituée d'éminents spécialistes.
• la description exhaustive des villes, sites et monuments,
• des adresses utiles avec une sélection commentée d'hôtels et de restaurants,
• un papier plus fin pour réduire le poids sans diminution du contenu.
les guides bleus
Tout savoir pour mieux voir

CHAQUE MOIS
LE PLEIN D'INFOS

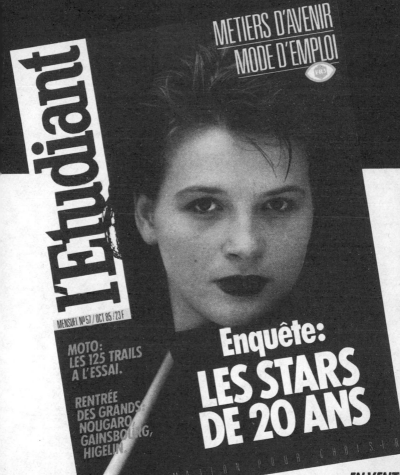

MÉTIERS D'AVENIR
MODE D'EMPLOI

L'Etudiant

MENSUEL N° 57 / OCT 85 / 23 F

MOTO:
LES 125 TRAILS
A L'ESSAI.

RENTRÉE
DES GRANDS:
NOUGARO,
GAINSBOURG,
HIGELIN...

Enquête:
LES STARS
DE 20 ANS

INFORMATION POUR CHOISIR

Un calendrier est toujours utile, surtout en voyage

1987

	JANVIER		FÉVRIER		MARS		AVRIL
D	4 11 18 25	D	1 8 15 22	D	1 8 15 22 29	D	5 12 19 26
L	5 12 19 26	L	2 9 16 23	L	2 9 16 23 30	L	6 13 20 27
M	6 13 20 27	M	3 10 17 24	M	3 10 17 24 31	M	7 14 21 28
M	7 14 21 28	M	4 11 18 25	M	4 11 18 25	M	1 8 15 22 29
J	1 8 15 22 29	J	5 12 19 26	J	5 12 19 26	J	2 9 16 23 30
V	2 9 16 23 30	V	6 13 20 27	V	6 13 20 27	V	3 10 17 24
S	3 10 17 24 31	S	7 14 21 28	S	7 14 21 28	S	4 11 18 25

	MAI		JUIN		JUILLET		AOÛT
D	3 10 17 24 31	D	7 14 21 28	D	5 12 19 26	D	2 9 16 23 30
L	4 11 18 25	L	1 8 15 22 29	L	6 13 20 27	L	3 10 17 24 31
M	5 12 19 26	M	2 9 16 23 30	M	7 14 21 28	M	4 11 18 25
M	6 13 20 27	M	3 10 17 24	M	1 8 15 22 29	M	5 12 19 26
J	7 14 21 28	J	4 11 18 25	J	2 9 16 23 30	J	6 13 20 27
V	1 8 15 22 29	V	5 12 19 26	V	3 10 17 24 31	V	7 14 21 28
S	2 9 16 23 30	S	6 13 20 27	S	4 11 18 25	S	1 8 15 22 29

	SEPTEMBRE		OCTOBRE		NOVEMBRE		DÉCEMBRE
D	6 13 20 27	D	4 11 18 25	D	1 8 15 22 29	D	6 13 20 27
L	7 14 21 28	L	5 12 19 26	L	2 9 16 23 30	L	7 14 21 28
M	1 8 15 22 29	M	6 13 20 27	M	3 10 17 24	M	1 8 15 22 29
M	2 9 16 23 30	M	7 14 21 28	M	4 11 18 25	M	2 9 16 23 30
J	3 10 17 24	J	1 8 15 22 29	J	5 12 19 26	J	3 10 17 24 31
V	4 11 18 25	V	2 9 16 23 30	V	6 13 20 27	V	4 11 18 25
S	5 12 19 26	S	3 10 17 24 31	S	7 14 21 28	S	5 12 19 26

1988

	JANVIER		FÉVRIER		MARS		AVRIL
D	3 10 17 24 31	D	7 14 21 28	D	6 13 20 27	D	3 10 17 24
L	4 11 18 25	L	1 8 15 22 29	L	7 14 21 28	L	4 11 18 25
M	5 12 19 26	M	2 9 16 23	M	1 8 15 22 29	M	5 12 19 26
M	6 13 20 27	M	3 10 17 24	M	2 9 16 23 30	M	6 13 20 27
J	7 14 21 28	J	4 11 18 25	J	3 10 17 24 31	J	7 14 21 28
V	1 8 15 22 29	V	5 12 19 26	V	4 11 18 25	V	1 8 15 22 29
S	2 9 16 23 30	S	6 13 20 27	S	5 12 19 26	S	2 9 16 23 30

	MAI		JUIN		JUILLET		AOÛT
D	1 8 15 22 29	D	5 12 19 26	D	3 10 17 24 31	D	7 14 21 28
L	2 9 16 23 30	L	6 13 20 27	L	4 11 18 25	L	1 8 15 22 29
M	3 10 17 24 31	M	7 14 21 28	M	5 12 19 26	M	2 9 16 23 30
M	4 11 18 25	M	1 8 15 22 29	M	6 13 20 27	M	3 10 17 24 31
J	5 12 19 26	J	2 9 16 23 30	J	7 14 21 28	J	4 11 18 25
V	6 13 20 27	V	3 10 17 24	V	1 8 15 22 29	V	5 12 19 26
S	7 14 21 28	S	4 11 18 25	S	2 9 16 23 30	S	6 13 20 27

	SEPTEMBRE		OCTOBRE		NOVEMBRE		DÉCEMBRE
D	4 11 18 25	D	2 9 16 23 30	D	6 13 20 27	D	4 11 18 25
L	5 12 19 26	L	3 10 17 24 31	L	7 14 21 28	L	5 12 19 26
M	6 13 20 27	M	4 11 18 25	M	1 8 15 22 29	M	6 13 20 27
M	7 14 21 28	M	5 12 19 26	M	2 9 16 23 30	M	7 14 21 28
J	1 8 15 22 29	J	6 13 20 27	J	3 10 17 24	J	1 8 15 22 29
V	2 9 16 23 30	V	7 14 21 28	V	4 11 18 25	V	2 9 16 23 30
S	3 10 17 24	S	1 8 15 22 29	S	5 12 19 26	S	3 10 17 24 31

INDEX GÉNÉRAL

« LES ROUTARDS PARLENT AUX ROUTARDS »

Faites-nous part de vos expériences, de vos découvertes, de vos tuyaux pour que d'autres routards ne tombent pas dans les mêmes erreurs. Indiquez-nous les renseignements périmés. Aidez-nous à remettre l'ouvrage à jour. Faites profiter les autres de vos adresses nouvelles, combines géniales... On envoie un exemplaire gratuit de la prochaine édition à ceux dont on retient les suggestions. Quelques remarques cependant :
— N'oubliez pas de préciser sur votre lettre l'ouvrage que vous désirez recevoir. On n'est pas Mme Soleil !
— Pensez à noter les pages du guide concernées par vos corrections ou remarques.
— Quand vous indiquez des hôtels ou des restaurants, pensez à signaler leur adresse précise et, pour les grandes villes, les moyens de transport pour y aller.
— Notre adresse :

LE GUIDE DU ROUTARD
5, rue de l'Arrivée
92190 Meudon

NOUVEAU : LA « LETTRE DU ROUTARD »

Bon nombre de renseignements sont trop fragiles ou éphémères pour être mentionnés dans nos guides dont la périodicité est annuelle.

Quels sont nos meilleures techniques, nos propres tuyaux, ceux que nous utilisons pour rédiger les GUIDE DU ROUTARD ? Comment découvrir des tarifs imbattables ? Quels sont les pays où il faut voyager cette année ? Quels sont les renseignements que seuls connaissent les journalistes et les professionnels du voyage ?

Certaines agences offrent à nos adhérents des réductions spéciales sur des vols, des séjours ou des locations ? Enfin quels ont nos projets, nos nouvelles parutions ? Qui sont ceux qui font les GUIDES DU ROUTARD ?

Tout cèci compose désormais « LA LETTRE DU ROUTARD » qui paraîtra tous les 3 mois. Cotisation : 60 F par an payable à l'ordre de CLAD CONSEIL : 5, rue de l'Arrivée, 92190 Meudon.

Imprimé en France par Hérissey n° 41512
Dépôt légal n° 3792 - Mars 1987
Collection n° 13 - Édition n° 01

24/1233/6
I.S.B.N. 2.01.012571.1
I.S.S.N. 0768-2034